스튜디오 지브리 이야기

Studio Ghibli Monogatari (The Studio Ghibli Story)

First published in Japan by Shueisha Inc.

스튜디오 지브리 이야기

스즈키 도시오 책임편집

오정화 옮김

대원씨아이

목차

제1장	만화 연재에서 영화로. 〈바람 계곡의 나우시카〉	007
제2장	스튜디오 설립과 〈천공의 성 라퓨타〉	023
제3장	이전에는 없었던 두 편 동시 상영,	
	〈이웃집 토토로〉와 〈반딧불이의 묘〉	041
제4장	〈마녀 배달부 키키〉의 성공과 지브리의 정규직 제도 도입	059
제5장	새롭게 탄생한 지브리와 〈추억은 방울방울〉	079
제6장	〈붉은 돼지〉, 〈바다가 들린다〉, 그리고 새로운 스튜디오 설립	099
제7장	〈폼포코 너구리 대작전〉과 촬영팀의 출범	119
제8장	곤도 요시후미 첫 감독 작품	
	〈귀를 기울이면〉과 지브리 실험 극장 〈On Your Mark〉	137
제9장	미증유의 대작 〈모노노케 히메〉	159
제10장	실험작 〈이웃집 야마다군〉의 도전	195
제11장	다른 무엇과도 비교할 수 없는 히트작 〈센과 치히로의 행방불명〉	213
제12장	미타카의 숲 지브리 미술관의 건립과 도쿠마 야스요시의 죽음	241
제13장	신인 감독이 제작한 두 편의 영화,	
	〈고양이의 보은〉과 〈기브리즈 에피소드 2〉	253

제14장	시대를 반영한 〈하울의 움직이는 성〉과 지브리의 독립	275
제15장	신인 감독 미야자키 고로의 〈게드전기 : 어스시의 전설〉	297
제16장	사람이 손으로 그린 놀라움으로 가득 찬 〈벼랑 위의 포뇨〉	321
제17장	요네바야시 히로마사의 〈마루 밑 아리에티〉	337
제18장	시대 변화의 소용돌이 속에서 만든 〈코쿠리코 언덕에서〉	355
제19장	모든 힘을 쏟아부은 〈바람이 분다〉, 그 후의 은퇴와 재시동	375
제20장	8년이라는 시간이 걸린 〈가구야 공주 이야기〉	399
제21장	젊은 감독을 중심으로 한 새로운 제작 체제의 편성 〈추억의 마니〉	425
제22장	다카하타 이사오가 지원하고 이끌었던 〈붉은 거북〉	443
제23장	지브리 첫 3D CG 작품 〈아야와 마녀〉	459
제24장	미야자키 하야오의 새로운 도전 〈그대들은 어떻게 살 것인가〉	477
제25장	지브리 파크의 오픈과 니혼 TV의 그룹화	507
후기	끝난 것은 중요하지 않다 (스튜디오 지브리, 스즈키 도시오)	520
참고 문헌		524
스튜디오 지브리 연표		529

제1장

만화 연재에서 영화로
〈바람 계곡의 나우시카〉

나무를 사랑하고,
벌레와 이야기하고,
바람을 부르는,
하늘을 나는 사람

바람 계곡의 나우시카

1984년 3월 11일, 일본 전역의 도에이 영화사 계열 영화관에서 영화 〈바람 계곡의 나우시카〉가 개봉되었다. 출판사 도쿠마 쇼텐과 광고회사 하쿠호도가 공동 제작하였으며 원작 및 각본, 감독은 애니메이션 영화감독인 미야자키 하야오가 맡았다. 또한 미야자키와 함께 활동해온 애니메이션 감독 다카하타 이사오가 프로듀서로 이름을 올렸으며, 제작 위원회 멤버로 현재 스튜디오 지브리의 프로듀서인 스즈키 도시오의 이름도 볼 수 있다.

1985년 활동의 시작을 알린 애니메이션 스튜디오 '스튜디오 지브리'는, 일본에서 2023년 7월에 개봉한 〈그대들은 어떻게 살 것인가〉를 포함해 수많은 장편 애니메이션을 제작해왔다. 지브리를 설립하기 전 제작된 〈바람 계곡의 나우시카〉는, 그 후 '스튜디오 지브리'의 탄생에 결정적인 계기가 된 작품이다.

📝 《아니메주》에서 출발한 영화 제작 기획

〈바람 계곡의 나우시카〉는, 도쿠마 쇼텐에서 발행하는 애니메이션 잡지 《아니메주》 1982년 2월호부터, 만화 연재로 먼저 출발했다. 당시 영화 제작사인 도쿄 무비의 제작 자회사 '텔레콤 애니메이션 필름'에 소속되어 있던 미야자키는, 이탈리아와 합작으로 소설 《셜록 홈스》를 원작으로 하는 TV 애니메이션을 준비하고 있었다(이후 〈명탐정 홈스〉라는 제목으로 발표했다). 하지만 합작은 좀처럼 진행되지 않았고, 그래서 시간적 여유가 있을 때 《아니메주》 편집부가 연재를 의뢰하며 시작된 기획이었다.

《아니메주》 편집부와 다카하타, 미야자키의 접점은 《아니메주》의 창간호(1978년 7월호)까지 거슬러 올라간다. 당시 《아니메주》의 부편집장이었던 스즈키 도시오가, 두 사람이 참여한 〈태양의 왕자 호루스의 대모험〉을 '앙코르 애니메이션'이라는 코너에서 다루기 위해 접촉한 것이 계기였다. 이때 다카하타와 미야자키에게 취재를 거절당한 《아니메주》는, 이후 지면에서 미야자키의 〈루팡 3세 : 칼리오스트로의 성〉과 다카하타의 〈꼬마 숙녀 치에〉 등을 적극적으로 다루었다. 그렇게 《아니메주》 편집부는 다카하타, 미야자키, 그리고 두 사람이 도에이 동화(현 도에이 애니메이션) 재직 시절 만난 선배이자 〈루팡 3세 : 칼리오스트로의 성〉과 〈꼬마 숙녀 치에〉의 작화 감독인 오쓰카 야스오와 서서히 깊은 유대를 다져나갔다.

《아니메주》 1981년 8월호에 실린 〈미야자키 하야오 모험과 로망의 세계〉는 이렇게 관계가 돈독해지는 과정에서 제작된 31페이지에 달하는 엄청난 특집 기사였다. 이 특집 기사에서 미야자키가 제공한 다양한 이미지 보드 중에는 영화 기획을 목적으로 그려진 것들도 많았다.

그래서《아니메주》편집부는 미야자키의 영화 기획용 이미지 보드 중하나를 바탕으로 〈하야오 전기〉와 〈전국마성〉이라는 제목의 기획서를 작성하여, 1981년 7월 도쿠마 그룹 관계자들이 모이는 '영상 회의'에 제안했다.

《아니메주》를 출판하고 있었던 도쿠마 쇼텐은, 도쿠마 그룹으로 영화회사인 '다이에이'와 레코딩 회사인 '도쿠마 음악 공업'을 보유하고 있었으며, 크로스미디어(오늘날의 미디어믹스에 해당한다)에도 적극적인 자세를 보여주고 있었다. 영상 회의는 이런 관련 기업의 관계자들이 모여 크로스미디어의 중핵을 이루는 영화 기획을 검토하는 모임이었다.

하지만 '원작이 없는 영화는 성공할 리 없다'라는 다이에이 관계자의 판단으로, 〈하야오 전기〉와 〈전국마성〉의 영화 제작은 보류되었다.

✒ 화제를 모은 만화 〈나우시카〉

《아니메주》편집부로부터 '원작이 없는 작품은 영화화할 수 없다'라는 영상 회의의 결과를 전해 들은 미야자키는, '그러면 원작을 그려버립시다'라며 만화 연재를 검토하기 시작했다. 스즈키는 그 경위에 대해 다음과 같이 말하고 있다.

우선 어떤 만화를 그릴지부터 이야기를 나누었습니다. 저는 그때 제가 했던 말을 똑똑히 기억합니다. 제가 먼저 대하 드라마를 써보지 않겠냐고 했지요. 왜냐하면 당시에는 소년지를 비롯해 유행하던 만화들이 모두 아기자기한 작품이었기 때문입니다. 러브 코미디의 전성시대였죠. 가장 상징적인 작품이 아다치 미츠루 작가의 《터치》입니다. 그런 분위기가 아닌, 더 규모가 큰 드라마를 해보지 않겠냐고 제안했어요. 그러면서 "만화 스토리 작가인 가지와라 잇키가 발명한 단편 만화 연재라는 방식이 있지만, 《아니메주》는 만화 잡지가 아니니 만화에 따라 잡지의 인기가 좌우되지 않는다. 그러니 좋아하는 만화, 재미있는 만화를, 연재 따위에 연연하지 말고 마음껏 그려달라"라고 했습니다. 그렇게 말했던 것이 아직도 기억에 선명하네요.

– 《바람이 불어와(風に吹かれて)》

이런 스즈키의 제안을 받아들인 미야자키는 장대한 내용의 만화 연재를 구상하기 시작하였는데, 그것이 지금의 만화 《나우시카》다. 연재의 큰 방향성은 정해졌지만, 어떤 그림체로 그릴 것인지도 결정해야만 했다. 미야자키는 도쿄 아사가야에 차린 개인 사무소 '니바리키'로 스즈키를 불러, 각기 다른 그림체의 만화 세 종류를 보여주었다.

첫 번째는 꼼꼼하고 자세하게 그리는 방식으로, 미야자키는 이 방식으로는 하루에 한 페이지도 그리기 어렵다고 말했다. 두 번째로 구체적이지 않은 단순한 그림체를 보여주며 이렇게는 하루에 약 30페이지를 그릴 수 있다고 했다. 그리고 마지막은 첫 번째와 두 번째의 중간 정도의 그림체였다.

이런 미야자키의 제안에 스즈키는 첫 번째인 꼼꼼한 그림체를 선택했다. 생산성보다 만화 자체의 질을 우선시해야 한다는 생각에, 스즈키는 선택을 망설이지 않았다. 그렇게 의견을 주고받는 사이에 이윽고 미야자키의 심경에도 변화가 나타났다고, 스즈키는 당시를 회상했다.

미야[1] 씨는 정말로 성실한 사람입니다. 그냥 영화의 원작을 만들자는 생각으로 시작했는데도 그는 고민하고 또 고민했습니다.

이렇게 말하더군요. '스즈키 씨, 영화 제작을 전제로 만화를 그리면, 그건 역시 만화에 대한 예의가 아닙니다. 그런 의도로 임한다면 만화로서 실격인 데다가, 그런 만화는 아무도 읽어주지 않을 겁니다. 제대로 만화를 그리겠습니다.' 이렇게 미야 씨는 언제나 여러 선택지 가운데 결국 가장 성실한 방향으로 결단을 내리는 사람입니다.

– 《스튜디오 지브리의 현장 스토리》

이렇게 연재를 시작한 만화 《나우시카》는 일부에서 큰 반향을 일으키며 주목을 받았으나, 1982년 8월 출간한 제1권은 초판 7만 부 가운데 2만 부의 재고를 남기는 결과와 마주하고 말았다. 당시는 주간지 《아사히

---

1) 미야자키 하야오 감독의 애칭.

예능》이 60만 부를 발행하고, 만화 잡지는 24만 부에서 30만 부가 팔렸던 시대. 단행본 매출이라는 측면에서도 이런《나우시카》의 결과가 성공이라고는 말하기 어려웠다. 하지만 매출과는 정반대로,《나우시카》는 동시대 만화가들에게는 큰 영향을 주었는데, 당시《아키라》를 막 연재하기 시작한 만화가 오토모 가쓰히로는 잡지《버라이어티》1982년 5월호에서 '미야자키 씨 그림의 훌륭함은, 뛰어난 인물의 표정과 데생의 단계를 넘어 그림을 보여주는 방법을 알고 있다는 점이다. 오늘날의 만화가 잃어버린 만화 본연의 즐거움을, 애니메이션을 만들어온 사람의 작품에서 찾을 수 있다니, 대체 그 이유가 무엇일까?'라고 언급하고 있다.

또 소녀 만화를 그리는 다케미야 게이코는 만화 잡지《프티 플라워》1983년 1월호에 실린 '만화가가 꼽은 재미있는 만화는?'이라는 설문조사에서《나우시카》의 이름을 언급하였으며, 후에 '같은 업계에 몸을 담고 있는 사람의 직감으로,《나우시카》는 뭔가 다른 세계가 시작된다는 예감이 들었다'라고 말했다.

반면《나우시카》의 연재를 준비하던 1981년 11월부터 〈명탐정 홈스〉의 기획에 재시동이 걸렸지만, 이후 4화분의 필름과 2화분의 영상 작업이 종료된 시점에서 중단되고 말았다. 이런 상황에서 미야자키는 1982년 11월, 텔레콤을 퇴사하고 프리랜서로 전향했다.

✒ 10분짜리 파일럿 필름에서 영화로

《나우시카》의 연재를 시작하고 반년이 지났을 무렵,《아니메주》의 편집장 오가타 히데오가《나우시카》의 5분짜리 파일럿 필름을 제작해 당시《아니메주》의 주최로 일본 부도칸에서 개최되는 팬 이벤트 '애니메이션 그랑프리'에서 상영하자는 계획을 제안했디. 하지만 5분으로는 아무것도 그릴 수 없다는 미야자키의 의견을 반영해 파일럿 필름은 10분으로 늘어났다. 거기에 스즈키가 원래 계획했던《나우시카》의 영화 제작을 다시 제안하였고 오가타, 미야자키도 그에 동의했다.

《스튜디오 지브리 작품 관련 자료집 1(スタジオジブリ作品関連資料集 I)》에는 '1983년 3월 22일'이라는 날짜가 적힌 '바람 계곡의 나우시카 애니메이션 영화화 두 번째 회의'의 자료가 실려 있다. 이 자료에는 애니메이션을 원작과 이어지는 내용의 '바람을 다루는 훈련'을 시작한 어린 나우시카로 그릴지, 아니면 원작과 비슷한 내용으로 그릴지, 두 가지 방안이 나란히 적혀 있다. 또 상영 시기도 1984년 봄과 여름 중 고민하는 내용도 담겨 있다. 제작 회사에 관한 언급도 있는데, 미야자키가 몸을 담았던 텔레콤 이외에도 〈미래 소년 코난〉을 제작한 '니혼 애니메이션 주식회사'의 이름도 후보로 거론되고 있다.

그 후 하쿠호도와 도쿠마 쇼텐의 공동 제작으로 결정되면서《나우시카》의 영화화는 본격적으로 시동을 걸었다. 참고로 하쿠호도가 참여하게 된 것은, 도쿠마 쇼텐의 와다 유카타 홍보부장이 하쿠호도의 도쿠마 쇼텐 담당 영업부에 우연히 소속되어 있던 미야자키의 동생, 미야자키 시로와 면식이 있다는, 아주 의외의 인연이 계기가 되었다.

《나우시카》의 영화화 소식은 1983년 4월 23일 도쿄의 일본 부도칸에서 개최된 '제5회 애니메이션 그랑프리'에서 처음으로 도쿠마 야스요시 사장이 팬들에게 발표했다. 그리고 6월 20일, 제작 기자회견이 열렸다.

✒ 제작은 '톱 크래프트'

1983년 4월, 배급은 도에이에서 맡기로 결정됐다. 그 시점에 영화는 1984년 3월에 공개하는 것이 거의 확실시되었는데, 공개 시점으로부터 거꾸로 일정을 계산해보니 5월부터는 사전 제작에 들어가야만 했다. 그때 미야자키는 '다카하타 이사오를 프로듀서로' 하자는 조건을 내세웠다.

다카하타는 처음에 자신은 적임이 아니라며 프로듀서 자리를 사양했다. 하지만 맨 처음 〈태양의 왕자 호루스의 대모험〉으로 취재를 의뢰하고, 〈꼬마 숙녀 치에〉를 취재하면서 관계를 쌓아온 스즈키의 설득으로 다카하타는 결국 프로듀서 자리를 받아들이게 되었다. 이렇게 프로듀서를 맡게 된 다카하타가 가장 큰 문제로 내세운 것은 아직 정해지지 않은 '제작 거점을 어떻게 할 것인가'였다. '미야 씨 혼자 모든 것을 짊어지면, 영화는 만들 수 없다'라는 것이 다카하타의 생각이었다.

해결해야 할 과제였던 제작 현장은, 당시 《아니메주》 편집부였던 가메야마 오사무의 제안으로 '톱 크래프트'로 결정됐다. 당시 《아니메주》에 톱 크래프트에 관한 취재 기사를 정기적으로 싣고 있었던 가메야마는 톱 크래프트의 상황을 잘 알고 있어, '톱 크래프트라면 받아줄 것이다'라며 여러 기업 가운데 특별히 눈여겨보고 있었던 것 같다. 톱 크래프트는 1972년 도에이 동화의 프로듀서 출신인 하라 도오루가 설립한 애니메이션 제작사로, 애니메이션 제작부터 연출, 자화, 채색, 촬영, 편집 등 미술 이외의 모든 부문을 갖추고 있다는 것이 특징이다. 설립 이래 미국의 랭킨·배스 프로덕션과의 합작을 중심으로 활동 영역을 넓히고 있었던 톱 크래프트의 대표작으로 〈호빗〉과 〈라스트 유니콘〉이 있다. 참고로 하라가 도에이 동화의 제작과장으로 있었을 때 〈태양의 왕자 호루스의 대모험〉이 제작되었다.

5월부터 6월에 걸쳐 이미지 보드를 그리면서 줄거리를 정리하기 위한 작업이 계속됐다. 원래는 〈시끌별 녀석들〉 등으로 유명한 시나리오 작가인 이토 가즈노리도 각본 공동 집필자로 참가했었다. 나우시카와 대립하는 지휘관 크샤나가 의수라는 콘셉트는 이토의 아이디어였다고 한다. 하지만 일정이 늦어져 2차 시놉시스가 7월 중순에 완성되면서 최종적으로 그를 바탕으로 미야자키가 직접 그림 콘티를 집필하게 되었다.

'애니메이션화하기 어려운 것을 그리겠다'라고 결정한 《나우시카》를 애니메이션으로 제작한다는 것은 미야자키에게도 상당히 갈등이 많았던 것 같다. 시간이 흐른 뒤 당시를 회상하는 인터뷰에서 미야자키는 다음과 같이 말하고 있다.

영화로 할 때도, 영화로 만들고 싶다는 생각이 아니라, 영화로 할 만한 것이 《나우시카》밖에 없다고 생각했습니다. 영화의 일을 할 수 있는 유일한 기회였지요. 당시 저는 6개월 정도를 집에만 있었으니, 실직 상태나 다름없었습니다. (중략) 역시나 직장으로 돌아가고 싶더군요. 그때 도쿠마 쇼렌이 《나우시카》를 만들자고 제안해온 것이 기회였습니다 '이것밖에 없다. 이것밖에 없다면, 하는 수밖에 없다'라고 판단했던 것이지요. 그때 일이 이루어질 가능성은 전혀 없었습니다.

–《코믹 박스》, 1995년 1월호

7월 29일 스태프들이 모여 작업의 시작을 기념하고 작화 작업은 8월 1일부터 시작됐다. 〈나우시카〉는 제작 거점이 된 톱 크래프트의 제작진과 더불어 미야자키와의 친분과 관계없이 다양한 외부 제작진들이 참가했다.

작화 감독인 고마쓰바라 가즈오는 작화 스튜디오 '오 프로덕션(OH! Production)'의 일원이었다. 오 프로덕션은 〈미래 소년 코난〉 등에서 미야자키와 함께 작업했지만, 고마쓰바라 본인은 미야자키와 〈나우시카〉로 처음 만났다. 고마쓰바라는 〈우주 해적 캡틴 하록〉, 〈은하철도 999(극장판)〉에서 린타로 감독과 함께 캐릭터 디자인, 작화 감독을 맡으며 그 실력을 인정받고 있었다. 원화 부문에는 가나다 요시노리, 나베시마 오사무, 나카무라 다카시 등 각자의 실력을 이미 널리 인정받은 멤버들이 고마쓰바라와 마찬가지로 미야자키의 애니메이션에 처음 참가하면서 그 솜씨를 발휘하였다. 톱 크래프트에서는, 〈라스트 유니콘〉 등으로 역량을 높이 평가받은 요시다 다다카쓰가 캐릭터 '오무'의 작화를 중심으로 담당하였다.

그 외에도 제작진 명단에서는, 후에 지브리에 들어와 원화 및 작화 감독을 담당하는 가가와 메구미, 〈센과 치히로의 행방불명〉의 작화 감독이자 〈나스 안달루시아의 여름〉의 감독을 맡은 고사카 기타로, 〈신세기 에반게리온〉의 감독으로 대박을 터트린 안노 히데아키, 〈THE 빅 오〉의 감독이 된 가타야마 가즈요시 등의 이름을 발견할 수 있다.

그 밖에도 〈독수리 오형제〉와 〈기동전사 건담〉이라는 메카닉 애니메이션으로 유명하면서도, 〈닐스의 신기한 여행〉에서는 북미의 자연을 그린 나카무라 미쓰키가 미술 감독을 담당했다. 그는 누구도 본 적 없는 부해(腐海)의 풍경을 심해의 이미지로 완성했다.

음향 감독은 〈미래 소년 코난〉에서 미야자키와 콤비를 이룬 시바 시게하루가 맡았으며, 등장인물의 목소리에는 〈루팡 3세 : 칼리오스트로의 성〉에서 클라리스를 연기한 시마모토 스미가 나우시카를, 마쓰다 요지로가 나우시카와 만나는 소년 아스벨을 맡았다. 마쓰다는 후에 〈모노노케 히메〉에서 주인공 아시타카를 연기한다.

원래 2월 20일로 예정되어 있던 첫 시사는 3월 6일로 연기되었지만, 극장 공개는 예정대로 1984년 3월 11일에 시행되었다.

또한 다카하타는, 그동안 제작이 중단되었던 〈명탐정 홈스〉의 '파란 홍옥'과 '해저의 보물', 두 편의 상영을 제안했다. '파란 홍옥'과 '해저의 보물'은 극장 공개를 위해 다카하타가 직접 음향 작업을 시행하였으며, 이는 후에 TV에서 방영하는 것과 음악, 캐스팅 등이 다른 별개의 버전이다.

✒️ 나우시카의 시작

〈바람 계곡의 나우시카〉는 매우 복잡한 설정과 줄거리의 작품이다. 무대는 '불의 7일'이라는 카타스트로피(재앙)에 의해 고도의 문명이 멸망하고 천 년이 흐른 뒤의 지구. 지구 표면은 대부분 '부해'라는 거대한 균류로 숲이 뒤덮이고, 인간은 거기에서 나오는 해로운 독기와 거대한 벌레를 두려워하며 살아간다. 변방의 소국 '바람 계곡'의 공주 나우시카는 사람들에게 존경받으면서도, 예리한 감수성을 지니고 있어 사람들이 싫어하는 벌레에게도 애정을 쏟는 신기한 소녀로 등장한다.

이《나우시카》의 뿌리는, 미야자키가 오래도록 내놓지 않고 지니고 있었던 기획인《롤프》라는 작품까지 거슬러 올라갈 수 있다.《롤프》는 오래된 성에 사는 공주와 옆에서 그를 따르는 늑대들의 이야기로, 늑대가 악마 군단을 무찌르고 공주와 함께 먼 나라로 여행을 떠나는 내용이다. 미야자키는《롤프》를 영화화하면서 이 공주의 캐릭터를 더 확장하려고 했다. 그래서 '믿음직스럽지 못한 아버지'와 '어느 한 성의 공주님'이라는 한 쌍의 요소가 등장하게 된 것이다.

미야자키는《바람 계곡의 나우시카 : 미야자키 하야오 수채화집》에 실린 인터뷰에서 다음과 같이 말하고 있다.

《롤프》라는 작품을 영화로 만들기 어렵다는 것을 깨달았을 즈음, 제 안에 '살아 있어도 도움이 되지 않는 아버지. 그렇지만 경험 부족으로 아직 아버지 대신 임무를 하기에는 미덥지 못한 딸. 하지만 한 나라의 운명과 많은 사람에 대한 책임을 짊어져야만 하는 책임의 무게에 짓눌려 살아가는 주인공'이 탄생하였습니다. 그전까지 저는 너무나도 자유분방한 캐릭터만을 생각했던 것이지요.

그렇게 새로운 주인공의 이미지는 미야자키의 안에서 구체적인 모습으로 굳어져 갔지만, 이 인터뷰에서 미야자키는, 이 주인공을 중심에 두고 어떤 영화가 어울릴지, 당시는 아직 알지 못했다고 말하고 있다. 그래서 만화 연재의 이야기를 들여와, 결과적으로 '책임을 떠맡고 일어서는 주인공'의 이미지는 영화가 아닌 만화라는 형식으로 구체화하게 되었다. 만화에서 '믿음직스럽지 못한 아버지'는 애니메이션에서 '병에 걸려 움직이지 못하는 아버지'로 바뀌었으며, 주인공은 '바람 계곡'이라는 작은 나라의 책임을 혼자 짊어지고 계곡을 떠나는 '나우시카'라는 구체적인 설정으로 등장하게 되었다.

또한《롤프》이외에도 '나우시카'라는 캐릭터가 성립하는 데 중요한 역할을 한 두 가지 요소가 있다.《나우시카》만화책 1권에 실린 미야자키의 에세이에 따르면, 하나는 버나드 엡슬린이 쓴《그리스 신화 소사전》에 등장하는 파이아키아의 공주 나우시카. 주인공 '나우시카'의 이름도 여기에서 따왔다고 한다. 또 다른 하나는, 미야자키가 어렸을 적 읽은《쓰쓰미 추나곤 모노가타리》의 단편 〈벌레 사랑 공주님〉이다. 두 작품의 주인공 모두 공주로 태어났지만 뛰어난 감수성 때문에 특별한 사람으로 살아갈 수밖에 없었던 인물이다.

이런 나우시카의 캐릭터 성격은 영화 〈바람 계곡의 나우시카〉에서도 유지되었지만, 원작에 등장하는 토르메키아 왕국 내의 권력 투쟁이나 토르메키아 왕국과 도르크 제후 연합의 전쟁이라는 큰 요소는 모두 삭제되었다. 대신 토르메키아 왕국에 의해 멸망한 공방 도시 페지테 왕국의 잔당을 클로즈업하여, 그들이 실행하는 '오무를 폭주시키는' 위험한 작전을 이야기 후반부에 주된 내용으로 다루고 있다.

✒️ 영화가 공개되고

〈바람 계곡의 나우시카〉는 최종적으로 관객수 91만 5,000명을 동원, 흥행 수익 7억 4,200만 엔이라는 대성공을 거두었다. 또한 단순히 영화만 히트한 것이 아니라 신문이나 잡지에도 호의적인 감상평이 게재되었다. 일본의 대표적인 영화 잡지《키네마 순보》의 '1984년 일본 영화 베스트 10' 7위와 '독자 선정 일본 영화 베스트 10' 1위에 올랐으며, 우수한 애니메이션에 주어지는 마이니치 영화 콩쿠르 오후지 노부로상 수상에서도 그 대단함을 엿볼 수 있다.

후에 미야자키는 당시의 심경을 되돌아보며, 다음과 같이 말하고 있다.

〈바람 계곡의 나우시카〉가 공개된 이후의 제 솔직한 감상은, 어쨌든 이 영화로 무너지지 않았다는 것이었습니다. 그리고 영화를 제작할 기회가 다시 찾아올 수도 있다는 생각에, 정말로 마음이 놓였습니다. 운이 좋았어요. 그래서 '야호! 해냈어!'가 아니라 '잘 버텼구나'라는 생각이 더 강했습니다.

– 《바람이 돌아오는 곳 : 나우시카에서 치히로까지의 궤적

(風の帰る場所 : ナウシカから千尋までの軌跡)》

이와 같은 〈바람 계곡의 나우시카〉의 실적은, 다음 작품인 〈천공의 성 라퓨타〉의 제작과 스튜디오 지브리의 시작으로도 이어지게 되었다.

제2장

스튜디오 설립과
〈천공의 성 라퓨타〉

어느 날, 소녀가 하늘에서
내려왔다……

천공의 성 라퓨타

〈바람 계곡의 나우시카〉는 흥행 수익 7억 4,200만 엔과 예상을 뛰어넘는 인기를 얻었지만, 도쿠마 쇼텐은 두 번째 극장용 애니메이션 작품에 관한 기획을 검토하지 않았다. 스즈키 도시오는 당시 상황을 이렇게 말하고 있다.

도쿠마 야스요시 사장은 정말 독특하고 재미난 사람이에요. 〈바람 계곡의 나우시카〉가 그렇게 크게 흥행했으면, 보통 후속작을 만들려고 하잖아요? 그런데 그런 말을 하지 않는 사람이에요. 그리고 또 다른 무언가를 제작하라고도 말하지 않았어요. 어떤 주문도 없었던 거죠. 그래서 〈바람 계곡의 나우시카〉라는 영화는 감독인 미야 씨에게 있는 권리를 발생시켜 돈이 들어오도록 해두었어요. 제가 그렇게 했죠. 그게 무려 6,000만 엔이었습니다. 그 돈을 보고, 미야 씨가 깜짝 놀라더군요. "스즈키 씨, 이제 어쩌죠?"라면서요(웃음). 그 돈으로 집을 새로 지으면 스태프들에게 바보 취급을 당할 것이고, 새 차를 살 수도 없다고 했어요. 그때 마침, 다카하타 씨를 중심으로 지방의 작은 도시인 야나가와를 무대로 하는, 〈푸른 산맥〉과 같은 청춘 영화를 제작해보자는 기획이 있었습니다. 오가타 씨가 〈푸른 산맥〉을 해보고 싶다는 말을 꺼낸 거지요. (중략) 그러는 동안 다카하타 씨가 "이것은 역시 애니메이션에는 어울리지 않는다. 만약 제작한다면 다큐멘터리가 어울린다"라고 말했어요. 그리고 〈야나가와 수로 이야기〉라고 제목을 지었지요. '이런 작품에 누가 돈을 투자해줄 것인가?'라고 고민할 때, 미야 씨에게 돈이 들어왔습니다. 그래서 저는 "여기에 돈을 쓰면 어떤가요?"라고 제안했고, 미야 씨는 "그곳에 쓰이는 것이면 괜찮습니다"라고 대답했습니다. 〈야나가와 수로 이야기〉는 그렇게 시작했습니다.

– 《바람이 불어와》

인기 작품의 후속작을 만드는 것이 아닌, 첫 번째 작품의 흥행으로 들어온 뜻밖의 돈을 새로운 영화를 제작하는 데에 효율적으로 활용한다. 경제적 합리성을 우선하는 것도 아니고, 이전의 성공도 그대로 따라 하지 않는다. 보통의 영화 관련 회사나 출판사와는 다른 지브리의 경영 철학은 이때 이미 싹 트고 있었다고도 말할 수 있다.

이렇게 제작하게 된 〈야나가와 수로 이야기〉는 원래 청춘 영화로 기획이 검토되어, 각본의 제1원고를 각본가인 야마다 다이치에게 의뢰하는 단계까지 진행되었다. 그러나 야나가와의 로케이션 헌팅 이후, 기획 방향은 크게 달라졌다. 촬영 장소를 찾는 과정에서 야나가와 수로를 재생시킨 사람들의 활동이 매력적이었다는 것을 깨닫고, 그것을 기록하는 편이 더 좋겠다고 생각한 것이다.

그 사이 다카하타는 야나가와에 방을 빌려 거점으로 삼고, 다른 제작 진과 함께 지내며 작업을 진행했는데, 그러는 동안 이번에는 미야자키가 마련한 제작 자금이 바닥을 보이기 시작했다.

"모든 시간과 돈을 투자했지만, 아직 영화를 완성하지 못했습니다. 저는 누추하고 보잘것없는 집에 살고 있지만, 그 집을 담보로 하면서까지 영화를 제작하고 싶지는 않습니다. 스즈키 씨, 무언가 좋은 방법 없을까요?"

그렇게 상담하는 미야자키에게, 스즈키는 기회를 놓치지 않고 또 한 편의 애니메이션 영화의 제작을 제안했다. 〈야나가와 수로 이야기〉의 부족한 제작 자금은 미야자키의 신작 영화를 통해 보충한다는 것이 스즈키의 생각이었다. 그러자 미야자키는 5분도 지나지 않아 스즈키에게 '소년 파즈 : 비행석의 수수께끼'라는 기획을 꺼내기 시작했다. 〈천공의 성 라퓨타〉의 원형이 되는 이 기획은, 미야자키가 초등학생 시절 생각했던 이야기가 바탕이 되고 있다고 한다.

이 단계에서 기획 내용과 함께 떠오른 과제가 '제작 거점을 어떻게 할 것인가'라는 문제였다. 〈바람 계곡의 나우시카〉는 톱 크래프트라는 스튜디오에서 제작되었지만, 톱 크래프트는 〈바람 계곡의 나우시카〉 이후, 애니메이션 제작을 중단했다.

〈바람 계곡의 나우시카〉를 공개하고 얼마 지나지 않은 1984년 봄,《아니메주》의 부편집장이었던 스즈키는 도쿠마 야스요시 사장에게 도쿠마 쇼텐이 직접 제작 스튜디오를 설립할 것을 제안했다. 처음 그 이야기를 꺼낸 사람은 다카하타. 도쿠마 사장이 흔쾌히 허락했기에 도쿠마 쇼텐이 소유하던 휴면 회사를 이용해 그해 6월 애니메이션 제작을 위한 새로운 회사가 설립되었다.

이것이 '스튜디오 지브리'의 시작이다.

'스튜디오 지브리'라는 이름은 회사를 등기할 때 결정했다. 이름을 붙인 사람은 미야자키 하야오. 당시 다카하타 이사오는 '무사시노 공방'이라는 일본어 기업명을 제안했다고 한다. 반면 지브리(GHIBLI)는 사하라 사막에 부는 뜨거운 바람을 의미하며, 제1차 세계대전 중 이탈리아 군용기의 이름으로도 사용된 적이 있는 단어다. 사실 'GHIBLI'의 정확한 이탈리아어 발음은 '기브리'인데, 미야자키가 처음에 '지브리'라고 생각했었기에 그대로 '지브리'라는 발음이 되어버렸다고 한다.

그 후로도 계속 제작을 이어간 다카하타의 〈야나가와 수로 이야기〉는 최종적으로 기획부터 완성까지 4년이 걸린 엄청난 작업이 되었으며, 이는 1987년 〈문화 기록 영화 : 야나가와 수로 이야기〉로 그 결실을 보았다.

🖋 새로운 기획 '소년 파즈'

1984년 12월 7일, 미야자키가 제출한 '소년 파즈 : 비행석의 수수께끼'
의 기획서에는 '또는 공중 성의 포로, 또는 하늘을 나는 보물섬, 또는 비
행 제국'이라는 다른 부제 후보들이 나열되어 있다. 그리고 굴뚝 위에서
트럼펫을 부는 소년의 모습을 그린 이미지 보드도 첨부되어 있다.

기획 의도는 다음과 같이 적혀 있다.

〈바람 계곡의 나우시카〉가 높은 연령층을 대상으로 한 작품이라면, '소
년 파즈'는 초등학생을 대상의 중심으로 그린 영화다. 〈바람 계곡의 나우
시카〉가 맑고 차가우며, 선명하고 강렬한 작품을 목표로 했다면, '소년 파
즈'는 유쾌한 피가 끓고 가슴이 뛰는 고전적인 활극을 목표로 하고 있다.

'소년 파즈'의 목표는 일단 젊은 고객들이 마음 놓고 즐길 수 있고, 기뻐
할 수 있는 영화다. 웃음과 눈물, 그리고 진심 가득한 솔직한 마음과 오늘
날 가장 더럽다고 여겨지는 것, 그러나 실은 고객들이 스스로 깨닫지 못해
도 가장 바라고 있는 마음과 마음의 연결, 상대를 위한 헌신, 우정, 자신에
대한 믿음을 향해 한결같이 나아가는 소년의 이상을 뽐내지 않으면서도,
오늘날 관객들에게 와닿는 표현으로 이야기하는 작품이다.

〈도라에몽〉을 제외한 오늘날의 많은 애니메이션이 이야기에 그림을 곁
들인 극화를 기반으로 한다면, '소년 파즈'는 만화 영화의 부활을 목표하
고 있다. 뇌세포의 수가 성인과 같아지는 4학년을 주요 대상으로 설정하

여, 유아 고객층을 발굴하고 대상 연령층을 넓히는 것이다. 수십만의 애니메이션 팬들은 무조건 봐줄 테니, 그들의 기호를 신경 쓸 필요는 없다. 그리고 많은 잠재 관객은 동심으로 돌아가게 하고 해방시켜 주는 영화를 바라고 있다. 다수의 작품이 기획되면서, 대상 연령이 점차 높아지는 경향은 애니메이션의 미래로 이어지지 않는다. 마이너 취미 안에서 애니메이션을 분류하고, 다양화 속에서 길을 잃어서는 안 된다. 애니메이션은 무엇보다 아이들의 것이며, 진심으로 아이들을 위한 것은 어른들이 감상하기에도 충분하다.

'소년 파즈'는 애니메이션을 본래의 근원으로 되돌리려는 기획이다.

－《미야자키 하야오, 출발점 1979–1996》

작품의 대상으로 초등학생을 중요하게 생각하는 것은, 〈바람 계곡의 나우시카〉 프로모션에서 관객의 연령층이 생각보다 높았던 미야자키의 경험이 반영되어 있다. 그때의 경험이 애니메이션의 본래 고객층을 되찾고 싶다는 생각으로 이어진 듯하다.

도쿠마 쇼텐은 이 기획에 바로 'GO(고)' 사인을 내렸다. 기획서는 그 후 제2원고, 제3원고를 거치면서 내용이 탄탄해졌다. 또한 미야자키는, 준비 원고 집필 전인 1985년 5월 18일부터 2주 동안 홀로 영국 웨일스로 로케이션 헌팅을 떠났다. 다카하타, 스즈키, 가메야마 오사무 세 명이 그를 배웅했다. 이 로케이션 헌팅으로 주인공 파즈가 사는 슬랙 계곡의 풍경 등에 활용하는 성과를 얻었다.

《천공의 성 라퓨타 로망 앨범(天空の城ラピュタ (ロマンアルバム))》에는 영국에 한 제작진의 지인이 로케이션 헌팅 중인 미야자키를 안내했던 가이드와 우연히 마주쳤다는 에피소드가 소개되고 있다. 그에 의하면 가이드는 로케이션 헌팅 중인 미야자키 하야오에 대해 '유명 명소와 고적은 보지 않고, 탄광이나 초원, 그런 독특한 장소를 많이 구경했다. 고개를 들어 하늘의 구름만 올려다보고 있어서, 일본에는 구름이 없냐고 물어보려다가 말았다'라고 말했다고 한다.

✒ 스튜디오의 위치, '기치조지'로 결정

기획이 결정되고 반년 가까이 움직임이 없었던 스튜디오 지브리도 본격적으로 시동을 걸기 시작했다.

도쿠마 쇼텐의 관련 회사였던 지브리는, 도쿠마 야스요시 사장이 대표이사를 겸임하고 있었기에 자연스레 현장을 담당하는 임원이 필요해졌다. 그래서 하라 도오루가 톱 크래프트를 그만두고 지브리를 전담으로 맡게 되었다.

미야자키가 로케이션 헌팅으로 영국에 가 있던 5월 중순부터 구체적인 스튜디오 구하기가 시작되었다. 여행을 떠나기 전 미야자키가 제시한 스튜디오의 조건은 두 가지. '창문이 크고 한 층을 단독으로 사용할 수 있는 곳'과 '도쿄 23구의 바깥쪽에 위치하는 곳'이었다. 스즈키와 다카하타,

그리고 하라는 미야자키의 조건을 바탕으로, 애니메이션 관련 기업이 많은JR 주오선을 따라 나카노부터 차례차례 부동산을 돌며, 스튜디오로 하기 적절한 장소를 찾아다녔다.

이 스튜디오 찾기에는 아주 작은 에피소드가 있다. 괜찮은 매물을 찾아다니던 세 명은 부동산에서 문전박대를 당했는데 심지어 한 번도 아니고, 여러 번 반복적으로 쫓겨났다. 그제야 어딘가 이상하다고 생각한 스즈키는 '옷차림'이 문제라는 결론을 내렸다. 부동산을 방문하면서 제대로 양복을 갖춰 입은 사람은 하라 한 사람뿐. 스즈키와 다카하타는 평소 모습과 크게 다르지 않은 가벼운 점퍼 차림이었다. 스즈키는, 나이도 어느 정도 먹은 어엿한 성인이 재킷도 입지 않고 돌아다니니, 부동산에서는 이상하다고 생각해 경계했을 것이라고 분석했다. 스즈키의 지적을 받은 다음 날부터 다카하타는 재킷을 입고 다시 스튜디오를 찾으러 돌아다니기 시작했다.

그러자 바로 성과가 나타났다. 재킷을 입은 첫째 날, 기치조지역 근처에서 원하던 매물을 발견할 수 있었다. 새로 지어진 제2이노 빌딩으로, 4층 건물의 2층을 빌리기로 했다. 건물 중앙에 엘리베이터가 위치한 'ㄷ(디귿)'자 모양의 단독 층으로, 크기는 76.6평이었다. 1층에는 세입자가 운영하는 카페가 있어, 스태프 회의 장소 등으로 활용하게 되었다.

이렇게 1985년 6월 15일, 드디어 스튜디오가 오픈했다. 이틀 후인 17일에 미야자키가 스튜디오에 들어왔으며, 7월 18일에 미술 감독 노자키 도시로, 8월 5일에 작화 감독 단나이 쓰카사, 8월 16일에 원화 리더인 가나다 요시노리, 9월 6일에 미술 감독 야마모토 니조 등 핵심 제작진이 차례차례 스튜디오에 들어왔다.

그리고 스튜디오 지브리의 운영에 관한 핵심 방침은 다카하타가 결정했다. 그것은 회사 경영의 리스크를 최소화하기 위해 하나의 작품을 만들 때마다 스태프를 모집하고 끝나면 해산한다는 방침이었다. 이 제작 방식은 제작진을 정규직으로 전환하는 〈추억은 방울방울〉의 전작, 〈마녀배달부 키키〉까지 유지되었다. 또한 다카하타는 〈바람 계곡의 나우시카〉와 마찬가지로 〈천공의 성 라퓨타〉에 프로듀서로서 참가하기로 했다.

✒️ 제작진의 집결

작화 감독과 원화 제작진은 총 21명. 그중 약 3분의 1은 〈바람 계곡의 나우시카〉를 제작한 원화 제작진이 그대로 이동한 것이었다. 또한 이전 작품에도 참여한 작화 감독 단나이 쓰카사 외에도 시노하라 마사코, 후타키 마키코, 엔도 마사아키, 도모나가 가즈히데 등 주식회사 니혼 애니메이션과 텔레콤 애니메이션 필름에서 미야자키와 함께 일했던 작화 제작진이 참여하고 있는 것도 하나의 특징이라고 말할 수 있다. 사실 이 멤버 중 일부는 크레디트에 이름이 올라가 있지는 않지만, 〈바람 계곡의 나우시카〉의 막바지 작업을 도운 적도 있다고 한다. 또한 이후 〈청의 6호〉를 감독한 마에다 마히로와 지브리 작품인 〈폼포코 너구리 대작전〉에서 작화 감독을 맡은 오쓰카 신지의 이름도 볼 수 있다.

미술 감독은, 당시 체제로서는 굉장히 이례적으로 두 명이 담당했다. 〈페린느 이야기〉, 〈빨간 머리 앤〉의 미술을 담당한 노자키 도시로는 〈바람 계곡의 나우시카〉로 미야자키 하야오 작품에 처음 참가하게 되었으며, 후에 〈천공의 성 라퓨타〉에서 첫 미술 감독을 맡게 된다. 야마모토 니조는 미야자키의 〈미래 소년 코난〉에서 미술 감독을 맡았으며, 〈루팡 3세 : 칼리오스트로의 성〉에서 미술을 담당하고, 다카하타의 〈꼬마 숙녀 치에〉에서도 미술 감독을 맡았다.

〈천공의 성 라퓨타〉의 줄거리는, 미야자키가 스튜디오에 들어오기 전에 이미 준비 원고가 한 번 정리된 상태였다. 이야기의 골격은 정해져 있었지만, 악역으로 등장하는 무스카의 야망과 좌절이 주제가 되고, 주인공 파즈와 시타의 존재감이 옅어, 약간 이야기의 균형이 부족한 부분이 있었다. 스즈키와 다카하타의 그런 지적을 근거로 미야자키는 각본을 여러 차례 수정하였으며, 그를 바탕으로 6월부터 그림 콘티를 집필하기 시작했다.

작화의 시작은 1985년 9월. 꽤 빠듯한 일정으로 진행되었는데, 예를 들어 2개월 후인 11월 시점에 원화는 예정의 절반, 배경은 예정의 50분의 1밖에 완성되지 않은 상태였다. 그래서 한 해의 마지막 날인 12월 31일에도 많은 제작진이 스튜디오에서 일을 하고 있어, 함께 제야의 종소리를 들은 후 그대로 스튜디오에서 새해 첫 참배를 하러 갔다는 에피소드도 있다. 그 후 1986년 1~3월에 경이로운 속도로 반격을 펼쳐, 7월 23

일에 첫 시사가 시행되었다.

이야기의 마지막 장면에, 파즈가 제작하고 있던 오니숍터(ornithopter, 날갯짓 비행체)를 등장시키자는 아이디어도 있었지만, 오니숍터가 날아다니는 장면은 작화가 어려워지기 때문에 이 아이디어는 보류되었다. 대신 본편에서 활약했던 것이 플랩터다. 플랩터는 곤충 모양의 날갯짓 비행체로, 날개를 펄럭인다는 의미의 영어 'flap'에서 따와 미야자키가 붙인 이름이다. 본격적인 작화 작업에 들어가기 전, 원화 리더인 가나다 요시노리가 몇 가지 날갯짓 패턴을 만들어 테스트했는데, 초당 24프레임의 애니메이션에서 곤충의 날갯짓을 표현하기는 쉽지 않았다. 그래서 가나다는 몇 가지 날갯짓 패턴을 그려 테스트하였으며, 최종적으로 유선(流線)으로 표현하게 되었다.

또한 라퓨타의 정원에 등장하는 작은 동물인 '미노노하시'에 관한 에피소드도 있다. 색을 지정하는 야스다 미치요가 미노노하시의 원래 색을 알고 싶다며, 연출 조수인 스도 노리히코에게 자료를 찾아달라 요청했다. 스도는 그림 콘티에 적힌 '17세기에 멸종되었다'라는 미야자키의 글을 단서로 도서관에서 조사했지만, 자료는 하나도 찾을 수 없었다. 곤란했던 스노가 미야자키에게 상담하자, '미노노하시는 사실 나의 상상 속 생물'이라는 미야자키의 답변이 돌아왔다고 한다.

라퓨타를 지키는 로봇 병사들은, 폴 그리모의 〈왕과 새〉에 등장하는 로봇에 오마주를 바친 것이다. 미야자키가 각본·연출을 담당한 TV 애니메이션 〈루팡 3세〉의 최종화 〈안녕, 사랑스런 루팡이여〉에 등장한 로봇

'람다'의 발전된 형태이기도 하다. 시계 부품처럼 생긴 람다의 얼굴이 굉장히 마음에 들어 했던 미야자키는, 그것을 TV에서 충분히 살리지 못해 〈천공의 성 라퓨타〉에 재등장시켰다고 한다. 추진 방식이 프로펠러에서 제트엔진으로 변경되는 등 세부적으로는 약간 다르지만, 〈천공의 성 라퓨타〉에 등장하면서 로봇 병사는 매력적인 캐릭터로 자리매김했다. 오늘날 미타카의 숲 지브리 미술관의 옥상에서 '수호신'처럼 서 있는 로봇 병사의 모습을 볼 수 있다.

〈천공의 성 라퓨타〉의 새로운 요소는 해적 여두목 '도라'의 모습에서 찾을 수 있다. 《아니메주》 1985년 12월호 편집부의 원고에는 도라에 관한 다음과 같은 기사가 실려 있다.

해적이자 어머니, 물욕과 식욕의 인간인 '도라'야말로 미야자키 씨의 애착이 가장 깊게 스며든 인물. 도라의 모델이 미야자키 씨의 어머니이기 때문이다. 어렸을 적에는 남자 형제 넷이 모여도 어머니에게 맞설 수 없었다고 한다. 도라는, '상상력이 샘솟는다'라며 음향 감독 시바 씨를 감탄하게 하고, 가나다 씨가 '그려보고 싶다'라고 말하게 하는 매력적인 '할머니'다.

미야자키의 어머니는 〈바람 계곡의 나우시카〉를 제작하던 1983년에 세상을 떠났다. 미야자키의 남동생, 미야자키 시로가 《영화 천공의 성 라퓨타 가이드북(映画天空の城ラピュタ GUIDEBOOK)》에 기고한 〈형 미야자키 하야오〉에는 다음과 같이 쓰여 있다.

어머니는 1983년 7월 27일, 71세의 나이로 타계하셨습니다. 〈천공의 성 라퓨타〉에 등장하는 해적 여두목 '도라'를 떠올리시면 됩니다. 몸이 약하셨기에 도라와 같은 육체적 활발함은 없었으며, 아주 약간은 미인이셨다고 믿고 싶지만, 정신적 박력은 그야말로 도라와 똑 닮았습니다.

음향 부문에서는, 시바 시게하루가 이전 작품에 이어 음향 감독을 맡았으며, 히사이시 조가 음악을 담당했다. 또한 두 주인공의 목소리는 각각 요코자와 게이코와 다나카 마유미가 담당했다. 이색적인 캐스팅으로는, 후시 녹음에 첫 도전을 한 배우 데라다 미노리가 무스카라는 캐릭터를 인상적으로 연기했다. 또한 음향이 모노럴 방식이었던 〈바람 계곡의 나우시카〉에 비해, 〈천공의 성 라퓨타〉부터는 돌비 스테레오 방식이 도입되었다.

엔딩에 주제곡 〈너를 태우고〉를 삽입하자는 것은 다카하타의 아이디어. 다카하타는 이 주제곡 작업에 관해 《천공의 성 라퓨타 로망 앨범》의 인터뷰에서 다음과 같이 말하고 있다.

이 작품은 일종의 보물섬인 라퓨타로 가는 이야기인데, 보물을 가지고 돌아와도 딱히 좋은 상황을 맞이하지 않습니다. 어느 정도 어두운 측면도 있는 이 이야기를 마지막까지 지켜본 관객이 '앗!' 하고 멍해지게 되는 부분에 노래가 슬쩍 스며들면서, 왠지 마음을 편안하게 해주고, 노래를 듣는 동안 머릿속에 이런저런 영화를 반추해주며, 용기를 샘솟게 하는…. 그를 위해서라도 노래가 있는 게 좋다고 생각했습니다. '보물을 찾아 떠났지만, 보물은 손에 넣지 못했다. 그 대신 무엇을 얻었을까?' 그 정도의 이야기입니다.

그래서 다카하타는, 이미지 앨범 가운데 〈파즈와 시타〉라는 곡을 영화속에서 일관되게 사용하고, 마지막에 노래로 하여 흐르게 하는 음악 연출을 제안했다. 히사이시는 노래로 만들기 위해 후렴 부분을 추가로 작곡하였으며, 미야자키는 주제곡의 내용에 관해 메모를 작성했다. 이 미야자키의 메모 속 표현이 그대로 가사가 될 수 있다고 생각했던 다카하타는, 히사이시와 함께 표현을 다듬어 멜로디에 맞춘 주제곡 〈너를 태우고〉를 완성하였다.

✒ 지브리의 첫 제휴

〈천공의 성 라퓨타〉의 극장 개봉은 1986년 8월 2일. 도에이 배급으로 전국 영화관 103개 스크린에서 공개하였으며, 관객수 약 77만 5,000명을 동원하고 흥행 수익 5억 8,300만 엔을 거두어들였다. 〈바람 계곡의 나우시카〉와 비교하면, 〈천공의 성 라퓨타〉는 도쿠마 쇼텐, 한 회사에서만 제작했기 때문에 홍보력이 떨어졌다는 것이 흥행 성적 감소의 요인 중 하나로 분석되었다.

또한 〈천공의 성 라퓨타〉는, 도쿠마 사장의 의향으로 광고 대행사인 '덴쓰'에게 홍보를 위임하게 되었는데, 이는 지브리의 첫 본격적인 제휴라고 할 수 있다. 그 배경을 스즈키는 다음과 같이 말하고 있다.

이제 와 돌이켜 생각해 보면, 영화는 TV와 달리 상업주의가 아니었던 거예요. TV는 비용을 내지 않고 방송을 볼 수 있습니다. 하지만 거기에는 광고주와 스폰서가 붙으니, 당연히 상업주의가 되겠지요. 반면 영화는, 독립적인 작품으로, 클라이언트 외에는 붙지 않았습니다. 그런데 영화에 클라이언트를 더한다는 생각을 덴쓰가 가져왔습니다. 〈천공의 성 라퓨타〉는, 아마 제가 아는 한, 그런 방식을 채택한 첫 번째 일본 영화일 것입니다.
– 《바람이 불어와》

제휴 이야기가 진행되는 가운데, 덴쓰는 〈천공의 성 라퓨타〉와 관련된 캐릭터와 영상에 관한 세부 조건을 나열한 계약서를 준비해왔다. 하지만 다카하타는 그 계약서에 기재된 항목을 대부분 기각했다. 허용하는 것은 〈천공의 성 라퓨타〉의 로고뿐, 이외에 캐릭터의 그림이나 영상은 매번 협의하여 사용을 검토하는 조건을 제시했다. 다카하타가 이렇게 까다로운 조건을 내세운 배경에는, 기업과의 제휴로 지금까지 상업주의에 빠지지 않았던 영화가 자유를 잃어버리는 것에 대한 걱정과 우려, 그리고 〈천공의 성 라퓨타〉를 그런 첫 번째 작품으로 만들면 안 된다는 생각이 있었다고 한다.

덴쓰는 다카하타의 조건에 난색을 드러냈는데 다카하타도 그에 물러서지 않아, 결과적으로 이 제휴는 덴쓰와 지브리, 양측이 계약을 체결하지 않은 채 움직이기 시작한 이례적인 사태가 되었다.

이와 같은 상황에서 덴쓰의 담당자는 지브리에 제휴 상대로 '아지노모토'와 '도시바', 두 기업을 제안했다. 아지노모토는 영화 공개에 맞추어 청량음료 '천공의 성 라퓨타'를 출시하자고 제안했는데, 이때도 패키지에 사용하는 그림을 어떻게 할 것인지가 문제가 되었다. 다카하타는 '주스가 영화로 만들어졌다는 말이 나오지 않도록 하는 것이 중요하다'라고 주장했는데, 의견을 조정한 결과, 상품 패키지에는 영화의 장면을 그대로 사용하지 않고, 미야자키가 광고를 위해 그린 이미지 보드의 러프 스케치를 사용하게 되었다.

영화 홍보와 지켜야만 하는 자유. 그리고 그 사이에서 철저하게 작품을 지키려고 했던 다카하타. 그 모습을 바로 옆에서 지켜본 스즈키는, 앞으로의 작품에서도 지브리만의 독자적인 제휴 방침을 모색해나가게 된다.

저는, 〈천공의 성 라퓨타〉 때는 제작비를 보전한다는 의도에서 스폰서에게 약간의 돈을 받기도 했습니다. 하지만 역시 돈을 투자한 이상, 모두 회수하려고 합니다. 그때 그것을 알았습니다. 그래서 기업과 제휴할 때는 항상 주의를 기울여야만 합니다. 〈이웃집 토토로〉와 〈반딧불이의 묘〉 이후는, 제휴라고 하더라도 돈은 일절 발생시키지 않기로 정했습니다. (중략) 조금만 잘못하면 주스가 영화로 만들어지는 느낌이 나게 됩니다. 그를 방지하기 위해 홍보를 하지 말라는, 도저히 이해가 할 수 없는 일을 해야만 하는 것입니다. 제가 그런 말을 꺼내면 상대는 "네?"라며 몹시 놀라며 당황해했습니다. 공존공영을 꿈꾸고 있었겠지만, 저희는 그에 응할 수 없었지요. 그렇게 제휴는 실질적으로 잘 이루어지지 않았습니다.

– 《바람이 불어와》

　이렇게 지브리의 첫 제휴는 많은 과제를 남겼지만, 〈천공의 성 라퓨타〉는 〈바람 계곡의 나우시카〉에 이어 크게 호평을 받았으며, 오후지 노부로상을 수상하고, 잡지 《키네마 순보》의 '1986년 일본 영화 베스트 10' 8위, '독자 선정 일본 영화 베스트 10' 2위, 잡지 《피아》의 기획 〈피아10〉과 잡지 《영화예술》의 베스트 10에서 모두 1위를 차지했다.

제3장

이전에는 없었던 두 편 동시 상영,
〈이웃집 토토로〉와 〈반딧불이의 묘〉

잃어버린 것을 전해 드리러 왔습니다.

이웃집 토토로

이런 이상한 생명체는,
아직 일본에 있답니다. 아마도.

잃어버린 것을 전해 드리러 왔습니다.

반딧불이의 묘

4살과 14살에, 살아 보자고 생각했다.

✒ 우여곡절의 기획

〈천공의 성 라퓨타〉의 성과를 바탕으로, 미야자키 하야오 감독은 1986년 가을, 새로운 작품의 준비를 시작했다. 미야자키가 그린 한 장의 이미지 보드를 보고 아이디어를 떠올린 스즈키 도시오가 영화화를 제안한 것이 계기였다. 이미지 보드에는, 비가 내리는 버스 정류장에서 우산을 들고 아버지를 기다리는 소녀와 머리 위로 큰 잎사귀를 들고 서 있는 토토로. 미야자키가 TV 스페셜 방송을 구상하며 그린 그림 중 하나로, 이는 1970년대 후반부터 간직해온 기획이었다고도 한다. 아직 TV가 보급되기 이전, 도쿄의 교외 지역을 무대로 하는 이 이야기는, 그곳으로 이사간 소녀와 숲에 사는 신기한 요괴 '토토로'의 교류를 그리고 있다. 참고로 〈이웃집 토토로〉의 이미지 보드는, 1983년 3월 출간된 《미야자키 하야오 이미지 보드집(宮崎駿イメージボード集)》과 《아니메주》 1983년 9월

호의 부록 〈바람 계곡의 나우시카 : 미야자키 하야오 이미지 보드집〉으로 이미 세상에 나와 있으며, 일부 팬들에게는 그 존재가 알려져 있다.

하지만 스튜디오 지브리의 새로운 회사인 도쿠마 쇼텐이 〈이웃집 토토로〉의 기획에 난색을 보였다. 기획 자체가 평범한데, 〈바람 계곡의 나우시카〉나 〈천공의 성 라퓨타〉라는 '미야자키 하야오=SF 활극'이라는 노선과 크게 다른 기획이었다는 점도 주된 이유 중 하나였다. 도쿠마 쇼텐에게서 '영화가 아닌 비디오 기획이라면 OK 할 수 있다'라는 제안도 받았다고 하는데, 스즈키는 어디까지나 영화화를 고집했다.

실질적으로 지브리 작품의 기획을 담당하고 있던 스즈키는, 간부들에게 〈이웃집 토토로〉의 기획을 거절당한 후 방안을 궁리했다. 그때 스즈키의 머릿속에 '다른 작품과 〈이웃집 토토로〉, 두 편을 동시에 상영하면, 도쿠마 쇼텐의 간부들을 설득할 수 있지 않을까?'라는 아이디어가 떠올랐다. 그래서 스즈키는, 〈이웃집 토토로〉와 동시에 상영할 작품으로 노사카 아키유키의 소설 《반딧불이의 묘》의 애니메이션화를 제안했다.

〈반딧불이의 묘〉 기획의 발단은 '두 편 동시 상영'을 제안하기 이전인 1986년 1월까지 거슬러 올라간다. 〈천공의 성 라퓨타〉를 제작하던 당시, 〈천공의 성 라퓨타〉의 프로듀서를 맡고 있던 다카하타 이사오가 《아니메주》 편집부를 방문한 것이 계기였다. 그때 편집장 오가타 히데오가 다카하타에게 "일본이 전쟁에서 패하여 어른들이 자신감을 잃었을 때, 아이들만은 활기찼습니다. 그런 영화를 해보지 않겠습니까?"라고 이야기를 꺼낸 것이었다. 다카하타는 그 제안에 관심을 보였고, 부편집장인 스즈키와 함께 오가타의 제안에 맞는 원작을 찾기 시작했다.

처음에 다카하타는 무라카미 하야토의 수필《일본을 달린 소년들(日本を走った少年たち)》을 원작으로 하자는 의견도 냈었는데, 그 안은 얼마 뒤 무산되었고, 매력적인 작품은 좀처럼 찾을 수 없었다. 그러던 어느 날, 스즈키가 19살 가을에 읽었다는 노사카 아키유키의 소설《반딧불이의 묘》를 제안했고, 그 책을 읽은 다카하타가 꼭 애니메이션으로 만들고 싶다며 승낙. 그렇게 다카하타의《반딧불이의 묘》의 영화화에 시동이 걸리게 되었다. 책을 한 번만 읽고 영화화를 결심하는 것은, 다카하타에게는 흔치 않은 일이었다.

이러한 경위를 거쳐 〈이웃집 토토로〉와 〈반딧불이의 묘〉는, 60분 정도의 중편으로 만들어 두 편을 동시에 상영한다는 기획으로 다시 정리되었다. 미야자키의 담당이었던《아니메주》편집부의 가메야마 오사무가 〈이웃집 토토로〉의 기획서를, 스즈키가 〈반딧불이의 묘〉의 기획서를 작성했다.

하지만 이 기획 역시 긍정적인 답변을 얻지 못했다. 그때 스즈키는 도쿠마 쇼텐의 야마시타 다쓰미 전무에게 "요괴 하나면 그렇다고 쳐도, 심지어 '묘'라니!"라며 질책받았다고 한다.

다시 기획은 교착 상태가 되었지만, 소설《반딧불이의 묘》의 출판사인 신초샤가 이 기획에 크게 관심을 보였던 것이 돌파구가 되었다.

계기는 가메야마와 신초샤의 하쓰미 구니오키가 알고 지내던 사이였다는 것. 그것을 눈여겨보던 스즈키가 1986년 10월, 가메야마를 통해 영화 〈반딧불이의 묘〉를 신초샤에서 제작할 수 없겠냐고 넌지시 물어봤다. 당시 새로운 분야에 도전하려는 분위기가 조성되고 있었던 신초샤는 도쿠마 쇼텐의 제안을 긍정적으로 받아들였다.

이렇게 수면 아래에서의 교섭을 바탕으로 신초샤의 사토 료이치 사장이 공동 배급을 요청하기 위해 도쿠마 야스요시 사장에게 직접 전화를 걸었다. 그 '핫라인'으로 신초샤와 도쿠마 쇼텐이라는 두 개의 출판사가 손을 잡은 이 이례적인 프로젝트는 구체적인 '진행' 사인이 내려지면서 〈이웃집 토토로〉와 〈반딧불이의 묘〉, 두 편 동시 상영 기획으로 시작하게 되었다.

그러나 이번에는 배급에서 문제가 발생했다. 도쿠마 쇼텐은 이전 두 작품과 마찬가지로 도에이에서 배급할 생각이었으나, 도에이가 '기업 문화와 맞지 않는다'라며 두 편의 동시 상영을 거절한 것이다. 그래서 도쿠마 사장이 다른 배급사인 도호와 직접 담판을 지으며, 1988년 4월 개봉을 성립시켰다고 한다.

또한 스튜디오를 책임지던 하라 도오루가 〈이웃집 토토로〉와 〈반딧불이의 묘〉의 동시 상영에 부정적인 의견을 내비쳤다. '일본의 장편 애니메이션의 초석을 닦은 도에이 동화도 동시에 두 편의 장편을 제작한 적은 없다. 리스크가 너무 크다'라는 것이 하라의 의견이었다. 이 기획의 리스크에 관해, 스즈키는 몇몇 인터뷰에서 "이 두 편이 지브리의 마지막 작품이 되어도 상관없다는, 아나키(anarchy)한 심정이었다"라며 당시의 심경을 말하고 있다. 그리고 1986년 겨울, 스즈키는 《아니메주》의 편집장으로 취임했다.

✒️ 스튜디오에 산처럼 쌓이는 문제들

기획은 확정되었지만, 제작 측면에서의 과제는 아직 무수히 많이 남았다.

우선 구체적인 문제 중 하나로 떠오른 것이 '작업 공간'이었다. 두 작품을 병행하여 만들려면, 기치조지 이노 빌딩에 있는 지금까지의 지브리 이외에 또 하나의 스튜디오가 필요했다. 조사하다가 이노 빌딩에서 약 50미터 떨어진 건물에 빈 사무실이 있다는 것을 알게 되어, 바로 그곳을 새로운 스튜디오로 계약했다. 다만 사무실은 4월부터 입주할 수 있었기에, 일단 '반딧불이 팀'이 들어간 이노 빌딩 스튜디오의 한쪽에 '토토로 준비실'이 마련되었다.

또 하나의 문제는 스튜디오 편성이었다. 두 편의 영화를 제작하게 되면, 제작진도 지금의 배가 필요해진다. 심지어 다카하타와 미야자키, 두 감독이 본인 작품에 참여해주길 바라는 스태프가 겹치는 일도 있었다.

그중에서도 애니메이터 곤도 요시후미는, 두 감독에게 참여 제의를 받았다. 곤도는 A프로덕션, 니혼 애니메이션, 텔레콤 애니메이션 필름에서 다카하타, 미야자키와 함께 일했으며, 다카하타의 〈빨간 머리 앤〉에서 캐릭터 디자인을, 미야자키의 〈명탐정 홈스〉에서 작화 감독을 담당했었다.

두 감독의 큰 신뢰를 받고 있던 곤도는 최종적으로 〈반딧불이의 묘〉에 참가하게 되었다.

그리고 두 감독에게 동시에 참가 요청을 받은 또 한 사람이, 색채 설계를 담당하는 야스다 미치오다. 야스다는 도에이 동화에서 채색으로 일을 시작해, 노동조합 활동을 하며 다카하타, 미야자키와 알게 된, 오랜 동료 중 한 명이다. 〈알프스 소녀 하이디〉, 〈미래 소년 코난〉 등에서 함께 작업하였으며, 〈바람 계곡의 나우시카〉와 〈천공의 성 라퓨타〉에도 참여했었다. 결국 스즈키, 하라, 다카하타, 미야자키, 거기에 야스다 본인까지 다섯 명이 모여 회의한 결과, 야스다는 〈반딧불이의 묘〉를 메인으로 담당하고, 〈이웃집 토토로〉의 주요 색채를 설계하면서, 또 다른 색 지정 스태프를 채용하여 문제를 해결했다.

✒ 〈반딧불이의 묘〉가 지향했던 과제

〈반딧불이의 묘〉의 제작은 1987년 1월부터 시작되었다. 우선 다카하타와 미술 감독 야마모토 니조가 스튜디오에 먼저 들어가고, 2월에 작화 감독인 곤도가, 3월에 화면 구성(레이아웃)·작화 감독 보좌의 모모세 요시유키가 스튜디오에 입성했다. 그리고 캐릭터 디자인, 미술 보드, 그림 콘티 등의 준비에 착수하였으며, 3월에는 고베로 로케이션 헌팅을 나갔다.

1967년, 노사카 아키유키가 발표한 소설 《반딧불이의 묘》는 같은 해

나오키상을 받은 작품이다. 태평양 전쟁 말기, 1945년 6월 고베 공습으로 엄마를 잃은 14살 세이타와 4살 세츠코 남매가 둘이 살아가려고 하지만, 결국 이루지 못하고 종전 후 얼마 지나지 않아 죽고 만다는 내용으로, 노사카의 경험이 바탕이 되는 작품이기도 해, 발표 당시 큰 화제가 된 작품이다.

다카하타는 제작에 앞서, 먼저 시놉시스를 정리했다. 하지만 시놉시스에서는, 단순히 원작의 내용을 간추린 정도가 아니라, 제작 의도와 기획의 시대성 등까지 다루었는데, 팸플릿 등에도 '〈반딧불이의 묘〉와 현대의 아이들'이라는 문장을 게재하며 영화의 목적을 말하고 있다. 그 가운데 다카하타는, 〈반딧불이 묘〉의 영화화 목적에 대해 다음과 같이 말하고 있다.

제게는, 〈반딧불이의 묘〉에 등장하는 소년 세이타가 마치 현대의 소년이 타임 슬립하여 어느 불행한 시대에 뒤섞여버린 것처럼 느껴져 견딜 수 없었습니다. 그리고 거의 필연이라고밖에 말할 수 없는 과정에서 여동생을 죽게 만들고, 한 달 만에 자신도 죽고 맙니다.

(중략)

세이타의 이러한 행동(*신세를 지고 있는 미망인의 미움 등을 견디기 어려워, 그 집을 나와버린 것)과 마음의 움직임이, 물질적인 혜택을 받고, 유쾌·불쾌를 대인관계나 행동, 존재의 큰 기준으로 하며, 번거로운 인간관계를 싫어하는 오늘날의 청년이나 아이들과 어딘가 닮지 않았나요? 아니, 그 아이들과 시대를 공유하는 어른들도 마찬가지입니다.

가족의 유대가 느슨해지고 이웃과의 연대감이 줄어든 만큼, 이중 삼중의 사회적 보호 혹은 관리의 범위에서 유지되고 있는 현대 사회. 서로 간섭하지 않는 관계를 기본으로 하고, 본질에 닿지 않는 유희적인 배려로 자신의 친절함을 확인하고 있는 우리. 전쟁이 아니더라도 좋다, 만약 엄청난 재해가 덮쳐와 사람을 상부상조나 협조에 이르게 하는 이념이 존재하지 않은 상태로 사회적인 도가 지나쳐버리면, 벌거벗은 것과 다름없는 인간관계 속에서, 사람은 종전 직후 이상으로 다른 사람에게 늑대가 되는 것과 다르지 않다. 내가 어느 쪽도 될 수 있다는 가능성을 생각하면 몸이 떨린다. 그리고 설령 인간관계에서 벗어나, 세이타처럼 여동생과 둘이서만 살아가려고 해도, 도대체 얼마나 많은 소년이, 사람들이, 세이타만큼 여동생을 부양할 수 있을 것인가.

(중략)

하지만 지금 〈반딧불이의 묘〉는 강렬한 빛으로 현대 사회를 비추어 우리를 겁먹게 한다. 전쟁 이후 40년을 통틀어, 현대만큼 세이타의 삶과 죽음을 대하는 태도가 남의 일 같지 않고 공감할 수 있는 세대는 없다.

지금이야말로 이 이야기를 영화로 만들고 싶다.

우리는 그동안 애니메이션에서 어려움에 용감하게 마주하고, 상황을 헤쳐 나가며 씩씩하게 살아가는 훌륭한 소년, 소녀만을 그려왔다. 그러나 현실에는, 결코 담대해질 수 없는 상황이 존재한다. 바로 전쟁터가 된 마을과 거리이며, 아수라장으로 변한 사람의 마음이다. 거기에서 죽어야만 하는 것은 마음씨 고운 현대의 젊은이들이며, 우리의 절반이다. 애니메이션에서 용기와 희망, 씩씩함을 그리는 것은 두말할 것 없이 중요하지만, 우선 사람과 사람이 어떻게 이어지는지에 관해 생각하게 만들 수 있는 작품 또한 필요하다.

다카하타의 이러한 목적은, 죽어버린 남매 뒤로 빌딩이 즐비하게 늘어선 현대의 야경이 모습을 드러내는 마지막 장면에 집약되어 있다.

그리고 〈반딧불이의 묘〉에서 표현상 목표는 '일본인을 그리는 것'이었다. 이에 대해 다카하타는 《곤도 요시후미의 일 : 동화로 표현할 수 있는 것(近藤喜文の仕事 : 動画で表現できること)》에 실린 〈자신감 넘치는 과감한 붓 터치〉에서, 이 과제에 대해 어떻게든 곤도와 함께 일하고 싶었던 이유와 연계하여 다음과 같이 말하고 있다.

〈반딧불이의 묘〉를 영상화하면서 어떻게든 달성하고 싶은, 또 달성해야만 하는 과제가 산처럼 쌓여 있었는데 그중 대부분은 곤 짱(*곤도 요시후미를 가리킴)만이 달성할 수 있는, 아니 곤 짱이라면 간신히 달성할 수 있을지도 모른다고 생각할 정도로 어려운 과제였다.

그 어려운 과제란 간단히 말하자면 '일본인을 제대로 그리는 것'이었다. '이랬으면 좋겠다'라는 이상적인 캐릭터도 아니고, 만화적, 양식적인 캐릭터도 아닌 '틀림없이 일본인이 이랬다'라는 현실적인 캐릭터로 말이다. 게다가 희화적, 모멸적인 과장이 들어간 것이 아니라, 일본인으로서 혹은 동아시아인으로서 존엄을 유지하면서 유머를 섞어 그 특징을 파악할 수는 없을지, 몸짓이나 표정도 각 연령층이 주는 느낌에 대응하면서 그렇게 그려낼 수 없을지 과제가 주어졌다.

이것이 곤도 요시후미 씨가 달성해 주길 바란 과제였다.

이렇게 곤도가 디자인한 캐릭터는 다카하타의 요구에 훌륭하게 부응했다. 작화 감독 보좌를 담당하던 모모세 요시유키는, 앞에 언급한 도서의 인터뷰에서 '디자인이 양식화되어 있지 않아 캐릭터를 비슷하게 하기 어려웠으며, 원화 담당자는 곤도의 수정과 러프 스케치 등에 의지해 캐릭터의 느낌을 잡아나갈 수밖에 없었다'라고 대답하며, 당시 제작진의 노고를 되새기고 있다.

작화에 관해서는, 4살 세츠코의 느낌을 파악하기 위해 당시 4살이었던 미술 감독 야마모토의 딸을 스케치하거나, 스튜디오 근처의 보육원으로 4세 어린이를 관찰하러 가기도 했다.

〈반딧불이의 묘〉의 그림 콘티는, 다카하타가 쓴 각본의 초안과 러프 콘티를 바탕으로 모모세가 그림을 채색하는 순서로 진행되었다. 그림 콘티 작업은 1987년 5월부터 시작하였으며, 6월에 작화 작업에 들어가고, 1988년 4월 11일, 첫 시사가 시행되었다.

〈반딧불이의 묘〉는 음향 부분에서도 도전이 있었다. 4살 세츠코의 목소리에, 실제 나이가 비슷한 5살 시라이시 아야노를 캐스팅했다는 점이다. 이는 다카하타와 음향 감독 우라카미 야쓰오의 공통적인 희망이었다.

거기에는 '현대 일본에서는 생각할 수 없는 상황에, 보고 있는 아이들을 되도록 자연스럽게 도입하고 싶었다'(《아니메쥬》 1988년 3월호 우라카미의 인터뷰)라는 목적이 있었다.

최대한 자연스러운 연기를 담기 위해, 시라이시만 프리스코어링(목소리만 사전에 녹음하는 방법)을 진행하였으며, 이외의 캐릭터는 세츠코의 목소리를 들으며 후시 녹음하는 방식을 택했다. 대본을 읽을 수 없는 시라이시를 위해 매니저가 대사를 읽어서 알려주면서 녹음을 진행했다. 이러한 노력의 결과, 존재감 있는 세츠코의 캐릭터가 탄생하게 되었다.

🖊 자연을 그린 〈이웃집 토토로〉

반면 〈이웃집 토토로〉는, 1987년 3월부터 준비를 시작했다. 예전에 그린 이미지 보드가 이미 존재했지만, 미야자키는 영화 제작에 앞서 90장 정도의 이미지 보드를 새롭게 그렸다. 기획 단계와 크게 다른 점은, 원래는 러닝타임 60분 정도의 중편 애니메이션을 제작할 예정이었는데, 이것이 80분 정도의 장편 애니메이션으로 변경되었다는 점이다.

미야자키는 이 작품의 발단에 관해 다음과 같이 말하고 있다.

(*〈알프스 소녀 하이디〉나 〈엄마 찾아 삼천리〉 등을 하면서) '무리하지 않고 우리의 세상을 제대로 그릴 수 있다면 행복할 텐데'라기 보다, 그려야만 한

다는 생각이 들었습니다. 저는 꾸준히 일본을 좋아하지 않았으니까요. 일본이라는 나라는 여전히 좋아하지 않는데, 일본의 풍토도 싫어서 곤란했던 어린 시절의 저에게 '이러한 것이 있단다' 혹은 '이렇게 바라보면 된단다'라는 식으로, 그렇게 볼 수 있는 영화가 있었으면 좋았겠다고 생각했었으니까요. 하지만 그것도 결국 나중에 붙인 핑계고, 어쨌든 오로지 〈이웃집 토토로〉와 같은 작품을 해야 한다고 생각한 최초의 동기는, 왠지 붉은 흙에 풀이 무성히 자라나는 곳에 포동포동한 아이가 서 있고, 눈앞으로 이상한 물체가 지나가는 그런 풍경을 아주 오싹할 정도로 그리고 싶었습니다. 정말로 하고 싶었어요.

– 《바람이 돌아오는 곳》

또한 토토로의 조형에 대해, 미야자키는 《아니메주》 1988년 5월호의 인터뷰에서 다음과 같이 대답하고 있다.

저 역시 도시에서 자란 사람이기에, 그러한(*유령과 요괴를 탄생시켜 온 듯한) 전통과는 거리가 멉니다. 숲속에 사는 어떤 신기한 생명체를 구체화할 때, 이른바 사람에게 겁을 주는 요괴의 모습으로 그리고 싶지는 않았습니다. 일본의 자연은, 그렇게 인간을 위협할 만한 자연도 아니고, 그렇다고 원한을 가진 존재도 아닙니다. 그렇게 되면 너구리나 오소리 같은 것, 애초에 오소리는 어떤 생물인지 생각해도, 뚜렷하게 떠오르지 않지만…. 자연의 산이나 나무를 보면서, 그 안에서 살아가는 요괴는 과연 어떤 것일지

고민하며, 너구리이기도 하고, 오소리나 부엉이이기도 한, 그것들을 전부 섞은 이상한 존재로서의 토토로가 탄생하였습니다.

1987년 4월. 제작진은 드디어 완성된 새로운 스튜디오로 이동했다. 작화 감독은 〈세계 명작 극장〉 등에서 솜씨를 발휘해온 사토 요시하루, 미술 감독은 〈요수 도시〉 등에 참여했던 오가 가즈오가 맡았으며, 두 사람 모두 미야자키와는 첫 번째 작업이었다.

〈이웃집 토토로〉에서 큰 역할을 담당했던 것이 미술이다. 미술 감독을 찾고 있던 미야자키에게 〈천공의 성 라퓨타〉의 미술 감독이었던 야마모토가 추천한 사람이 오가였다.

오가는 1996년 《오가 가즈오 화집》의 인터뷰에서 〈이웃집 토토로〉를 수락한 동기에 대해, "그리는 소재가 1950년대의 시골 마을이라는 점이 참 좋았습니다. 그리고 처음이었거든요, 미술에 관해 '시골 풍경, 나무, 풀과 꽃, 그런 것들에 주목하여 그렸으면 한다'라고 요구하는 감독과 함께 일하는 게. 저도 하면서 중간부터는 풀과 꽃, 나무 등을 토토로와 동격으로 생각해도 괜찮겠다면서 그리게 되었으니까요"라고 말하고 있다. 오가는 어디까지 세밀하고 꼼꼼하게 그리고, 어디까지를 생략할지, 그 균형을 고심했다고 한다.

또한 오가는 《이웃집 토토로 로망 앨범(となりのトトロ(ジブリ・ロマンアルバム))》의 인터뷰에서 "작년 가을 미야자키 씨에게 '지금까지 애니메이션에서 하고 싶지만 할 수 없었기에 아무도 하려고 하지 않은, 그런 장면

이니 마음 단단히 먹어라'라는 말을 들었습니다"라고 말하고 있다. 미야 자키가 말한 〈이웃집 토토로〉의 D파트에는, 낮부터 밤까지 해가 저물어 가는 과정을 정성껏 묘사하는 내용이 그려져 있었다. 이것은 아주 미세 한 빛의 변화를 포착하는 미술 실력이 있어야 가능한 시간 경과의 표현 이었다.

〈이웃집 토토로〉의 작화 작업은 7월 시작하였으며, 1988년 4월 1일, 첫 시사가 시행되었다.

✒ 갈색 윤곽선에 고전하다

〈이웃집 토토로〉, 〈반딧불이의 묘〉에서는 모두 캐릭터 등의 윤곽선에 갈색을 사용하는 새로운 시도를 하고 있다. 보통 애니메이션에서는, 동화 의 선을 셀로 옮길 때 검은색 카본[2]을 사용하기 때문에, 윤곽선은 검은 색이다. 하지만 검은 윤곽선은 〈이웃집 토토로〉와 〈반딧불이의 묘〉의 세 계에 어울리지 않는다고 판단해, 배경과 더 잘 어우러지는 갈색 윤곽선 을 채용하게 되었다.

갈색 윤곽선은 예상대로 효과적이었지만, 하나의 오산은, 아직 카본의 성능이 그만큼 뛰어나지 않아 동화의 선을 쉽게 옮길 수 없다는 것이었

2) 먹지를 의미.

다. 원래는 동화에서 셀로 선을 옮긴 이후의 작업을 외주 색채 스튜디오에 맡길 예정이었지만, 외주 업체의 기계로는 갈색 카본을 제대로 트레이싱[3]하지 못해, 결국 동화에서 셀로 옮기는 작업 대부분을 지브리 내에서 처리할 수밖에 없었다. 또한 카본 자체의 성능도 뛰어나지 않아, 선이 잘 투사되지 않거나, 트레이싱 후 카본을 벗겨내려고 하면 선도 함께 떨어지는 등의 문제도 너무나 당연하게 발생했다.

그래서 이 작업을 담당한 제작 스태프 사이에서는 '선을 다 옮긴 후 셀에 입김을 불어 급속도로 냉각시키면, 카본이 셀에 쉽게 고정된다', '선이 옅은 부분은 천천히, 선이 진한 부분은 빨리 떼어내면 카본이 남기 쉽다' 등 다양한 노하우가 개발되었다고 한다.

🖋 캐치프레이즈는 이토이 시게사토

홍보에는 카피라이터인 이토이 시게사토가 새롭게 참가했다. 사실 캐치프레이즈는 도쿠마 쇼텐과 신초샤의 관계자가 만들려고 했으나 두 기업의 이견이 좁혀지지 않아, 결국 전문가에게 의뢰하게 되었는데, 이때 스즈키는 1980년대 초부터 세이부 백화점의 '신기해, 너무 좋아' 등으로 주목받던 이토이에게 의뢰하기로 했다.

---

3) 원본 그림 위에 새 종이를 대고 선을 그대로 베껴 그리는 작업.

이토이에게는 각 작품의 카피와 두 작품을 연결하는 전체 카피, 총 세 개의 캐치프레이즈를 의뢰했다. 전체 카피는 '잃어버린 것을 전해 드리러 왔습니다'인데, 이토이는 이 문장에 '두 작품이 그리는 무대는 현재와 이웃해있는 과거다'라는 의미를 담았다고 한다. 그리고 〈반딧불이의 묘〉의 카피로는, 처음에 '풍로 하나와 이불, 모기장. 그리고 여동생과 반딧불이'라는 아이디어도 있었으나, 최종적으로는 '4살과 14살에, 살아 보자고 생각했다'라는 카피로 정해졌다. 〈이웃집 토토로〉의 카피는 원래 '이 이상한 생명체는, 이제 일본에 없습니다. 아마도'였는데, 최종적으로 '이 이상한 생명체는, 아직 일본에 있답니다. 아마도'로 수정되었다. 그 경위에 관해, 이토이는 1988년 5월호 인터뷰에서 "저와 같은 사람은, 현실에는 더 이상 없다고 생각할 것입니다. 하지만 '그럴지도 모르죠. 하지만 존재한다고 생각하고 만들고 싶습니다'라는 미야자키 씨의 말에, 확실히 그렇게 생각하지 않으면 영화를 만들 수 없겠더군요. (중략) 다만, 역시 '아마도'는 뺄 수 없었습니다"라고 말했다.

이토이는 제작 기간에 딸을 데리고 지브리를 방문한 적이 있는데, 그때의 목소리와 말투가 인상 깊었던 미야자키는 이토이를 사츠키와 메이의 아버지 역으로 발탁했다.

그 후 이토이는 지브리 작품의 캐치프레이즈를 일관하여 담당하게 된다.

두 작품의 개봉은 1988년 4월 19일. 도호 계열 129개의 영화관에서 공개되었다. 제작이 늦어진 〈반딧불이의 묘〉는 일부가 미완성인 채 개봉

되었다. 원래는 4주 동안 상영할 예정이었으나, 다음 영화의 개봉이 늦어지는 바람에 최종적으로 2주가 늘어나, 총 6주 동안 상영되었다. 그리고 미완성 부분이 완성된 이후, 같은 해 8월에는 2차 상영도 이루어졌다.

최종 흥행 수익은 두 편을 합쳐 5억 8,800만 엔. 관객 동원수는 80만 1,680명(제1차 상영만). 두 편을 동시에 상영하였지만, 흥행 수익은 〈천공의 성 라퓨타〉와 크게 차이가 나지 않는 결과였다.

반면 각 작품은 높은 평가를 받았다. 〈이웃집 토토로〉는 야마지 후미코상 영화상, 《키네마 순보》의 '1988년 일본 영화 베스트 10' 1위, '독자 선정 일본 영화 베스트 10' 1위, 마이니치 영화 콩쿠르 오후지 노부로상, 일본 영화 대상 등을 수상하였다. 또한 〈반딧불이의 묘〉는 모스크바 아동 청소년 국제 영화제 그랑프리, 일본 애니메이션 대상 그랑프리 등을 수상하였다.

제4장

〈마녀 배달부 키키〉의 성공과
지브리의 정규직 제도 도입

마녀 배달부 키키

가끔 낙담하거나 슬럼프에
빠지기도 하지만,
저는 건강하게 잘 지내고
있습니다.

🖋 광고 대행사가 가지고 온 기획

저는 〈마녀 배달부 키키〉를 만들지 않아도, 이제 한 종류의 사각형이 완성되었다고 스스로 느끼고 있었습니다. 〈루팡 3세 : 칼리오스트로의 성〉과 〈바람 계곡의 나우시카〉, 〈천공의 성 라퓨타〉, 그리고 〈이웃집 토토로〉를 했더니, 어느 시기까지 하고 싶다고 생각했던 일을 일단 전부 했다는 느낌이 들더군요. 그래서 뭐, 기세가 한풀 꺾였다고나 할까요. 그때 은근슬쩍, 이만큼 했으면 충분하다는 식으로도 생각했었습니다.

– 《바람이 돌아오는 곳》

미야자키 하야오 감독은, 〈이웃집 토토로〉가 끝난 시점의 심경을 이렇게 회고하고 있다.

미야자키가 말하는 대로, 애초에 〈마녀 배달부 키키〉는 지브리에서 낸 기획이 아니었다. 실사를 중심으로 다루는 기획 · 제작 회사가 애니메이션화를 기획하고, 원작자와 출판사로부터 영화 판권을 취득해, 덴쓰를 통해 지브리로 기획을 들고 온 것이었다. 이 시점에, 원작 소설의 일본어 제목《마녀의 택급편》에서 '택급편(宅急便)'의 상표권을 가지고 있고, 검은 고양이가 트레이드 마크인 야마토 운수와의 제휴도 결정되어 있었다.

〈마녀 배달부 키키〉의 원작은 가도노 에이코의 아동 문학. 어머니가 마녀인 13살 키키가 고향을 떠나 정착한 코리코 마을에서 빗자루 타는 기술을 이용해 '택배 배달부'로 일하는 모습을 연작 형식으로 그린 내용으로, 노마 아동 문예상 등을 수상한 작품이다.

〈마녀 배달부 키키〉의 기획이 지브리에 들어온 것은 〈이웃집 토토로〉, 〈반딧불이의 묘〉의 제작이 막 시작되었던 1987년 봄. 처음에 기획 측은 다카하타 이사오를 감독으로 요청하였으나, 회의 결과, 미야자키가 프로듀서를 맡고, 신진 감독이 현장을 담당하는 방향으로 결정되었다. 이렇게 미야자키는 〈이웃집 토토로〉의 작업을 계속하며, 1987년 말부터 1988년 봄에 걸쳐 감독과 시나리오 작가의 선정에 들어갔다.

시나리오 작가에는 당시 신인 각본가로 주목받던 이시키 노부유키의 이름이 거론되었다. 〈나를 스키장에 데려가 줘〉(1987), 〈기무라 집안 사람들〉(1988) 등에 참여한 이시키는, 현대 사회를 바라보는 독특하고 날카로운 시각이 높은 평가를 받고 있었다. 그리고 감독에 관해서는, 당시 주목을 받고 있던 젊은 연출가의 작품을 비디오로 보거나 때로는 본인과 직접 만나기도 하면서 검토하였으며, 최종적으로 〈명탐정 홈스〉에서 각본을 담당했던 가타부치 스나오로 내정했다. 그리고 그 시점에 작화, 미술 등 다른 분야의 주요 제작진에게도 연락을 취했다.

그러나 미야자키는, 실제로 완성된 이시키의 시나리오를 보고 자신이 생각했던 분위기와는 조금 다르다는 것을 깨달았다. 미야자키는 이시키의 발상이 재미있다는 것을 인정하긴 했지만, 전체적으로 메마른 분위기를 이해할 수 없어 결국 직접 시나리오를 쓰기로 결심했다.

✒️ 〈이웃집 토토로〉의 종료와 동시에 시작

〈마녀 배달부 키키〉 준비팀은, 〈이웃집 토토로〉의 첫 시사가 끝난 다음 날인 1988년 4월 2일, 정식으로 시작되었다. 미야자키는 주요 제작진에게 내용을 설명하고, 시나리오 집필을 시작하였으며, 4월 29일 캐릭터 설정과 시놉시스 작성을 시작했다. 또한 주요 제작진은 미야자키가 정리한 시놉시스를 참고하여, 5월 7일부터 16일까지 스웨덴의 스톡홀름과 고틀란드주의 비스뷔로 로케이션 헌팅을 떠났다. 참고로 고틀란드주는, 미야자키가 A프로덕션에 다니던 시절, 〈말괄량이 삐삐〉를 기획하며 로케이션 헌팅으로 방문했던 곳이기도 하다. 그것이 미야자키의 첫 해외여행이었다.

로케이션 헌팅의 목적은 '〈일본의 소녀들이 막연하게 마음속에 그리고 있는 유럽〉을 그림으로 실현하는 것'이었다. 이야기의 무대가 되는 코리코 마을은 주로 스톡홀름의 이미지를 차용했는데, 활기차고 번화한 큰 거리는 파리를, 뒷골목의 분위기는 스톡홀름 지구의 감라스탄을 모델로 하였으며, 나아가 샌프란시스코의 언덕 등 패치워크[4] 하듯 구성되어 있다. 또한 전체적인 풍경과 코리코 마을의 성벽 이미지는 고틀란드주 비스뷔를 바탕으로 하고 있다.

미야자키가 완성한 시나리오는, 연작 형식인 원작과 구성이 다를 뿐만 아니라 도시에서 홀로 살아가는 키키의 심리를 그리는 내용이었다. 그 의도에 관해, 미야자키는 두 개의 인터뷰에서 다음과 같이 말하고 있다.

첫 출발점으로 사춘기 소녀의 이야기를 만들어 보자고 생각했습니다. 그것도 일본의, 지방에서 도쿄로 올라와 생활하는, 우리 주위에 있을 법한 지극히 평범한 여성들. 그들로 상징되는, 현대 사회에서 소녀가 마주하게 될 이야기를 그리고자 했습니다.

– 《로망 앨범 마녀 배달부 키키 메모리얼 컬렉션
(ロマンアルバム魔女の宅急便 メモリアル コレクション)》

택배 배달을 한다는 것은 설정에 불과하지만, 잘못했다가는 어딘가로 혈청을 가지러 갔다가 아이들의 생명을 구했다는 것처럼, 미담으로 끝나는 패턴이 되는 것이 대부분입니다. 그래서 저는 '그런 이야기는 하고 싶

---

4) 색상, 무늬, 소재, 크기 등이 다른 천 조각을 서로 이어 하나의 천으로 만드는 수예 방식.

지 않다. 그러기 위해서는 어떻게 해야 할까?'라고 생각했습니다. 당시에 '진정한 자아 찾기'라는 말이 유행이었는지 어떤지는 모르겠지만, 왠지 그러한 것과 연결해 소녀 만화를 그리고 싶어져, 시골을 떠나온 소녀의 이야기를 하자고 생각하니, 제 안에서 이해하기가 매우 쉬워졌습니다. '만화를 조금 잘 그리는 것뿐', '단순히 하늘을 날 수 있는 것뿐'이라면서요. '그 정도의 재능은 누구나 가지고 있다, 그러니 먹고 살 수 있는 것이닌가.' 그렇게 생각했죠. 그렇게 생각하면서 만들었습니다.

– 《바람이 돌아오는 곳》

그리고 시나리오를 집필할 때는 프로듀서인 스즈키 도시오도 동석했다. 미야자키는 하나의 시퀀스를 쓸 때마다 스즈키에게 감상을 물어보았는데, 그렇게 둘이 대화하고 의견을 나누며 구성이 확정되었다.

이야기의 마지막에는 주인공 키키가 비행선 사고로 위기에 처한 남자친구 톰보를 구하는 스펙터클한 장면이 등장하는데, 사실 미야자키의 원래 구상에 이 장면은 없었고, 키키가 청어 파이 배달을 부탁한 노부인에게 예상치 못한 선물을 받고 눈물을 글썽이는 장면으로 끝난다. 미야자키 하야오의 이 초고를 본 스즈키가, 관객에게 주는 서비스 차원으로 화려한 장면이 필요하다고 제안했기에, 마지막에 비행선 장면이 추가된 것이다.

미야자키는 순조롭게 시나리오를 집필하였으며, 6월 18일에 탈고를 완료했다. 그리고 조금의 수정을 더해, 7월 8일 수정 원고가 완성되었다.

그러나 로케이션 헌팅을 떠난 제작진이 귀국하고 시나리오의 완성됨에 따라 두 가지 과제가 떠올랐다.

첫 번째는 감독에 관한 문제였다. 마침내 본격적인 제작에 착수하기에 앞서, 미야자키와 스즈키는 도쿠마 쇼텐의 간부에게 기획에 대해 설명하고, 감독을 소개했다. 하지만 그 자리에서 두 사람은 현행 체제에서 영화를 제작하는 데 불안을 느끼게 되었다. 스즈키는 당시의 심경을 다음과 같이 말하고 있다.

그 회의를 마치고, 저는 솔직히 '이런 체제에서 좋은 작품을 만들 수 있을까?'라는 불안감이 떠올랐습니다. 도쿠마 쇼텐을 나와 모두와 헤어진 후, 저는 미야 씨에게 카페에 가자고 권유했습니다.

"이런 상태에서 잘될까요?"

저의 솔직한 물음에 미야 씨는 이렇게 대답했습니다.

"저도 그렇게 생각했습니다. 스즈키 씨, 어떻게 하는 게 좋을까요?"

"〈이웃집 토토로〉에 이어 바로 하시게 되어, 이런 말씀 드리기 죄송하지만, 역시 미야 씨가 해주실 수 없나요?"

그렇게 부탁하자, 미야 씨는 그 자리에서 알았다며 승낙해주었습니다.

– 《지브리의 천재들》

며칠 뒤, 스즈키는 제작진을 모아 감독이 교체된다는 말을 전했으며, 가타부치는 계속해서 연출 보좌로 일하게 되었다.

그리고 두 번째 문제는 원작자였다. 시나리오가 완성된 후, 원작자 가도노 에이코가 자신의 작품이 어떤 영화로 만들어질지 걱정하고 있다는 얘기가 미야자키와 스즈키에게 들려온 것이다.

미야자키는 그 이야기를 듣자마자, 스즈키와 함께 차를 타고 가도노를 찾아갔다. 그러고는 지브리에 한번 놀러가 보지 않겠냐며, 가도노를 데리고 기치조지의 스튜디오로 안내했다. 원래는 가도노의 자택에서 스튜디오까지 차로 15분 정도 걸리는 거리. 하지만 미야자키는 일부러 풍요로운 자연이 펼쳐진 무사시노의 길을 가도노에게 보여주며 한 시간 정도 드라이브하고, 그러면서 자신이 쓴 시나리오에 관해 설명했다.

스즈키는 "가도노 씨도 '이렇게 아름다운 곳이 있었군요!'라며 기뻐했습니다. 그리고 지브리에 도착했을 땐 이미 마음의 거리가 완전히 좁혀져 있었습니다."《지브리의 천재들》라며 당시를 회상하고 있다. 이러한 교류의 결과, 가도노는 지브리에 모든 것을 맡기기로 마음을 굳혔다고 한다.

🖋 캐릭터 디자인은 곤도 가쓰야

미야자키는 시나리오 완성 직후, 그림 콘티 작업을 시작했다. 9월 1일 작화 작업에 들어가는 단계에서 그림 콘티 20분 분량의 A파트가 완성되었다. 〈마녀 배달부 키키〉의 마지막 파트인 D파트가 다 그려진 것은 다음 해인 1989년 3월 21일. 그리고 그보다 나중인 5월 1일, 엔딩 부분의 그림 콘티가 완성되었다.

캐릭터 디자인에는 〈천공의 성 라퓨타〉, 〈이웃집 토토로〉의 원화에서 실력을 발휘한 곤도 가쓰야를 발탁했다. 또한 작화 감독은 곤도 가쓰야와 더불어, 두 작품에서 곤도와 함께 원화를 담당하던 오쓰야 신지, 베테랑 곤도 요시후미가 참가하는 3인 체제가 되었다. 준비 기간 중에 세 명은, 조금씩 완성되는 시나리오와 병행하면서 이미지 보드를 그리고, 영화의 이미지를 모색하고 있었다. 〈마녀 배달부 키키〉는, 그 기획의 탄생 배경도 있어, 미야자키 본인은 이미지 보드를 거의 그리지 않았다. 작화 감독 세 명이 역할을 분담하여, 미야자키가 그린 러프한 수정 그림을 오쓰야와 곤도 요시후미가 다듬고, 최종적으로 곤도 야스야가 정리해 마지막으로 미야자키가 다시 한번 확인하는 과정을 거쳤다.

원화 제작진 명단에서는, 그동안의 지브리 작품에 참여한 스태프뿐만 아니라, 후에 〈애니매트릭스 – BEYOND〉의 감독이 되는 모리모토 고지, 〈인랑〉의 작화 부감독이 되는 이노우에 도시유키, 〈요술공주 밍키〉의 작화 감독이 되는 와타나베 히로시 등 새롭게 참여한 스태프의 이름도 볼 수 있다.

미술 감독은, 〈이웃집 토토로〉의 오가 가즈오의 추천으로 오노 히로시가 담당하게 되었다. 오노는 미즈타니 도시하루 등이 주재하는 미술 스튜디오 '스튜디오 후가'의 스태프로, 지브리가 주요 제작진을 모집하기 시작한 1988년 봄의 시점에는, 미즈타니가 미술 감독을 담당한 오토모 가쓰히로 감독의 〈아키라(AKIRA)〉의 막바지 작업 중이었다.

오노는 "지금 맡고 있는 〈아키라〉를 도중에 그만두고, 〈마녀 배달부 키키〉에 참여할 수 없다"라면서도 고민한 끝에 결단. 미즈타니에게 〈마녀 배달부 키키〉에 참여하고 싶다는 의사를 밝혔다. 그 이야기를 들은 미즈타니는, 오래 고민한 오노의 선택을 존중해, 〈마녀 배달부 키키〉에 참여하는 것을 허락했다.

그러나 얼마 뒤, 미즈타니가 스즈키에게 연락을 했다.

"저도 참여하면 안 될까요? 저도 〈마녀 배달부 키키〉의 미술을 하고 싶습니다."

사실 예전부터 아동 문학에도 관심이 많던 미즈타니는, 이런 기회는 좀처럼 오지 않는다고 생각했다. 그렇게 미즈타니는 〈아키라〉의 작업이 끝난 후, 스튜디오 후가의 제작진과 함께 미술 스태프로서 〈마녀 배달부 키키〉에 합류하게 되었다.

그 밖에도 작품 속에 등장하는 우르슐라의 그림은, 〈이웃집 토토로〉에서 미술 감독을 담당했던 오가 가즈오가 하치노헤 시립 미나토 중학교 양호 학급의 공동 작품인 〈무지개 위를 나는 배〉를 수정한 것이다. 미야자키는 본인의 장인이자 교육자인 오타 코시의 교육 활동에 참여하다가 우연히 이 판화 작품과 만났다고 한다. 영화 속에서는, 먼저 사진으로 촬영한 〈무지개 위를 나는 배〉에 유화풍의 터치를 더하고, 거기에 미야자키가 키키를 떠올리며 그린 소녀의 얼굴을 새롭게 추가한 그림이 사용되고 있다.

음향과 관련하여, 녹음 연출은 아사리 나오코가 담당했다. 아사리는 지금까지 지브리 작품에서 음향 감독을 담당한 시바 시게하루의 조수로, 〈마녀 배달부 키키〉는 그녀가 독립한 첫 작품이다. 키키의 목소리는 다카야마 미나미가 담당하였는데, 다카야마는 파격적으로 키키 역과 우르술라 역에 더블 캐스팅되었다. 그리고 음악 연출은 다카하타가 담당했다.

또한 주제곡은 아라이 유미(현재는 마쓰토야 유미)의 히트곡 〈루즈의 전언〉과 〈상냥함에 감싸인다면〉이 인상적으로 사용되어, 화제를 불렀다.

🖋 니혼 TV를 통한 PR

〈마녀 배달부 키키〉는 1989년 7월 17일에 완성되었으며, 7월 29일 개봉했다. 영화가 공개되고 크게 히트를 거두어, 최종적으로 흥행 수익 21억 7,000만 엔, 관객 동원 수는 264만 619명이라는 성적을 남겼다. 당연히 이는 그해 일본 영화 가운데 최고의 히트작이었으며, 심지어 1978년 개봉되어, 애니메이션의 붐을 상징하고 유례없는 히트작으로 불린 마쓰다 도시오 감독의 〈안녕 우주 전함 야마토 : 사랑의 전사들〉의 흥행 수익인 21억 2,000만 엔을 뛰어넘는 흥행 성적을 기록했다.

이런 성공의 원동력 중 하나는, 그동안의 작품 이상으로 홍보에 힘을 쏟았다는 것이다.

계기는, 도에이의 책임자가 "미야자키 씨도 여기까지군요"라고 한 말을 스즈키가 듣게 된 것이었다. 그 관계자는 〈바람 계곡의 나우시카〉부터 〈이웃집 토토로〉까지 작품을 해오면서 계속 하락하는 흥행 성적을 지적한 것이었다. 그래서 스즈키는 '반드시 〈마녀 배달부 키키〉를 성공시킬 것이다'라며 성공을 위한 방안을 고민하기 시작했다.

스즈키는 광고 대행사에 다니는 지인에게, 신상품을 홍보하는 데 드는 비용에 관해 물어본 적이 있다고 한다. 지인의 대답은 10억 엔. 상품명을 고객에게 인식시키는 데 5억 엔, 상품의 내용에 대해 알리는 데 5억 엔이 들어간다고 했다. 그래서 스즈키는 기업 제휴를 포함해, 〈마녀 배달부 키키〉에 10억 엔 상당의 홍보를 전개하기로 했다.

스즈키는 제일 먼저 니혼 TV에 협력을 요청했다. 니혼 TV는 〈바람 계곡의 나우시카〉를 비롯한 지브리 작품의 TV 방영권을 가지고 있었기에, 그 연으로 영화에 대한 투자와 그를 위한 홍보에 협력을 의뢰한 것이다. 니혼 TV의 창구가 되었던 사람은 〈금요 로드쇼〉를 담당하던 영화부의 요코야마 무네요시. 니혼 TV는 1985년 〈바람 계곡의 나우시카〉를 방영할 때, 〈바람 계곡의 나우시카〉의 원작 도서를 선물하는 이벤트에 응모가 100만 통이 넘었다는 열광적인 반향을 경험한 적도 있어, 지브리 작품에 대한 투자는 비교적 순조롭게 진행되었다. 이렇게 〈마녀 배달부 키키〉는 도쿠마 쇼텐과 야마토 운수, 거기에 니혼 TV까지 세 기업이 제작하게 되었다.

스즈키는 요코야마의 후배인 오쿠다 세이지와 함께 니혼 TV의 프로그램에서 〈마녀 배달부 키키〉를 다룰 수 있는지를 검토했다. 니혼 TV의 프로그램에 관한 오쿠다의 설명을 듣고 각 프로그램에 어떤 기획을 제안해야 〈마녀 배달부 키키〉와 연결고리가 탄생할 수 있는지 하나하나 확인해 나갔다. 그리고 방송국을 돌아다니며 각 프로그램의 프로듀서와 연출자에게 〈마녀 배달부 키키〉를 홍보했다. 꽤 효과적이었던 이 작전 덕분에, 니혼 TV의 많은 프로그램에서 〈마녀 배달부 키키〉가 소개되었다. 이 작품 이후, 니혼 TV는 지브리 작품의 정기적인 TV 방영과 공개 직후의 홍보 등에서 중요한 역할을 담당하게 되었다.

또한 전체적인 홍보 전개는, 영화의 홍보와 퍼블리시티를 담당하는 회사인 메이저의 홍보 프로듀서, 도쿠야마 마사야의 힘을 빌렸다. 메이저는 도에이에서 배급하는 애니메이션의 홍보를 담당해온 회사로, 마쓰다 도시오 감독의 〈우주 전함 야마토〉나 린타로 감독의 〈은하철도 999〉 등을 성공으로 이끈 실적이 있었다. 〈마녀 배달부 키키〉의 이전인, 도에이 배급이었던 〈바람 계곡의 나우시카〉와 〈천공의 성 라퓨타〉의 홍보도 담당했었다. 〈마녀 배달부 키키〉의 히트 이후, 도쿠야마는 지브리 작품의 홍보에는 빠질 수 없는 존재가 되어, 도호에서 배급한 〈하울의 움직이는 성〉의 홍보도 담당하게 되었다.

한편 야마토 운수와의 제휴도 긍정적으로 기능했다. 미야자키는 야마토 운수 간부와의 첫 회의 자리에서 "야마토 운수의 신입 연수를 위한 영화를 만들 생각은 없습니다. '택배원이 되어, 열심히 하자!'라는 영화를 기대하셔도, 저는 그런 것을 만들 수도 없을뿐더러, 할 마음도 없습니다. 그것이 제가 이 영화를 제작하는 조건입니다"라고 말했다고 한다.

제휴는 야마토 운수의 이미지 광고로 전개되었다. 예를 들어 '마음을 따뜻하게 하는 택배원입니다'라는 메인 카피에, 키키와 지지가 등장하는 영화의 한 장면을 배경으로 하는 광고다. 그리고 카피의 끝에 '검은 고양이 야마토는 애니메이션 영화 〈마녀 배달부 키키〉를 응원합니다'라는 문구를 넣었으며, 광고 하단에는 영화의 로고와 야마토 운수의 마크가 똑같은 크기로 들어가 있다.

야마토 운수와의 이런 제휴 경험이, 오늘날 지브리 제휴 광고의 기본을 만들었다. 우선 가장 큰 전제는, 작품을 상품 PR에 직접 사용하지 않는다는 것이다. 이는 〈천공의 성 라퓨타〉 당시, 제휴가 불발로 끝나며 기업과 작품 모두에게 이득이 없었던 경험의 반성에 따른 것이다. 그리고 지브리는 '지브리 작품을 응원하고 있다고 알리는 것이 기업에 이득이 된다'라는 태도로, 제휴 광고는 기업의 이미지 광고로 한정했다.

✒ 해산인가, 존속인가. 정규직 제도의 도입

〈마녀 배달부 키키〉는 이렇게 큰 성공을 거두었지만, 미야자키는 이 영화를 완성한 후 스튜디오 지브리를 해산할 생각이었다고 한다. '하나의 스튜디오에서 제작할 수 있는 작품은 세 편이 한계'라는 것이 미야자키의 지론 중 하나였다. 어느 정도 정해진 제작진으로 그 이상 제작을 계속하면 반드시 문제가 생긴다는 생각이다. 하지만 스즈키는 '애써 여기까지 만들었으니, 조금 더 계속하고 싶다'라고 생각했다. 스즈키와 미야자키는 여러 회의 끝에, 최종적으로 스튜디오 지브리를 유지하기로 했다.

이때 미야자키는 '신인의 육성'을 제안했다. 지금까지는 한 작품이 완성되면 제작진은 해산하는, 제작 리스크는 적어도 신인을 키울 수 있는 체제는 아니었다.

이런 미야자키의 제안을 받아들여, 스즈키는 한 단계 더 나아가 제작진의 급여 인상도 제안했다. 왜냐하면 〈마녀 배달부 키키〉는 크게 성공했지만, 완성 후 제작진의 급여가 문제가 되었기 때문이다.

〈마녀 배달부 키키〉의 영화 제작에 들인 비용은 4억 엔. 제작비 자체는 지금까지의 다른 작품보다 증가했는데, 제작진에게는 더 복잡하고 까다로운 작업이 요구되는 한편, 급여는 애니메이션 업계의 통례대로, 그림한 장당 가격을 기준으로 얼마나 그렸는지를 계산하는 '능률급'으로 지급되고 있었다. 그래서 제작진의 평균 월급이 10만 엔밖에 안 되는 상황에 빠지고 만 것이다. 그래서 스즈키는 제작진의 급여를 그의 2배인 20만 엔까지 인상하고 싶다고 제안했다.

이렇게 지브리를 설립할 당시의 '한 작품이 끝나면 해산'이라는 방침이 크게 바뀌었다.

① 제작진의 정규직 전환과 고정급 제도의 도입. 임금 인상을 목표로 한다.

② 신인의 정기 채용과 그 육성.

이런 두 가지 새로운 경영 방침 아래, 스튜디오 지브리는 정기적으로 작품을 제작하게 된다. 1989년 여름쯤부터 그동안 지브리 작품에 참여했던 애니메이터에게 연락해 정직원이 될 것을 권유했다고 한다.

'능률급 지급'이 주류를 이루는 애니메이션 업계에서는 '고정급 제도'가 굉장히 드물었고, 계약직 혹은 프리랜서 신분의 상주 스태프를 두는 고용 형태가 많았다. 사회보험 등이 갖춰진 지브리의 정규직 채용이라는 제도는, 애니메이션 업계에서 꽤 파격적인 행보였다.

《아니메주》1989년 9월호에는, 미야자키가 직접 그린, 만화 형식의 〈애니메이터를 꿈꾸는 이들에게 보내는 스튜디오 지브리의 신인 애니메이터 모집 공고〉가 게재되었다.

그 공고에서 발표된 주요 모집 요강은 다음과 같다.

- 애니메이터 연수생, 각 연수 기간 10명 이내
- 연출 조수 연수생 약간 명
- 연수 기간 1년(교육 연수 3개월, 현장 연수 9개월)
- 월급 15만 엔, 교통비 1만 엔까지 지급
- 연수 기간
  제1기: 1989년 11월 1일부터(경력자 가능)
  제2기: 1990년 4월 1일부터(졸업 예정자 한정)

만화에서는, 미야자키의 분신처럼 보이는 돼지가 이렇게 말하고 있다.

"저비용 저품질의 임시방편으로는 애니메이션 업계에 미래는 없습니다. 게다가 더 높은 수준의 작품을 보고 싶어 하는 수요는 증가하고 있습니다!!"

"한 가지, 분명하게 말할 수 있습니다. 완성도 높은 영화는, 설령 성공하지 못하더라도, 시간이 지나면 돈을 회수할 수 있습니다. 그것이 우리의 신념입니다."

"모두가 보고 싶다고 생각할 만한 작품. 감상하면 정말로 재미있는 작품. 그것을 만드는 것이 우리의 일입니다. 그래서 우리는 오늘날 일본 애니메이션의 상황에 만족하지 않는 젊은 인재를 찾고 있습니다."

이때의 모집으로, 제1기와 제2기를 합쳐 총 16명을 채용했다. 〈이웃집 야마다군〉의 작화 감독인 고니시 겐이치와 〈모노노케 히메〉, 〈센과 치히로의 행방불명〉의 작화 감독인 안도 마사시는 각각 제1기와 제2기 연수생 출신이다.

《아니메주》1991년 6월호의 〈단편 집중 연재 No.2 : 스튜디오 지브리의 도전 : 현장 스태프의 지금〉에는, 연수를 거쳐 〈추억은 방울방울〉에서 동화를 담당한 제2기 출신 애니메이터의 좌담회 내용을 게재하고 있다.

거기에서는 "베테랑 스태프에 비하면 생산량이 적으니까요. (중략) 만약 베테랑이 월 300장을 그린다면, 저희는 월 100장을 확실하게 완수하라는 말을 들었습니다.", "TV 시리즈의 어떤 친구는 하루에 십여 장의 동화를 완성한다고 합니다. 저는 하루 10장이라도 할 수 있으면 다행이었는데요. (중략) 지브리에서 임금 체계가 보장된다는 것은 매우 감사한 일이었지만, 어떻게 보면 근본적으로 다른 리스크가 있을 것 같다는 생각도 했습니다." 등 신인의 시각으로 바라본 지브리에 관해 이야기하고 있다.

정규직 전환을 도입하면서, 전담 스태프의 증강도 계획되었다. 다음 작품으로 결정된 〈추억은 방울방울〉의 준비가 본격화된 1989년 10월 1일, 《아니메주》 편집장이었던 스즈키 도시오는 도쿠마 쇼텐을 퇴사, 오직 지브리를 위해 일하게 되었다.

이렇게 1989년 11월, 지브리는 직원 70명의 회사로 새롭게 출발하게 되었다.

① 미야자키 하야오가 직접 그린 '신인 모집 공고' 페이지입니다.
② 애니메이터를 꿈꾸는 이들에게 보내는
③ 스튜디오 지브리의 신인 애니메이터 모집 공고
④ 이만큼 스튜디오 지브리에서는 본격적인 애니메이션 제작 체제의 확립을 목표하고, 애니메이터의 양성을 개시합니다. 어서 오게, 재능과 야망 있는 젊은이여!
⑤ 애니메이터는 엄청나게 가난하잖아.
⑥ BMW는 못 타지.
⑦ 그런데 저 사람은 풍채가 좋아!
⑧ 저는 연출 지망생인데요…….
⑨ 죄송합니다. 연출 조수도 모집하고 있습니다.
⑩ 아…….
⑪ 삐삐!
⑫ 모집 요강
◇ 애니메이터 연수생　　　각 연수 기간 10명 이내

연출 조수 연수생
◇ 나이 18세~24세 정도

약간 명
성별/학력/국적 불문
경험이 없는 분도 가능, 있어도 가능
◇ 연수 기간 1년 (교육 연수 3개월, 현장 연수 9개월)
◇ 월급　　　15만 엔, 교통비 1만 엔까지 지급
애니메이터 한정 - 또한 현지연수(본격) 기간에 규정 매수를 넘는 실적을 올린 분은 초과분에 대해 규정 단가에 따른 보너스가 플러스됩니다. (무리일 것 같지만)
◇ 연수 기간
제1기: 1989년 11월 1일부터(경력자 가능)
제2기: 1990년 4월 1일부터(졸업 예정자 한정)
모집 마감은 1989년 9월 5일. 제1기와 제2기가 동시 진행되며, 다음 모집은 미정입니다.
⑬ 차세대 애니메이션을 담당할 인재 모집
⑭ 잠시 다음 페이지를 봐주세요!

《아니메주》1989년 9월호에 게재된〈애니메이터를 꿈꾸는 이들에게 보내는 스튜디오 지브리의 신인 애니메이터 모집 공고〉.

제5장

새롭게 탄생한 지브리와
〈추억은 방울방울〉

나는 나와 여행을 떠난다.

미야자키 하야오 프로듀서·
다카하타 이사오 감독 작품

추억은 방울방울

✒ 두 번 중단된 〈추억은 방울방울〉의 기획

〈추억은 방울방울〉 기획의 발단은 〈마녀 배달부 키키〉의 기획이 시작된 1988년까지 거슬러 올라간다. 〈미래 소년 코난〉과 〈바람 계곡의 나우시카〉에서 음향 감독을 맡았던 시바 시게하루가 미야자키 하야오 감독에게 원작을 가지고 간 것이 계기였다.

원작은 1987년 3월부터 《주간 묘조》에서 6개월 동안 연재된, 오카모토 호타루가 쓰고 도네 유코가 그린 만화. 주인공은 초등학교 5학년, 오카지마 다에코. 다에코의 학교와 일상생활 속에서 경험한 작은 사건들을 자세하게 그린 내용으로, 오카모토는 '논픽션에 굉장히 가까운 픽션'이라고 표현했다.

제안자인 시바는 원작의 에피소드 가운데 몇 가지를 선정해, 30분 정도의 단편으로 만들어 〈마녀 배달부 키키〉와 함께 상영하는 작품으로 공개하자는 아이디어를 냈지만, 그 시점에 이 기획은 흐지부지되고 말았다.

그러다가 〈마녀 배달부 키키〉의 제작이 임박한 1989년 2월, 〈추억은 방울방울〉의 기획이 다시 부상했다. 미야자키가, 다카하타 이사오 감독의 다음 작품 후보로 〈추억은 방울방울〉을 여러 차례 거론한 것이다. 당시 《아니메주》의 편집장이었던 스즈키 도시오는, 3월 1일에 다카하타에게 이 기획을 은근슬쩍 물어봤다. 〈마녀 배달부 키키〉의 음향 연출을 작업 중이었던 다카하타는 잠시 시간을 내어 원작을 검토했다. 하지만 이때 다카하타는, 원작의 매력을 유지하면서 영화로 만들기는 어렵다는 결론을 내렸다.

그 무렵 다카하타는 다른 기획을 추진하고 있었다. 바로 시카타 신의 아동 문학 《국경》을 원작으로 하는 〈국경 BORDER 1939〉이다. 1939년 초여름, 경성제국대학 예과 2학년인 야마우치 아키오가, 행방불명된 아버지의 수수께끼를 풀기 위해 만주(오늘날의 중국 둥베이)로 여행을 떠나면서 시작하는 모험 활극이었다.

다카하타는 1989년 4월 17일 날짜의 기획서에서 《국경》의 세 가지 가능성을 다음과 같이 말하고 있다. ①활극의 무대를 SF 판타지가 아니라 좀 더 현실로 되돌릴 수 있다는 점, ②불쾌한 영화가 되지 않는 형태로, 젊은이들에게 당시의 역사를 전달할 수 있다는 점, ③당시의 한국과 중국의 복잡한 정체성 문제를 다룸으로써 오늘날의 일본인에게 필요한 국제 감각에 관해 고민하는 계기가 된다는 것이었다.

사실 다카하타는 《국경》을 준비하면서도, 스즈키와 가볍게 대화하는 중간중간 〈추억은 방울방울〉의 영상화 방법에 관해 열정적으로 이야기했다고 한다. 그때 다카하타는 하나의 아이디어를 떠올렸다고 하는데, 그에 대해 스즈키는 인터뷰에서 다음과 같이 말하고 있다.

어느 날 다카하타 씨가, "어떻게 해야 〈추억은 방울방울〉을 영화화할 수 있는지, 그 방법을 찾았습니다"라며 기쁜 듯 설명하기 시작했습니다. "떠오르는 사람을 꺼내면 됩니다" 중학생 혹은 고등학생이 된 주인공이, 어떤 문제에 부딪혔다. 그래서 초등학생 시절을 떠올리고, 그것이 계기가 되어 지금의 문제를 해결한다…. 아마도 그것이 정공법일 것이라고 했습니다. "하지만, 뭐, 이 〈추억은 방울방울〉은 이미 사라진 것이니까요"라는, 마지막은 그런 결론에 도달해 버렸네요(웃음).

    – 《로망 앨범 추억은 방울방울(ロマンアルバム おもひでぽろぽろ)》

그러나 《국경》의 기획에 'GO(고)' 사인을 보내고, 구체적으로 제작을 시작하려던 참에, 6월 4일, 중국에서 천안문 사건이 일어났다. 그리고 그 사건의 영향으로, 최종적으로 《국경》은 기획 자체가 중단되고 말았다.

《국경》이 좌절된 상황에서, 미야자키는 다카하타가 다음 작품으로 〈추억은 방울방울〉을 해야 한다고 다시 한번 제안했다. 그런데 다카하타가 감독직을 받아들일 것인가, 받아들이지 않을 것인가. 의사결정의 마감일이 7월 31일로 정해졌다. 다카하타는 그 기간에 '결말 이후 다에코가 어떻게 되었는지 듣고 싶다'라는 이유로 원작자인 오카모토를 찾아가, 다에코의 중고등학교 시절부터 현재에 이르기까지의 일생을 취재했다고 한다. 영화 속에서 고등학생이 된 다에코가 연극부에 들어갔다고 이야기하는 에피소드는, 그때의 취재에서 들은 오카모토의 실제 경험이 영화에 반영된 것이다.

최종적으로 다카하타는 〈추억은 방울방울〉의 감독직을 받아들이기로 했다. 또한 꾸준하게 〈추억은 방울방울〉을 제안해온 미야자키는 제작 프로듀서로 작품에 이름을 올리게 되었다.

✒ 이제껏 볼 수 없었던 27살의 여주인공

〈추억은 방울방울〉의 기획은 〈마녀 배달부 키키〉의 대성공이 순풍이 되어 순조롭게 진행되고, 제작비 또한 〈마녀 배달부 키키〉 때의 2배로 증가했다.

시나리오 작업은 9월부터 시작되었는데, 그 단계에서 〈추억은 방울방울〉의 바탕이 되는 두 가지 방침이 결정되었다. 하나는 초등학교 시절을 회상하는 주체, 즉 성장한 다에코를 27살의 직장인 여성으로 할 것. 애니메이션 영화의 주인공을 20대 후반의 여성으로 하는 설정은 선례가 없는 것이었다. 참고로 8월 시점에 작성된 기획서에는 27살의 다에코가 등장한다는 아이디어는 아직 적혀 있지 않았다.

다른 하나는, 27살의 다에코가 살아가는 현재(설정상 1982년)와 10살의 다에코가 살았던 과거(설정상 1966년), 각각의 표현 양식을 크게 다르게 한다는 것. 이는 한 편의 영화지만, 두 편 분량의 영화를 제작하는 만큼의 수고와 노력이 필요해지므로, 제작에 많은 어려움이 있을 것이라는 점은 이때부터 예상할 수 있었다.

또한 다카하타는 27살 다에코의 이야기에, 그녀가 시골에 가서 농업을 체험한다는 전개를 고안했다. 당시, 미술 감독 오가 가즈오와 함께 작업하기를 희망했던 다카하타는, 오가가 도호쿠의 아키타현 출신이라는 것을 듣고, 그 '시골'의 무대를 도호쿠 지역으로 설정했다. 그리고 무농약 농업을 실현하는 곳은, 다카하타가 그에 관해 약간의 지식을 갖고 있기도 하여, 최종적으로 홍화로 유명한 야마가타현이 무대로 선정되었다.

11월이 되자 다카하타는, 10월부터 지브리의 프로듀서가 된 스즈키와 시나리오 헌팅을 위해 야마가타현을 방문했다. 이때 첫 번째 목표는 무농약 농업의 실천과 청년 농부의 모습을 취재하는 것이었다. 그렇게 12월에 완성된 시나리오는 몇 번의 수정을 거쳐 1990년 1월에 조금 더 정돈된 형태로 완성되었다.

본격적인 제작에 들어가기에 앞서, 제작하는 데 꽤 많은 시간이 필요할 것이라고 예상할 수 있는 작품이었기에, 제작 일정을 설정하면서 하나의 계책을 생각해냈다. 제작진에게는 처음에 '1991년 봄부터 여름에 공개 예정'이라는 의미를 담아, '1990년 12월' 완성을 목표로 한다고 알렸다. 하지만 실제 공개는 1991년 여름으로 내정되어 있어, '진짜 마감'은 제작진에게 전한 공지보다 3개월 뒤인 1991년 3월로 설정되어 있었다. 다만 봄 공개를 계획하고 이야기의 무대도 봄으로 만들다 보니, 영화가 여름에 공개되면 관객에게 계절적으로 괴리감을 줄 가능성이 있다는 문제가 떠올랐다. 꽤 오래 고민하던 스즈키는, 결국 다카하타에게만 진짜 개봉 예정일을 전달했다고 한다. 그렇게 〈추억은 방울방울〉은 직장인 여성이 여름휴가에서 한 경험을 그린 내용이 되었다.

시나리오를 완성한 후, 다카하타는 〈반딧불이의 묘〉에서도 합을 맞추었던 모모세 요시유키와 함께 그림 콘티 집필에 착수했다. 그림 콘티는 13개월 후인 1991년 2월에 완성되었는데, 특히 마지막 장면에서 난항을 겪어 결정까지 2개월의 시간이 소요되었다고 한다.

원래 시나리오는 다에코가 기차를 타고 야마가타에서 도쿄로 돌아오면서 끝나고 있었다. 그때 다카하타는 '다에코가 다시 야마가타로 돌아갈지, 돌아가지 않을지는 관객의 판단에 맡기면 된다'라고 생각했다.

하지만 아주 약간의 서비스가 필요하다고 생각한 스즈키는, 시험 삼아 미야자키에게 "마지막 장면 이후에 다에코는 야마가타로 돌아갈까요?"라고 물었다. 그 질문에 미야자키는 '절대 돌아가지 않을 것'이라고 대답했다. 스즈키는 "미야 씨에게 물어봤습니다. 그런데 그는 '절대로 돌아가지 않는다'라고 대답하더군요"라며 미야자키와의 대화를 다카하타에게 전했다.

그를 수용하여, 다카하타가 고안한 대안은 다음과 같았다.

'기차에 올라탔지만, 주제곡을 듣고 가슴 떨림을 느껴 도중에 하차한 다에코는, 갑자기 자신을 끌어당기는 어떤 강력한 힘을 느낀다. 뒤를 돌

자 거기에는 초등학교 5학년인 다에코가 서 있었다.'

그러나 한번은, 결정한 이 마지막 장면을 수긍하지 못한 다카하타는 제2안을 고민했다. 제2안은 '전차에 오른 다에코가 주제곡을 듣는다. 센다이에 도착해 신칸센 개찰구로 걸어가던 다에코는 눈앞에 서 있는 도시오를 발견한다. 도시오도 자신의 차 안에서 주제곡을 듣고, 도중에 생각을 바꾸어 곧장 센다이로 차를 돌렸다'라는 것이었다.

여기에는 사전 녹음을 위해 야마가타를 방문했을 때, 야마가타에서 센다이까지 자동차로 이동한 경험이 반영되어 있다. 또한 그동안 다에코의 시선으로만 그려졌던 도시오가 무슨 생각을 하고 있었는지 구체적으로 다루고 있다는 점이 포인트다. 다카하타는 일단 이 제2안의 러프 콘티까지 그렸다고 한다.

그러나 다카하타는 마지막 장면을 다시 검토했다. 이 영화는 다에코의 영화이니, 도시오가 무슨 생각을 하고 있는지는 필요하지 않다는 결론에 이르러, 결국 제2안은 폐기되었다. 그리고 떠오른 제3안이 '추억편'에 나온 모든 아이를 등장시켜 초등학교 5학년인 다에코가 27살의 다에코를 놓아준다는, 지금의 마지막 장면이었다.

✒️ 작화와 미술에 부여된 새로운 도전

주요 제작진의 스튜디오 입성은 10월. 캐릭터 디자인과 작화 감독은

〈반딧불이의 묘〉에 이어 곤도 요시후미가 담당하게 되었다.

27살의 다에코를 주인공으로 한 통칭 '야마가타편'과, 10살의 다에코를 그린 통칭 '추억편'을 어떤 식으로 구분해 그릴 것인가. 그 양식은 시나리오 작업을 통해 점차 확정되었다. 최종적으로, '추억편'은 원작에 준거한 캐릭터에 전체적으로 옅은 색을 사용해 그리움을 자아내는 분위기를, '야마가타편'은 실존하는 일본인으로 느껴지게 하는 인물 조형과 사실적인 배경을 그리는 것으로 정해졌다.

다카하타는 '야마가타편'을 그린 이유에 대해, 원작을 연결하여 하나의 에피소드로 하는 방법이나 회상을 불러일으키는 강력한 에피소드를 가지고 오는 방법으로는 원작이 가진, 추억이 '방울방울' 떠오른다는 좋은 부분이 사라져버리기 때문에, '방울방울' 떠올리는 인물이 필요했다고 설명하고 있다.

하지만 다카하타는 영화를 완성한 후의 인터뷰에서 또 다른 이유도 있었다고 회고했다.

지금 생각해 보면, 그 이외의 큰 이유 중 하나로 역시 제작진을 꼽을 수 있습니다. (중략) 곤 짱(*곤도 요시후미를 의미한다)과 오가 씨, 그리고 그때 이미 결정된 스튜디오 지브리의 주요 제작진의 리스트를 보면, 그런 에피소드들을 애니메이션화하는 것만으로는, 어딘가 부족하다는 느낌이 들었습니다. (중략) 오가 씨는 예전에 고바야시 시치로 씨와 함께 일한 경험도 있으니 원작 부분의 미술 스타일도 잘 만들 것이라고는 생각하고 있었습니다. 하지만 원작의 에피소드만으로는 어딘가 아쉬웠고, 오가 씨를 충분히 살리지 못하는 기분이 들었습니다. 그리고 곤 짱과는 〈빨간 머리 앤〉 이후의 만남이었으니, 그가 사람을 그릴 때 그 인물의 심리나 표정 등을 잘 표현하는 것뿐만이 아니라, 그러한 것에 관심도 있고, 또 캐릭터를 만들 때 그것을 근거로 하며, 사람에 흥미도 많고, 게다가 그림도 엄청난 실력자라는 것은 충분히 알고 있습니다. 〈반딧불이의 묘〉를 작업할 때도, 그들을 표현할 때의 어려움과 과제에 대해 곤 짱과 다양하게 이야기를 나누어 왔지요. 그래서 역시 곤 짱과 일을 한다면, 〈반딧불이의 묘〉의 연장선에서, 조금 더 분발해서 그 테마를 밀고 나가고 싶었던 것입니다.

– 《로망 앨범 추억은 방울방울》

다카하타가 그 테마 중 하나로 '야마가타편'을 위한 '입체감 있는 얼굴'의 조형을 곤도에게 요구했다. 거기에는 얼굴 표면이 밋밋하기 쉬운 셀 애니메이션의 캐릭터 조형에, 새로운 접근을 시도한다는 목표가 있었다. 곤도는 인터뷰에서 그 시행착오에 관해 다음과 같이 말하고 있다.

맨 처음 애니메이션을 시작했을 때, 사람을 그리는 방식의 원점으로서 기본적으로 얼굴은 원통형으로 해야 한다고 배웠습니다. 저는 아직도 그 연장선상에서 일하고 있다는 것을 통감하였습니다. 뺨의 선도 울퉁불퉁하지 않고 부드러운 곡선입니다. 그렇게 그린 얼굴과, 스케치를 바탕으로 한 얼굴은 근본적으로 파악하는 방식이 달라, 결국 평행선이 아닐까 생각했습니다. 만나지 않는 거죠. 결론적으로 27살의 다에코는 원통형을 기본으로 한 기존 방식으로 그렸습니다. 하지만 웃을 때 뺨이 부풀어 오르는 것처럼 얼굴의 회전이 뒤엉키지 않은 움직임일 때는 스케치 그림도 의식해서 그렸습니다. 반면 남자인 도시오는 광대뼈 선이 강조되어도 괜찮다고 생각해, 도시오는 스케치를 살리는 방향으로 그려나갔습니다.

─《로망 앨범 추억은 방울방울》

현재의 스타일에 정착하기까지, 곤도는 캐릭터의 입체적인 얼굴을 평면으로 인식할 수 없는지 검토하거나, 디자인이 완성되기 직전에는 다카하타, 스즈키와 함께 '군마의 사람' 등 일본인의 얼굴을 담는 것으로 유명한 조각가, 사토 주료를 찾아가, 참고용으로 그의 작품을 비디오나 사진으로 촬영하기도 했다. 또한 다에코와 도시오는 실존하는 모델을 상정하여 스케치하기도 했다. 스케치의 모델은, 다카하타의 희망으로 목소리 출연이 이미 정해져 있었던 이마이 미키와 야나기바 도시로였다.

작화 작업은, '야마가타편'의 캐릭터 만들기가 난항을 겪고 있는 관계로, '추억편'이 먼저 진행되었다. 1990년 2월 '야마가타편'의 캐릭터가 완성되면서, '야마가타편'의 작화 작업도 본격화되었다. 그리고 곤도 가쓰야, 사토 요시하루도 작화 감독으로서 곤도 요시후미의 작업을 도왔다. 그리고 이때 전년도에 모집한 제1기, 제2기 연수생이 동화 제작진으로 〈추억은 방울방울〉의 작업에 처음 참가했다.

한편 미술도 '추억편'부터 작업을 시작했다. 설정을 만들고, 거기에 시험 삼아 색을 입히는 과정에서 '캐릭터를 살리기 위해서라도, 원작 만화에 가까운 하얀빛을 띠는 배경이 좋지 않을까?'라는 방향성이 굳어졌다. 이때 다카하타에게서 '색이 옅어도 괜찮지만, 흐릿하지는 않았으면 좋겠다. 그래야 옅은 색이라도 깊이가 있는, 제대로 된 세상이 될 수 있지 않을까?'라는 요청이 있었다고 한다. 하얀빛을 띠는 그림이라서 밤의 실내 장면 등은 분위기를 표현하기가 어렵고, 그림이 희미해져 버리는 어려움이 있었다고 한다. 또한 몇 가지 에피소드에 공통으로 등장하는 학교의 풍경은, 각 에피소드에 맞추어 기조가 되는 회색 색조를 변화시키는 방법도 연구되었다.

'야마가타편'은 캐릭터 얼굴의 주름살까지 그리는 콘셉트를 받아서, 사실적인 스타일로 그리는 방식이 결정되었다. 그 결과, 엄청나게 촘촘한 고밀도로 그려진 배경이 되었다.

✒️ 철저한 세부 고증

사실적인 '야마가타편'과 1960년대를 무대로 하는 '추억편' 모두 세부적인 요소들이 중요한 역할을 담당하고 있었기에, 제작에 임하며 세부 사항에 대한 고증이 매우 신중하게 이루어졌다.

우선 스토리에서 중요한 역할을 담당한 것이 홍화. 원래 다카하타는 영화 속에서 무농약 농업과 그림이 되는 작물을 조합해 등장시키는 것을 고려하였으며, 그래서 홍화에 주목했다. 시나리오 헌팅에서 취재하면서 더욱 흥미를 갖게 된 다카하타는, 홍화에 관한 자료를 수집하고 독파하며, 취재 지역 이외에는 또 다른 생산 방법이 있다는 것도 알아냈다. 또한 그 과정에서 요네자와시에 거주하는 홍화 전문가, 스즈키 다카오의 존재를 알게 되어, 홍화를 더 구체적으로 취재했다.

하지만 다카하타는 그림 콘티 작업을 시작해 더 이상 취재를 이어갈수 없었다. 그래서 감독 조수인 스도 노리히코와 제작 담당자인 다카하시 노조무를 대신 현지로 파견해, 스즈키 다카오의 인터뷰 외에도 홍화 농가에 취재하러 가기도 했다. 그때 스즈키에게 홍화에 관한 다양한 사항을 확인하여, 작품 속에서 홍화를 정확하게 묘사할 수 있었다. 또한 1990년 7월에는 홍화의 시즌에 맞춰 작화, 미술 스태프 등 16명이 현지를 방문해 실제로 꽃따기 등의 체험을 하였으며, 그 경험이 작품 그림에도 반영되었다. 다카하타는 이러한 취재를 통해, 스스로 생각한 완벽한 홍화 재배 방법을 정리할 수 있는 만큼 홍화 키우기에 능숙해졌다고 한다.

또한 '추억편'의 무대가 되는 1960년대를 재현하기 위해 다양한 노력을 기울였다.

예를 들어 다에코가 인형극 〈뜻밖의 표주박섬(홋코리효탄지마)〉의 노래에 맞추어 춤을 추는 장면. 그 장면을 위해 제일 먼저 NHK에 딱 8편만 남아 있는 당시 방송 영상을 확인했다. 본편에 나오는 노래에 관심을 보인 다카하타는, 다른 경로로 〈뜻밖의 표주박섬〉에 등장한 노래 가사를 입수했다. 거기에는 보존 영상에 등장하지 않는 노래도 다수 들어 있었는데, 음악은 NHK에도, 발매처인 일본 콜럼비아에도 남아 있지 않았다. 그래서《아니메주》의 마니아 네트워크를 이용해 샅샅이 탐색했다. 그러자 라디오에서 방송된 〈뜻밖의 표주박섬〉 특집을 에어 체크(방송 수신 녹음)한 인물이 홋카이도에 있다는 것을 알게 되어, 그에게 테이프를 빌릴 수 있었다. 그리고 당시의 안무가를 찾아가기는 했지만, 그는 자세하게 기억나지 않는다고 했다. 그래서 그 안무가에게 인형을 조종하던 여성을 소개받아, 그 여성에게 간신히 춤을 배울 수 있었다고 한다.

또한 다에코가 아버지에게 혼나는 장면. 그 장면의 배경에는 'NHK 노래자랑'의 음이 희미하게 흘러나오는데, 그 녹음 또한 철저하게 고증되었다. 우선 1966년의 'NHK 노래자랑'에서 사용되었던 악기 편성을 재현하였으며, 아코디언 연주에는 방송에 출연하고 있던 요코모리 료조를 기용했다. 또한 사회자의 목소리도, 당시 사회자였던 아나운서 미야다 데루와 비슷한 목소리에, 턱 윤곽이 닮은 프로 아나운서를 조사해 적임자를 정했다고 한다.

🖋 늦어지는 일정

이처럼 〈추억은 방울방울〉은 표현 측면에서도, 내용 측면에서도 지브리의 이전 작품 이상으로 시간과 노력이 들어간 작품이 되었지만, 결과적으로 일정은 대폭 연기되었다.

1990년 가을, 원래 예정이었던 12월 완성은 불가능하다는 것이 확실해졌으며, 12월은커녕 비공개였던 '진짜 마감'인 다음 해 3월까지도 완성은 무리라고 판단되었다. 이 속도로 가면, 완성은 예정보다 1년이 늦어지는 1991년 12월이 될 것이라는 의견까지 나올 정도였다.

이러한 상황 속에서 10월에는 제작 프로듀서인 미야자키가 다카하타 이하의 주요 제작진, 원화 스태프에게 속도를 한층 더 끌어올리라고 단호하게 지시했다. 그렇게 일정이 전면적으로 재검토되면서, 4월 말까지는 원화 작업을 시작해야 한다는 절대적인 일정이 결정되었다.

이렇게 일정의 재검토를 통해 원화의 일정이 어느 정도 드러나는 한편, 다음에는 동화 제작의 소화 능력이 오르지 않아 전체 일정을 압박하는 상황에 놓이게 되었다. 그래서 미야자키는 다음 해 1월에도, 능률을 높이자며 제작진을 여러 차례 독려하고, 일정을 맞추기 위해 필요한 작업을 지시했다. 게다가 "나는 작품에 상처를 입히고 싶지 않다. 이대로라면 처음에 추구하던 형태로의 완성이 위태롭다. 그렇게 되면 나는 그 불완전한 작품을 공개하지 않고, 작품 자체를 창고에 넣어둘 것이다"라고까지 말했다고 한다. 한편 다카하타는 남은 작업 분량을 총 7만 장이라고 추정하였으며(최종적으로는 그보다 조금 더 많은 7만 3,719장이었다), 그에 따라 '어떻게든 일정 안에 완성할 수 있을 것 같다'라는 목표가 세워졌다. 그렇게 6월 27일, 첫 시사가 이루어졌다. 그리고 〈추억은 방울방울〉부터는 본편이 상영되기 전, 토토로의 옆모습이 있는 스튜디오 지브리의 마크가 들어가게 되었다.

✒️ 홍보 전략 스타일의 확정

새롭게 탄생한 스튜디오 지브리의 첫 번째 작품이 되는 〈추억은 방울방울〉을 성공시키는 것은 굉장히 중요한 과제였다. 제작진을 정규직으로 전환하고, 계속해서 작품 제작을 이어가기로 한 이상, 이 작품이 실패하면 회사의 존속이 위태로워지기 때문이다.

홍보는 〈마녀 배달부 키키〉 때의 방법을 더욱 발전시킨 형태로 전개되었다. 그리고 〈추억은 방울방울〉에서 확립한 홍보 전략이, 이후 지브리 작품의 홍보 스타일의 바탕이 되었다.

홍보 수단은 크게 여섯 가지로 나눌 수 있다.

첫째, 신문 홍보나 TV 광고 등 배급사 도호가 시행하는 일반적인 영화 홍보. 이 방법이 홍보 전략의 중심이 된다. 〈추억은 방울방울〉 신문 광고의 독창성에 관해서는 〈마녀 배달부 키키〉에 이어 메이저가 담당했다.

둘째, 첫 번째 수단을 보완하는 형태로, 각 관계 기업이 자사의 매체를 활용해 홍보를 펼친다.

예를 들어 니혼 TV는 〈마녀 배달부 키키〉와 마찬가지로 〈추억은 방울방울〉의 제작에 참여했다. 1990년 10월 〈마녀 배달부 키키〉의 TV 방송을 시작으로, 이토이 시게사토의 '나는 나와 여행을 떠난다'라는 캐치프레이즈를 중심으로 공지한다. 그리고 다음으로 다카하타, 미야자키, 두 사람을 강조하여 작품 이미지를 더 확장할 수 있는 시기를 마련하는 식으로 단계적으로 광고를 전개하고 알려 나갔다.

그리고 공개 직전 시기의 홍보 전개에 관해, '타깃을 직장인 여성으로 좁혀야 한다'라는 스즈키와 '가족을 중심으로 즐겁게 홍보하자'라는 메이저 도쿠야마의 의견이 대립했다. 최종적으로 초등학교 5학년인 다에코의 첫사랑에 대한 추억과 아버지에게 혼난 경험을 중심으로 한 두 가지의 광고가 만들어졌다.

또한 니혼 TV에서는 작품을 소개하는 방송도 두 편이 제작되었다. 7월 14일에는 〈일요 스페셜〉에서 다카하타, 미야자키의 필모그래피를 중심으로 한 특집 방송이, 7월 22일에는 〈슈퍼 TV, 정보 최전선〉에서 메이킹을 소개하는 '최초 공개, 초인기 애니메이션의 (비밀) 제작 현장'이 방영되었다.

셋째, 각 협찬사와의 제휴다. 제휴 광고를 통해 첫 번째, 두 번째 수단의 효과를 더욱 보강하고, 예산액 이상의 광고 효과를 유도하는 것이 목표였다.

〈마녀 배달부 키키〉는 기획 단계에서 야마토 운수와의 제휴가 결정되었지만, 〈추억은 방울방울〉은 나중에 협찬 기업을 찾았으며, 식품 기업인 가고메와 기술 기업인 브라더 공업이 함께하게 되었다. 두 기업은 기업 광고에 〈추억은 방울방울〉의 캐릭터를 사용하는 것 이외에도 케첩과 재봉틀이라는, 자사 상품과 캐릭터를 컬래버한 프로젝트를 진행하였다. 이는 애니메이션 영화를 보지 않는, 기존의 20~30대 여성에게 작품을 인지시키는 큰 역할을 했다.

네 번째와 다섯 번째는 이러한 홍보와 함께 매스컴을 대상으로 한 시사회와 각 매체에의 퍼블리시티다. 〈추억은 방울방울〉은 지금까지의 다른 지브리 작품과 똑같이 전개되었다.

그리고 여섯 번째기 이벤트와 프로모션이다. 여섯 번째 방법은 〈추억은 방울방울〉에서 처음 시도되었다.

그리고 이벤트와 관련하여, 전국 백화점 이벤트홀에서 '〈추억은 방울방울〉 공개 기념 다카하타 이사오·미야자키 하야오의 멋진 애니메이션의 세계전 : 〈태양의 왕자 호루스〉부터 〈추억은 방울방울〉까지'를 전개했다. 과거의 셀 그림이나 캐릭터 상품을 전시하고, 영화의 한 장면을 입체조형물로 소개하기도 했다. 이 이벤트에는 약 100만 명이 모였다고 한다.

또한 프로모션과 관련해, 다카하타와 미야자키는 삿포로, 나고야, 오사카, 후쿠오카를 방문해 프로모션을 진행했다. 〈추억은 방울방울〉의 프로모션은 한정된 도시에서만 개최되었지만, 다음 작품인 〈붉은 돼지〉 이후에는 프로모션 실시 지역이 더욱 확대되었다.

그 밖에도 주제곡 〈사랑은 꽃, 당신은 그 씨앗〉을 미야코 하루미가 부른 것도 화제를 불러일으켰다. 1984년에 은퇴했던 미야코 하루미는, 1990년 '엔카 말고도 다양한 노래를 불러보고 싶다'라며 복귀했다. 신문에서 그 복귀 선언을 본 스즈키가 다카하타에게 주제곡을 부를 사람으로 미야코 하루미를 제안했고, 그렇게 미야코에게 주제곡을 의뢰하게 되었다. 주제곡은 벳 미들러 주연의 영화 〈로즈〉에서 미들러가 직접 노래한 동명의 곡을 사용하였으며, 가사는 다카하카가 직접 일본어로 번역했다.

1991년 7월 20일 개봉한 〈추억은 방울방울〉은 흥행 수익 18억 5,000만 엔을 달성하며, 그해에 가장 히트한 일본 영화가 되었다. 이는 평범한 소재, 할당된 극장 상황 등으로 보면 전혀 예상하지 못한 수치라고 말할 수 있으며, 전국 극장주 중에는 어느 시기까지 '지브리의 히트작'이라고 하면 〈추억은 방울방울〉을 가장 먼저 떠올리는 사람도 많았다고 한다.

제 6 장

〈붉은 돼지〉, 〈바다가 들린다〉, 그리고 새로운 스튜디오 설립

붉은 돼지

미야자키 하야오 감독 작품

멋이란, 이런 것이지.

원작 히무로 사에코(도쿠마 쇼텐)

리카코와 나의 프롤로그

바다가 들린다

🖋 규모가 작은 작품에서 기내 상영 작품으로

미야자키 하야오 감독의 〈붉은 돼지〉의 준비는 1991년 3월 시작되었다. 원래 제작진은 1990년 말까지 〈추억은 방울방울〉 제작을 마무리하고, 그 후 〈붉은 돼지〉로 옮겨갈 예정이었으나, 〈추억은 방울방울〉 완성이 연기되는 바람에, 〈붉은 돼지〉는 제작진이 준비되지 않은 상태에서 제작이 시작되었다. 하지만 프로듀서인 스즈키 도시오의 말에 따르면 〈추억은 방울방울〉의 완성이 예상보다 늦어진 것은 이미 제작을 시작할 때부터 계획에 반영되어 있었다고 한다.

〈추억은 방울방울〉부터 스튜디오 지브리는 정규직 제도를 도입했기 때문에, 매월 제작진에게 월급을 줘야 했다. 〈추억은 방울방울〉과 오버랩하는 형태로 〈붉은 돼지〉의 준비를 시작한 것은, 제작 일정에 공백을 만들 수 없다는 사정이 있었기 때문이다.

그래서 처음에 제작 준비에 들어간 사람은 오직 미야자키 한 명. 임시 준비실이 된 회의실 입구에는 '붉은 돼지 준비실, 하지만 혼자뿐'이라는 간판이 매달려 있었다고 한다.

원래 〈붉은 돼지〉는 30분 정도의 규모가 작은 비디오용으로 기획된 작품이었다.

미야자키가 〈붉은 돼지〉의 기획을 스즈키에게 제안한 것은 〈마녀 배달부 키키〉의 개봉 이후인 1989년 여름. 〈천공의 성 라퓨타〉 이후 연이어 대작을 만들어내는 지브리에, 미야자키는 규모는 작아도 마음이 편해지는 작품을 만들어 다음 작품으로 나아가는 중간 단계가 되는 것도 중요하다고 생각했다. 특히 〈추억은 방울방울〉처럼 제작 난이도가 높은 작품으로 녹초가 된 제작진에게는 기분 전환할 수 있는 짧은 작품이 적당하다고 생각했다.

한편으로 자신의 취미 성향을 한 곳에 마음껏 담아, 돼지가 주인공이라는 마이너한 기획을 즐기고 싶다는 것이 미야자키의 솔직한 마음이었다.

1990년 2월 27일에 최초의 기획서 〈항공 활극 만화 영화 포르코 로소 붉은 돼지〉가 마무리되었다. 이 최초의 기획서에는 상영 시간 45분, 예산 2억 엔이라고 적혀 있었다.

스즈키는 〈붉은 돼지〉가 비행선 영화라는 이유로, 작품을 기내 상영하자는 공개 방법을 떠올렸다. 지난해 스즈키는 미국 로스앤젤레스에 거주하는 일본인을 위해 〈마녀 배달부 키키〉를 상영한다는 기획으로, 일본 항공의 문화 사업 센터와 함께 일한 것을 떠올리며, 당시 담당자였던 이케

나가 기요시를 찾아가 보기로 했다.

제안을 들은 이케나가는 재미있는 기획이라며 호감을 보였지만, 현실적으로 해결해야 할 문제가 너무 많다고 덧붙였다. 이케나가는 일단 검토해주기로 했다. 그런데 그 무렵 고민하고 있던 스즈키에게 대학 시절의 친구였던 나마에 다카유키의 아버지(나마에 요시오 씨)의 타계 소식이 들려왔다. 장례식에 참석한 스즈키는 조문하기 위해 줄을 서 있는데, 바로 두 명 앞에 얼마 전 만났던 이케나가가 서 있는 것을 발견했다. 스즈키가 말을 걸자, 이케나가는 나마에 집안과 잘 알고 지냈던 사이라고 말했다. 그런 우연이 도움이 됐는지, 이케나가는 기내 상영 프로젝트에 갑자기 의욕을 보였고, 자신은 이미 관련 회사에 있어 프로젝트에 직접 관여할 수는 없다며, 실무 담당자로서 문화 사업 센터의 가와구치 다이조를 소개해주었다.

이케나가, 그리고 가와구치의 노력으로 이야기가 발전하면서, 최종적으로 일본항공(JAL)이 기내에서의 상영을 승낙했고, 기획이 정식으로 움직이기 시작했다. 하지만 〈붉은 돼지〉는 비행정 영화인 이상 공중전은 피할 수 없었다. 미야자키는 정식으로 제작이 확정되기 전, 일본항공과의 회의에서 비행선 추락 장면이 있다는 것을 통고했다.

스즈키는 일본항공의 참여가 결정된 것에 대해 다음과 같이 회고하고 있다.

비행기 안에서 지브리의 신작을 공개한다는 아이디어는 매우 재미있었기 때문에 (*일본항공 담당자와) 의기투합했지만, 저희 입장에서는 흥행 측면에서 대단한 결과를 얻기 힘들다는 것을 그때 알아차렸습니다. 하지만 이 작품을 여러 사람에게 보여줄 기회가 생긴 것이기에 약간의 손해를 각오하더라도 해볼 가치는 있다고 생각해, 저도 처음으로 의욕이 생겼습니다.

– 《로망 앨범 붉은 돼지(ロマンアルバム 紅の豚)》

한편 미야자키는 일본항공과의 기획이 구체화해가는 과정과 동시에, 모형 잡지 《모델 그래픽스》(다이니혼카이가 출판)에서 게재하고 있던 만화 〈잡상 노트〉에서 1990년 3월호, 4월호, 5월호부터 《비행정 시대》를 연재했다. 여기에 그려진 내용이 최종적으로 영화의 원안이 되었다.

🖋 단편에서 장편으로 스케일 확대

혼자 작업을 시작한 미야자키는, 1991년 4월 18일 '출연 각서 : 붉은 돼지 메모'를 정리했다.

작품의 콘셉트를 정리한 이 글에서 미야자키는, '장거리 비행으로 지친 사람들이, 산소 결핍으로 한층 날카로워진 상태에서도 즐길 수 있는 작품'이라며 작품을 포지셔닝하고, 작품의 포인트를 '화려하지만, 야단법석은 떨지 않는다. 다이내믹하지만, 파괴적이지는 않다. 사랑은 가득하지만, 육욕은 불필요하다.'라고 기록하고 있다.

5월, 드디어 〈추억은 방울방울〉의 작업을 모두 끝낸 제작진이 〈붉은 돼지〉에 참여했다. 작화 감독을 담당한 가가 메구미, 미술 감독을 담당한 히사무라 가즈가 준비팀에 합류했다. 6월에는 그림 콘티의 A파트가 완성되었는데, 그 시점에서 이미 약 19분이 되어, 단편이 아닌, 적어도 60분 정도의 중편이 될 것 같다는 가능성이 농후해졌다.

한편 스즈키는 처음에 그림 콘티를 보고 재미있는 내용이라고 생각하지 않았다고 한다. 그래서 미야자키에게 질문을 던졌다.

"포르코는 왜 돼지로 하는 겁니까?"

스즈키의 이 물음에, "왜 돼지일까요"라며 스스로 질문하듯 대답한 미야자키는, 제작진이나 다른 사람에게도 그것을 물어보다가, "자기 자신에게 마법을 건 것이 아닐까요?"라는 가가와의 대답에서 힌트를 얻었다고 한다. 그리고 얼마 뒤, 미야자키는 스즈키에게 "'마담 지나'라는 캐릭터를 만들었습니다. 그 사람이 지난번 질문에 대한 답을 알고 있습니다"라고 보고했다고 한다.

원래 마담 지나는 스토리에서 서브 캐릭터 중 하나였지만, 후에 큰 역할을 담당하는 캐릭터로 두드러지게 되었다. 이처럼 그림 콘티를 집필하면서 나눈 스즈키와 미야자키의 대화로 〈붉은 돼지〉의 원형이 점점 확정되어갔다.

하지만 여름이 되자마자 미야자키의 붓이 멈추기 시작했다. 그 무렵 미야자키는 스즈키에게, 45분으로는 부족하다며, 60분으로 하자고 제안하기도 했다고 하는데, 스즈키는 그에 대해 단순히 길이의 문제는 아니었다고 느꼈다고 한다. 콘티 작업에 들어간 후의 미야자키의 모습에 대해 스즈키는 다음과 같이 회상하고 있다.

콘티 작업에 착수하고 얼마 뒤, 미야 씨와 이런저런 이야기를 나눌 기회를 마련했습니다. 그때 저는, 그가 처음에 만들고 싶다고 했던 가벼운 항공 활극과는 점점 거리가 멀어지고 있다는 것을 깨달았습니다. 가장 영향이 컸던 것이 그해 초 발발한 걸프 전쟁입니다. 그런 상황에서 이런 가벼운 작품을 만들어도 되는지 의문이 들었습니다.

(중략)

미야 씨가 〈붉은 돼지〉는 45분으로 부족하다, 60분이 될지도 모른다고 말을 꺼냈기 때문입니다. 그때가 아마도 8월 19일 정도였을 것입니다. 정확하게 기억하는 이유는, 구 소비에트에서 쿠데타가 있었던 날이기 때문입니다. 세계가 점점 격동하기 시작할 무렵이지요. 미야 씨의 콘티가 진행을 멈춘 것이 세계정세와 관련이 있다고 어렴풋이 생각하고 있었습니다.

– 《로망 앨범 붉은 돼지》

또 미야자키는 당시의 기분을 다음과 같이 말하고 있다.

곤란하게도 이 영화는, 걸프 전쟁부터 PKO(유엔 평화유지활동) 국회까지의 일련의 흐름과 전혀 무관하지 않습니다. 그런 상황에서 저도 흔들리기도 하고, 방어적이 되기도 했습니다. 유고슬라비아의 해안을 무대로 했을 때, 조금 안일하게 생각해 그 지역에서 민족 분쟁이 일어나더라도 그리 심각하지는 않을 것이라고 생각했습니다. 그런데 그 일이 발생해버렸으니 이건…. (중략) 소련의 붕괴는 전혀 타격이 되지 않았습니다. 당연하다고 생각했습니다. 오히려 압제 정치에 항거해 들고 일어선다는 고전적인 패턴이 있었지요. 그러니 그 이유가 아닙니다. 그 후 '또 민족주의인가'라는, 그 '또'라는 것이 가장 골치 아팠습니다. 제1차 세계대전 이전으로 돌아갈지도 모른다고 생각했습니다.

- 《바람이 돌아오는 곳》

영화를 60분으로 하고 싶다는 미야자키의 제안에, 스즈키는 "투자해 주는 사람들의 문제도 있고, 이대로 어중간한 작품을 만들어 기내에서 상영할 수 없으니, 면목 없지만 영화로 만들어주실 수 없나요?"《바람이 불어와》라며, 장편으로의 방침 변경을 제안했다. 그에 영화로 만들려면 몇 분이 필요하냐고 묻는 미야자키에, 스즈키는 '최소 80분에서 90분'이라고 대답했다고 한다.

그러나 원래 계획했던 기내 상영 작품이 아닌, 극장용 장편 애니메이션에 대한 투자가 되면, 일본항공은 회사 정관부터 바꿔야만 하고, 최종적으로는 사장의 판단에 맡겨야 된다. 그래서 스즈키는 8월 하순에 일본항공과 니혼 TV의 관계자에게 〈붉은 돼지〉가 장편으로 만들어진다는 의견을 전했다. 니혼 TV의 오쿠다 세이지는 그 자리에서 승낙했지만, 일본항공의 기우치 노리아키와 호리고메 쓰기오는 긍정적 검토를 약속한 다음, '손해가 날 수 있는 최대 금액은 얼마입니까?'라며 리스크를 확인했다고 한다. 스즈키는 보고서를 제출하는 등 일본항공에 충분히 설명했고, 그 결과 드디어 장편에 대한 투자를 약속받는 데 이르렀다.

이렇게 영화의 틀은 정해졌지만, 〈붉은 돼지〉가 영화가 되기 위해서는 또 하나, 내용적인 '심화'가 필요했다. 바로 미스터 커티스와의 결투 전야의 장면이었다. 스즈키는 이에 대해 다음과 같이 말하고 있다.

이 콘티가 완성되었을 때, 미야 씨는 "스즈키 씨, 다 했습니다"라고 말했습니다. "왜 포르코 로소가 돼지가 되었는지, 스즈키 씨가 계속 물었던 그 질문에 대답이 나왔습니다. 이렇게 말하면 되겠지요?"라고요. 하지만 저는 그때 미야 씨에게 이렇게 대답했습니다. "마담 지나와의 식사 장면에서는, 비록 사진이었지만 포르코의 인간 얼굴이 나오고, 이번에(*미스터 커티스와 포르코의 결투 전야, 잠들지 못한 피오가 흘끗 보자 포르코가 인간으로 되돌아가는 장면.) 또 나왔죠. 두 번 등장하면, 세 번째가 필요합니다"라면서요. 그에 그는 "또 그런 말씀을 하시네요"라고 말하면서도, 콘티 작업을 계속했습니다. 그러던 어느 날, "스즈키 씨, 추가 콘티가 있습니다"라며 말을 꺼냈습니다. 그리고 "포르코, 말 좀 해"로 시작하는, 포르코가 과거를 회상하는 환상적인 장면을 하룻밤 만에 만들어온 것입니다. (중략) 아직 정돈되지 않은 러프한 콘티를 보여주며, 미야 씨는 "이걸로 영화가 되었습니다"라고 본인 입으로 말했습니다. 확실히 그 말이 맞았습니다.

이렇게 12월 28일, 그림 콘티가 완성되었다. 콘티 단계에서 약 89분. 엔딩을 포함하면 90분을 뛰어넘는, 당당한 장편 애니메이션의 내용이었다.

그리고 원래의 그림 콘티에는 마지막 장면에 애용하는 비행기가 제트기를 앞지른다는, 현대에서도 계속 날고 있는 포르코의 모습이 그려져 있었지만, 이는 보류되었다.

✒ 캐스팅과 프로모션

작화 작업은 1991년 7월에 들어갔다. 같은 달에 〈추억은 방울방울〉의 마무리 기념행사와 〈붉은 돼지〉의 작업 시작 기념행사가 동시에 행해졌다.

앞에 서술한 것처럼 가가와, 히사무라를 비롯한 여성 중심으로 제작진이 편성된 것은 〈붉은 돼지〉의 특징 중 하나다. 또한 촬영은 〈추억은 방울방울〉 등을 담당한 스튜디오 코스모스에서 아사히 프로덕션으로 변경되었다. 그리고 촬영 감독은, 후에 지브리 촬영팀 출범에 참여하게 되는 오쿠이 아쓰시가 맡았다.

캐스팅은 포르코 역에 모리야마 슈이치로, 마담 지나 역에 가토 도키

코라는 베테랑이, 피오 역에는 후에 〈원피스〉의 나미 등으로 유명해지는 오카무라 아케미가 처음으로 큰 역할을 맡게 되었다. 또한 맘마유토단의 보스 역에는 가미조 쓰네히코가 출연했다.

가토는 목소리 출연뿐만 아니라 엔딩 테마곡인 〈때로는 옛이야기를〉과 주제곡 〈체리가 익어갈 무렵〉도 담당했다. 1991년 9월에는 도쿄의 레스토랑에서 가토가 노래하는 장면을 촬영했는데, 여기에는 사전에 노래 장면을 비디오 촬영하여 그것을 참고로 작화 작업을 하겠다는 의도가 있었다.

또한 〈붉은 돼지〉의 홍보 측면의 특징으로 원래 예정이었던 기내 상영이 시행되고, 미야자키와 제작진이 전국 각지의 지방 언론 등의 취재에 응하는 '프로모션'이 본격적으로 시행되었다는 것이 있다.

기내 상영은 1992년 7월 1일부터 8월 31일까지의 국내선과 유럽 노선, 태평양 노선에서 상영되었는데 중년 이상의 남성에게도 좋은 평가를 얻었다고 한다. 그 외에 일본항공은 영화 개봉에 맞추어 '날면 보인다'라는 이토이 시게사토의 캐치프레이즈를 활용해 제휴 광고도 시행했다.

반면 〈붉은 돼지〉는, 〈마녀 배달부 키키〉 때부터 시작한 홍보 전략인 프로모션을 적극적으로 전개했다. 프로모션은 6월부터 7월에 걸쳐 19일 동안, 전국 18개 장소에서 행해졌다. 〈붉은 돼지〉는 지방의 흥행 성적이 늘었는데, 이는 일본 전역을 순회한 프로모션의 영향이 컸다고 말할 수 있다.

그 밖에도 일본 출판사인 고단샤와 손을 잡고 고단샤가 출간하는 20

가지가 넘는 잡지가 연합해 관객을 모집하여 큰 도시에서 시사회를 여는 것도 〈붉은 돼지〉부터 시작했다.

1992년 7월 18일에 개봉한 〈붉은 돼지〉는 최종적으로 흥행 수익 27억 1,400만 엔을 기록했다. 이는 그 해 일본 영화와 해외 영화를 통틀어 가장 큰 히트였다.

미야자키는 제작에 착수할 때부터 〈붉은 돼지〉를 '1990년대 문제를 다루기 전의 모라토리엄의 작품'으로 규정했다. 그리고 완성 후 《아니메주》 1992년 8월호 인터뷰에서 "이로써 나는 앞으로 10년 반 정도는 건강하게 살 수 있을 것이다. 〈붉은 돼지〉로 그런 밑천을 손에 넣은 듯한 기분이 든다"라고 말했다.

그리고 이 작품을 마지막으로 〈천공의 성 라퓨타〉부터 〈붉은 돼지〉까지 스튜디오 지브리의 책임자였던 하라 도오루가 지브리를 떠나게 되었다.

🖋 사옥의 건설

〈붉은 돼지〉를 제작하면서, 미야자키가 비좁아진 기치조지의 스튜디오를 대신할 새로운 스튜디오를 건설하자고 제안했다. '신입을 영입해 지브리를 계속 이어가려면, 그 마음가짐을 알 수 있는 자세가 필요하다'라는 것이 미야자키의 의견이었다.

그리고 스튜디오 건설에 관해, 도쿠마 쇼텐의 도쿠마 야스요시 사장은 '돈이라면 은행에 얼마든지 있다. 무거운 짐을 지고 언덕길을 올라야 한다'라며 스즈키를 후원해주었다고 한다.

《아니메주》 1991년 8월호에는 〈단기 집중 연재 No.4 − 스튜디오 지브리의 도전 : 미래를 개척할 것인가? 새로운 스튜디오 계획〉이라는 기사가 게재되었다. 그 기사에서 건설 준비 중인 미야자키는 새로운 스튜디오의 특징에 대해 다음과 같이 말하고 있다.

어쨌든 일본에서 애니메이션 영화를 제작해 나가자. 물론 외주사의 협력도 뒷받침되어야겠지만, 외부에 모든 것을 의존하지 말고 스튜디오 내에 사람을 품고, 양성하면서 영화 제작의 거점이 되자. 그런 발상으로 건물을 짓자, 그것이 가장 큰 콘셉트입니다. 그를 위해 모든 것이 한꺼번에 되지는 않겠지만, 촬영 공간을 마련하거나 하기도 하였습니다.

이렇게 1991년 10월 건축 고사를 지내고, 〈붉은 돼지〉 개봉 직후인 1992년 8월 도쿄도 고가네이시로 이사했다. 미야자키는 〈붉은 돼지〉를 제작하면서 건물의 기본적인 설계와 각 업자와의 회의, 각 소재의 샘플 확인 등을 진행하고 결정했다고 한다.

토지 면적 약 300평. 지상 3층, 지하 1층의 건물로, 지면 면적 976제곱미터이다. 1층에는 '바'라고 부르는 넓은 공간을 확보하여 직원들이 점심을 먹거나 차를 마시기도 하고, 때로는 파티 등 열어 친목을 도모할 수 있도록 고안된 것이 특징 중 하나다. 그 밖에도 여자 화장실 공간을 넓히고, 지붕 있는 주차장도 크게 확보하였으며, 주변에 가능한 초록색 식물을 심는 등 사내외를 모두 쾌적하게 이용할 수 있도록 연구가 이루어졌다. 여기에는 열악한 환경이 많은 애니메이션 제작 현장을 조금이라도 개선하고 싶다는 미야자키의 생각이 담겨 있다.

그 후 1999년에는 근처에 새로운 제2스튜디오, 2000년에는 제3스튜디오가 건설되었다.

🖋 젊은 제작진 중심의 기획

새롭게 완성된 신사옥에서 처음 제작된 작품이 바로 〈바다가 들린다〉이다.

이 작품은 〈붉은 돼지〉의 더빙이 진행되고 있던 1992년 5월, 제작이 결정되었다. 〈붉은 돼지〉 이후의 작품이 정해지지 않아, 1년 정도는 장편 제작을 쉬려는 생각도 했었다고 하는데, 스즈키와 미야자키가 이야기한 결과, 자신들은 간섭하지 않고 젊은 제작진에게 한 편을 맡기자는 결론에 이르렀다.

그래서 스즈키는 〈바다가 들린다〉의 애니메이션화를 제안했다. 〈바다가 들린다〉의 원작은, 《아니메주》 1990년 2월호부터 23회에 걸쳐 연재된 히무로 사에코의 동명 소설이다. 이 소설의 삽화를 〈마녀 배달부 키키〉에서 캐릭터 디자인, 작화 감독을 맡았던 곤도 가쓰야가 담당했다.

이러한 흐름으로 특별히 곤도가 〈바다가 들린다〉의 작화 감독을 맡게 되었다. 그리고 스즈키는 지브리 관계자가 아닌, 애니메이션 제작 프로덕션 '아지아도'에 소속되어 있던 연출가 모치즈키 도모미를 감독으로 추천했다. 모치즈키는 〈메종일각 완결편〉, 〈변덕쟁이 오렌지☆로드: 그날로 돌아가고 싶어〉 등 극장용 애니메이션을 맡았던 경험이 있어, 청춘 애니메이션 제작자로 좋은 평가를 받고 있었다.

모든 것을 젊은 제작진의 자주성에 맡기기 위해, 프로듀싱 또한 〈추억은 방울방울〉에서 제작을 담당하던 다카하시 노조무가 제작 프로듀서로 취임했다. 다카하시가 모치즈키와 곤도에게 참가를 권유해, 두 사람의 동의를 얻어냈다.

DVD 〈바다가 들린다〉에 수록된 특전 영상 〈그로부터 10년, 우리의 청춘〉에서 모치즈키는 "히무로 사에코의 작품을 다른 사람보다 먼저 애니메이션으로 만들고 싶었다"라며 의욕을 드러내고 있다.

한편 〈붉은 돼지〉 이후 지브리를 떠나 있었던 곤도는, 원작과의 인연이 깊었기 때문에 참여를 결심했다. 특전 영상에서 곤도는 "원작의 삽화를 그릴 때도 애니메이션화를 생각한 적은 없었다"라며 당시를 회상하며, 화려한 부분이 적고 애니메이션으로 하기에는 어려운 소재에다 일정도 촉박해 굉장히 고생했다고 말하고 있다.

8월에는 각본의 나카무라 기요코와 니와 게이코, 미술 감독인 다나카 나오야를 추가한 5명이 시코쿠의 고치로 로케이션 헌팅을 떠나, 오테마에 고등학교, 고치성 등을 방문했다. 그때 로케이션 헌팅에서 촬영한 사진은, 미술에서 실재하는 건물이나 풍경을 살리는 데 크게 도움이 되었다.

니혼 TV의 스페셜 방송으로의 방영이 결정되어 있었지만, 기획이 마무리되는 단계에서 비스타 사이즈[5]로 제작하고, 방송 편성이 60분에서 90분으로 변경됨에 따라 원래 예정이었던 50분이 아닌 70분짜리 작품으로 제작하는 것이 결정되었다.

✒ 스튜디오 지브리의 신진 제작진 군단이란

〈바람이 들린다〉는 로케이션 헌팅 직전인 8월 10일, 다카하타가 최초의 기획서를 정리했다. 그리고 9월이 되어, 원고를 수정한 기획서가 작성되었다. (《스튜디오 지브리 작품 관련 자료집 Ⅳ(スタジオジブリ作品関連資料集 Ⅳ)》)

〈바다가 들린다〉의 기획서에서는 작품의 특징을 크게 네 가지로 정리하고 있다. 그 특징을 요약하여 소개하면 다음과 같다.

첫째, 지방 도시와 도쿄라는 '다른 문화'의 관계를 젊은이를 통해 그려내고, 진학이나 취업으로 지방에서 도쿄로 올라온 많은 청년이 공감할

---

5) 1:1.85 혹은 1:1.66 화면 비율의 와이드스크린 상영 방식

수 있도록 실제 모델의 이야기를 담는다는 테마성.

둘째, 애니메이션의 표현 가운데 어렵다고 여겨지는 일상 묘사를 통해 젊은이의 모습을 과하거나 부족하지 않게 표현하는 것에 도전한다는 표현상의 도전.

셋째, 소녀 소설 작가로 인기를 끌고 있는 히무로 사에코가 새롭게 도전한 청춘 소설을 원작으로 한다는 화제성과 매력.

넷째, 지금까지 극장용 작품을 연이어 히트시켜 온 지브리가, '스튜디오 지브리 신진 제작진 군단'이라는 새로운 브랜드를 설정하여, 새로운 작품에 도전한다는 제작 체제.

이러한 지브리의 신진 제작진 군단이 설립된 목적에 관해, 기획서에는 다음과 같이 적혀 있다.

기존의 지브리 작품과는 거리를 두고, 감독 이하의 제작진은 젊은 스태프들로 구성됩니다. 그리고 지브리에서 지난 3년간 양성한 신입 애니메이터가 작화의 중심을 담당합니다. 완성도보다 그들의 저력과 생각이 전면에 드러나는 작품을 목표합니다. 따라서 예산 또한 과거의 지브리 작품과는 다르게 설정하고, 제작 일정도 짧게 하여 승부를 봅니다.

그렇게 9월, 모치즈키가 스튜디오로 들어오면서 본격적으로 제작이 시작되었다.

✒️ 1993년 5월 5일에 방영

원작은 고등학교 시절을 다루는 전반부와 대학 시절을 이야기하는 후반부로 나누어져 있지만, 애니메이션에서는 고등학교 시절을 중심으로 하고, 중간중간에 대학 시절을 더하는 방침으로 결정되었다. 각본의 최종 원고가 완성된 후, 9월 21일부터 모치즈키는 그림 콘티에 착수하였으며, 10월에 작화 작업을 시작했다. 10월 말에는 모치즈키가 십이지장 궤양으로 쓰러지는 예기치 못한 사태가 벌어졌지만, 곤도가 이어서 작업하며 모치즈키 부재의 구멍을 메꾸었다. 이후 모치즈키는 링거를 맞으며 현장에 복귀, 작업을 속행했다고 한다.

원래 예정된 일정은 가을에 작화 작업을 시작하고, 그 해에 원화 작업을 시작하는 것이었지만, 일정이 점차 밀리면서 결국 원화 작업은 1993년 2월에 마무리되었다.

이러한 일정과의 전쟁 속에서 작품의 질을 높이기 위해 그림 콘티를 두 종류로 그리는 방법이 도입되었다. 이는 모치즈키의 콘티를 받아, 곤도가 각 컷의 연기 등을 더 세밀하게 그리는 방법으로, 연기 이미지가 각 원화 스태프에게 더 세세하게 전달되었을 뿐만 아니라 곤도의 콘티를 확대하면 화면 구성(레이아웃)으로도 사용할 수 있어, 이후의 작화 감독의 작업 부담을 줄이는 데도 도움이 되었다. 원래는 이 작품의 기획에 회의적이었던 곤도도, 실제 작업을 통해 기존의 애니메이션에서 도전하지 않았던 미묘한 일상의 표현에 점차 보람을 발견했다고 한다.

그리고 작화 감독의 마지막 2주 작업 기간에는, 원화를 담당하던 지브리의 제1기와 제2기 연수생 가운데 고니시 겐이치, 요시다 겐이치, 안도 마사시를 작화 감독 보좌로 발탁했다. 젊은 사람이 곤도의 러프한 작업에 따라 수정하는, 지브리의 신진 제작진다운 작업이 이루어졌다.

12월에 들어서자 음향 작업도 시작되었다. 여주인공 리카코의 캐스팅을 위해 원작자가 생각한 이미지, 아이돌, 실력파 배우, 오디션을 통한 선출 등 다양한 방식으로 접근하였지만, 최종적으로 극단 오토기좌의 여배우 사카모토 요코로 결정되었다. 극단 오토기좌가 미하엘 엔데의 아동문학《모모》를 상연했을 때, 모모를 연기한 사카모토를 인상 깊게 본 스즈키가 그녀를 추천한 것이다.

또한 음향 감독 우라카미 야쓰오의 요청으로 후시 녹음 전, 배우들은 3일 동안 사투리를 연습했다. 사투리 지도는 고치현 출신의 성우인 시마모토 스미와 와타베 다케시가 담당했다.

1993년 5월 5일 오후 4시부터 방영된〈바다가 들린다〉는 17.4%의 시청률을 기록했다. 이는 TV 방송으로서는 엄청난 성공이었다. 그러나 기획서 단계에서 1억 2,000만 엔을 예상했던 제작비는 2억 5,000만 엔까지 증가하는 등 지브리의 '고품질 고비용'의 특성은 극장용 애니메이션을 제작할 때보다도 더 두드러지게 되었다.

제7장

〈폼포코 너구리 대작전〉과
촬영팀의 출범

충천연색 만화 영화

폼포코 너구리 대작전

(종이, 오른쪽-왼쪽)
화학 부흥, 인간 연구

너구리도 열심히 살고 있어.

미야자키 하야오 기획,
다카하타 이사오 감독 작품,
주제곡 상상 타이푼

🖋 '돼지'에서 '너구리'로

TV 스페셜 〈바다가 들린다〉에 이어 새로운 스튜디오에서 제작할 첫 극장용 작품은 〈총천연색 만화 영화 폼포코 너구리 대작전〉으로 결정되었다.

〈폼포코 너구리 대작전〉의 팸플릿에는 '프로듀서 스즈키 도시오가 말하는 〈폼포코 너구리 대작전〉 기획부터 시나리오 착수까지'라는 제목의 인터뷰가 게재되어 있다.

그에 의하면 〈폼포코 너구리 대작전〉 기획의 시작은 1989년까지 거슬러 올라간다. 〈마녀 배달부 키키〉의 막바지 작업이 한창이던 해의 1월, 다카하타 이사오 감독과 미야자키 하야오 감독이 차례로 이야기를 하던 중에 각각 너구리를 소재로 한 영화의 아이디어를 꺼냈다는 것이다.

다카하타는 "일본의 독자적인 동물인 너구리를 다루는 영화가 없다는 것은 일본의 애니메이션계가 나태했다는 증거 아닌가요?”라고 지적하며, “만약 너구리를 소재로 만든다면, 시코쿠를 무대로 하는 너구리 이야기《아와타누키 갓센(아와의 너구리 전투)》을 다루면 되겠네요”라고 말했다고 한다.《아와타누키 갓센》는 로쿠에몬 너구리와 긴초 너구리 사이에 일어난, ‘아와 너구리’를 둘로 나누는 전투에 관한 만화로, 1939년 오늘날 영화사 다이에이의 전신, 신코 키네마가《아와타누키 갓센》이라는 영화로 제작해 크게 히트하며 널리 알려지게 되었다.

반면 미야자키는《808 너구리》를 영화로 만들자고 제안했다. ‘마츠야마 소도 808 타누키 모노가타리’라고 알려진《808 너구리》는, ‘쇼죠지의 타누키바나시(증정사의 너구리 이야기)’, ‘분부쿠 차가마(복을 나누는 차가마)’와 함께 일본 3대 너구리 이야기 중 하나로, 마쓰야마번의 어느 가문의 갈등에 ‘808 너구리’라는 별명을 가진 이누가미교부 타누키가 얽혀 있는 내용이다. 이때 스즈키 도시오는 ‘808 너구리’라는 말을 듣고, 스즈키와 미야자키가 팬이었던 만화가 스기우라 시게루의 작품《808 너구리》를 떠올렸다고 한다. 하지만 이때는 이들의 아이디어가 구체적인 기획의 형태가 되지 않고, 어디까지나 잡담의 범위에 포함되어 있었다.

이런 너구리 기획을 구체적으로 발전시킨 사람은 미야자키 하야오였다. 미야자키가 소재로 너구리를 다시 언급한 것은 1992년 6월, 〈붉은 돼지〉의 막바지 작업이 한창일 때였다. 미야자키는 “‘돼지’ 다음은 ‘너구리’다”라며 다시 기획을 도마 위에 올렸다.

미야자키의 제안을 받아들인 스즈키도, 3년 전의 이야기를 다시 떠올

리고 바로 그에 응했다. 그리고 미야자키에게 다음과 같이 거꾸로 제안
했다고 한다.

저는 다그치듯이 이렇게 말했습니다. "다카하타 이사오 감독에게 맡겨
도 괜찮나요? 그럼 《808 너구리》가 아니라 《아와타누키 갓센》이 될 텐데
요"라고요. 미야자키 감독은 순간 망설이는 듯했지만, 그는 결정이 빠른
사람입니다. 마음을 다시 다잡고는, 두 가지 조건을 제시하더군요.
"너구리에 존경을 담아 그렸으면 한다. 그리고 오랜만에 크게 입을 벌
리고 떠들썩하게 웃을 만한 작품을 원한다."

– 〈극장용 팸플릿〉

그래서 스즈키는 다카하타에게 바로 감독을 의뢰했지만, 다카하타는
간단히 받아들이지 않았다. 다카하타는 스즈키에게 기획을 제안받았을
때의 심정을 다음과 같이 회고하고 있다.

너구리 이야기를 영화로 만들어 보지 않겠냐고 말하며, 참고용으로 미
야 씨(미야자키 하야오)와 스즈키 프로듀서가 염두에 두고 있는 스기우라
시게루 씨의 《808 너구리》를 보여주었습니다. 그런데 도저히 이해가 가
지 않더군요. 어떤 깊은 의도가 있었겠지만, 저는 감이 둔한 사람이라 이
해할 수 없었습니다.

– 《아니메주》 1994년 3월호

사실 저는 오래전부터 고단[6] 기조의 민화 《아와타누키 갓센》을 좋아했습니다. 이렇게 애니메이션이 점점 발달하고 인기를 끌고 있는 시대에 여우나 너구리 요괴 등 기본적인 민중적 상상력을 표현하고 있는 이야기를 왜 다루지 않는지, 업계의 태만이 아니냐며, 조금 과장되게 주장하던 시기가 있었습니다. 확실히 지금 유행은 아니더라도 애니메이션으로만 할 수 있는 소재이고, 해야 할 책임이 있다고 생각했습니다. 명작인 〈여우의 노래〉 등과는 다른, 일종의 '허풍담'으로서의 매력인 것입니다. 그래서 《아와타누키 갓센》을 바탕으로 한 이노우에 히사시 씨의 《복고기》를 읽으면서, 너구리를 다루지 않고 싶었다고 하면 거짓말입니다. 그러나 지브리가 다루는 소재라고는 생각하지 않았고, 어떤 이야기를 해야 할지도 감이 오지 않았습니다. 그렇게 생각하기 시작하고 얼마 지나지 않아, 간단히 항복했습니다. 제게는 무리라고요.

– 《아니메주》 1994년 3월호

너구리를 어떻게 영화로 만들 것인가 모색하던 다카하타와 스즈키는, 1992년 5월 《복고기》의 저자인 이노우에 히사시를 찾아갔다. 이노우에는 스즈키와 다카하타에게 자신이 갖고 있던 나름의 아이디어를 들려준 다음, "일본에서 너구리를 생각하는 사람은, 아마도 5명 정도일 것입니다. 너구리 영화라면 꼭 협력하고 싶습니다"라며 《복고기》를 집필할 당

---

6) 옛이야기를 재미있고 쉽게 이야기하는 일본의 전통 예능 중 하나.

시 수집한 자료를 열람할 수 있게 도와주었다. 다카하타와 스즈키는 이노우에의 자료를 가지고 있는 야마가타현 가와니시마치의 '지히치도 문고'를 방문하여 많은 자료를 훑어보았는데, 스즈키는 이때를 다음과 같이 회고하고 있다.

> 이노우에 씨의 자료를 가지고 도쿄로 돌아오면서, 저와 다카하타 감독은 '너구리' 영화의 제작에 절망을 느꼈습니다. 그래서 대신 《헤이케 모노가타리》[7]를 만들자는 이야기도 나왔습니다. 도쿄에 도착해 어쩔 수 없이 그 이야기를 미야자키 감독에게 보고했다가 엄청난 잔소리를 들었습니다.
>
> – 〈극장용 팸플릿〉

갑옷 차림의 무사를 그려 움직임을 넣고, 색을 입히는 작업은 상상을 초월할 정도로 힘들다는 게 미야자키의 주장이었다. 다카하타도 미야자키의 의견에 동의하면서, 《헤이케 모노가타리》의 기획은 그대로 흐지부지되었다. 그런데 갑자기 그 《헤이케 모노가타리》의 아이디어가 '너구리'라는 어려운 기획의 광명이 되었다.

1992년 6월, 다카하타는 스즈키에게 이렇게 제안했다.

---

7) 13세기 가마쿠라 시대에 만들어졌다고 전해지는 일본의 대표적인 군담 문학(군기 문학)으로, 헤이케(다이라 씨)의 번영과 몰락, 나아가 무사 계급의 대두 등을 묘사한 작품이다. 작자 미상으로 일본에서는 다양한 텍스트와 공연물의 소재로 재해석, 재창조되었다.

너구리가 주인공인 《헤이케 모노가타리》는 어떻습니까? (중략) 《헤이케 모노가타리》의 사람들이 치열하게 살아가고, 장렬한 죽음을 맞는 모습을 너구리로 바꾸어 집단극으로 그리는 겁니다. 그리고 너구리 요괴의 이야기와 시대적 배경을 현대로 가지고 와, 너구리가 개발 때문에 살던 곳에서 쫓겨나는 모습으로 그리자는 겁니다.

- 〈극장용 팸플릿〉

이렇게 바탕이 되는 아이디어가 마침내 결정되어, 기획이 구체적으로 움직이기 시작했다.

🖋 네 가지 스타일로 그린 너구리

8월, 준비팀이 출범하고 다카하타가 플롯을 확정해감에 따라 대량의 이미지 보드가 그려졌다.

이미지 보드는, 캐릭터 디자인 · 작화 감독인 오쓰카 신지와 화면 구성을 담당하는 모모세 요시유키가 그렸다. 두 사람의 이미지 보드는 영상적인 이미지 구축에 큰 역할을 했기에, 두 사람의 이름은 앞에 언급한 직급 · 역할 이외에 이미지 빌딩 부문의 크레디트에도 이름을 올리고 있다. 두 사람의 이미지 보드는 《총천연색 만화 영화 〈폼포코 너구리 대작전〉 이미지 보드집 《菩提餠山万福寺本堂羽目板之惡戲 総天然色漫画映画 〈平成狸合

戦ぽんぽこ)イメージボード集》)으로 정리되어 있다. 그리고 다카하타는 제작 준비 기간 중 제작진을 위해 일종의 연출 노트인 '너구리 통신'을 집필했다. 거기에는 알아두면 좋은 너구리 정보나 〈폼포코 너구리 대작전〉의 연출 스타일, 혹은 제목의 유래 등에 대해 정리되어 있었다.

9월에 플롯이 완성되고, 다카하타는 그에 이어 시나리오 작업에 돌입하여, 12월 최종 원고가 완성되었다. 그 후 다카하타와 모모세가 그림 콘티 작업에 들어갔으며, 다음 해인 1993년 2월, 작화 작업이 시작되며 본격적인 제작에 착수하게 되었다.

구체적으로 플롯이 정해지는 과정에서, 개발에 습격당하는 너구리들의 거처로는 도쿄도 서남부의 '다마 구릉'이 선택되었다. 다카하타는 "너구리가 다른 무언가로 둔갑하기 때문에 〈폼포코 너구리 대작전〉도 언뜻 보면 판타지로 보일지도 모르지만, 사실 '너구리의 변신'이라는 부분만 제외하면 모두 현실 속 다마 구릉에서 일어난 일들만 그렸습니다."《영화를 만들면서 생각한 것 Ⅱ : 1991~1999(映画を作りながら考えたことⅡ : 1991~1999) '후기를 대신하여'》라며 다마 구릉이라는 현실 속 장소를 선택한 것이 '공상적 다큐멘터리'(앞의 출처와 동일)로서의 이 작품에 큰 의미가 있다고 말하고 있다. 다카하타는 〈알프스 소녀 하이디〉를 제작할 때 다마시에 있는 제작 스튜디오를 다니며, 다마 구릉이 다마 뉴타운으로 개발되어 가는 과정을 직접 눈으로 보고 놀랐던 경험이 있다고 한다.

이야기는 최종적으로 다음과 같이 확정되었다.

폼포코 31년, 너구리들은 자신들이 살아왔던 다마 구릉이 인간의 손에 개발될 위기에 처했다는 것을 알게 된다. 뜻을 모아 단호하게 개발을 저지하자고 결심한 너구리들은, 선조로부터 내려오는 '변신술'을 부흥시키고, 시코쿠와 사도에 거주하는 전설적인 장로에게도 원군을 요청하기로 한다. 마침내 너구리들은 세 장로의 힘을 빌려, 너구리 변신술의 멋을 담은 '요괴 대작전'을 펼치지만, 인간들은 도무지 너구리들의 뜻대로 호락호락하지 않았다. 특정 주인공의 이야기를 담은 것이 아닌, 다수의 캐릭터가 등장하는 군상극의 형태로, 3년여에 걸친 너구리 집단과 다마 구릉의 변화를 그리는 내용이다.

〈폼포코 너구리 대작전〉의 너구리들은, 너구리의 두 가지 성격을 모두 갖춘 존재로 조형되었다. 하나는 옛이야기 등에서 잘 알려진 캐릭터로의 너구리이며, 또 하나는 민가 주변에 자주 모습을 드러내는 친근한 동물로서의 너구리다. 영화 제작을 위해 각 그림에 대한 자세한 자료 수집과 취재가 이루어졌다. 특히 동물로서의 너구리에 관해, 다마 동물공원의 너구리를 관찰하고 동물 방송의 비디오 등을 참고하여 그렸으며, 그에 더해 현재 너구리가 처한 상황에 대해서는 다마 구릉 야외 박물관 사무국의 구와하라 노리코, 이케다 히로시 등을 취재했다.

이처럼 만화적 측면과 동물적 측면을 두루 갖춘 너구리를 작품에서 표현하기 위해, 상황에 따라 네 가지 모습으로 나누어 사용하기로 했다.

첫 번째는 '본 너구리'. 이는 동물의 모습을 한 너구리를 사실적으로 그린 것이며, 인간 앞에 나타날 때 이 모습으로 그린다. 두 번째는 '시가라키[8] 너구리'다. 이는 영화 속에서 가장 주된 모습이며, 두 다리로 걷고 캐릭터에 따라서는 상의를 입고 있기도 하다. 세 번째는 '스기우라 너구리'인데, 이는 너구리들이 상황에 체념하거나 곤란할 때, 한심하거나 비참한 기분이 들 때 나타나는 모습이다. 앞에 언급한 스기우라 시게루의 캐릭터를 참고해 설정했다. 네 번째는 '폼포코 너구리'. 이는 이른바 '스기우라 너구리'의 변신한 모습으로, 많은 사람과의 연회 등 즐거운 상황에서 너구리들은 자연스럽게 이 모습이 된다.

한편 미술 감독은 〈추억은 방울방울〉에 이어 오가 가즈오가 담당했다. 다마 구릉의 사계절의 변화를 세심한 관찰력으로 그려냈다.

'너구리' 이야기 자체는 이전부터 들었지만, 직접 할 생각은 없었습니다. 그런데 작품의 무대가 다마 구릉이라는 말을 들었습니다. 다마 구릉이 저의 집 근처가 아니겠습니까. 무책임한 말로, 그냥 저도 모르게 움직이고 말았습니다. '다마 구릉이 무대라면, 평소 그곳에서 지내고 있는 내가 하는 수밖에 없겠다'라는 여러 생각이 번뜩 들더군요. 그때 이 작품을 하기로, 거의 마음을 먹었던 것 같습니다.

－《오가 가즈오 화집》

오가는 〈이웃집 토토로〉나 〈추억은 방울방울〉을 제작할 때도 자연을

---

8) 일본 시가현 코가시에 위치한 지역으로, 너구리 모양 도자기가 유명하다.

그릴 때 참고하기 위해 가끔 다마 구릉을 관찰하러 갔다. 그런 점에서 〈폼포코 너구리 대작전〉은 산이 있는 일본의 마을 풍경을 그린 총정리로써 만들었다고 할 수 있다.

다카하타는 〈폼포코 너구리 대작전〉을 완성한 후, 이 작품의 위치에 대해 인터뷰에서 다음과 같이 말했다.

> 저는 이 영화를 기록 영화라고 생각합니다. (중략) 이 이야기가 만약 판타지라면, 너구리는 당연히 큰 힘을 발휘하여, 영화를 보는 사람은 자신이 인간이라는 사실을 잊고 너구리에게 이입하게 됩니다. 그러면 너구리에게 엄청난 힘을 부여하여, 훌륭하게 인간에게 맞서 싸우는 모습으로 그렸겠지요. 하지만 그렇게 하면 현실에서 너무 동떨어진 이야기가 됩니다. 그런 영화는 만들어도 소용없습니다. 그런 영화를 제작하여 승리를 외치고 환호한다고 한들, 딱히 너구리를 보호할 수 있는 것이 아닙니다. 그냥 단순한 즐거움밖에 되지 않는 것이지요. 그런 영화가 아닌, 어디까지나 현실에서 너구리가 할 수 있는 일은 아무리 상상력을 발휘해도 기껏해야 이 정도 아닐까 하는 것을 그리고 싶었습니다. 너구리가 처한 현재 상황을 빼고, 제멋대로 꿈과 속임수의 희망을 말할 마음은 없었습니다.
>
> −《시네 프론트》 1994년 7월호,
>
> 《영화를 만들면서 생각한 것 II : 1991~1999》

✒️ 촬영팀의 출범과 CG의 첫 도전

또한 1993년의 큰 토픽으로 스튜디오 지브리 내에 촬영팀이 출범한 것을 들 수 있다. 이로써 지브리는 기획부터 촬영까지 영상 제작의 모든 공정을 사내에서 담당하는 체제가 되었다.

촬영 감독은 촬영 스튜디오 아사히 프로덕션 출신의 오쿠이 야스시. 오쿠이는 그때까지 아사히 프로덕션에서 〈더티 페어(극장판)〉(1987), 〈기동전사 건담 역습의 샤아〉(1988) 등의 촬영 감독을 맡은 경험이 있었다. 지브리 작품으로는 〈붉은 돼지〉로 촬영 감독을 처음 맡았으며, 그에 이어 〈바다가 들린다〉도 담당했다.

지브리의 촬영에 아사히 프로덕션이 참가하게 된 것은 아사히 프로덕션에 다니고 있던 미사와 가쓰지가 다카하타와 미야자키의 도에이 동화 시절 동료였다는 인연에서였다. 미사와는 지브리의 새로운 스튜디오 건축에 있어 촬영팀 공간의 설계 등에도 협력했다. 오쿠이는 〈붉은 돼지〉 완성 이후 새로운 스튜디오의 기념행사에서 곧이어 출범하는 촬영팀에 참여해달라고 제안받았으며, 얼마 후 그를 받아들였다.

출범한 촬영팀에는 새롭게 설치된 촬영대가 두 대 있었다. 컴퓨터 제어로 100분의 1밀리 단위로 그 움직임을 컨트롤하고 재현할 수 있는 성능의 카메라였다. 미야자키는 이 두 촬영대에 각각 '야마토'와 '무사시'라는 이름을 붙였다. 카메라는 7월에 설치되었으며, 8월부터 촬영팀이 정식으로 촬영을 시작했다.

또한 〈폼포코 너구리 대작전〉에는 지브리 작품에서 처음으로 CG가 사용되었다. 특히 도서관 장면에서 CG 기술을 많이 사용했는데, 길게 늘어선 서가를 카메라가 훑는 듯 옆으로 이동하는 장면이다. 만약 실사로 촬영한다면, 카메라 위치나 세트의 제한 때문에 그와 같은 장면을 촬영하기는 불가능하다. 반면 손으로 그린 애니메이션으로 하면 매우 곤란하게도 배경 동화가 되어 질감이 표현되기 어렵다. 직접 그린 느낌의 질감을 남기면서 CG로만 표현할 수 있는 공간을 만들어낸 이 장면은, 새로운 CG 표현으로서 당시 컴퓨터 업계에서도 화제가 되었다. 또한 35밀리 필름에 디지털 데이터를 변환하여 출력하는 작업은 이 무렵의 일본에서는 많이 시행하지 않았기에, 색 관리, 다른 장면과의 매칭에 많은 작업 시간이 필요하게 되었다. 실제 작업은 니혼 TV 기술국 제작 기술 센터 CG팀이 담당했다.

니혼 TV CG팀은 다음 작품인 〈귀를 기울이면〉에서도 디지털 합성 장면을 담당하였으며, 1995년 지브리 CG팀의 출범으로도 이어지게 된다.

✒ 1994년 일본 영화 최고의 히트작

〈폼포코 너구리 대작전〉은 매우 독특한 출연자가 캐스팅된 것도 특징 중 하나다. 다카하타는 캐스팅의 목표에 대해 다음과 같이 설명하고 있다.

저는 '형식은 영화지만, 이것은 영화가 아니다'라는 생각으로 〈폼포코 너구리 대작전〉을 시작했습니다. 다마 구릉의 너구리 집단의 운명이 어떻게 변화해가는지, 내레이션으로 이야기를 진행하는 방식으로 그리려고 했습니다.

그래서 이 중요한 내레이션을 누구에게 맡길 것인가, 고민하고 있을 때 제일 먼저 떠오른 사람이 고콘테 신초 씨입니다.

너구리 이야기는, 이른바 서민적 발상력의 결정체로 일본의 소중한 문화유산입니다. 조금은 예스러운 표현을 사용하면서 그럴듯하지만 약간 바보 같다. 그 어리석음을 매우 진지하게 한다는 것이 기본이며 그것을 정말 있었던 일처럼 말할 수 있는 사람은 역시 만담가 신초 씨뿐이라고 생각했습니다. 에도 시대 말기부터 메이지 시기에 만들어진, 명백히 과거의 이야기를 생생하게 현대로 소생시키는 그 힘을 꼭 빌리고 싶었습니다.

– 《아니메주》 1994년 8월호에서

이렇게 다카하타의 의도를 들은 고콘테 신초가 전체적인 이야기를 담당. 그 외에 6대 금장대명신 역에 3대 가쓰라 베이초, 하게 타누키 역은 5대 가쓰라 분시, 쓰루가메 스님 역은 5대 야나기야코상으로, 만담계의 영향력 있는 인물들이 장로 너구리들을 연기했다. 그리고 만담계 이외에도 기요카와 니지로가 오로쿠 할머니 역에, 아시야 간노스케가 이누가미 교부 타누키라는 중요한 역할에 캐스팅되었다.

또한 젊은 세대의 너구리는, 쇼키치 역에 노노무라 마코토, 키요 역에 이사다 유리코, 곤타 역에 이즈야마 시게루가 각각 개성을 살려 연기하였으며, 여우인 류타로 역은 니혼 TV의 아나운서 호쿠자와 아키라가 맡았다.

고콘테 신초를 비롯한 일부 캐스팅은, 1993년 3월부터 5월에 걸쳐 사전 녹음을 시행했다. 사전 녹음은 그림에 맞추어 연기하는 것이 아닌, 성우 각자의 이야기하는 맛과 매력을 살리는 작품으로 만들고 싶다는 의도로 시행된 것이며, 〈반딧불이의 묘〉 등 다카하타 작품에서 종종 활용하고 있는 방법이다.

홍보 측면에서 〈폼포코 너구리 대작전〉의 엔딩 크레디트에는 특별 협력으로 요미우리 신문사가 이름을 올렸다. 그에 따라 신문 광고가 다른 신문보다 많이 출고되었으며, 이외에도 광고 등으로 한정하지 않고 퍼블리시티 등도 협력하는 체제가 도입되었다.

또한 요미우리 신문과 니혼 TV의 협력을 통해 '폼포코 야간 경기'라는 타이틀의 도쿄돔 거인전[9]을 활용한 홍보도 이루어졌다. 구장의 야간 경기 중계의 중간중간 작품을 소개하고, 이닝 사이에 〈폼포코 너구리 대작전〉의 캐릭터 탈을 쓴 인형이 등장하거나 작품 부채를 배포하기도 했다. 이렇게 스포츠 경기를 활용한 PR은 〈고양이의 보은〉까지 계속 시행되었다.

영화는 1994년 6월 13일에 완성되었으며, 7월 16일부터 도호계 영화

---

9) 　일본 프로야구단인 요미우리 자이언츠의 애칭인 거인의 경기를 가리킴.

관에서 개봉되었다. 1994년 여름에는 디즈니 장편 영화 〈라이온 킹〉이 개봉되어, 동물 애니메이션의 대결이라고도 말해졌지만, 뚜껑을 열고 보면 〈폼포코 너구리 대작전〉의 흥행 수익은 26억 5,000엔이며, 〈라이온 킹〉의 20억 엔을 웃돌았다. 이는 그 해 일본 영화 최고의 히트작이기도 했다.

✒ 출판팀과 캐릭터 상품팀의 설립

1993년부터 1994년에 걸쳐, 스튜디오 지브리 안에 출판팀과 캐릭터 상품팀(후에 상품 기획팀으로 이름 변경)이 신설되었다. 이때까지는 지브리와 관련된 출판물을 도쿠마 쇼텐이, 캐릭터 상품을 도쿠마 재팬 커뮤니케이션스가 각각 담당하고 있었는데, 출판의 일부와 모든 캐릭터 상품 개발을 지브리에서 이행하게 되었다.

출판팀은 지브리 작품과 관련된 출판물과 더불어 일반 출판사가 하지 않는 출판 기획도 취급한다는 취지로 설립되었다. 첫 번째 기획은 구로사와 아키라 감독의 영화 〈마다다요〉의 홍보의 일환으로 시행된, 미야자키와 구로사와의 대담을 정리한《무엇이 영화인가 : 〈7인의 사무라이〉와 〈마다다요〉를 둘러싸고(何が映画か : 〈七人の侍〉と〈まあだだよ〉をめぐって)》이다. 이후 지브리 작품과 관련해 그림 콘티 전집이나 이미지 보드 등을 모은 〈지브리 더 아트 시리즈〉 등 작품의 제작 과정에 초점을 맞춘 책을 주

로 간행하고 있다. 또한 〈토이 스토리〉 등으로 알려진 픽사 작품의 책이나, 간행이 중지되거나 폐지되었던 작가 홋타 요시에의 손에 넣기 어려운 작품도 재출간하였다. '스튜디오 지브리의 호기심'이라는 타이틀로 매월 발행하는 《열풍》도 출판팀이 편집하고 있다.

한편 캐릭터 상품팀의 설립은 상품의 기획 내용과 품질, 아이템 수 등을 지금까지 이상으로 제대로 관리하는 것이 목표 중 하나였다. 그나마 미야자키는 상품의 감수를 반드시 하고 있으며, 작품이나 캐릭터가 가진 뉘앙스가 잘 반영된 상품을 만들기 위해서도 머천다이징 부문이 스튜디오 내에 설치되는 의미는 컸다.

지브리의 캐릭터 상품과 관련된 에피소드가 하나 있다. 사실 지브리 상품의 대표적 존재인 토토로 인형은 영화가 개봉하고 약 2년 후에 출시된 것이다.

1998년 봄, 극장 개봉 시에 한 브랜드가 제조한 인형이 판매되긴 했지만, 그때는 완성도가 낮았기 때문에 바로 제조를 중단하였다. 하지만 그 후 인형 제조사인 썬아로(Sun arrow)가 토토로의 캐릭터를 '재발견'했다. 다음 해, 썬아로의 세키 마사아키가 〈이웃집 토토로〉를 보고 '토토로야말로 인형으로 만들어야 하는 캐릭터다'라고 직감하고, 썬아로는 바로 토토로와 고양이 버스, 숯 검댕이 먼지 도깨비(맛쿠로쿠로스케)를 비롯해 인형 제작에 착수했다.

그리고 영화가 개봉한 지 1년 정도 지난 1989년 여름, 썬아로는 독자적으로 제작한 거대한 토토로와 고양이 버스 인형을 트럭에 싣고 지브리로 가져가, 미야자키에게 보여주었다. 토토로의 상품화에 대해 전혀 고려하지 않았던 미야자키였지만, 인형의 완성도와 썬아로의 열의에 마음을 열었다. 토토로의 두 눈의 간격 등 몇 가지를 미야자키의 의견대로 수정한 다음 인형 출시가 결정되었다. 이렇게 같은 해 말, 시장에 나온 썬아로의 토토로는 압도적인 호평을 받으며 팬들에게 환영받았으며, 현재까지도 지브리의 대표적인 상품이다.

영화의 캐릭터 상품은 보통 극장 상영을 하며 판매하는 것이 전부이고, 그때 인기가 없었던 작품이 나중에 팔린다는 것은 지극히 이례적인 일. 이는 '토토로'라는 캐릭터와 작품의 인기가 얼마나 특별한지를 나타내는 에피소드라고 할 수 있다. 또한 작품의 매력을 진심으로 이해하고, 좋은 제품을 만들고자 하는 열정적인 브랜드를 만날 수 있었던 것도 컸다.

토토로가 좋은 사례지만, 지브리는 캐릭터 상품에 관해 '좋은 상품을 오래 판매하자'라는 방침을 굳게 지니고 있어, 불필요하게 대량 판매를 목표하지 않고 있다. 상품 기획팀에서는 업무 개시 이후 이러한 방침을 이해해주는 브랜드와 하나하나 이야기를 나누면서, 신중하게 상품 기획을 전개하고 있다.

출판팀과 상품 기획팀이라는, 이른바 관련 업계 부서가 신설되면서, 이 시기부터 지브리의 활동 범위는 영화 제작 이외의 영역으로도 확장되기 시작했다. 이와 같은 영화 이외 활동의 흐름 속에서 추후 미술관의 건립과 운영, 지브리 파크의 개설도 자리를 잡아가게 된다.

곤도 요시후미 첫 감독 작품
〈귀를 기울이면〉과
지브리 실험 극장 〈On Your Mark〉

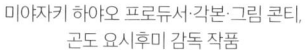

미야자키 하야오 프로듀서·각본·그림 콘티,
곤도 요시후미 감독 작품

귀를 기울이면

좋아하는 사람이 생겼습니다.

지브리 실험 극장

미야자키 하야오 감독 작품

날개를 가진 소녀를 오염된 슬럼에서 구출해,
푸른 하늘로 해방시키려고 한 두 청년….

✒ 소녀 만화를 애니메이션으로

　원작《귀를 기울이면》은 소녀 만화 잡지《리본》1989년 8월호부터 게
재를 시작한 만화다.《귀를 기울이면》의 전작이자 첫 연재작인《별의 눈
동자의 실루엣》을 크게 성공시킨 히이라기 아오이가 원작자다. 연재에
따른 목표를, 히이라기는 다음과 같이 회고하고 있다.

　　이 작품(*《별의 눈동자의 실루엣》)을 다 그렸을 때, 다음 작품은 연애만으
　로는 끝나지 않는, 더 넓은 세계라고나 할까요. '좋다'와 '싫다'로 일관하는
　것이 아니라, 우리의 삶에는 연애 이외에도 소중한 것은 많으니 이성과의
　관계도 인간적인 깊은 유대로 그리면 좋겠다고 생각했습니다.

　　　　　　　　　　　　　　　　　　　　 – '대담 좋아하는 사람과 만났습니다',
　　　　　　　　　　　　　　　　　　　　　　 극장용 팸플릿 〈귀를 기울이면〉 수록

그러나 연재는 인기를 끌지 못했고, "제가 그리고 싶은 것을 그릴 수 없는 상황에서 끝나버린 작품이었기에, 해결되지 않고 제 안에 그대로 남아 버렸습니다"(앞의 출처와 동일)라는 상태로 연재 4회차인 11월호에서 완결되었다. 그 후 1990년에 단행본이 발매되었다.

미야자키 하야오 감독은 《귀를 기울이면》의 영화 제작을 결심하기까지 도움닫기 하는 기간이 길었다.

미야자키가 소녀 만화를 읽게 된 것은 〈바람 계곡의 나우시카〉를 완성한 1984년 여름. 미야자키는 장인이 세웠다는 신슈[10] 지역의 오두막에서 여름을 보내고 있었다. 그 오두막에는 전화도 없고, 신문도 배달되지 않는 데다가, 고장 난 흑백 TV밖에 없었다. 지루함을 견딜 수 없었던 미야자키는, 그곳에 놀러 온 조카들이 두고 간 오래된 소녀 만화 잡지를 읽으며 시간을 보냈다. 이후에도 미야자키는 그 오두막을 방문할 때마다 오래된 소녀 만화 잡지를 반복해서 읽고, 때때로 '소녀 만화를 영화로 만들 수 있을까?'라는 주제로 오두막을 방문한 지인들과 이야기를 나눈 적도 있다고 한다. 그리고 1989년, 마침내 그 잡지도 너덜너덜해질 무렵, 읽을 것을 찾던 미야자키가 어쩌다 근처에서 구매한 것이 《귀를 기울이면》 제2화가 게재된 잡지 《리본》이었던 것이다.

미야자키는 그 제2화를 빠르게 읽어 내려갔다. 그 후 오두막에 놀러 온 스즈키 도시오 프로듀서와 오시이 마모루, 안노 히데아키에게도 그 책을

---

10) 오늘날의 나가노현.

읽게 한 뒤, "이 이야기는 어떻게 시작할까?"라고 물었다고 한다. 오두막에 모인 모든 사람이 이야기의 시작에 대해 상상하면서, 모두의 관심이 이야기 그 후의 전개에까지 이르렀다. 그렇게 이도 아니다, 저도 아니다 하며 각자가 생각하는 나름의 스토리를 만들어 나갔다.

미야자키는 이 원작의 인상과 영화가 될 수 있을지 생각하는 데 이르기까지의 경위를 다음과 같이 설명했다.

처음에는 '아, 굉장히 균형 감각이 좋은 작품이구나'라고 느꼈습니다. 그리고 모든 그림에 과장이 전혀 없었습니다. 그것이 저에게는 굉장히 좋게 다가왔습니다. 하지만 사실 그런 균형 감각 좋은 작품은 소녀 만화로서 성공하는 경우가 거의 없습니다. 그 후 그 작품을 처음부터 끝까지 전부 읽은 것은, 지금으로부터 2년 전(*1993년)입니다. 우연히 지브리의 한 스태프(*당시 제작팀에서 일하고 있던 다나카 가즈요시)가 단행본으로 만들어진 《귀를 기울이면》을 가지고 왔습니다. 그것을 읽고 '아, 역시 이어지지 않았구나'(웃음)라고 생각했는데, 동시에 '조금만 수정하면, 어떻게든 이 작품을 영화로 만들 수 있지 않을까…?'라고 생각한 것이 계기였습니다.

– 《아니메주》 1995년 3월호

미야자키는 〈폼포코 너구리 대작전〉의 제작이 절정이었던 1993년 10월에 기획서를 정리해, 다음 달 사내에서 비정기적으로 열리는 '기획 검토회'에 제출했다. 거기에서 검토를 거쳐 구체적인 영상화 계획이 시작되었다.

영화 제작에 있어 미야자키는 원작에서 부족한 어떤 요소를 덧붙이기로 했다. 팸플릿에도 게재된 미야자키의 글 〈왜 지금 소녀 만화인가? 이 영화의 목적〉에 그 이유가 적혀 있다.

거기에서는 우선 원작을 철저하게 '어디에나 있는 소녀 만화의 흔히 볼 수 있는 결말에 불과하다'라고 규정하고, '하지만 《귀를 기울이면》의 영화화를 제안하는 이유는 무엇인가? 아저씨들이 아무리 공을 들여 그 취약함을 지적하고, 현실성이 부족한 꿈이라고 논해도, 이 원작에 건강하고 솔직하게 그려진 만남에 대한 동경과 순수한 사모의 마음이 청춘의 소중한 진실이라는 것을 부정할 수 없기 때문이다'라며 말을 덧붙이고 있다.

그러면서 원작에서는 '그림 그리기를 꿈꾸며, 일러스트풍의 그림을 그리고 있다. (중략) 절박하고 격렬한 예술을 지향하는 인물은 절대 아닌' 주인공의 상대역인 소년을, 중학교 졸업과 동시에 미국으로 건너가 바이올린 제작 연수를 받고자 하는 굳은 의지를 품고 있는 소년으로 변경한다는 아이디어가 적혀 있다.

동시대의 소년, 소녀들이 미래를 외면하고 살아갈 때(어른이 되면 제대로 된 것은 없다고 믿는 아이들이 많다), 더 멀리 바라보며 소년은 착실하게 살아간다. 우리가, 여주인공이 그런 소년을 만나면 어떻게 될까? 그렇게 질문했을 때, 세상에 널리고 널린 소녀 만화가 갑자기 현실성을 띤 작품으로 변신하는 원석, 다시 말해 이 작품을 자르고 연마하면 빛나는 원석으로 변신한 것이다. 소녀 만화의 세계가 가진 순수한 부분을 소중히 하면서, 오늘날 잘 산다는 것이 무엇인가를 물을 수도 있을 것이다.

이렇게 영화의 기본 방침은 정해졌다.

참고로 〈귀를 기울이면〉의 기획이 정해지는 데는 1993년에 TV 방송된 〈바다가 들린다〉의 영향도 있었다고 한다. 신진 제작진 중심의 〈바다가 들린다〉가 그린 담담한 연애 묘사가 애매하고 밋밋하다고 느낀 미야자키는, '해야 하는 것은 연애를 통해 인생은 살만하고, 훌륭한 것이라는 긍정적인 메시지를 담는 것이다'라고 감상을 말했다고 한다. 그런 미야자키의 생각이 〈귀를 기울이면〉에 반영되었다는 것은 쉽게 상상할 수 있다.

✒ 마흔다섯의 신인 감독

영화 〈귀를 기울이면〉의 주인공은, 도쿄 외곽 지역에 사는 중학교 3학년 쓰키시마 시즈쿠. 책을 좋아해, 도서관에서 요정과 마법이 나올 법한 판타지를 자주 빌려 읽는다. 시즈쿠는 자신이 빌린 책의 대여 카드에 항상 '아마사와 세이지'라는 이름이 있다는 것을 깨닫는다. 어느 날 고양이 문에게 이끌려 골동품 가게 '지큐야(지구옥)'을 방문한 시즈쿠는, 그 가게의 주인인 니시 시로 할아버지를 만나, 그의 손자가 세이지라는 사실을 알게 된다. 바이올린 장인을 꿈꾸는 세이지와의 만남으로 시즈쿠의 안에도 조금씩 변화가 일어나는데….

〈귀를 기울이면〉도, 대작 중심이 되기 쉬운 지브리 작품 가운데 있어, 예산이나 일정도 어느 정도 제작진이 피폐해지지 않는 '규모가 작은 작품'을 목표한 기획이었다. 미야자키는 이 작품을 '명작 단편 시리즈 첫 번째 작품'이라고 불렀다. 기획을 시작한 시점에는 상영 시간 90분을 목표로 하였으며, 개봉도 지금까지의 지브리 작품보다 상영관 수를 줄인 형태로 고려되었다.

미야자키 본인은 프로듀서, 각본, 그림 콘티에만 관여하고, 감독에는 〈마녀 배달부 키키〉와 다카하타 감독의 〈반딧불이의 묘〉 등에서 작화 감독을 담당하고, 오랜 기간 함께 일해온 동료인 애니메이터 곤도 요시후미를 추천했다.

곤도가 〈미래 소년 코난〉이나 〈빨간 머리 앤〉 시절부터 풋풋한 소년, 소녀의 만남을 그리고 싶어 한다는 것을 알고 있던 미야자키는, 그런 곤도의 생각에 근거하여 〈귀를 기울이며〉의 감독으로 추천했다고 한다. 곤도도 《코믹 박스》 1995년 9월호에서 "저는 처음부터 토토로가 등장하지 않는 〈이웃집 토토로〉와 같은 작품을 하고 싶다고 계속 생각하고 있었습니다. 어딘가 비약하지 않는 범위의 현실 속 일본에서 여러 소년과 소녀의 모습을 담고 싶다는 마음이 있었지요"라고 말한 바 있다.

1994년 2월부터 미야자키가 먼저 그림 콘티 작업에 들어가고, 3월에 〈폼포코 너구리 대작전〉의 작업을 끝마친 곤도가 합류했다. 원래 곤도는 미야자키의 러프 콘티를 다듬으면서 동시에 캐릭터 디자인을 작업했다. 그러나 5월 작화 작업을 시작할 때, 곤도가 레이아웃 확인 작업에 쫓기게 되면서, B파트 후반부터는 미야자키가 단독으로 그림 콘티를 집필하게 되었다. 툭하면 이상적인 캐릭터를 만들어 다이내믹한 드라마를 쓰려고 하는 미야자키의 개성을 잘 알고 있었던 곤도는, 그림 콘티를 집필하면서 기회가 있을 때마다 '일상 속 중학생의 모습을 제대로 그리고 싶다'라고 전했다고 한다. 그림 콘티는 같은 해 9월에 완성되었으며, 영상화에 있어서는 일상 속 자연스러운 움직임이나 미묘한 심리 표현, 자연 현상 등의 묘사에 세심한 노력이 깃들어 있다.

여담이지만, 1995년 2월 16일 제작 발표회를 앞두고 미야자키는 곤도에게 세 가지 주문을 했다고 한다. 첫째, 곤도의 머리카락이 회색에 가까웠기 때문에 '신인 감독'이라고 소개하기는 조금 나이가 있어 보이므로 적어도 검은색으로 염색할 것. 둘째, 각 매체의 기자들에게 둘러싸일 테니 하나밖에 없는 오래된 정장이 아닌, 새로운 정장을 장만할 것. 그리고 셋째, 어째서인지 제작 발표와는 전혀 관계없는, 감독이니 10년 가까이 타고 있는 스바루 저스티 자동차를 새 차로 바꿀 것. 이 세 가지였다.

곤도도 처음에 난색을 보였지만, 스즈키의 설득으로 첫 번째와 두 번째 주문은 실행에 옮겼다. 하지만 세 번째 주문은 제작진이 독촉해도 계속 피하기만 하다가, 결국 마지막까지 애용하던 익숙한 자동차를 바꾸지 않았다고 한다.

🖋 두 번째 원작과 주요 제작진

〈귀를 기울이면〉을 제작하면서, 미야자키와 곤도는 '도시에서 태어난 사람의 고향을 그린다'라는 목표를 내세웠다. 당연히 원작에서는 시즈쿠가 거주하는 마을이 세부적으로 그려지지 않고 두루뭉술하게 얼버무리고 있는데, 영화에서는 위의 방침에 따라 전철 게이오선(영화에서는 쿄고쿠선[11]으로 등장)의 세이세키 사쿠라가오카 주변을 참고하여 마을 풍경을 그렸다. 그래서 마을 전경이나 편의점, 패스트푸드 가게가 있는 역 앞 풍경, 전봇대가 줄지어 서 있는 도로 등 지극히 사실적으로 현실 속 풍경을 다룬 장면이 많다. 하지만 이는 사실에만 치우쳤다는 것이 아니라, 예를 들어 오히려 높은 건물이 많은 거리는 사실적으로 표현해도, 건물의 고저차를 살려서 이탈리아의 산악 도시와도 닮은 매력을 느낄 수 있도록 그리고 있다.

이렇게 '도시에서 태어난 사람의 고향'에 대한 접근을 뒷받침한 것이 존 덴버가 작사 · 작곡한 〈Take Me Home, Country Roads(시골길이여, 나를 집에 데려가 다오)〉라는 곡이다. 이는 팸플릿 등에서도 '또 하나의 원작'이라며 다루고 있는데, 미야자키가 이 노래를 반복해서 들으며 떠올린 '오늘날의 중학생에게 고향이란 무엇일까?'라는 생각이 이 작품에 반영되었다고 한다.

11) 쿄고쿠(京玉)는 게이오(京王)와 한자가 비슷하다.

이 곡은, 우선 오프닝에서 올리비아 뉴튼 존이 영어로 노래하는 버전이 흘러나온다. 그리고 스토리 안에서, 시즈쿠가 이 곡의 가사 번역에 몰두하고 있는 것이 밝혀진다는 구조로 사용된다. 곤도는 이 주제곡 가사를 결정하는 데 이르는 과정을 다음과 같이 설명했다.

미야자키 씨는, 시즈쿠와 언니가 함께 방을 사용하고 있고, 중간부터 보이는 세계가 어떠한 특별함도 없는 풍경이지만 여기에서 당신과 만났기에 이곳이 나의 고향이라는 느낌의 노래를 만들고 싶다며 굉장히 고생했습니다. 하지만 확 와닿지 않아 어떻게 해야 할까 고민하고 있는데, 그때 스즈키 프로듀서에게 따님이 있다는 사실이 떠올랐습니다. 역시 주인공과 비슷한 또래에게 써달라고 하는 게 좋을 것 같아, 실제로 스즈키 씨의 따님에게 가사를 부탁했는데 결과물이 꽤 만족스러웠습니다. (중략) '혼자 살기 위해 아무것도 없이 고향을 뛰쳐나왔다'였습니다. '고향을 뛰쳐나와 열심히 살아봤지만, 역시 고향이 그립고 돌아가고 싶다. 하지만 그렇게 뛰쳐나갔으니 돌아갈 수 없다'라는 마음을 노래하고 있습니다. 이 가사가 이탈리아로 떠난 소년의 심정과 딱 부합해 꽤 괜찮다는 반응이어서, 갑작스럽게 맨 처음의 설계와는 다르지만, 이 가사로 결정하게 되었습니다. 이로써 일관성이 생긴 느낌이었습니다.

― 《코믹 박스》 1995년 9월호에서

이렇게 스즈키의 딸(스즈키 마미코)이 가사 〈컨트리 로드(Country Roads)〉

를 쓰고, 일부를 미야자키가 손을 댔는데, 그 수정을 둘러싸고 미야자키와 곤도 사이에 큰 갈등이 있었다고 한다. 그 경위에 관해 스즈키는 다음과 같이 말했다.

처음에 제 딸이 쓴 가사는 '혼자 살기 위해 아무것도 없이 고향을 뛰쳐나왔다'였습니다. 그런데 미야 씨가 이 부분을 '외톨이가 되어 두려워하지 않고 살아가려고 꿈을 꾸었다'로 수정하였습니다.

존 덴버가 쓴 원래 가사는 '그 그리운 고향으로 돌아가리라'라는 내용입니다. 그런 내용을 제 딸은 기가 막히게도 '뛰쳐나온 고향에는 돌아가고 싶어도 돌아갈 수 없다'라는 이야기로 바꾸어버렸습니다. 미야 씨는 그것을 마음에 들어 했지만, 다만 너무 노골적인 표현이라고 생각한 듯합니다. 그래서 뛰쳐나왔다는 표현을 조금 얼버무린 것입니다.

반면 곤 짱은 원래 가사가 더 좋다고 말했습니다. 그렇게 두 사람이 의논을 대립하기 시작하더니, 끝에서는 거의 고성이 오가는 싸움이 되어버렸습니다. 결국에는 곤 짱이 포기하면서, 미야 씨의 버전으로 결정되었습니다.

하지만 말수도 적고 얌전한 곤 짱이 왜 화를 내면서까지 그 가사를 고집했는지, 저는 이해가 가지 않았습니다.

그 궁금증이 풀린 것은 영화가 완성된 이후였습니다.

전국 프로모션을 위해 센다이를 방문했을 때, 곤 짱과 둘이 식사할 기회가 있었습니다. 그런데 그때 곤 짱이 말을 꺼냈습니다.

"저는 아직도 원래 가사가 더 좋다고 생각합니다. 저도 만화가가 되고 싶어 고향을 뛰쳐나와 도쿄로 올라왔습니다. 정말 가진 게 아무것도 없었습니다…"

그는 눈물을 흘리고 있었습니다. 우연이겠지만, 제 딸이 쓴 가사는 곤도 요시후미라는 사람의 인생, 그 자체였던 것입니다. 흡사 가출하듯 고향을 뛰쳐나와, 죽을힘을 다해 애니메이터가 되었다. 하지만 그것만으로는 고향에 돌아가고 싶어도 돌아갈 수 없다. 진정한 의미에서 가슴을 펴고 당당하게 고향으로 돌아가기 위해서는, 성공한 감독이 되어야 했을 것입니다. 그러한 마음을 담은 가사를, 심지어 자신의 첫 감독 작품에서 만나다니. 그것은 곤 짱에게 의미가 매우 컸겠지요. 그래서 곤 짱은 제 딸이 쓴 가사를 굳이 바꾸고 싶지 않았던 것입니다.

– 《지브리의 천재들》

그리고 과거 지브리 작품에서 원화 부문에 참가한 고사카 기타로가 처음으로 작화 감독을 담당하였으며, 미술 감독 또한 1991년에 입사해 그동안 배경을 담당해온 구로다 사토시가 처음 도전했다.

1994년 10월에는 '마지막 장면의 미명을 그리기 위해 실제 미명을 보고 싶다'라는 구로다의 제안에 로케이션 헌팅을 떠났다. 다마 구릉에서 도시가 내려다보이는 장소를 찾다가, 가와사키시 다마구에 있는 '요미우리 랜드'라는 유원지를 가게 되었다. 그중에서도 지금은 폐지된 점프대의 철탑이었다. 원래는 진입이 불가한 곳인데, 영화의 로케이션 헌팅이기에 특별히 허가받아, 10월 22일 오전 5시 30분부터 로케이션 헌팅이 이루어졌다. 참가자는 구로다와 그 장면을 담당하는 오가 가즈오 외 6명. 사실 이때 구로다와 오가는 전날부터 술자리를 하다가, 잠을 자지 않고 그대로 현장에 왔다고 했다. 일행은 지상 50미터의 탑 정상에서 찬바람을 맞으며 아름다운 도쿄의 미명을 관찰했다.

한편 작화 측면에서 하나 눈여겨볼 만한 부분이, 세이지와 그의 할아버지인 니시 할아버지, 그리고 그의 친구들이 오래된 악기를 연주하고 시즈쿠가 그에 맞추어 자신이 작사한 〈컨트리 로드〉를 노래하는 장면이다. 그 장면의 담당은 1989년 입사한 제1기 연수생 고니시 겐이치. 연주 장면은, 녹음을 먼저 하고, 고니시가 자료용 비디오와 음의 타이밍을 기록한 사전 녹음 시트 등을 참고하여, 반년에 걸쳐 완성했다. 그 3분 남짓한 장면의 총 동화 장수는 2,900장. 이 장면에만 보통 TV 애니메이션 한 회 분량의 장수를 사용하고 있다.

음악은, 사카모토 류이치와 함께 영화 〈밀로와 오스티의 모험〉과 〈왕립우주군 : 오네아미스의 날개〉의 음악을 담당했던 신진 작곡가 노미 유지가 참여했다. 그리고 목소리와 관련해, 주인공 시즈쿠 역은 〈추억은 방울방울〉에서 소녀 시절의 다에코를 연기한 혼나 요코, 시즈쿠의 어머니 역은 개성파 여배우 무로이 시게루, 아버지 역은 평론가인 다치바나 다카시, 니시 할아버지 역은 고바야시 게이주가 캐스팅되었다. 또한 시즈쿠가 그린 이야기 속에 등장하는 고양이 인형 바론 역은 쓰구유치 시게루가 연기했다.

✒ '바론이 준 이야기'

원래 〈귀를 기울이면〉은 '명작 단편 시리즈'로 기획했지만, 〈붉은 돼지〉때와 마찬가지로, 그림 콘티가 진행되면서 본격적인 장편 애니메이션의 양상을 보였다. 〈귀를 기울이면〉이 대작이 될 수 있었던 장면 중 하나가 시즈쿠가 그린 이야기의 한 장면을 영상화한, 통칭 '바론이 준 이야기'의 장면이다.

'명작 단편'을 목표하던 단계에서 미야자키는, 이야기의 중심으로서 시즈쿠가 〈컨트리 로드〉를 부르는 장면을 영화 전체의 포인트로 할 생각이었다. 그런데 노래 장면의 그림 콘티를 완성하고 보니, 미야자키는 "원작자 히이라기 씨가 《귀를 기울이면》를 도중에 그만둘 수밖에 없었던 주제가 점점 명확해져서, 이대로라면 팥 없는 찐빵이 되어버릴 것 같았습니다."(〈행복한 만남〉, 《'바론이 준 이야기'의 이야기 : 하나의 시퀀스가 완성되기까지, 영화 〈귀를 기울이면〉에서(〈バロンのくれた物語〉の物語—映画《耳をすませば》より)〉수록) 라고 깨닫고, "또 하나의 포인트가 필요하다고 판단했습니다. 그때 갑자기 이노우에 씨의 이바라드라는 세계가 떠올라 그것을 빌려 '극중극' 장면을 넣어야겠다고 생각했습니다." (앞의 출처와 동일)

'바론이 준 이야기'는 시즈쿠 자신이 이야기 안으로 들어가, 이야기의 주인공인 고양이 인형 바론을 따라간다는 내용이다. 원작에도 비슷한 장면이 있긴 하지만, 원래 영화에서는 그를 다루지 않을 예정이었다. 그런데 그것을 삽입하려고 하는 것이었다.

'이노우에 씨'는 이세계인 '이바라드'를 무대로 한 환상적인 그림으로 유명한 화가 이노우에 나오히사를 가리킨다. 이전부터 미야자키의 작품을 보며 어딘가 통한다는 느낌이 받았던 이노우에가 미야자키에게 개인전 초대장을 보냈고, 1994년 2월 미야자키가 이노우에의 개인전을 방문하면서 접점이 탄생했다. 미야자키는 '바론이 준 이야기'를 영상화하는 데 이노우에의 〈차경 정원〉과 〈상승 기류〉라는 두 작품을 모티프로 할 수 없을까 고민했다. 그렇게 미야자키의 의뢰를 수락한 이노우에는 영화 제작에 참여하게 되었고, 이 장면을 위해 배경 등 60점 이상의 그림을 그렸다.

'바론이 준 이야기'의 제작은 촬영 감독 오쿠이 아쓰시의 제안으로 디지털 합성 기술을 도입했다. 이는 일단 촬영 소재를 컴퓨터에 입력해 합성한 다음 필름에 출력하는 방법으로, 기존의 필름에서 행해졌던 옵티컬 합성보다 마스크가 어긋나지도 않고 깨끗한 영상을 얻을 수 있다는 것이 특징이다.

디지털 합성이 힘을 발휘한 것은 바론과 시즈쿠의 비행 장면. 기존의 애니메이션 촬영대로 하면 촬영대 위에 놓을 수 있는 셀 화면의 장수에 제한이 있지만, 디지털의 경우에는 물리적 제한이 존재하지 않는다. 그런 점을 활용해 다수의 소재를 포개어 구름의 움직임과 카메라 무빙을 만들어내고 있다. 이는 기존의 촬영대를 사용하면 절대 만들어낼 수 없는 컷이었다.

디지털 합성은 니혼 TV CG팀의 스가노 요시노리가 담당했다. 데이터

양은 상상을 뛰어넘는 크기가 되어, '엑사바이트'라는 대용량 테이프로도 55편에 달했다. 테이프를 읽어 들이는 것만 10시간이 걸려, 작업이 계속 늦춰진다는 문제가 발생했다. 이 문제를 해결한 것이, 당시 영상 회사인 이마지카에 신설된 '플라밍고 룸'에 있던 초고능성 컴퓨터 오닉스였다. 오닉스 덕분에 작업 시간을 단축하여 일정 내에 맞출 수 있게 되었다. 그리고 디지털 합성은 그 밖에, 본편에서도 두 곳에 사용되었다.

또한 음향 측면에서도 디지털화가 진행되었다. 1994년 가을, 미국 기업인 돌비 라보라토리스의 부사장이 지브리에 방문한 것이 계기였다. 그는 "미국에서 음향이 좋아진 이유는 조지 루카스 등 신세대 감독이 개선의 노력을 거듭했기 때문이다. 일본에서 그렇게 발언할 수 있는 사람은 미야자키 감독뿐일 것이다"라고 강조했다. 그러한 경위로 〈귀를 기울이면〉은 〈고질라 vs. 메카 고질라〉에서의 시험 채용을 거쳐, 일본에서 처음으로 돌비 디지털을 본격 도입한 작품이 되었다.

5.1채널 돌비 디지털은 기존의 아날로그 신호보다 고음질인 것이 특징으로, 돌비 디지털 방식을 채용해도 영화에는 기존의 아날로그 신호도 동시에 기록할 수 있어 한 종류의 프린트만 만들면 어떠한 극장에서도 상영할 수 있다는 장점이 있었다.

돌비 디지털의 도입에 맞추어, 음향 감독인 아사리 나오코는, 그 디지털화의 장점을 최대한 살리기 위해 모든 음향 작업에서 아날로그 자기 테이프를 사용하지 않고, 디지털화하는 것을 생각했다. 3월에 우선 스즈키 도시오 프로듀서가 소유한 에비스의 아파트 방 하나를 빌려, 몇 대의 컴퓨터를 설치한 작업장, 통칭 '스튜디오 룸'이 만들어졌다.

4월의 후시 녹음 현장에서는 컴퓨터를 가지고 와, 소리를 직접 하드디스크에 녹음했다. 효과음도, 되도록 DAT(디지털 오디오 테이프)에 녹음한 것을 가능한 바로 하드디스크에 더빙했다. 이러한 소재를 바탕으로 '스튜디오 룸'의 컴퓨터에서 준비해, 당시 일본에서 유일하게 디지털로 영화용 더빙이 가능한 설비를 가지고 있었던 '도쿄 TV 센터'에서 더빙한다는 계획이었다.

하지만 첫 시도인 데다가 컴퓨터도 불안정했기에 문제가 적지 않았으며, 일정도 꼬였다. 실제로는 스튜디오 룸에서 준비 작업을 끝내지 못하고, 도쿄 TV 센터에서 2주간 틀어박혀, 컴퓨터를 가지고 들어가 준비하면서 더빙을 병행하는, 자전거 조업[12]의 상태에 빠지고 말았다. 스즈키도 힘을 보태, 음향 작업의 순서를 표로 정리하고, 배선을 검토하는 등 실제로 작업했다.

이러한 문제를 극복한 〈귀를 기울이면〉은 1995년 6월 7일 첫 시사가 열렸으며, 7월 15일 도호계 영화관에서 개봉했다. 흥행 수익은 18억 5,000만 엔을 넘었으며, 1995년 일본 영화 가운데 가장 히트한 작품이 되었다. 또한 7월 6일 날짜의 요미우리 신문에 처음으로 전면 컬러의 광고를 게재했는데, 이 광고는 요미우리 영화 홍보상 우수상을 받았다.

다카하타는 《코믹 박스》 1995년 9월호의 인터뷰 〈이 영화를 보고 인

---

12) 쓰러지지 않게 자전거를 계속 밟아야 하듯이 무리해서라도 일을 계속해야만 하는 상태.

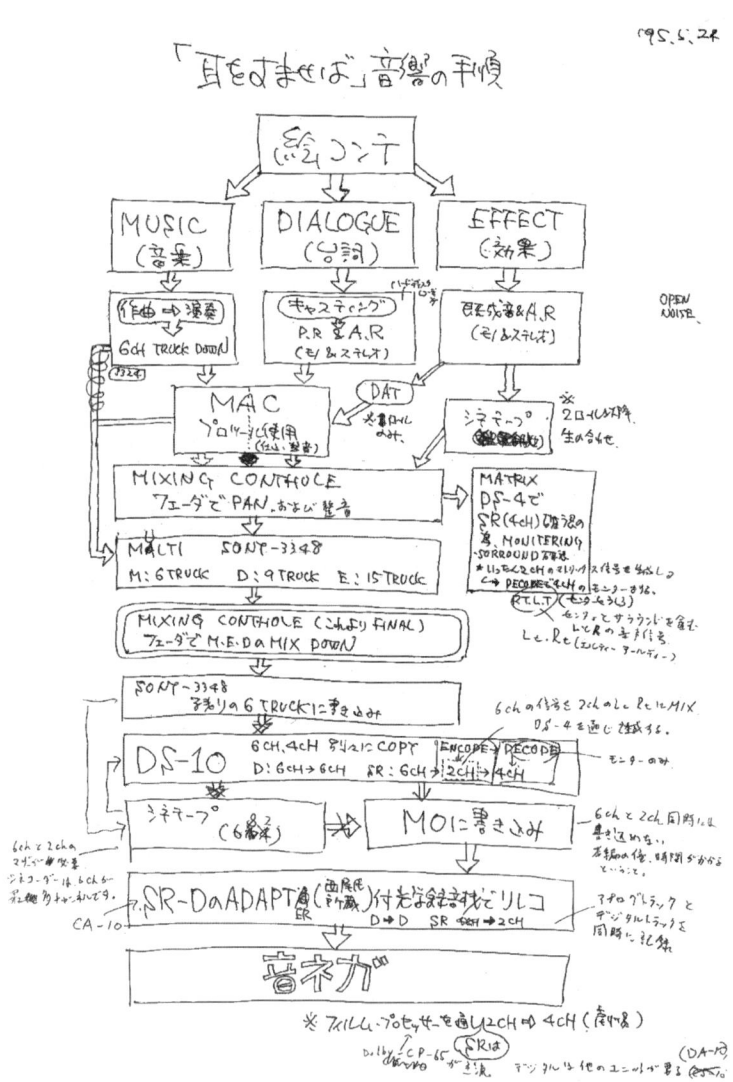

〈귀를 기울이면〉은 일본 영화 최초로 돌비 5.1채널 방식의 음향이 본격 도입된 작품이다. 이 표는 그 제작 구조를 이해하기 위해 스즈키 프로듀서가 정리한 순서 일람이다.

상 깊었던 세 가지〉에서 〈귀를 기울이면〉를 완성하면서 보여주었던 곤도의 감독 방식에 대해 다음과 기록하고 있다.

세 번째는, 미야자키 하야오 본인은 어떨지 모르겠지만, 곤도 감독의 지휘를 바탕으로 이런 '미야자키 애니메이션'을 제대로 완성할 수 있었던 것에 감회가 깊습니다. 역량을 발휘해준 곤도 감독 외 모든 제작진은 큰 자신감을, 미야 씨는 남아도는 구상력을 대작 이외에도 이러한 형식으로 살릴 가능성을, 동시에 발견한 것이 분명합니다. 곤 짱, 정말로 수고 많았습니다. 끈기 있게 승리로 이끌었습니다.

✒ 한신·이와지 대지진 봉사 활동

〈귀를 기울이면〉을 제작 중이던 1995년 1월 17일 이른 아침, 고베를 중심으로 한 지역을 습격한 한신·이와지 대지진은 넓은 지역에 큰 피해를 남겼다. 24만 채가 넘는 가옥이 무너졌으며, 6,000명 이상의 사망자가 나온 대참사였다. 이때 피해 지역으로 전국의 많은 봉사자가 몰려들면서, 다시금 봉사 활동이 조명되는 계기가 되었다.

이런 상황 속에서 스튜디오 지브리도, 지진 직후 사내에서 모금을 하기도 했으나, 바로 현지로 봉사자를 파견하기로 결정. 참가자를 모집하자 10명이 넘는 사람이 참가를 희망했다. 그들이 한꺼번에 봉사를 가면 작업이 밀리므로, 세 팀으로 나누어 세 차례에 걸쳐 봉사 활동을 나갔다. 미리 관련 있는 여러 지역에 문의한 결과, 다른 지역에 비해 일손이 부족하다는 다카라즈카시로, 2월 1일 봉사 활동 제1팀이 출발했다. 이어 며칠 뒤 교대하는 형식으로 제3팀까지 봉사를 나갔다.

또한 한신 · 이와지 대지진을 계기로 지브리의 방재 체제도 재검토되었다. 스튜디오 옆에 설치된 자전거 주차장을 정비하여 임시 화장실로 사용하게 되었다.

반면 다카하타를 주축으로 하여, 연출가를 육성하는 '히가시코가네이 손주크(東小金井村塾)'라는 새로운 시도를 한 것도 1995년이다. 320명의 응모자 가운데 16명을 선출하였으며, 4월부터 12월까지 매주 토요일 오후 4시부터 5시까지 강좌가 개최되었다.

✒ 지브리 실험 극장 ⟨On Your Mark⟩

미야자키가 ⟨귀를 기울이면⟩의 그림 콘티를 완성한 후, 단편 ⟨On Your Mark⟩의 제작이 결정되었다. 이는 남성 듀오 차게 앤 아스카(CHAGE and ASKA)의 동명의 노래 뮤직비디오였다.

영화의 무대는 가까운 미래. 비행선을 타고 신흥 종교의 본거지에 돌입한 경찰 특공대는 날개 달린 소녀를 발견한다. 경찰의 연구 시설에 수용된 소녀를 본 두 명의 경찰관이 그녀를 푸른 하늘로 풀어주려고 생각하는데….

미야자키는 인터뷰에서 〈On Your Mark〉 제작의 마음가짐에 관해 다음과 같이 말했다.

'제자리에'라는 의미의 제목인데, 일부러 그 내용을 비틀어서 만들었습니다. 이른바 세기말 이후의 이야기. 방사능이 넘쳐흐르고 질병이 만연한 세계. 실제로 그런 시대가 오지 않을까, 저는 생각하고 있습니다. 그런 곳에서 살아간다는 것은 어떤 것일까를 생각하며 만들었습니다.

그런 시대에는 분명 매우 무질서한 상태가 되어가는 한편, 체제 비판 등에 대해 지나치게 보수적으로 대응하지 않을까요. 아직 잃어버릴 것이 있다고 생각하기 때문이지요. 아무것도 없어지면 그저 단순한 무질서 상태가 되어 비참한 죽음을 맞이하게 됩니다. 그런 것을 얼버무리는 방법이 '약물'이나 '스포츠', '종교'겠지요. 그런 것들이 만연한 시대에 체제의 눈을 피해 하고 싶은 말을 하기 위해서 은어로 표현한 곡이라고 생각해 보았습니다. 살짝 악의에 찬 영화입니다(웃음).

– 《미야자키 하야오, 출발점 1979-1996》

〈On Your Mark〉에서는 작화 감독으로 안도 마사시, 미술 감독으로 다케시게 요지라는 젊은 제작진을 기용했다. 이 두 사람은 미야자키의 다음 작품인 〈모노노케 히메〉에서도 작화 감독, 미술 감독으로서 참여한다. 그림 콘티는 2월 6일에 완성되었으며, 2월 7일부터 작화 작업을 시작했다.

첫 시사는 〈귀를 기울이면〉과 같은 1995년 6월 7일에 시행되었으며, 러닝타임은 6분 48초였다. 6월 하순부터 차게 앤 아스카의 콘서트 투어에서 영상이 상영되었으며, 극장에서는 '지브리 실험 극장'이라는 타이틀을 달고 〈귀를 기울이면〉과 동시에 상영되었다.

제 9장

미증유의 대작
〈모노노케 히메〉

살아라.

마쓰다 요지
이시다 유리코
다나카 유코
고바야시 가오루
니시무라 마사히코
가마조 쓰네히코
미와 아키히로
모리 미쓰코
모리시게 히사야

미야자키 하야오 감독 작품

모노노케 히메

✒ 시대의 전환점을 날카롭게 지적하는 영화를

미야자키 하야오 감독은 제작 프로듀서를 담당한 〈추억은 방울방울〉
을 완성한 후, 만들어야 할 다음 작품에 대해 "시대의 전환점을 날카롭게
지적하는 작품을 만들어야 한다는 것은 알고 있습니다. 하지만 우리는
구체적으로 어떤 작품을 하면 좋을지 파악이 되지 않습니다. 아마 그 누
구도 알지 못하겠지요. 우리는 지금 그것을 모색하고 있는 단계입니다."
《로망 앨범 추억은 방울방울》)라고 말했다.

그리고 스스로 '모라토리엄의 영화'라고 말한 〈붉은 돼지〉를 거쳐,《아
니메주》 1982년 2월호부터 중단을 무릅쓰고 계속되어 온 만화《바람 계
곡의 나우시카》가 드디어 1994년 3월호로 완결이 났다. 또한 곤도 요시
후미 감독을 위한 〈귀를 기울이면〉의 그림 콘티 작업도 끝나, 미야자키에
게는 그 과제에 몰두해야 하는 시기가 다가오고 있었다.

〈귀를 기울이면〉을 작업하면서, 스즈키 도시오 프로듀서와 미야자키는 다음 작품에 관해 이야기를 나눈 적이 있다. 그때 미야자키가 다음 작품의 후보로 제출한 기획이 〈털벌레 보로〉였다. 〈털벌레 보로〉는 어느 마을의 가로수에서 태어난 털벌레가 옆 나무로 옮겨 가는 사이에 일어나는 아주 작은 규모의 모험 이야기를 담은 예정이었다. 하지만 이 기획에는 '이야기에 사람이 전혀 등장하지 않는데 영화로 만들 수 있을지'에 관한 큰 과제가 있었다. 이 과제를 현실적으로 해결할 수 없다고 판단한 스즈키는, 미야자키가 장편 구상으로 간직해온 시대 활극 〈모노노케 히메〉의 영화화를 제안했다. 그것은 미야자키가 1980년 TV 스페셜의 기획안으로 작성한 것으로, 아직 실현하지 않은 작품이었다.

> 미야 씨라는 사람은 언제나 여러 기획을 가지고 있었는데, 〈모노노케 히메〉의 원안도 몇 년 전부터 말해온 기획 중 하나였습니다. 마침 그려놓은 이미지 보드도 있었기에, 우선 그것을 정리해 그림책 형태로 출판하기로 하였습니다. 하지만 영화화에 관해서는 미야 씨도 고민이 많았는지 순순히 고개를 끄덕이지 않았습니다.
>
> – 《지브리의 천재들》

시대극을 제작할 수 있는 타이밍은 지금밖에 없다고 생각한 스즈키가 몇 가지 포인트를 들어 미야자키를 설득했다.

첫째, 미야자키의 나이. 1941년생인 미야자키는, 다음 작품을 완성하면 50대 중반을 넘긴다. 체력이 필요한 액션 영화를 제작하기에는 오히려 지금이 마지막 기회라는 것.

둘째, 제작진의 상황. 지브리가 채용한, 설립 초창기부터 함께 일해온 제작진이 실력을 키워 현장의 중핵이 되었기에 더욱 역량을 발휘할 수 있는 시기가 오고 있다는 것.

셋째, 주변의 환경. 지브리가 히트 메이커라는 인식이 있어, 어느 정도 예산을 모을 수 있는 상황이라는 것.

스즈키가 이렇게 설득한 결과, 미야자키는 1994년 8월부터 〈모노노케 히메〉의 제작 준비를 시작했다. 하지만 그로부터 4개월 동안 구상은 전혀 확정되지 않았다. 무엇에 그렇게 어려움을 겪었을까. 준비를 시작하기 약 1년 전, 1993년 9월 날짜가 들어간 그림책 〈모노노케 히메〉의 후기를 읽으면, 기획 시작 시점에 미야자키가 〈모노노케 히메〉를 어떻게 영화화하려고 했는지 그 생각을 엿볼 수 있다.

우선 미야자키는 그림책(초기 설정판)의 약점을 다음과 같이 지적하고 있다.

가장 큰 문제는 이야기의 세계가 기존에 있던 영화나 민화로부터 빌려온 것에 불과하다는 것입니다. 일본사와 농경 문화사, 큰 역사관이 극적으로 변하고 있는 시대에 있으면서, 그 성과가 조금도 반영되지 않았습니다. (중략) 만약 시대극으로 한다면 더 제대로 된 영화를 만들고 싶습니다. 그런 생각으로 그렇게나 하고 싶었던 〈모노노케 히메〉를 졸업하게 되었습니다. 출판물로 전부 내버린 것도, 끝난 작품이라고 정했기 때문입니다.

그러나 그 후에 미야자키는 새로운 구상으로 이야기를 만들려고 했지만, "무대를 바꾸고, 주인공을 바꾸고, 이야기도 전혀 다른데, 아버지와 멀리하고 가장 천하고 추악한 자에게 시집가는 딸이라는 기본 설정이, 망령처럼 머릿속을 떠나지 않았습니다. 이것은 이제 정신 분석의 대상으로 볼 수밖에 없는 깊은 집념이었습니다. 이리저리 지독하게 방황한 끝에, 한 번은 밖으로 꺼내지 않으면 앞으로 나아갈 수 없겠다고 문득 생각하게 되었습니다"라며, 원래의 구상을 좀처럼 버리지 못하는 고뇌에 대해 털어놓았다. 그리고 이를 뒷받침하는 듯, "영화화할 무렵에는 이미지 보드를 그리지 않고 이야기 세계를 재구축하려고 했으나, 그 결과만은 바꾸지 않고 그냥 두려고 생각했습니다"라며 초기 설정 버전과 마찬가지로 '모노노케 히메'가 중요한 인물이라는 것은 영화로 제작해도 바뀌지 않는다는 것을 예상할 수 있는 내용으로, 후기를 마무리하고 있다.

1년 후가 되어도 기획은 그 상태에서 좀처럼 나아가지 못했다. 가장 큰 이유는, 14년 전에 생각한 초기 버전의 〈모노노케 히메〉를 바탕으로 하는 한, 사회 정세 등이 크게 변한 오늘날의 '시대의 전환점을 날카롭게 지적하기는 어렵다'라는 것이었다.

이렇게 기획이 막다른 길에 다다랐을 때, 차게 앤 아스카의 뮤직비디오 〈On Your Mark〉의 작업이 들어왔다. 미야자키는 1994년 9월부터 그에 집중했다. 그것이 큰 기분 전환이 되었는지, 미야자키는 1995년, 대대적인 방침 전환을 결심했다. 초기 설정과 그에 따른 아이디어를 모두 버리고, 완전히 새로운 이야기를 만들겠다고 한 것이다.

1995년 4월에는 그 새로운 구상의 기획서가 정리되었다. 기획서의 기획 의도에는 이렇게 적혀 있다.

중세의 시스템이 무너지고 근세로 이행하는 과정인 혼돈의 무로마치 시대를, 21세기를 향하는 소란스러운 시기인 오늘날과 맞추어 보며, 어떠한 시대에도 변하지 않는 인간의 근원이 되는 것을 그린다.

영묘한 동물 시시가미(사슴 신)를 둘러싼 인간과 모노노케의 전쟁과, 들개 신에게 길러져 인간을 증오하는 아수라와 같은 소녀와 죽음의 저주에 걸린 소년의 만남과 해방을 엮은 선명하고 강렬한 시대 모험 활극.

– 《미야자키 하야오, 출발점 1979-1996》

〈모노노케 히메〉의 기획은 이렇게 드디어 구체적으로 움직이기 시작했다.

✒ 대작을 위한 예산

한편 스즈키는 지금까지 없었던 대작 영화가 될 〈모노노케 히메〉의 기획을 실현하기 위해, 끊임없이 준비했다.

우선 총예산을 결정해야 할 필요가 있었다. 스즈키는 지금까지의 제작비와 제작 기간의 관계를 통해 산출한 숫자를 바탕으로, 이전 이상의 수준이 될 것을 예상하고 1개월당 1억 엔이 필요하다고 계산했다. 만약 1997년 여름에 공개한다면 준비 기간을 제외한 제작 기간은 16개월. 다시 말해 총 16억 엔의 제작비가 필요하다는 말이었다. 당연하지만 이 제작 예산은, 지금까지의 지브리 작품 가운데 가장 높은 금액이다.

지브리의 새로운 회사인 도쿠마 쇼텐의 도쿠마 야스요시 사장과 면담한 스즈키는, 얼마가 필요하냐는 도쿠마 사장의 물음에, 이번 영화는 최소 16억 엔이 필요하다며 대략적인 예산을 보고했다. 그러자 도쿠마 사장은 "그러면 20억 엔으로 합시다"라며 딱 떨어지는 숫자로 올리라고 스즈키에게 지시했다고 한다. 투자는 도쿠마 쇼텐과 스튜디오 지브리, 그리고 〈마녀 배달부 키키〉 이후의 니혼 TV와 지브리 작품에 처음 참여하게 된 덴쓰, 네 기업이 분담하게 되었다. 이렇게 20억 엔이라는 예산을 편성했지만, 최종적으로 제작비는 24억 엔까지 증가하게 되었다.

예산의 증가는 당연히 흥행의 허들을 크게 높이게 되었다. 최종 예상은, 흥행 수익 60억 엔. 이는 당시 일본 영화의 최고 기록이었던 〈남극 이야기〉(1993)의 59억 엔을 뛰어넘는다는 것을 의미한다. 그동안 지브리 작품 중 최고 흥행 수익이 〈붉은 돼지〉의 27억 1,400만 엔이라는 것을 생각하면, 단숨에 2배 이상의 매출을 달성해야만 한다는 의미였다. 스즈키는 이 목표를 달성하기 위해, 후에 이례적인 홍보 계획을 내세운다.

✒ 미술 감독 5명이라는 전례 없는 체제

1995년 4월이 되면, 〈On Your Mark〉에 이어 작화 감독을 맡게 된 안도 마사시가 미야자키의 이미지 보드에 이어 캐릭터 설정을 시작하였으며, 7월에 작화 작업에 착수했다. 안도는 이후의 인터뷰에서 다음과 같이 말했다.

미야자키 감독님이 완성된 원화를 러프하게 수정하고, 제가 그것을 가다듬는 작업을 했습니다. 미야자키 감독님이 하려고 하는 뉘앙스를 얼마나 충실하게 정리할 수 있는가네요. 이번에는 주제 자체가 무겁다고 생각했으며, 미야자키 감독님도 그를 받아들일 수 있는 만큼의 그림으로 해야만 한다는 생각으로 그리고 있었기에, 저도 어떻게 하면 작품이 추구하고 있는 그림의 선으로 정리할 수 있을까 고민했습니다.

– 《로망 앨범 모노노케 히메(ロマンアルバム もののけ姫)》

그리고 최종적으로 작화 감독은 안도의 작업을 서포트하는 형태로, 곤도 요시후미, 고사카 기타로까지 3인 체제가 되었다.

5월부터는 그림 콘티 작업이 시작되었다. 그림 콘티가 전할 수 있는 중요한 정보 중 하나가 레이아웃, 즉 화면 구성이다. 레이아웃은 실사 영화로 말하자면 카메라맨의 일인데, 그것을 가장 잘하는 애니메이션 영화 감독이 미야자키이기도 했다.

감독은 그림 콘티에 따라 화면 구도나 등장인물의 연기를 애니메이터에게 공유해야 하는데, 기존의 제작 과정에서는 미야자키가 그린 그림 콘티를 다른 애니메이터가 레이아웃에 다시 한번 그렸기 때문에, 점차 감독이 의도한 구도가 작화에 반영되지 않는다는 문제가 있었다. 〈모노노케 히메〉에서는 그 과제를 해결해야 했기 때문에, 그림 콘티의 사이즈를 '상하 364×좌우 257밀리의 용지에 5컷 프레임이 배열된 양식'에서 '상하 256×좌우 363밀리의 용지에 3컷 프레임이 배열된 양식'으로 변경하였다. 이로써 미야자키는 레이아웃을 겸한 그림 콘티를 그릴 수 있게 되어, 작화의 수고를 크게 덜어내는 데 성공했다. 이윽고 레이아웃 작업의 속도가 어느 정도 확립되자, D파트 이후, 콘티 용지는 다시 원래대로 세로 사이즈의 콘티 용지를 사용하게 되었다.

그리고 5월 14일부터는 5박 6일로 야쿠시마에 로케이션 헌팅이 이루어졌다. 사실 미야자키가 야쿠시마에 로케이션 헌팅을 가는 것은 〈바람 계곡의 나우시카〉 이후 이번이 두 번째다. 미야자키가 몇 번이고 〈모노노케 히메〉에서 야쿠시마의 자연을 그리기로 결심한 배경에는, 〈바람 계곡의 나우시카〉 제작 당시보다도 인력의 여유가 있는 상황이기에 더 좋은 자연을 그릴 수 있을 것 같다는 기대도 있었다고 한다.

로케이션 헌팅에는 미야자키를 비롯해 미술 제작진을 중심으로 약 16명이 참가했다. 〈모노노케 히메〉 세계관의 바탕에는 재배 식물학자인 나카오 사스케가 제창한 '조엽수림 문화론'이 존재한다. 이는 중앙아시아를 기점으로 일본에 이르기까지 벨트 형태로 분포된 조엽수림(모밀잣밤나

무속, 가시나무속, 녹나무 등의 상록 활엽수)대에서 비슷한 문화가 생겨났다는 학설이다. 야쿠시마에는 아직 그 원시 조엽수림이 남아 있어, 그를 체감하는 것이 이 로케이션 헌팅의 목적 중 하나였다. 7월에는 첫 번째 로케이션 헌팅에 참여하지 못했던 제작진을 위한 두 번째 로케이션 헌팅이 시행되었다.

로케이션 헌팅에 참여한 미술 감독 중 한 명인 야마모토 니조는 그 감상을 다음과 같이 이야기하고 있다.

실제로 가보지 않으면 알 수 없는 것들이 참 많습니다. 예를 들어 매우 어두운 이미지였던 '울창한 원시림'은 의외로 밝았으며, 오히려 인공적으로 나무를 심은 규칙적인 숲이 더 어두웠습니다. 그리고 그런 겉모습도 참고가 되겠지만, 뭐라고 해도, 그를 에워싼 공기와 분위기가 중요합니다. 정말 필요한 것이 무엇인지는 로케이션 후, 작업에 들어가면 알 수 있지만, 사진 등을 참고해도 공기의 질감만은 현장에서 느껴야만 알 수 있습니다.

– 《아니메주》 1996년 8월호

이러한 경험은 주로 시시가미의 숲을 묘사할 때 활용했다. 예를 들어 이야기의 후반, 산과 멧돼지 옷토코누시가 빠르게 달려 나가는 숲은, 야쿠시마의 시라타니운스이쿄 협곡을 참고해 그렸다.

이번에는 조엽수림으로 대표되는 자연과 문명의 상극이 중요한 테마

중 하나이므로, 〈모노노케 히메〉는 지금까지의 이상으로 미술에 힘을 싣게 되었다. 그래서 미술 감독 5명이라는, 그동안 없었던 체제를 도입했는데 참가한 사람은 〈이웃집 토토로〉의 오가 가즈오, 〈반딧불이의 묘〉의 야마모토 니조, 〈귀를 기울이면〉의 구로다 사토시, 〈바다가 들린다〉의 다나카 나오야, 〈On Your Mark〉의 다케시게 요지까지 그동안의 지브리 작품을 뒷받침해온 인물들이다.

미야자키는 〈모노노케 히메〉의 미술에 관해 다음과 같이 말했다.

> 이번에는 미술 스태프에게 '인간이 없어도 곤란하지 않은 자연'을 그려 달라고 요청했습니다. 삶과 죽음의 문제를 말하려고 했기 때문에, 주요 무대인 숲이 보잘것없는 존재가 되면 안 됩니다. 그러므로 지브리는 인간의 마음이 불편한, 이상한 배경을 선보일 때가 되었다는 것입니다. 이대로 가면 '마음 편한 세상을 만들어주는 지브리'라는 식이 되어버립니다. 그것을 깨고 싶었습니다.
>
> –《아니메주》 1997년 8월호

이러한 미야자키의 요청을 바탕으로 하여, 아키타현 출신인 오가는 이야기 서두의 북쪽 숲을 중심으로 담당했으며, 나가사키현 출신인 야마모토는 남쪽 숲을, 도쿄 출신인 다나카는 사람 사는 마을 가까이에 있는 숲을 그리는, 각 미술 감독의 개성을 살릴 수 있는 역할이 부여됐다.

또한 〈모노노케 히메〉의 특징 중 하나로 〈귀를 기울이면〉, 〈On Your

Mark)에서 부분적으로 채용된 디지털 기술이 본격적으로 도입되었다는 것을 꼽을 수 있다. 1995년 6월에는 지브리 내에 CG팀을 신설. 그동안 니혼 TV에서 자사 업무 외에 지브리 작품의 CG도 담당했던 스가노 요시노리가 지브리로 파견을 나왔으며, 〈폼포코 너구리 대작전〉의 화면 구성 등을 담당해온 모모세 요시유키 등 4명이 참여했다.

애니메이션에서 디지털 기술을 사용하는 목적은 크게 두 가지가 있다. 첫째, 손으로 그리기 불가능했던 표현을 실현하기 위해, 그리고 또 다른 하나는 제작하는 데 드는 노력의 절감과 효율화하기 위해서다. 당시 많은 애니메이션 작품은, 주로 후자의 목적을 위해 디지털 기술이 활용되었지만, 지브리에서는 착색 등에서 디지털에 따른 효율화에 도전하면서도, 나아가 디지털만의 표현 추구에도 지대한 힘을 쏟게 되었다.

〈모노노케 히메〉에서 CG 효과의 역할은, 한마디로 말하자면 셀 애니메이션에 친숙하면서도, 기존의 셀 애니메이션에서는 불가능했던 표현을 시행하는 것에 있다.

구체적인 예로, 2차원의 배경을 3차원적으로 표현하는 '맵핑'이나 복수의 영상을 차례차례 변화시키는 '모핑', 작은 입자 형태인 물체의 움직임을 시뮬레이션하여 그리는 '파티클' 등의 방법을 들 수 있다. 맵핑은 야쿠르에 올라탄 아시타카의 시점에서 주변 풍경이 흐르는 장면, 모핑은 재앙신이 숨을 거두고 뼈가 되는 장면 등에서 사용되었다. 또한 시시가미의 밤의 모습인 데이다라봇치의 체내에서 빛나는 빛의 입자가 파티클로 그려졌다.

한편 화살을 쏘려는 아시타카의 오른팔에 달라붙은 재앙신의 '뱀'과 재앙신의 눈에 화살이 꽂힌 장면의 '뱀'은 손으로 그린 것이 아니라, 3D CG로 그린 다음 셀 셰이딩(셀 화조로 채색하는 처리)을 입힌 것이다. 이 셀 셰이딩을 위한 소프트웨어는 마이크로 소프트와 공동 개발한 것이었다.

✒ '아시타카 전기'를 둘러싼 공방

원래 〈모노노케 히메〉라는 제목은 살쾡이와 같은 모노노케에게 셋째 공주가 억지로 시집을 가게 된다는 초기 설정 버전에서 유래했다. 이 셋째 공주의 이름만 남아, 영화 〈모노노케 히메〉의 여주인공의 이름을 '산(三)[13]'이라고 지었다. 하지만 영화의 주인공은 산이 아니라 아시타카다. 그래서 미야자키는 처음에 '아시타카 전기(戰記)'라는 제목을 생각해냈다. 여기에서 '전(戰)'은 미야자키가 만든 조어로, '풀의 그늘에서 사람의 귀에서 귀로 전해진 이야기'라는 의미가 담겨 있다.

하지만 스즈키는 제목으로 '아시타카 전기'보다 '모노노케 히메'가 더 좋다고 생각했다고 한다. '원령'을 의미하는 '모노노케'라는 단어와 '공주'라는 상반된 이미지의 단어를 결부시키는 의외성, 그로 의해 생겨나는 임팩트, 나아가 '공주'가 존재했던 시대의 이야기라는 것이 그 이유였다.

---

13) '산'은 숫자 3의 한자 '三'의 일본어 발음이다.

또한 지금까지의 미야자키 작품에는 모두 제목에 '노(の)[14]'가 들어간다는 징크스도 있었다.

1995년 12월 22일, 〈이웃집 토토로〉의 TV 방영에 맞추어 지브리의 신작 특보를 방영하게 되었다. 스즈키는 그때 〈모노노케 히메〉의 제목을 공표해야겠다고 생각했다.

그렇게 야쿠르에 올라탄 아시타카가 화살을 당기는 자세의 장면에서 〈모노노케 히메〉라는 타이틀이 크게 떠오르는 특보가 완성되었다. 당시 방송을 보고 있지 않았던 미야자키는 특보가 방영된 이후에도 한동안 알아차리지 못했는데, 다음 해 1월 2일 스즈키를 찾아와 "특보를 내보냈나요?"라고 큰 소리로 물었다고 한다. 그저 담담하게 내보냈다고 보고하는 스즈키를 보고, 미야자키는 특별한 대답 없이 그대로 자신의 방으로 돌아갔다고 한다.

이렇게 〈모노노케 히메〉가 작품의 공식 제목으로 정해진 것이다.

✒ 해결 불가능한 과제

〈모노노케 히메〉의 줄거리는 그림 콘티의 진행과 함께 조금씩 확정되었다.

---

14) '노(の)'는 한국어로 '~의'로 해석된다. 예를 들어 〈바람 계곡의 나우시카(風の谷のナウシカ)〉, 〈천공의 성 라퓨타(天空の城ラピュタ)〉 등이 있다.

재앙신에게 저주받고 고향을 떠나게 된 에미시 부족의 소년 아시타카. 그는 저주의 원인을 찾기 위해 서쪽 나라를 향해 떠난다. 그곳에서는 에보시 고젠이 이끄는 제철 집단이 숲의 신들과 치열한 경쟁을 벌이고 있었다. 그곳에서 아시타카는 들개의 신 모로의 밑에서 자란 모노노케 히메 '산'과 만난다. 그리고 생명을 담당하는 시시가미를 노리기 위해 에보시 고젠에게 접촉해오는 수수께끼의 스님 지코보가 거기에 얽히게 된다.

미야자키는 그림 콘티의 단계에서도 계속 고전을 겪었다. 〈모노노케 히메〉의 메이킹 영상을 글로 담은 도서 《〈모노노케 히메〉는 이렇게 탄생했다(〈もののけ姫〉はこうして生まれた)》에는 디렉터 우라타니 도시로와의 미야자키의 아래와 같은 대화가 실려 있다.

"이 작품은 엄청나게 (*준비 기간이) 길었습니다. 어떻게 하면 좋을지 몰랐으니, 길어졌던 것이지요. 지금도 잘 모르겠습니다(웃음). 해야 할 일이 명확한 것은 무서울 정도로 빨리 끝나는데 말이죠. 이전부터 그런 것을 해보고 싶었어요. 제 안에 쌓여 있던 여러 가지를 나름대로 조사하는 것을요. 그러면 하나하나 조사하지 않아도 괜찮으니까요."

"이번에는 쌓여 있지 않았나요?"

"아니, 축적은 되어 있었습니다. 너무 축적되었죠. 서너 가지가 섞여 있었습니다. 그래서 완성된 것이 전부 그것과 달랐지요……."

이 지나치게 쌓아두고 있던 과제를 정리하면서, 영화 제작을 위해 어떤 씨앗을 줄 것인가. 이 작품에서 미야자키는 다른 영화의 제작보다도 더 한 걸음 나아가려고 하고 있었다. 같은 책에서 미야자키는 "문제가 너무 많이 밀려 들어와, 오히려 조마조마하네요"라는 우라타니의 말에 다음 과 같이 대답하고 있다.

해결 불가능한 문제죠. 지금까지의 영화는 해결할 수 있는 작은 과제를 만들어, 일단 오늘은 그것을 극복했다는 것을 하나의 이론으로 해왔는데 말이죠. 그것이 영화의 틀 안이라고 생각했어요. 그렇게 하면, 현대에서 우리가 부딪히고 있는 문제와는 대항하지 않는다는 결론에 도달하는 게 아닐까요. 그러니까 해결 가능한 과제가 아니라, 해결 불가능한 과제를 만드는 거죠(웃음). 이거 참 위에 안 좋겠어요. 그래서 해결할 수 있는 과제를 만들고 있는 사람을 보면, 무분별한 사람이라고 생각은 하면서도, 동시에 부럽기도 합니다. 우리는 영화를 너무 많이 만들었구나, 하고 생각하지요. ……하지만 현대 사회를 보고 있으면 해결할 수 없는 것들이 더 많습니다.
— 《〈모노노케 히메〉는 이렇게 탄생했다》

해결 불가능한 문제를 중심에 둔 영화 제작. 그런 전례 없는 집필에 고 군분투한 끝에, 그림 콘티는 1997년 새해가 밝자마자 바로 완성되었다. 그 시점에서 콘티를 읽은 스즈키의 감상은 아래와 같았다.

조금 놀랐습니다. 그 내용이 너무나도 싱겁게 끝났으니까요. 그래서 저는 고민이 많았습니다. 무슨 고민이었냐면, 그는 늘리라고, 2시간으로 늘리라고 말한 저를 존중해주었습니다. 그리고 확실히 2시간으로 끝났어요. 하지만 마무리 방식이 너무나도 싱거웠던 거죠. 그렇게 되니 솔직히 말해서 저는 재미가 없었어요.

－《〈모노노케 히메〉는 이렇게 탄생했다》

처음 완성한 마지막 장면에서는, 타타라 마을도 불타오르지 않고, 에보시의 팔도 뿌리치지 못했다. 문제를 확장할 수 있을 만큼 확장했으나 그대로 끝내지 못하고 중간에서 마무리 짓는 내용이었다고 한다.

스즈키는 미야자키에게 콘티의 마지막 장면을 다시 한번 생각해달라고 요청하기로 결심했다. 이번 작품에서도 음악을 담당하는 히사이시 조와의 회의를 위해 전철로 이동하는 시간을 활용해, 스즈키는 대놓고 "에보시를 죽이는 건 어떤가요?"라고 제안했다고 한다. 그러나 미야자키는 그 자리에서 스즈키의 제안을 수용하고, 3일 정도 검토한 후에 수정한 러프 콘티를 보여주었다. 그러나 에보시를 죽일 수 없다고 생각한 미야자키는, 그 콘티에서도 에보시를 죽이지 않고 팔을 잃는 것으로 끝냈다. 그리고 1월 하순, 수정된 그림 콘티가 완성되었다.

그 시점에서는 이미 〈모노노케 히메〉의 7월 개봉이 정해져 있어, 완성 예정일은 6월 1일이었지만, 일련의 그림 콘티 수정으로 러닝타임은 2시간을 넘어, 15분이 더 늘어났다. 지브리의 월 생산량이 약 5분이라는 점에서, 단순하게 계산해도 이 수정으로 3개월만큼의 일정이 연기되었다.

✒ 궁지를 구한 원군

그림 콘티를 수정하고 그에 따라 러닝타임이 약 15분 증가하면서 사용하는 셀 장수는 원래의 예상보다 증가한 14만 5,000장이 되었다. 이는 6월 1일 완성, 7월 중순 개봉을 목표하고 있던 일정을 연기할 수밖에 없는 치명적인 이유가 되었다. 게다가 일정을 관리하고 있던 제작 부문에서도 진척 상황 확인에 실수가 있었던 것이 밝혀졌다. 아직 그리지 않은 장면까지 완성되었다고 파악하는 등 계속 몰아치듯 문제가 이어졌다.

스즈키는 이 위기 상황을 하나하나 개선하고 파악해야 했기에, 숫자에 강하다고 정평이 나 있는 니시기리 도모아키를 급히 제작 일정 관리 담당자로 임명했다. 니시기리가 상황을 정리한 결과, 추가 15분에 더해 새로 그려야 하는 장면이 무수히 많이 남아 있다는 것을 알아차렸다.

속수무책으로 절망적인 상황에 빠지게 된 제작 현장이었지만, 여기에서 생각지 못한 지원군이 궁지를 구하게 된다. 스즈키는 본인의 저서에서 당시의 상황에 대해 다음과 같이 말했다.

'이제는 한계다. 어떻게 하면 좋을까…'라며 고민하고 있을 때, 지원군이 등장했습니다.

예전에 미야 씨와 다카하타 씨가 다니던, 〈루팡 3세 : 칼리오스트로의 성〉를 제작한 텔레콤이라는 스튜디오였습니다. 텔레콤의 사장 다케우치 고지 씨가 찾아와, "마침 일이 떨어졌는데, 무언가 도울 만한 일이 없겠습니까?"라고 말했습니다. 강을 건너려던 찰나, 배가 들어온다는 게 이런 심정일까요. 그렇게 저는 동화 부문에 텔레콤의 제작진을 투입하여, 인해전술을 취하게 되었습니다.

– 《지브리의 천재들》

텔레콤 스튜디오의 도움으로 앞에 서술한 디지털 기술에 의한 채색 공정의 효율화가 이루어지면서 3개월이 소요되리라 전망했던 작업 일정은 1개월로 대폭 단축되었다. 이에 따라 6월 16일, 무사히 첫 시사를 시행할 수 있었다.

🖋 그동안의 이상으로 어렵게 나온 카피

난관의 연속인 〈모노노케 히메〉는 이토이 시게사토의 캐치프레이즈 또한 결정까지 오랜 시간이 걸렸다. 〈이웃집 토토로〉 이후 이토이가 손을 댄 작품 카피는 비교적 순탄하게 결정된 것이 많았는데, 이번에는 그렇지 않았다. 이토이는 그 과정을 다음과 같이 회고하고 있다.

항상 스즈키 씨의 이야기를 듣고 의외로 순조롭게 카피가 나왔습니다. 이번에도 바로 할 수 있을 것이라고 예상했지만 도저히 만들어지지 않더군요. 원작이 있었다면 조금 편했겠지만 아무리 스즈키 씨의 설명을 들어도 어딘가 부족한 느낌이었습니다. 줄거리 개요는 이해했지만 그것만으로는 어쩔 도리가 없었죠. 정말로 난감했습니다. 더구나 지금에 와서야 말하지만 처음에는 처참히 실패했었습니다. 〈모노노케 히메〉의 그림책(중략)이 나왔었잖아요? 그걸 보면 전체가 볼 수 있다고 생각해 읽었더니 카피가 완성되었습니다. 일단은요. 하지만 그것을 본 스즈키 씨와 미야자키 씨기 '전혀 다르다'라고 하더군요(웃음). 당연하겠죠. 그림책은 영화와 이야기가 다르니까요. (중략) 게다가 평소에는 카피 하나를 우선 내놓고 안 되면 다시 생각하는 방식이었는데 이번에는 2~3개를 냈습니다. 하지만 미야자키 씨는 전부 고개를 갸웃거렸습니다. '어쩌지, 낭패군'이라고 생각했습니다. 그건 정말 부끄러운 일이었으니까요. (중략) 그래서 다시 처음부터 시작했습니다. 하지만 이번에는 스즈키 씨가 쓴 보도 자료용 원고에 현혹되어서…. '이 부분을 말하면 이 부분이 드러나지 않아'라는 초보가 카피 의뢰를 받았을 때와 같은 수렁에 빠져버린 것입니다. 카피 하나를 정할 수 없었습니다. 그럴 때는 되는 일이 없지요.

- 《아니메주》 1997년 8월호

게다가 이 작품의 주제 규모도 어려움을 겪는 큰 이유 중 하나였다.

(*미야자키 감독 안에는) 자연, 인간, 선, 악, 그런 것들이 전부, 그저 어떤 상태로 세상에 있는 것입니다. 그런 상황 자체를 툭 던질 수 있는 카피를 만들 수 있다면, 그걸로 됐다고 생각했습니다. 하지만 그것을 알아도 카피

는 써지지 않았습니다. 그 기분을 내는 건 한 마디로 무리라고요. 어휴(웃음). 솔직히 말하면 이번만큼은 도망치고 싶었습니다.

– 《아니메주》 1997년 8월호

1996년 3월 의뢰를 받은 후, 카피를 제출하기 시작한 6월부터 7월에 걸쳐 이토이는 총 23개의 카피를 제출했다. 최종적으로 '살아라'라는 카피가 나왔고, 7월 2일, 스즈키에게서 "저는 매우 마음에 듭니다. 단 세 글자인데도, 거기에 함축된 시대성이, 저는 훌륭하다고 생각했습니다. 미야 씨에게 카피를 보여주며 제 생각을 덧붙이자, '가까워!'라는 한 마디가 돌아왔습니다.(혹시나 하여 말하지만, 발음이 비슷한 '달라!'는 아닙니다.)[15]"라는 답장이 도착했다.

이런 우여곡절의 결과, 〈모노노케 히메〉의 카피는 '살아라'로 정해졌다.

✒ 이례적인 홍보 전략

카피가 영화의 홍보 방침을 단적으로 드러내는 것은, 그 방침에 따라 작품을 밀고 나가는 추진력이 되는 것이 홍보비, 그리고 구체적인 홍보 전략이다. 〈모노노케 히메〉의 손익분기점이 일본 영화의 최고 기록보다

---

15) '가깝다(近い)'는 '치카이'라고 발음하며, '달라(ちがい)'는 '치가이'라고 발음한다.

많은 60억 엔이 된 경위는 앞에서 말한 것과 같다. 그 흥행 수익 목표를 달성하기 위해서는 작품의 매력을 극대화하고, 관객 모집으로 이어질 수 있는 홍보 전략을 세우는 것이 필수였다. 그래서 스즈키는 '홍보비=흥행 수익'이라는 법칙을 내세웠다.

　저는 가장 먼저 홍보의 물량을 그동안의 2배로 하는 것을 생각했습니다. (중략) 그때 제가 내세운 것이 '홍보비=흥행 수익'의 법칙입니다.

　사실 그 무렵 그동안 작품의 손익에 관한 숫자를 보고, 문득 생각했습니다. 투자한 홍보비와 흥행 성적은 서로 비례하고 있지 않을까?

　그래서 신문 광고나 TV 광고 등의 직접 광고비에 더해, 제휴나 퍼블리시티, 이벤트 등 간접 광고의 효과도 하나하나 돈으로 환산해보기로 했습니다. 그러자 〈붉은 돼지〉의 홍보비는 흥행 수익과 같은 28억 엔, 〈너구리 폼포코 대작전〉은 26억 엔, 〈귀를 기울이면〉은 18억 엔 정도의 금액이 된다는 것을 깨달았습니다.

　다시 말해 60억 엔의 흥행 수익을 얻고 싶다면, 60억 엔만큼 광고하면 되는 것입니다.

-《지브리의 동료들》

이렇게 과거 지브리 작품의 성적이 뒷받침된 법칙을 홍보 관계자들에게 보고한 스즈키는, '60억 엔 홍보'의 구체적인 항목을 써 내려갔다. 그것은 다음과 같다.

- 배급 홍보비 5억 엔(※최종적으로 10억 엔까지 증가했다.)

- 제작 홍보비 2억 엔

- 니혼 생명보험과의 제휴 8~10억 엔(※최종적으로 12억 엔 상당. 지브리 역
  사상 최대의 제휴)

- 〈이웃집 토토로〉, 〈귀를 기울이면〉의 비디오 판매 프로모션

- 신문=요미우리 신문의 특별 협력, 스포니치의 6개월 연재

- TV=니혼 TV (슈퍼 TV 특집 방송), 인터넷 방송국, NHK 스페셜

- 출판=고단샤 27 잡지 연합 1만 명 시사회, 도쿠마 쇼텐

- 음악=도쿠마 재팬 커뮤니케이션스를 통한 음반 매장 공유

- 이벤트=다카시마야

- 퍼블리시티

이런 항목을 돈으로 환산할 때는, 덴쓰의 협력을 바탕으로 GRP(총시청률, gross rating point)라는 광고 효과 규정법을 사용했고, 그를 통해 노출량과 홍보비 환산의 금액을 구체화하였다. 전국 프로모션에서 받는 취재, 이벤트의 효과, 퍼블리시티의 노출량 등도 모두 산출했다. 이것을 하나씩 쌓아 올려 60억 엔까지 도달할 수 있다면, 반드시 흥행 수익도 60억이 된다. 스즈키는 관계자들에게 그렇게 강하게 호소하며, 미증유의 홍보 전략을 전개했다.

🖋 주제곡은 카운터테너

그리고 캐스팅은 그동안의 캐스팅보다 더 많은 배우가 참여했다. 여주인공인 산 역에는 〈폼포코 너구리 대작전〉에도 출연했던 이시다 유리코, 아시타카 역에는 〈바람 계곡의 나우시카〉에서 아스벨을 연기했던 마쓰다 요지, 에보시 고젠 역에는 다나카 유코, 산을 키운 부모인 들개 모로 역에 미와 아키히로가 출연했다. 그리고 연예계의 대가인 모리시게 히사야가 옷코토누시, 모리 미쓰코가 히이라는 중요한 서브 캐릭터에 배치되었다. 그 외에도 지코보 역을 고바야시 가오루, 타타라 마을에서 일하는 소를 기르는 고로쿠 역을 니시무라 마사히코가 연기하고, 고로쿠의 아내 도키 역을 〈바람 계곡의 나우시카〉에서 주인공 나우시카를 연기한 시마모토 스미가 맡았다.

주제곡의 작사는 미야자키 하야오. 미야자키가 작품의 이미지를 히사이시 조에게 전하기 위해, 산에 대한 아시타카의 감정을 글로 쓴 것이 바탕이 되었다. 히사이시는 이 글에 맞추어 작곡하였으며, 배경 음악의 제작에 앞서 녹음된 이미지 앨범에 그것을 수록했다. 그리고 이 곡의 일부를 수정하여 주제곡으로 사용했다. 곡의 이미지에 따라, 본편에서는 상처 입은 아시타카가 야마모토 사람들이 사는 바위 밭에서 눈을 뜨는 장면에서 사용되었다.

노래는 카운터테너인 요시카즈 메라가 맡았다. 카운터테너란 여성 목소리의 알토와 같은 음역으로 노래하는 남성 가수를 말하는데, 미야자키가 라디오에서 종종 요시카즈 메라가 노래하는 목소리를 들었던 것이 그를 기용하는 계기가 되었다고 한다.

✒ 지금까지와는 다른 '지브리 작품'

미야자키는 1997년 6월 25일, 완성 기념 시사 후의 회견에서 다음과 같이 인사했다.

> 이 영화를 본 분 중에, 아이들에게는 어렵지 않겠냐는 식으로 말씀하시는 분이 꽤 있었습니다. 하지만 저는 아이들이 가장 잘 이해해줄 것이라고 확신하고 있습니다. 실은 이 세상에 대해 어른이 아이들에게 설명하기가 어려울 것이라고요. 오히려 제가 모른다고 생각하고 그린 것을, 아이들도 마찬가지로 의문을 가진 문제로서 받아들여 주지 않을까요? 그러니 간단하게 대답할 수 있는 것도 아니지만, 같은 문제를 끌어안고, 함께 같은 시대를 살아간다는 식으로 아이들도 느끼지 않을까 생각합니다.
>
> –《〈모노노케 히메〉는 이렇게 탄생했다》

이 인사와 같이 〈모노노케 히메〉는 현대적으로 복잡한 주제를 품고 있는데, 이런 내용을 포함해 개봉 전부터 몇몇 이유로 세상의 주목을 받게 되었다.

첫 번째 이유는 특보와 예고편이다. 한 장면을 오래 보여주는, 지금까지 지브리가 해왔던 예고편 제작과는 정반대의 방식이 선정되었다. 특히 특보 제1탄은 30초에 약 30컷을 쌓아 올리는 매우 빠른 편집이 적용되었으며, 그 기본 방침은 이후의 예고편에서도 변하지 않았다. 그중에서도 특보 제1탄에서는 토토로 로고 직후, 일부러 손과 목이 날아다니는 자극적인 장면이 이어져 임팩트가 컸다. 지금까지의 지브리 작품과는 선을 그은 이 파격적인 내용은, "어쨌든 지금까지의 지브리와는 다르다는 것을 전하고 싶었다"라는 스즈키의 의향을 반영한 것이다. 또한 특보 제2탄 이후에 덧붙여진 '천재 미야자키 하야오의, 흉포하기까지 한 열정이 세상에 몰아친다!'라는 카피 또한 '지금까지와는 다른 지브리'라는 인상에 더욱 힘을 싣고 있다.

이에 더해 또 하나 언론에서 화제를 모은 것이 미야자키의 '은퇴 선언'이다. 애초에 사건의 발단은, 제작이 임박한 3월 10일에 이루어진 제작 발표회에서 받은 어느 기자의 질문이었다. 후에 스즈키는 그 경위에 대해 2001년 9월 22일 아사히 신문 석간의 인터뷰에서 다음과 같이 말했다.

〈모노노케 히메〉의 제작 발표회에서 "다음 작품은 무엇인가요?"라는 질문이 있었습니다. 아직 〈모노노케 히메〉도 완성하지 않은 시기였지요. 그래서 감독이 화가 나 "이것이 마지막이라고 생각하고 만들고 있습니다"라고 말했는데, 그것이 은퇴가 되어버렸습니다. 하지만 관객이 영화를 보러 오는 순간, 또 만들고 싶어집니다. 지금도 다음 작품을 생각하고 있으니까요.

사실 그전에도 미야자키는 '은퇴'라는 단어를 입에 올린 적이 있었다. 미야자키의 다음과 같은 말에서 그 말의 속사정을 엿볼 수 있다.

> 애니메이션 한 편을 제작하면 마음이 너덜너덜해져, 욕구 불만이 남을 여유조차 없습니다. (중략) 그 엄청나게 방대한 양의 육체노동에 크게 타격을 받으니까요. 6개월이라는 시간은, 계절감도 돌아오지 않을뿐더러, 자율신경 실조증에 걸리는 생활 사이클을 정상화하는 것도 불가능합니다. 한 달 정도 휴식을 취한다고 해도, 돌아오지 않습니다.
>
> – 《바람이 돌아오는 곳》

이번에도 이런 상황과 마찬가지였는데, 그것이 〈모노노케 히메〉의 '특별'한 인상과 맞물려 중대하게 받아들여진 셈이다.

게다가 당시 스즈키는 미야자키가 은퇴를 말한 '의도'에 대해 다음과 같이 해설하고 있다.

> 한 마디로, 감독에도 여러 스타일이 있습니다. 미야 씨는 영화 한 편을 만들 때 원안을 만들고 그림 콘티를 쓰고, 레이아웃과 작화의 확인까지 모든 작업에 관여합니다. 그는 거기까지 하는 것이 감독이라고 생각합니다.

그런데 작화 확인 작업이 체력적으로 힘들어지고 있는 것이지요. (중략) 그
것은 엄청나게 힘든 육체노동입니다. 그래서 그 가장 힘든 작화 확인은 이
번이 마지막이 되지 않을까요. 완전히 그만둔다는 것이 아니라요. 그리고
미야 씨가 은퇴한다는 말을 꺼낸 것은 이번이 처음이 아닙니다. 그냥 하는
말이랄까요(웃음). 게다가 제작자라는 건, 항상 은퇴를 걸고 하는 일이잖아
요. '이번에 실패하면 은퇴한다'라는 식으로요.

– 《《모노노케 히메》를 읽고 해석하다(〈もののけ姫〉を読み解く)》

✒ 개봉 전야의 열기와 '모노노케 현상'

이러한 상황 속에서 스즈키가 이끄는 홍보팀이 고군분투한 결과, 〈모
노노케 히메〉에 대한 세간의 열기는 개봉 전부터 뜨거웠다.《나우시카의
'신문 광고'를 본 적이 있나요? 지브리의 신문 광고 18년 역사(ナウシカの
〈新聞広告〉って見たことありますか。ジブリの新聞広告18年史)》에서 도호의 홍
보팀 야베 마사루와 지브리 작품의 홍보를 꾸준히 담당해온 메이저의 디
자이너 하라 미에코가, 개봉 전야의 흥분과 고조를 다음과 같이 회고하
고 있다.

(하라) 개봉 전날에 예매권을 사려는 줄이 굉장히 길다는 전화를 받았습
니다. 저녁 7시인데도요. 지금까지 그런 적은 없었으니까요.

(야베) 저도 해본 적이 있습니다. 전날 밤부터 극장 근처에서 자기도 했었어요.

(하라) 야베 씨, 그때 엄청 기쁘다며 계속 웃고 계셨죠. 그런 미소를 본 저도 행복해지더라고요.

(야베) 질리지 않아요. 뒤로 길게 줄을 선 사람들을 보고, 전 평생의 운을 다 썼다고 생각했어요.

(하라) 저도 첫날의 행렬을 보고 닭살이 돋은 것은 처음이에요. 두근거렸습니다.

그렇게 열기를 가득 품고 출발한 〈모노노케 히메〉는 1997년 7월 12일 개봉 이후, 함께 상영했던 대작의 서양 영화들을 누르고 크게 히트했다. 11월 15일까지 흥행 수익 100억 엔, 관객 동원 수 1,250만 명을 돌파했다. 이는 이전에 〈E.T.〉가 기록한 흥행 수익 96억 엔을 개봉 4개월 만에 뛰어넘었다는 이례적인 숫자이며, 그 시점까지 일본 국내에서 공개된 영화 중 최고의 히트작이 되었다. 이후에도 기록은 계속되어, 최종 흥행 수익은 193억 엔(당시)에 달했다.

후에 스즈키는 〈모노노케 히메〉의 성공을 희망한 것에 개인적인 동기도 있었다고 회고했다.

하나는 스토리보드를 봤는데, 거기에 차별의 문제가 포함되어 있었습니다. 매우 어려운 문제지요. 당연히 도호, 니혼 TV, 덴쓰 관계자들은 '영화 상영은 어렵다. TV에서는 방송할 수 없다'라고 말했습니다. 게다가 제작비도 지금까지의 2배 가까이 들어가고 있었지요. 그런 상황을 타파하기 위해서는 지금까지의 규모로는 불가능하다고 생각해, 홍보의 규모를 확대했습니다. 또 하나는, 저는 도쿠마 야스요시 사장님의 도움을 많이 받고 있었는데, 그 도쿠마 쇼텐의 경영이 어려웠습니다. 도쿠마 쇼텐에 돈으로 되돌려주고 싶다고 생각했습니다. 그 두 가지가 저의 동기부여가 되어, 〈모노노케 히메〉의 성공을 위해 영화가 가진 문제를 해결하려고 했습니다.

   -《하울의 움직이는 성 철저 가이드 : 하울과 소피, 두 사람의 약속

   (ハウルの動く城 徹底ガイド : ハウルとソフィーふたりの約束)》

그리고 〈모노노케 히메〉는 스스로의 문제를 해결하는 것뿐 아니라, 큰 사회 현상이 야기될 정도로 선풍적인 붐을 일으켰다.

한 예로 10월 31일의 아사히 신문 석간 기사에서는, 이런 '모노노케 현상'에 대해 '난해를 뛰어넘은 모노노케 히메 현상, 흥행 수익 및 관객 동원 신기록 수립'이라는 헤드라인과 함께 보도되고, 거기에서 미야자키의 코멘트와 더불어 독자에게도 감상평을 받아, 현상을 분석하고 있다.

〈모노노케 히메〉의 무엇이 관객 동원으로 이어지는 것일까? 미야자키 감독도 그런 질문을 여러 번 받았는데, 그는 "아무것도 정리되지 않았습니다. 제 머리의 이상한 부분을 열어버린 것 같은 기분이 들어, 도저히 생

각이 정리되지 않습니다. 지금까지도 그랬지만, 이번에는 특별히 그 기간이 길었습니다"라며 명확한 답변을 내놓지 않았다.

개봉 전 '아이들에게는 너무 난해한 영화다'라는 평가가 많았다. 미야자키 감독이 소속된 스튜디오 지브리에도 '이해하지 못했으니 한 번 더 보러 간다'라는 편지가 여러 통 도착했다.

그 영화의 난해함에 관해 미야자키 감독은, "작품은 메시지나 주제를 위해 있는 것이 아닙니다. 한두 마디로 설명할 수 있다면 영화를 만들 필요가 없습니다. 아이가 무엇을 받아들일지는, 더 나중이 되어 명확해지지 않을까요?"라고 말했다. 그러므로 흥행에 성공한 것에 대해서도 "그것은 사회 현상이며, 작품이 진정으로 지지받았다고는 말할 수 없습니다"라며 냉정한 태도를 보였다.

영화 저널리스트인 오타다 히로 씨는 "배급사나 기업과의 제휴까지 포함해 50억 엔 정도의 홍보비는 일본 영화에서는 분명 엄청난 금액이다. 하지만 서양 영화 가운데 화제작에서는 더 높은 금액도 이상하지 않다. 그만큼 관객 동원은 홍보비를 뛰어넘은 무언가가 있다는 것이다"라고 분석했다.

그 '무언가'에 대해 영화 평론가인 시라이 요시오 씨는 "미야자키 감독은 내기에서 이긴 것이다"라고 말했다. "결론을 내리고 있지는 않지만, 혼란스러운 현대 사회에 관한 대답을 아슬아슬하게 영상으로 만들었다. 답이 있을 것이라는 강렬한 영상. 그것이 통했다. 일본인의 의식도 바뀌기 시작했다, 그렇게 생각하지 않으면 설명할 수 없다."

이렇게 〈모노노케 히메〉는 일본 영화와 일본 사회에 큰 발자취를 남기는 작품이 되었다.

✒ 지브리와 디즈니의 제휴

반면 〈모노노케 히메〉를 제작하면서, 지브리를 둘러싼 환경이 크게 변화했다. 바로 디즈니와의 제휴다.

1996년 7월 23일, 도쿠마 그룹이 디즈니와의 제휴를 발표했다. 그에 따라 10월에는 해외 담당 부문인 도쿠마 인터내셔널이 설립되었다. 제휴의 계기는 1994년으로 거슬러 올라간다. 월트 디즈니의 비디오 부문인 부에나 비스타 홈 엔터테인먼트(BVHE)에서 일본 대표를 지낸 호시노 고지가 '지브리 작품을 낮은 가격의 비디오 시리즈로 만들어 발매하고 싶은데, 권리를 팔지 않겠는가?'라며 지브리에 접근해온 것이다.

스즈키는 당시 '낮은 가격으로 판다는 것이 마음에 들지 않는다'라며 거부감을 느껴, 그 이야기는 한동안 진행되지 않았다. 하지만 마침 그 무렵, 야구선수 노모 히데오가 메이저리그에서 활약하여 일본 언론에서 크게 다루어지게 되었는데, 그것을 본 스즈키는 디즈니와의 제휴를 〈모노노케 히메〉의 홍보에 활용할 수 있겠다고 생각했다.

겨울이 될 무렵, 스즈키는 디즈니에 '비디오 제작의 권리를 파는 대신 〈모노노케 히메〉를 디즈니를 통해 미국 전역에서 공개하고 싶다'라는 교환 조건을 내걸었다. '디즈니를 통해 미국 전역에 공개'라는 뉴스가 〈모노노케 히메〉의 존재감을 증가시키는 홍보 소재가 되는 것을 노린 제안이었다.

그리고 스즈키의 이런 제안이 최종적으로 도쿠마 쇼텐 그룹과 디즈니의 제휴라는 형태로 이루어졌다.

첫 번째 제휴에서는 아래의 세 가지가 발표되었다.

1. 디즈니가 〈모노노케 히메〉의 세계 배급을 담당한다. 배급 국가는 미국, 브라질, 프랑스, 독일, 이탈리아 등.
2. 디즈니가 지금까지의 스튜디오 지브리의 작품을 세계에 배급한다. 대상 작품은 〈천공의 성 라퓨타〉, 〈이웃집 토토로〉, 〈마녀 배달부 키키〉, 〈추억은 방울방울〉, 〈붉은 돼지〉, 〈너구리 폼포코 대작전〉, 〈귀를 기울이면〉에 〈바람 계곡의 나우시카〉를 추가한 총 8개 작품.
3. 디즈니가 도쿠마 그룹의 다이에이가 제작한 〈셸 위 댄스(shall we dance)〉(1996) 등의 세계 배급을 담당한다.

배급 기자회견에는 도쿠마 야스요시 사장, 미야자키 하야오 감독, BVHE의 마케팅 상급 부사장 로빈 밀러, BVHE 아시아의 상급 부사장 겸 전무이사 그렉 프로버트가 참석했다. 그리고 월트 디즈니 스튜디오 회장인 조 로스와 BVHE 사장인 마이클 존스는 위성 회선을 사용한 생중계로 참석했다.

보도진 약 1,000명이 모인 대규모 기자회견을 통해 지브리와 디즈니의 제휴가 크게 보도되었으며, 이로써 〈모노노케 히메〉 신고식의 목적은 충분히 달성하게 되었다.

그리고 1997년, 도쿠마 그룹이 재편되며 지브리는 새로운 회사인 도쿠마 쇼텐과 합병하고, 스튜디오 지브리 컴퍼니(후에 사업본부)가 되었다. 도쿠마 인터내셔널 또한 후에 스튜디오 지브리 사업본부 산하에 들어가 해외 업무팀이 된다.

✒️ 북미 개봉의 결과

〈모노노케 히메〉를 영어로 바꾸면 〈PRINCESS MONONOKE〉로, 1999년 10월 북미에서의 개봉이 결정되었다. 그에 앞선 9월, 미야자키와 스즈키는 미국으로 건너갔다. 토론토 국제 영화제와 뉴욕 영화제에 참석하고, 캐나다와 미국 언론과 취재하는 것이 목적이었다.

개봉은 10월 29일부터, 8개 관으로 출발했다. 배급은 디즈니의 자회사이자 제작 회사로 〈펄프 픽션〉 등으로도 성과를 올린 미라맥스가 맡았다. 캐나다를 포함해 131개 관까지 확대 상영되었으며, 흥행 수익 약 237만 달러(약 2억 6,000만 엔)로 종료했다.

미국 영화 협회 이사장인 제임스 하인드맨은 〈PRINCESS MONO-NOKE〉에 관해 다음과 같이 평가했다.

그는 《논좌(論座)》 2000년 2월호에서 "미야자키의 애니메이션은 어른도 끌어당기는 강력한 매력이 있습니다. 그의 예술 자체가 사랑받고 있는 것입니다. 서양의 애니메이션은 선인과 악인이 명확하여, 애니메이션에 그려진 도덕 세계는 단순합니다. 하지만 미야자키 애니메이션을 처음 봤을 때는, 도대체 이 이야기에 어떻게 따라가야 할지 몰라 놀라웠습니다. 그가 그린 도덕 세계는 복잡합니다. 각 등장인물의 힘이 어떻게 작용하고, 그들의 세계가 어떻게 전개되는지, 스토리를 따라가면서 굉장한 재미를 느낄 수 있습니다. 마치 훌륭한 문학 작품을 보고 있는 것 같습니다"라고 말했다.

2000년 4월 29일, 일본에서도 자막을 삽입한 〈PRINCESS MONO-NOKE〉가 개봉되었으며, 다큐멘터리 〈모노노케 히메 in U.S.A〉가 함께 상영되었다.

🖋 곤도 요시후미의 죽음

〈모노노케 히메〉가 개봉하고 크게 성공 가도를 달리고 있던 1998년 1월 21일, 작화 감독으로서 지브리의 작품을 이끌어온 곤도 요시후미가 47세의 젊은 나이로 세상을 떠났다. 해리성 대동맥류가 원인이었다.

곤도는 〈팬더와 친구들의 모험〉, 〈명랑 개구리 뽕키치〉 등을 다룬 'A 프로덕션'에서 애니메이터의 경력을 시작하였으며, 〈반딧불이의 묘〉부터

스튜디오 지브리에 참여하고 〈귀를 기울이면〉으로 처음 감독에 도전했다. 1950년 출생의 곤도는 다카하타와 미야자키보다 한 세대 젊다. 그는 실력으로 존경받고 있었으며 세대적으로도 두 감독 사이에 있어, 다리 역할로서 두 감독의 신뢰를 받았다. 또한 애니메이션 세계 이외에도 상품 기획 등 다양한 아이디어를 내는 등 따뜻한 시선으로 일상을 담은《아니메주》의 일러스트 연재 〈문득 뒤를 돌아보면〉(후에《문득 뒤를 돌아보면 : 곤도 요시후미 그림 문집(ふとふり返ると 近藤喜文画文集)》으로 발간)이라는 독자적인 세계도 확립하고 있던 독특한 애니메이터였다.

제10장

실험작
〈이웃집 야마다군〉의 도전

호호케쿄 이웃집 야마다군

다카하타 이사오 감독 작품

마쓰코　　 아사오카 유키지
다카시　　 마쓰오카 토오루
시게　　　 아라키 마사코
하이쿠 낭독 야나기야 고산지
특별 출연　 미야코 쵸쵸

호호케쿄 이웃집 야마다군

집 안의 안전은, 세상의 소원.

🖋 다음 작품은 이시이 히사이치

　러프한 수채화 터치의 그림. 원작 그대로의 캐릭터. 4컷 만화의 템포를 살린 스토리 구성. 〈이웃집 야마다군〉은 스튜디오 지브리 작품 중에서도 가장 실험적이며 이색적인 스타일의 장편 애니메이션으로 제작되었다.

　원래 〈이웃집 야마다군〉 기획의 발단은 1993년 말. 스즈키 도시오 프로듀서가, 아사히 신문 조간에서 연재하고 있던 이시이 히사이치의 만화 《이웃집 야마다군》(후에 《노노짱》으로 제목 변경)를 언급하며 다카하타 이사오에게 영화로 만들 수 있냐고 질문한 것이 계기였다. 하지만 이때는 "4컷 만화를 어떻게 장편 애니메이션으로 만드나요?"라는 대화만 남긴 채 끝나버렸다.

　그 후 1996년 〈모노노케 히메〉의 제작이 계속되는 가운데, 스즈키와 다카하타는 하나의 기획을 진행하고 있었다. 바로 헤이안 시대를 무대로 하는 《하세오조시》다. 《하세오조시》는 헤이안 시대 초기의 문인 기노 하세오를 주인공으로 하는 괴기담을 그린 에마키[16]다. 하세오는 귀신과의 놀이에서 승리해 절세 미녀를 얻지만, 귀신과의 약속을 어기고 그녀와 미래를 약속해 미녀는 물이 되어 사라지고 만다. 그 미녀는 사실 반혼술[17]로 인조인간에서 소생한 존재였던 것이다. 이러한 내용의 작품인 만큼 《하세오조시》는 환상적이고 기괴한 분위기의 장편 애니메이션이 될 뻔했는데, 다카하타는 '왜 지금 헤이안 시대를 그려야 하는지, 영화를 제작하는 의미를 찾기 어렵다'라는 결론에 이르러, 최종적으로 같은 해 말, 이 기획은 중단되었다.

그리고 다음 작품 후보로 부상한 것이 《이웃집 야마다군》이었다. 스즈키는 예전에 다카하타가 했던 "동그라미와 삼각형, 사각형을 활용해 애니메이션 본연의 재미를 창출해내고 싶다"라는 말을 기억하고는, 단순한 그림인 4컷 만화를 추천한 것이다. 다카하타가 스즈키의 제안에 흥미를 보이면서 기획이 구체적으로 시작되었다.

《이웃집 야마다군》이라는 원작은 어떤 점에서 다카하타의 흥미를 사로잡았을까? 스즈키는 신문 인터뷰에서, 다카하타가 창작하는 데의 동기부여에 관해 다음과 같이 설명하고 있다.

---

16) 에마키는 가로로 긴 두루마리 형식의 종이나 비단에 그리는 그림을 말한다. 하나의 두루마리가 한 편의 이야기를 담고 있는 경우가 대부분이며, 때로 삽화나 그림과 함께 설명을 위한 글이 동반되기도 한다.
17) 동양의 전설 속에 나오는 죽은 사람을 되살리는 술법.

그 사람(*다카하타)은 작품에 착수하기 전, 항상 '의미'를 찾습니다. 영화를 제작하는 의미와 새로운 영상 기법을 개발한다는 기술상의 의미, 두 가지를 말이죠.

– 《〈모노노케 히메〉에서 〈이웃집 야마다군〉으로 : 테마는 '살아라.'에서 '적당'으로……?!〈もののけ姫〉から〈ホーホケキョとなりの山田くん〉へ―テーマは〈生きろ。〉から〈適当〉へ……?!》》

그리고 〈이웃집 야마다군〉은 다카하타의 이런 두 가지 조건을 충족시킬 수 있는 기획이었다.

✒️ 기법의 도전과 제작의 의미

다카하타의 '동그라미와 삼각형, 사각형을 활용한 애니메이션 본연의 재미'라는 발언이 결과적으로 기획의 열쇠 중 하나가 된 것처럼 〈이웃집 야마다군〉은 우선 기존의 셀 애니메이션의 형식에 대해 새롭게 질문하는 데서 기획이 시작되었다.

원래 다카하타는 셀 애니메이션의 제약에서 자유로운 스타일로, 동시에 그것이 테마와 일치하는 애니메이션을 제작하고 싶다는 생각을 이전부터 가지고 있었다. 샌포드사의 색연필 프리즈마컬러를 사용해 자연을 그리는 러시아의 애니메이션 작가, 유리 노르시테인에 대한 존경심도 같은 뿌리에서 비롯된 마음이라고 생각할 수 있다.

예를 들어 〈반딧불이의 묘〉의 완전 초반에도 기존의 셀 애니메이션으로 파악할 수 없는 수법의 도입을 고려해본 적이 있었다고 한다. 또한 이전 작품인 〈폼포코 너구리 대작전〉을 완성했을 때는 "셀 애니메이션의 상식을 조금 내려놓고, 이른바 러프 스케치의 생생함을 남긴 듯한 야취 있는 수법으로 그리되 역시 많은 사람이 즐길 수 있는 오락 장편 애니메이션을 만들어보고 싶다."(《키네마 순보》1994년 8월 상반기호)라고도 말한 바 있다.

그리고 〈모노노케 히메〉의 완성 후, 다카하타의 이런 생각을 구체적으로 살릴 수 있는 환경이 스튜디오 지브리에 갖추어졌다. 1997년 가을, 스튜디오 1층 안쪽을 하나의 층으로 만드는 공사를 시행하고, 다수의 워크 스테이션이 도입되었다. 그에 따라 셀을 사용하는 기존의 스타일에서 벗어나 채색·촬영의 공정이 완전히 디지털화되었다. 이렇게 〈이웃집 야마다군〉은 풀 디지털화된 환경에서 만들어진 첫 번째 작품이 되었다.

다카하타는 〈이웃집 야마다군〉의 표현 스타일에 대해 다음과 같이 술회하고 있다.

이번에는 표현과 내용이 밀접 불가분으로 결부되고, 또 지금까지의 셀 애니메이션과는 다른 것을 만들려고 했습니다.

그래서 치밀한 판타지를 떠올렸습니다. 판타지란, 현실에서 있을 수 없는 세계를 마치 있는 것처럼 느끼게 하는 장르이지요. 그를 위해서는 점점 현실적인 표현으로 얼마든지 밀도가 짙어지는, 그런 경향이 있기 때문입니다. 미술에 대해서도, 예전에 오가 씨와 이제 막다른 길이라고 얘기한 적이 있습니다. 밀도를 높인다는 것에 관해서는 이제 갈 데까지 갔다고요. 한편으로 셀 애니메이션의 경우, 캐릭터는 현실에 가까워지지 않습니다. 게다가 저는 그렇게 일정 한도 이상으로 가까이 가지 않는 것의 장점이 있다고 생각합니다. 선으로 그리는 것의 본질이 완전히는 상실되지는 않는다는 거죠. (중략) 한계가 있는 셀과, 한계가 있는지 없는지 모를 정도로 얼마든지 밀도가 짙어지는 미술이 분리되기 시작하고 있습니다. 이는 어쩔 수 없다는 생각이 들었습니다.

－《〈이웃집 야마다군〉을 읽고 해석하다

《〈ホーホケキョとなりの山田くん〉を読み解く》》

이 작품의 큰 방침은 만화처럼 그려 넣지 않고 여백을 만드는 것입니다. (중략) 만화와 똑같아질 수는 없지만, 사고방식에 있어 같게 합니다. 필요한 것만 그리고, 나머지는 그리지 않습니다. 그래서 포스터컬러로 색칠한 형태의 배경과 셀 애니메이션으로는 이제 불가능한 것입니다. 휘리릭 그리고 그것을 비추어 그 안쪽에, 그 뒤편에 있는 진짜를 느끼도록 하자는 것이므로, 아무리 단순한 것이라도 색칠한 형태로는 안 됩니다. 게다가 편안한 내용에 맞게 하고 싶습니다.

－《〈이웃집 야마다군〉을 읽고 해석하다》

〈이웃집 야마다군〉은 이렇게 러프한 선을 살린 수채화 터치의 그림으로 제작하게 되었다.

한편으로 다카하타는 러프한 수채화 터치의 그림으로 그려야 하는 테마가 어떤 것이었는지 다음과 같이 말했다.

> 오늘날의 드라마는 모두 인간의 심리를 그리려고 합니다. 상징적으로 〈에반게리온〉이 있습니다. 그런 점에서 〈이웃집 야마다군〉은 외모만 사람으로 그리고, 판타지로 가득한 가운데 훌륭하게 현실만을 그립니다. 반시대적이고 매우 도전적입니다. 지금, 이것을 하는 의미가 있는 것입니다.
> – 《〈모노노케 히메〉에서 〈이웃집 야마다군〉으로》

또한 다카하타가 제작 전 정리한 기획서 겸 연출 노트에서는 지나치게 올곧은 이상주의적인 사람을 아찔하게 하는 현재 상태를 다룬 다음, 영화의 목적을 다음과 같이 설명했다.

> 사실 그런 사람들이나 가족에게 '야마다 바이러스'를 심어 해독하거나, 눈에서 비늘이나 악귀를 떨어뜨려 성불, 아니 관념, 아니 안심입명해 주기를 바라지만, 그것을 이룰 수 없다면 적어도 이웃집에 야마다 가족을 살게 하여 조금이라도 마음을 감싸고 있는 딱딱한 껍데기를 부드럽게 하고, 편안해지고, 조금은 거리낌이 없어져 심신증과 정신 불안정, 가정의 붕괴를 예방할 수 있기를 바라는 것입니다.

다시 말해 다카하타는 〈이웃집 야마다군〉이 지나치게 올곧은 사람을 위로해주는 판타지가 아니라, 그런 사람이 어깨 힘을 빼고 살아갈 수 있는 현실적 효용을 가진 영화로 만들려고 생각한 것이다. 거기에 이 기획의 현대성, 지금 제작하는 의미가 있었다. 그리고 러프한 수채화 터치는 올곧음과 상반되는 '야마다 가문의 사람들'을 그리는 데 빼놓을 수 없는 스타일이었다.

다카하타는 기자회견에서 "그동안 일본 애니메이션이 '해야만 하는데 해 오지 않은 것'을 하려고 생각 중입니다"라고 말했다. 그 '해야만 하는데 해 오지 않은 것'이란 이런 테마와 스타일, 모두를 가리키는 것이라고 생각할 수 있다.

✒ 감독을 지원한 다나베 오사무와 모모세 요시유키

다카하타는 1997년 3월부터 본격적인 제작 준비에 착수했다. 원작을 읽으며 구성을 생각했지만, 역시 4컷 만화를 장편 애니메이션 구성으로 바꾸기는 쉽지 않았다. 다카하타 본인도 기획서에서 "4컷 개그 만화를 설득력 있게 애니메이션(특히 장편 애니메이션)으로 만든다는 것은 지극히 어려운 작업, 아니 사실상 불가능합니다. 4컷 만화를 늘리거나 조합하여 만든 애니메이션으로 인기 있는 〈사자에상〉이나 성공작인 〈힘내라! 다부치 군!〉 등이 있긴 하지만, 유감스럽게도 원작의 탄탄한 재미는 희생되었습니다."(《영화를 만들면서 생각한 것 Ⅱ : 1991~1999》)라고 쓰고 있었다.

최종적으로 다카하타는, 원작의 4컷 만화를 몇 가지 테마로 묶어 블록마다 정리해서 다루고, 그 사이사이를, 나중에 제작진 사이에서 '봅슬레이편'이라고 부르는, 하나의 연결된 에피소드로 이어가는 방식을 택했다.

11월 18일, 각본 제1원고가 완성되었다. 원작에서 약 200편을 선정하였는데, 같이 읽고 맞추어 본 시점에 5시간을 넘기는 엄청난 장편이 되어 버렸다. 그래서 퇴고를 거듭하여, 1998년 2월 18일에는 2시간 10분 정도의 길이까지 단축되었다. 한편 1997년 8월, 각본이 완성된 부분부터 그림 콘티 작업이 시작되었으며, 1998년 2월 본격적인 작화 작업에 들어갔다.

구체적인 그림 제작에 관해 그림 콘티, 장면 설정 및 연출을 담당한 다나베 오사무와 모모세 요시유키가 다카하타를 도왔다.

다나베는 과거 〈추억은 방울방울〉과 〈폼포코 너구리 대작전〉에서 원화 스태프로 참가하였는데, 〈이웃집 야마다군〉에서는 원작 에피소드를 중심으로 하는, 통칭 '만화편'을 담당했다.

다나베는 우선 다카하타와 회의를 하면서 콘티를 그리고, 그를 바탕으로 각 컷의 완성 샘플이 되는 '채색 보드'를 그렸다. '채색 보드'는 최종적으로 그림의 이미지를 파악하기 위한 보드로, 다나베가 선화를 그리고 미술 감독인 다나카 나오야와 다케시게 요지가 색을 입혔다. 여기에는 제작 과정이 확립되지 않은 수채화 터치를 완성하기 위해 사전에 완성 그림의 이미지를 명확하게 하여 각 제작 공정 작업을 명확하게 한다는 목적이 있었다.

전례 없는 〈이웃집 야마다군〉의 영상 세계를 완성하기 위해 다나베가 맡은 역할은 막중했으며, 다카하타는 그 업무에 대해 칭찬을 아끼지 않았다.

그의 역할은 대단히 중요했습니다. (중략) 레이아웃의 방식, 어떤 식으로 공간의 테두리를 남길 것인지, 어느 정도 그려 넣을 것인지, 인물이 어느 정도의 연기를 할 것인지도 그의 레이아웃과 그림 콘티에 따라 결정되었습니다. 게다가 그런 캐릭터이면서도 실감도 나는 거예요. (중략) 이렇게 감각적으로 뛰어난 그의 실력은 매우 대단했습니다. 저조차도 혀를 내두를 정도였어요. 완성되어가는 모든 그림이 좋았습니다. 타이밍을 검토할 때, 올바른 타이밍에 도달하는 역량을 포함해, 그는 모든 면에서 대단했습니다.

－《〈이웃집 야마다군〉을 읽고 해석하다》

반면 모모세 요시유키는 〈반딧불이의 묘〉부터 〈너구리 폼포코 대작전〉까지 그림 콘티와 레이아웃 등을 담당해온, 이른바 다카하타 작품의 단골 스태프였다. 이번에는 '봅슬레이편'의 작업을 일관하여 담당했다.

'봅슬레이편'은 봅슬레이를 시작으로 다양한 탈것을 타고 이동하는 다카시와 마쓰코의 모습을 통해 야마다 가문이라는 한 가문의 행보를 다루는 내용이다. 일상 묘사가 주류인 '만화편'에 비해, 이 파트에는 큰 파도에 흔들리는 배 등 역동적인 영상이 많다.

카메라 무빙이 많은 파트인데, 그림은 3D CG에 의한 정확한 카메라의 움직임과 손으로 그린 그림의 맛이 잘 어우러지게 제작되었다. 예를 들어 서두의 봅슬레이 장면에서, 3D CG로 봅슬레이와 다카시, 마쓰코를 만들고, 그것이 움직이는 애니메이션을 제작한다. 그 영상을 프린트아웃해, 그를 참고해 애니메이터가 캐릭터의 연기의 작화를 작업했다. 이를 조합하여 최종적인 완성 영상이 만들어졌다.

🖊 수채화 터치를 어떻게 만들 것인가

전례 없는 수채화 터치 그림을 만들기 위해 제작 현장에는 다양한 시행착오가 있었으며 그동안 하지 않았던 새로운 제작 스타일이 도입되었다.

작화 과정에서는 기존과 다른 다양한 공정이 설계되었다. 예를 들어 러프한 터치의 선화를 한 사람의 화풍으로 통일하기 위해 평상시의 스타일로 그려진 원화 위에, 그림 위에 나오는 러프한 선화를 그리는 '실선 작화'라는 작업을 새로 추가했다. 이 작업은 작화 감독인 고니시 겐이치가 담당했다.

또한 수채화로 칠하지 않은 부분이나 수채화가 삐져나온 부분을 표현하기 위해 한 장의 그림에 세 종류의 동화를 그리는 스타일이 고안되었다. 첫 번째 동화는 실선 작화된 원화의 움직임을 잇는 '실선 동화'. 또 하나의 동화는 수채화를 칠하는 범위를 지정하는 '내선 작화'. 그리고 그 '실선 동화'와 '내선 작화'를 포개기만 하면 색칠하지 않은 부분으로 배경이 비추기 때문에, 등장인물 주위를 감싸는 윤곽선을 작화하고, 그것을 마스크로 하여 포갬으로써 그를 방지하는 방법이 채택되었다. 이를 '윤곽선 동화'라고 부른다.

한편 미술을 할 때는 사용하는 그림 도구가 일단 다른 작품과는 달랐다. 보통 애니메이션의 배경은 포스터컬러를 사용해 그리는 경우가 많았는데, 〈이웃집 야마다군〉에서는 수채화 도구가 사용되었다. 또한 수채 터치와 디지털화라는 두 가지 이유에서 작업의 흐름도 달라졌다. 우선 고니시가 그린 배경 원화를 바탕으로 미술이 채색하고, 컴퓨터에 입력한다. 그리고 채색 단계에서 긁힌 선을 컴퓨터상에서 소거하고, 미리 스캔해둔 배경 원화의 선을 겹치는 공정이 채택되었다.

처음에 채색 보드를 만들고, 그 단계에서 완성 그림을 결정하는 스타일은, 전례가 없어 다나베와 다케시게가 매우 고생했다고 한다.

그 밖에도 그림 콘티가 머릿속에 떠오른 순서대로가 아닌, 각 에피소드마다 따로따로 완성해나가, 현장에서 어리둥절한 경우도 많았다고 한다.

✒ '호호케쿄'[18]의 진상

　지브리 측에서 원작자인 이시이 히사이치에게 애니메이션화를 제안한 것은 1997년 3월.

　이시이는 오카야마현 출신. 다카하타는 미에현에서 태어났지만, 오카야마현에서 자랐기 때문에, 예전부터 이시이는 고향 선배인 다카하타를 관심 있게 보고 있었다고 한다. 그래서 〈이웃집 야마다군〉의 애니메이션화에 대해 두 가지 조건만 붙여 흔쾌히 허락했다고 한다. 첫 번째 조건은 캐릭터의 그림을 바꾸지 않을 것, 또 하나는 기자회견에 출석하지 않는 것이었다.

　또한 제목에 '호호케쿄'가 들어간 것에도 유명한 에피소드가 있다.

　계기는 1997년 11월의 어느 날, 미야자키 하야오가 다음과 같은 주장을 시작한 것이다.

　"〈반딧불이의 묘〉, 〈추억은 방울방울〉, 〈폼포코 너구리 대작전〉, 다카하타 감독의 작품에는 반드시 '호(ほ)[19]'가 들어갑니다. 그런데 이번에 〈이웃집 야마다군〉에는 '호'라는 글자가 들어가지 않아요. 제목에 '폼포짱'을 넣으면 어떤가요?"

---

18) 일본어 원어 제목은 〈호호케쿄 이웃집 야마다군〉으로, 한국으로 들어올 때 '호호케쿄'를 삭제하고 번역되었다.
19) 〈반딧불이의 묘〉에서는 '반딧불이(호타루)', 〈추억은 방울방울〉에서는 '방울방울(보로보로)', 〈폼포코 너구리 대작전〉에서는 '폼포코'에 해당하며, 일본어에서는 호(ほ)의 글자에 탁음과 반탁음을 붙여 '보'와 '포'가 된다.

그런 제안을 받은 다카하타는 하룻밤을 고민한 끝에, 역시나 '폼포짱'은 어울리지 않는다고 결론. 그 가운데 부상한 것이 '호호케쿄'였다. 스즈키는 이시이와 만나 '호호케쿄'라는 서브 타이틀을 붙이고 싶다고 제안했다. 징크스를 이유로, 뜻밖의 제목 변경을 요구받은 이시이는 "올봄까지 기다려 주세요"라고 대답했다.

그로부터 한 달 정도 지난 12월 11일의 조간.《노노짱》이라고 제목을 바꾼《이웃집 야마다군》에는 선생님의 지적을 받은 학생이 '호호케쿄'라고 반응하는 모습이 그려져 있었다. 이것이 바로 이시이만의 OK 사인이었다.

〈이웃집 야마다군〉은 기자회견이 두 번 시행되었다. 첫 번째는 1998년 7월 16일, 도쿄 기오이초의 아카사카 프린스 호텔에서 열린 '〈모노노케 히메〉부터 〈이웃집 야마다군〉으로, 공동 기자회견'이다. 그 자리에서 〈이웃집 야마다군〉을 처음 선보였으며, 그 외 〈모노노케 히메〉의 북미 진출의 준비 상황 등을 발표했다. 그리고 1999년 4월 8일, 도쿄 도라노몬의 호텔 오쿠라에서 다시 〈이웃집 야마다군〉의 제작 발표 기자회견이 열렸다.

두 기자회견 모두 1,000명이 넘는 보도진이 몰렸다. 또 공동 기자회견에서는 경쟁 기업으로 잘 알려진 덴쓰의 가쓰라다 데루요시 부사장과 하쿠호도의 쇼지 다카시 사장이 역사상 처음으로 나란히 등단한 것이 화제를 모았으며, 제작 발표 기자회견에서는 도쿠마 야스요시 사장과 알고 지내던 오부치 게이조 수상이 참석하여 "이 영화가 완성되면 꼭 보고 싶다"라고 언론에 코멘트했다. 모두 화려하게 주목받는 것을 좋아하는 도쿠마 사장다운 취향을 담은 기자회견이었다고 할 수 있다.

캐스팅은 무대 공연을 바로 할 수 있을 법한 실력파 배우가 중심이 되었다. 마쓰코 역에 아사오카 유키지, 다카시 역에 마스오카 도오루, 시게 역에 아라키 마사코, 노보루 역에 이소하타 하야토, 노노코 역에 우노 나오키가 출연했다. 전체적으로 등장하는 하이쿠의 낭독은 야나기야 고산지가 담당했다. 또한 시게의 친구 역에 나카무라 다마오, '봅슬레이편'에 등장하는 기쿠치의 할머니 역에 미야코 초초가 각각 인상적인 연기를 선보였다.

그리고 아사오카 유키치가 마쓰코 역을 훌륭하게 소화했지만, 다카하타는 마쓰코가 간사이 지방 사투리를 쓰는 캐릭터만 아니었으면 모모이 가오리를 캐스팅하는 것도 구상하고 있었다고 한다.

🖋 디즈니의 첫 투자 작품

〈이웃집 야마다군〉은 〈모노노케 히메〉 때 도쿠마 그룹과 제휴한 디즈니가 처음으로 투자한 작품이다. 디즈니가 경쟁 관계에 있는 기업의 작품에 투자하는 일은 매우 드물다고 한다.

또한 도쿠마 사장의 한마디로 배급은 쇼치쿠 주식회사로 결정되었다. 지브리는 과거 〈바람 계곡의 나우시카〉, 〈천공의 성 라퓨타〉, 〈마녀 배달부 키키〉에서 도에이와 손을 잡은 적이 있지만, 그 후는 줄곧 도호에서 배급하였으며, 쇼치쿠에서 배급하는 것은 이번이 처음이었다.

당시 쇼치쿠의 홍보 프로듀서였던 무라이 도시히코는 〈이웃집 야마다군〉이라는 제목의 홍보가 쉽지 않았던 상황을 다음과 같이 회고하고 있다.

(*〈모노노케 히메〉의 다음 작품이라서) 극장의 기대도 컸습니다. 그렇게 되면 역시 허세를 떨게 되지요. 하지만 신문 광고 말고는, 이 영화에 딱 맞는 매체를 찾는 것도 쉽지 않았습니다. 스즈키 씨와도 이야기를 엄청 많이 했습니다. 글로벌 스탠더드라든가, 그런 얘기도 나왔지만 결국 그를 그림에 녹이기가 어려워, 관객의 이해를 위해서는 문장으로 써야 한다는 결론에 도달했습니다. 하지만 신문 구독자들도 글을 그렇게 많이 읽지는 않습니다. 문장으로 설득하기란 쉽지 않지만, 이 영화는 그림만으로 설득하는 것이 더 어려웠던 것 같습니다.

– 《나우시카의 '신문 광고'를 본 적이 있나요?

지브리의 신문 광고 18년 역사》

개봉일은 1999년 7월 17일. 작품 자체는 일부 높은 평가를 받았다. 하지만 흥행 성적에 관해 일본 영화로서는 충분히 성공이라고 말할 수 있는 숫자여도, 지난 10년 동안의 지브리 작품 중에서는 조금 아쉬움이 남았다.

시나리오 라이터인 야마다 다이치는 영화의 팸플릿에서 "이 작품은 다카하타 씨의 최고의 걸작이라고 생각한다. 드디어 해냈다며, 고개 숙여 인사할 정도의 작품이다. (중략) 테마는 '적당'이라고 말하면서, 왠지 모르게 작품은 적당하지 않다. '적당'을 적당하게 말하지 못하고 신념처럼 말하며, 글자로 쓴 부분도 다카하타 씨다웠다. 어찌 됐든 걸작의 탄생에 박수를 보낸다"라며 감상을 적고 있다. 또한 〈모노노케 히메〉의 북미 공개에 맞추어, 1999년 9월, 미국의 뉴욕 현대 미술관(MOMA)에서 〈Studio Ghibli Retrospectives(스튜디오 지브리 회고전)〉을 개최했다. 그때 같은 미술관의 영구 소장품으로 지브리 작품 중 〈이웃집 야마다군〉이 선정되어, MOMA 컬렉션에 추가되었다.

🖋 그 무렵의 미야자키 감독

〈모노노케 히메〉를 완성한 미야자키는 지브리 근처에 아틀리에에(당시의 통칭은 '돼지 방')를 마련하여 세 가지 일을 진행하고 있었다.

첫 번째는 '히가시코가네이 손주크 2기'의 리더. 1998년 9월 개강해, 800명의 참가 희망자 중 13명을 선발하여 6개월간 연출을 지망하는 학생들에게 강의했다. 수강생 중에는 후에 〈센과 치히로의 행방불명〉의 제작진으로 참가하는 사람도 배출되었다.

두 번째는 지브리 미술관의 건설이다. 같은 해 10월, 미술관을 위한 사업 회사 '뮤제오 다르테 지브리(Museo d'arte Ghibli)'를 설립하여, 미술관의 본격적인 준비를 시작했다.

그리고 2001년 개봉을 목표로 한 신작 영화의 준비에도 착수했다. 주인공이 10살 소녀인 이 영화가, 나중에 〈센과 치히로의 행방불명〉으로 개봉한다.

그 밖에 1999년 4월에는 지브리의 제2스튜디오가 준공되었다. 제2스튜디오는 지하에 시사실이 있었으며, 5월부터 바로 이용할 수 있었다. 또한 상품팀, 그리고 후에 미술팀도 제2스튜디오로 이전하게 되었다.

제11장

다른 무엇과도
비교할 수 없는 히트작
〈센과 치히로의 행방불명〉

터널의 저편은,
신비한 마을이었습니다.

히이라기 루미
이리노 미유
나쓰키 마리
나이토 다카시
사와구치 야쓰코
가미조 쓰네히코
오노 다케히코
스기와라 분타

미야자키 하야오 감독 작품

센과 치히로의 행방불명

✒ 10살 소녀를 위해

2001년 3월 26일, 도쿄도 고가네이시에 있는 '에도 도쿄 건축 정원'에서 미야자키 하야오 감독의 최신작 〈센과 치히로의 행방불명〉의 제작 보고회가 열렸다. 미야자키는 주인공 치히로 역의 히이라기 루미와 함께 기자회견에 출석해, 다음과 같이 작품 제작의 계기를 말했다.

사실 제게는 아기 때부터 봐 온, 딸 히이라기 씨(13세) 정도의 여자아이들이 있는데, 매년 여름 산속의 오두막에서 2~3일을 함께 보냅니다. 하루는 그 아이들을 보며 '이 아이들을 위한 영화가 없을까?'라는 생각이 들더군요. 그래서 아이들이 진심으로 즐길 수 있는 영화를 만들어보자고 다짐했던 게 목표라고나 할까요, 계기가 되었습니다. 사실 그 아이들이 10살 정도일 때 했던 생각인데, 꾸물꾸물하는 사이에 어느새 다 커버리고 말았

습니다. (중략) 저를 '산 아저씨'라고 부르는데, 그런 '산 아저씨'가 만든 영
화를 보고 기뻐해 줄지 어떨지, 그것을 저 스스로 목표로 삼았습니다.

－《〈센과 치히로의 행방불명〉 치히로의 대모험
（《千と千尋の神隠し》千尋の大冒険》）

그러나 〈모노노케 히메〉 이후 4년 만에 나온 신작 〈센과 치히로의 행
방불명〉은 이와 같은 형태로 굳어지기까지 몇 가지 우여곡절을 겪고 있
었다.

미야자키는 〈모노노케 히메〉 완성 후, 스튜디오 근처에 마련한 아틀리
에를 거점으로, '히가시코가네이 손주크 2기'의 리더로서 6개월간 애니
메이션에 뜻이 있는 젊은이를 지도하고, 지브리 미술관 건설을 위해 설
립된 뮤제오 다르테 지브리와 함께 미술관을 계획하고 있었다.

한편 1998년 3월 26일에는, 〈모노노케 히메〉 제작 중인 1996년 5월
이후의 기획 검토회를 개최했다. 기획 제안자이자 리포터였던 미야자키
는, 이전에 다루었던 적이 있는 가시와바 사치코의 아동문학《안개 너머
의 신기한 마을》를 다시 제출했다. 이 검토회는 제작진이 모여 다양한 소
설이나 만화 등을 어떻게 하면 영화로 제작할 수 있을지에 관해 이야기
를 나누는 것이 목적인 자리로, 스튜디오 지브리의 웹사이트에 게재되고
있는 제작 일지에는 당일의 모습을 다음과 같이 기록하고 있다.

과거 이 기획을 다룬 것이 3년 10개월 전. 당시에 어떤 결론이 났는지,

또 최초 기획 제안자가 누구였는지도 기억나지 않는다. 이런 상태였기 때문에 회의 참가자는 처음 이 기획을 마주하는 마음으로 의견을 나누었다. 미야자키 감독도 다른 제작진과 이야기하는 게 오랜만이어서 평소답지 않게 열정적이었다. 그렇게 검토회는 예정 시간을 넘어, 2시간 반 이상 걸렸다.

《안개 너머의 신기한 마을》은 1975년에 발표된 일본식 판타지. 초등학교 6학년인 소녀 리나가 아버지의 지인을 찾아 '안개 계곡'을 방문했는데, 거기에 신기한 가게가 모여 있는 상점가가 있었다는 내용이다.

미야자키 본인은 처음에 이 책이 크게 매력적으로 다가오지 않았다고 하는데, 이 책을 좋아해 어렸을 적 몇 번이나 읽었다는 스태프의 말을 듣고, 검토회 이후 이 책을 영화로 만들 수 있을지 검토하기 시작했다.

미야자키는 '뒤죽박죽 거리의 리나'라는 타이틀로, 이 책의 매력을 찾아 나가며 다양한 이미지 보드를 그렸다. 하지만 최종적으로 이 작품은 영화화할 수 없다고 판단했다.

그 후 미야자키는 대지진 이후의 도쿄를 무대로, 대중목욕탕의 굴뚝에 그림을 그린 20살 여자아이를 주인공으로 오리지널 작품인 '굴뚝 화가 린'의 기획을 새롭게 시작했다. 린과 린의 앞을 막는 중년 남성이 이끄는 집단의 충돌을 그릴 예정이었다.

그러나 1999년 1월, 미야자키가 약 1년간 간직해온 '굴뚝 화가 린'을 보고 스즈키 도시오 프로듀서가 의견을 냈다.

계기는 일본에서 엄청나게 인기를 끈 영화 〈춤추는 대수사선 THE MOVIE〉(1998, 모토히로 가쓰유키 감독). 현대 젊은이들의 특성을 거울처럼 그리고 있는 이 영화에 감동한 스즈키는, 미야자키에게 "우리가 만들어야 하는 영화는 역시 어린이를 위한 영화가 아닙니까?"라고 제안했다. 스즈키의 의도는 '청년들을 위한 영화는 그들의 모습을 그대로 그릴 수 있는 사람에게 맡겨야 한다. 우리가 만들어야 하는 작품은 그와는 다르지 않을까?'라는 것이었다.

스즈키의 한 마디로 미야자키는 '굴뚝 화가 린'의 기획을 멈추기로 했다. 그리고 이어서 다음 기획을 꺼내 들었다. 당시의 상황을 스즈키는 다음과 같이 회고하고 있다.

저와 미야 씨, 둘 다 알고 지내는 친구의 딸을 언급하며 그 아이를 위한 영화를 만들어야겠다고 생각했어요. 무대는 에도 도쿄 건축 정원. 저는 그 여자아이도, 건축 정원도 너무 좋아해서 찬성하지 않을 수 없었습니다. 미야 씨에게 절대 반대할 수 없는 상황에 놓인 것입니다(웃음).
– 《로망 앨범 센과 치히로의 행방불명(ロマンアルバム 千と千尋の神隠し)》

그리고 1999년 11월 2일, 기획서를 탈고한 미야자키는 11월 6일 연출 각서를 완성했다. 그리고 11월 8일, 주요 제작진을 위한 설명회를 열고 본격적인 제작 준비에 돌입했다.

🖊️ 세상의 축소판, '온천'

기획서에는 〈센과 치히로의 행방불명〉의 콘셉트가 명확하게 적혀 있었기에, 제작진을 위한 자료뿐만 아니라 언론을 위한 자료 등에도 다양하게 게재되었다.

여기에서 미야자키는 〈센과 치히로의 행방불명〉의 테마에 대해 "오늘날 애매해져 버린 세상이라는 것, 그리고 애매한 주제에 침식하고 다 잡아먹으려고 하는 이 세상을 판타지의 형식을 빌려 또렷하게 그려내는 것이 이 영화의 주요 과제다"라며 명확하게 내세우고 있다.

그런 다음 "치히로가 주인공일 수 있는 자격은 사실 침식당하지 않은 힘에 있다고 할 수 있다. 결코 미소녀라서, 유례가 없는 마음의 소유자라서 주인공이 된 것이 아니다. 그런 점이 이 작품의 독특한 장점이며 그렇기에 10살 소녀를 위한 영화라고 할 수 있는 것이다"라고 강조했다.

이렇게 '세상'의 축소판으로 등장하는 것이 신들이 다니는 온천장 '아부라야'다. 신들이 피로를 치유하는 온천장에는 시중을 드는 여직원들과 개구리 남직원들이 다수 일하고 있다.

미야자키는 이 목욕탕에 대해 "지금의 세계를 나타내는 데 가장 잘 어울리는 것이 바로 유흥업입니다. 일본은 모두 유흥업과 같은 사회가 되어 있지 않은가요?"(《프리미어 일본판》 2001년 9월호)라고 반문했다. 또한 목욕탕에서 일하는 개구리들에 대해서도 "양복을 입고 있는 일본의 아저씨들과 완전 똑같지 않나요?"(《〈센과 치히로의 행방불명〉 치히로의 대모험》)라고 설명하고 있다.

이 목욕탕의 주인은 유바바. 유바바는 두려운 마녀이자 종업원에게
는 엄격한 경영자, 또 아들 '보우'를 맹목적으로 사랑하는 어머니이기도
하다. 그리고 그 세계에 발을 잘못 들여 부모님이 돼지가 되어버린 소녀
치히로는 유바바에게 이름을 빼앗기고 '센'이 되어 온천장에서 일하게
된다.

이런 대략적인 내용을 보면 '신기한 세계에서 일하게 된 소녀', '무서운
할머니', '무대는 온천장' 등 '뒤죽박죽 거리의 리나'와 '굴뚝 화가 린'의 기
획을 다듬을 때 미야자키가 중요하게 생각했던 요소가 영향을 미치고 있
다는 것을 알 수 있다.

또한 미야자키가 무대로 한다고 말한 '에도 도쿄 건축 정원'은 에도부
터 쇼와 시대까지의 민가, 상가 등을 옮겨 짓고 있는 옥외 시설. 이곳은
온천장 주변 상점가의 모델로 등장하게 되었다.

✒ 과거 최다 인원의 애니메이터가 집결

작화는 2000년 2월 1일에 시작하며, 그때부터 본격적인 제작에 들어
갔다.

작화 감독은 〈모노노케 히메〉에 이어 안도 마사시가 맡았으며, 제작 중
반부터 안도의 응원에 힘입어, 원화 부문에 참가했던 가가와 메구미와

고사카 기타로가 작화에 참여하며 작화 감독 3인 체제가 되었다.

　주인공의 낙천적인 성격을 느낄 수 있는, 감각적인 현실감을 중시하는 미야자키와, 보다 사실감을 강조하는 안도는 추구하는 방향이 달랐는데, 〈센과 치히로의 행방불명〉에서 캐릭터의 뉘앙스 등에 관한 최종적인 판단은 안도에게 위임했다.

　안도가 연기를 맡게 된 배경에는 과거 안도가 스즈키와 주고받은 약속 하나가 있었다. 사실 안도는 〈모노노케 히메〉의 제작을 마무리할 무렵, 스즈키를 찾아가 은퇴 의사를 내비쳤다. 스즈키가 이유를 묻자, 안도는 자신과 미야자키는 추구하는 애니메이션 스타일이 다르며, 지브리를 나가 다른 곳에서 자신의 방식을 시도해보고 싶다고 말했다고 한다. 하지만 안도 정도의 실력자를 잃으면 안 된다고 생각한 스즈키는 그를 붙잡기 위해 다음 작품에서 캐릭터의 연기를 일임할 것을 약속했다. 안도는 스즈키의 조건을 받아들여 지브리에 잔류하기로 결정한 것이었다.

　안도의 작화 감독 작업은 대부분 다음과 같은 흐름으로 이루어졌다. 원화가 완성되면 우선 미야자키가 타이밍만 확인하고 가가와, 고사카가 그 타이밍을 바탕으로 원화를 확인한 다음 안도가 최종적으로 확인한다. 안도는 동화가 된 단계에서도 확인을 이행하며, 때로 분량을 증가하는 등 보통 작화 감독의 범위를 뛰어넘는 부분까지 수정, 보완하고 구체적인 움직임의 뉘앙스를 확인하는 것이다. 스즈키는 당시 안도와 미야자키의 상황에 관해 다음과 같이 말했다.

안도는 남다른 각오를 다지며 〈센과 치히로의 행방불명〉의 작화 작업에 들어갔습니다. 미야 씨는 환갑을 코앞에 두고 있다고 생각할 수 없을 만큼의 작업량을 소화하며, 매일 밤 자정까지 원화 담당자가 가지고 온 컷을 수정했습니다. 하지만 안도는 아직 30세. 체력에 여유가 있었던 안도는, 미야 씨가 돌아간 후에도 밤을 새우며 아침까지 수정 작업을 계속했습니다. (중략) 안도가 완성한 러시 프린트를 보면, 미야 씨도 안도가 어떻게 작업하고 있는지를 알 수 있습니다. 처음에 미야 씨는 참았습니다. 하지만 점차 두 사람 사이에 불꽃이 튀기 시작했습니다. 노년에 접어든 베테랑 감독과 젊은 애니메이터의 치열한 싸움. 프로듀서로서는 마음이 조마조마하면서도, 어딘가 검호의 명승부를 보는 듯한 재미도 있었습니다. 그렇게 두 사람의 치열한 싸움 결과, 〈센과 치히로의 행방불명〉의 장면에는 엄청난 박력이 넘치게 되었습니다.

– 《지브리의 천재들》

스튜디오 지브리 내에서 〈센과 치히로의 행방불명〉에 참여한 원화 제작진은 약 15명. 그때 지브리는 중간급 애니메이터가 적어, 입사한 지 몇 년 안 된 젊은 제작진도 전면에 나설 수밖에 없는 체제였다. 반면 업계에서 실력파로 명성이 높은 애니메이터가 다수 참가하고 있다는 것도 〈센과 치히로의 행방불명〉의 큰 특징 중 하나다. OVA 〈THE 팔견전 신장〉 제4화 '하마지 재림'의 오오히라 신야, OVA 〈자이언트 로보 THE ANIMATION 지구가 정지하는 날〉의 야마시타 아키히코 등이 참여하고 있다.

또한 과거 미야자키의 작품에 참가했던 다른 회사의 베테랑 애니메이터도 다수 참가했다. 그중에서도 텔레콤 애니메이션 필름 소속의 다나카 아쓰코는, 유바바의 등장 장면을 중심으로 100컷 이상을 담당하며 작품을 뒷받침했다. 최종적으로 〈센과 치히로의 행방불명〉에 참여한 원화 제작진은 약 40명으로, 지브리 작품 중 최다 인원을 기록했다.

미술 감독은 다케시게 요지가 맡았다. 미야자키는 다케시게에게 '어딘가 그립고 아련한 풍경'인데, 색은 '화려하게' 해달라고 요청했다고 한다. '화려하게'라는 지시에 응하기 위해, 다리 난간을 붉게 칠하는 경우 다른 색을 섞어 탁하게 하지 않고, 물감에서 짜낸 그대로의 빨간색을 칠하도록 연구했다고 한다. 또한 서두에 등장하는 현실 세계 부분은 〈이웃집 토토로〉 등의 미술 감독 오가 가즈오가, 그리고 가오나시가 난폭하게 구는 장면에 나오는 장벽화[20] 등은 미술 감독 보좌인 요시다 노보루가 각각 담당하며 강한 인상을 남겼다.

〈센과 치히로의 행방불명〉은 〈이웃집 야마다군〉에 이어 채색 이후의 작업이 본격적으로 디지털화된 두 번째 작품에 해당한다. 하지만 〈이웃집 야마다군〉이 수채화 기조의 전례 없는 기법을 개발한 제작인 데 비해, 〈센과 치히로의 행방불명〉은 기존의 셀 애니메이션을 본뜬 스타일이라는 데에 큰 차이가 있다. 그렇기에 기존의 지브리 스타일을 컴퓨터를 사

---

20) 일본 건축에서, 나무틀을 짜서 양면에 두꺼운 헝겊이나 종이를 바른 문인 '후스마'에 그린 그림.

용해 재현하고 발전시켜나간 경험은, 장편 애니메이션으로서는 실질적으로 처음이라고 해도 좋은 상황이었다.

〈센과 치히로의 행방불명〉에서는 필름 현상을 취급하는 이마지카 주식회사와 함께 실험적으로 컬러 매니지먼트 시스템인 '갈레트(Galette)'를 공동 개발했다. 지브리 측의 중심을 촬영팀의 오쿠이 아쓰시가 담당하였으며, 디지털 데이터가 필름으로 녹화된 경우, 색감이 달라지지 않는 것을 연구했다. 또한 시스템 이름인 '갈레트'는 과거 야구팀 히로시마 도요 카프에서 타자로 활약한 애드리안 개릿(Henry Adrian Garrett Jr.)에서 따온 것으로, 이마지카의 담당자가 히로시마 야구팀의 팬이었다는 데서 유래하고 있다.

또한 후반의 마감 작업 때는 일본에서 의뢰할 수 있는 외주 스튜디오만으로는 일정에 맞출 수 없다고 판단해, 한국 프로덕션 디알무비에 동화와 채색의 외주를 맡겼다. 디알무비는 한국 프로덕션 중에서도 높은 기술 수준으로 유명해, 〈인랑〉(2000, 감독 오키우라 히로유키) 등 높은 수준의 극장 애니메이션에서도 실력을 발휘하고 있다. 다양한 지시 등이 매끄럽게 전달될 수 있도록 스튜디오에서 4명이 한국으로 출장을 가기도 했다. 지브리가 본격적으로 해외 프로덕션에 외주를 맡긴 것은 〈센과 치히로의 행방불명〉이 처음이었다.

✒️ 세 시간의 대작!?

〈센과 치히로의 행방불명〉은 원래 미야자키가 생각하고 있던 내용과는 크게 다른 형태로 완성되었다. 그 전환점이 된 것은 2000년 5월이었다.

스즈키에 의하면, 미야자키가 처음에 생각했던 스토리 구상은 다음과 같았다고 한다.

제니바는 처음부터 등장시키려고 생각한 듯했으나, 미야 씨가 처음 말했던 내용은 완전 달랐습니다. 작년 골든 위크[21] 때 저는 작화 감독인 안도(마사시) 군, 미술 감독인 다케시게 (요지) 씨와 미야 씨, 넷이 회의를 한 적이 있습니다. 그때 구상으로는 유바바를 해치운 다음, 배후에 그의 여동생인 제니바라는 굉장한 존재를 알아차린다. 그를 물리치지 않으면 내일은 오지 않는다는 내용. 그를 둘러싼 액션 영화를 하려고 했었습니다.

– 《〈센과 치히로의 행방불명〉 치히로의 대모험》

재미있어 보였지만, 양이 너무 방대하여 3시간은 걸리는 내용이었다. 그래서 1년이라는 제작 기간으로는 3시간짜리 작품은 도저히 완성할 수 없는 것도 사실이었다. 그래서 스즈키는 제작 기간을 1년 더 연장할 것을

---

21) 4월 말에서 5월 초에 걸친 일본의 황금연휴.

제안했지만, 미야자키와 안도는 그에 반대했다. 그리고 미야자키는 큰 결단을 내렸다.

그 구상의 전환에 대해 미야자키는 이렇게 설명하고 있다.

그래서 처음에 생각했던 전개 부분을 모두 삭제하고, 그 이외 부분을 정리하기로 했습니다. 그것이 큰 전환점이었던 것이지요. 그러던 와중에 갑자기 '가오나시'라는 캐릭터가 떠올랐습니다.

– 《치히로와 신기한 마을 : 〈센과 치히로의 행방불명〉 철저 공략 가이드
(千尋と不思議の町 : 〈千と千尋の神隠し〉徹底攻略ガイド)》

가오나시는 치히로가 처음 목욕탕에 들어갈 때, 다른 신들에 섞여 다리 밑에 서 있던, 이름 없는 캐릭터다.

사실 가오나시는 단순히 조연이었습니다. (중략) 어떠한 예정도 없었고, 그저 세워두려고만 했습니다. (중략) 하지만 영상을 만들고 보니 묘하게 신경 쓰이는 녀석이었지요. 그렇게 저도 '저 녀석은 왜 저기에 서 있는 것일까?'라고 생각하기 시작했습니다. (중략) 그러면서 '활용할 수 있을지도 모르겠다'가 된 것입니다. 극단적으로 갑자기 역할을 부여하고 '당신은 누구입니까? 잠깐 나와서 이 영화를 정리해 주세요'라고 부탁한 느낌인 거죠.

– 《치히로와 신기한 마을 :
〈센과 치히로의 행방불명〉 철저 공략 가이드》

미야자키는 가오나시를 스토리 중반 이후의 주요 캐릭터로 하고, 친절하게 대해준 치히로를 따라 온천장에 섞여 들어와, 이윽고 욕망 가득히 폭주하는 역할을 부여했다. 이렇게 영화 내용은 치히로와 유바바의 관계뿐만 아니라, 치히로와 가오나시의 관계도 큰 요소로서 클로즈업되었다.

회의 도중에 미야자키의 제안으로 이렇게 큰 방침의 전환이 이루어진 것이다. 그리고, 완성된 스토리에 대해 스즈키는 이렇게 감상을 털어놓았다.

"(*미야자키가) '이렇게 하면 2시간으로 끝낼 수 있다'라고 새로운 구상을 말해주었습니다. 그래서 중반부터 가오나시의 이야기가 되었죠. 그건 미야 씨라는 사람의 대단함인데, 가오나시 이야기도 넣고 유바바 이야기, 제니바 이야기까지 다루고, 결국 전부 넣었습니다."《《센과 치히로의 행방불명》 치히로의 대모험》)

🖋 가오나시의 영화

미야자키의 이러한 방침 전환으로, 스즈키도 가오나시라는 캐릭터에 흥미를 갖게 되어 본 예고편에서는 가오나시를 비중 있게 다루기로 했다.

가오나시의 존재가 커졌을 때 재미있다고 생각했습니다. 미야 씨 안에

서 또 하나의 오리지널리티가 나왔고, 최종적으로 영화의 큰 기둥이 되었
지요. 필름을 전부 다 본 뒤, 미야 씨가 말했습니다. "이것은 가오나시의
영화입니다"라고요. 저는 이미 눈치채고 있었던 사실이기에, "당연한 거
아닌가요?"라고 대답했습니다.

- 《로망 앨범 센과 치히로의 행방불명》

처음에 제작된 특보는, 신기한 마을에 들어간 치히로가 유바바를 만나
기까지를 중심으로 다룬 내용. 정체를 알 수 없는 세계에 발을 들이고만
두려움이 제일 처음 인상에 남는 내용이었다. 그에 대해 본 예고편은 가
오나시와 치히로의 관계를 중심으로 편집되었다.

그 본 예고편은 만들기로 결심하고 필름으로 나오기까지 꽤 시간이 걸
렸습니다. 왜냐하면 가오나시와 치히로로 예고편을 만든다고 하면 홍보
쪽 사람들이 크게 반대하는 것은 당연합니다. (중략) 어쨌든 시간이 걸렸습
니다. 처음에는 가오나시와 치히로의 장면만 담은 영상을 만들어, 일단 홍
보 관계자에게 보여주고 반응을 살폈습니다. 저는 한 달 가까이 매일 보여
주면 익숙해질 것이라고 예상했습니다. (중략) 한 달 후, 최종적으로 '이것
을 예고편으로 하고 싶다'라고 말했을 때, 역시 모두 반대했습니다. 하지
만 저는 어떻게든 해내고 싶었습니다.

- 《치히로와 신기한 마을 :
〈센과 치히로의 행방불명〉 철저 공략 가이드》

스즈키가 이렇게까지 가오나시에 집착한 것에는, 물론 이유가 있었다.

제가 봤을 때, 아무래도 가오나시라는 것은 인간의 마음속에 있는 어둠, 심리학에서 말하는 '무의식'을 상징한다고 생각합니다. 그 녀석이 모든 욕망을 먹어 치우며 폭주하는데, 치히로는 그를 진정시키고 바다 위를 달리는 열차에 올라타 제니바와 만나러 갑니다. 그리고 싸우지 않고 이름을 되찾습니다. 신기한 이야기지요. 이야기의 유형과는 거리가 멉니다. 하지만 저는 이것이야말로 현대의 영화라고 생각했습니다.

언뜻 보기에 처음 스토리가 이해하기 쉽고, 그것이 더 성공할 것이라고 생각하는 사람이 있었을지도 모릅니다. 그것은 그것대로 미야 씨가 만들면 재미있는 영화는 되겠지요. 하지만 크게 히트하는 영화는 될 수 없습니다. 왜냐하면 거기에는 '현대와의 격투'가 없기 때문입니다.

－《지브리의 동료들》

스즈키는 이러한 생각을 바탕으로 가오나시를 메인으로 다루는 홍보 방침을 내세웠으며, 가오나시는 예고편뿐만이 아니라 신문 광고에서도 크게 다루어지게 되었다. 원래는 신기한 상점가 앞에 치히로와 돼지가 있는 메인 포스터의 그림을 개봉 전까지 사용할 예정이었지만, 가오나시와 치히로가 서로 마주 보는 장면의 그림을 갑작스럽게 사용하게 되었다. 예를 들어 개봉 1주일 전인 7월 13일, 요미우리 신문에 게재된 전면 컬러 광고에도 이 그림이 사용되었다(이 광고는 요미우리 신문 광고상 수상에 선정되었다).

도호 영화 조정팀의 이치카와 미나미는 이 신문 광고에 대해 다음과 같이 회고하고 있다.

> 이 영화를 성공시키는 열쇠는 '살아가는 것'에 관한 테마라는 콘셉트에 도달하고, 그를 상징하는 비주얼이 치히로와 가오나시의 그림이었기 때문입니다. 일반적인 사고방식에서는 전면 광고에 사용할 만한 그림은 아니라고 생각합니다. 더욱 길고, 전체를 알 수 있는 그림이 더 안전하기 때문이지요. 실제로 사내에서는 '이 그림으로 해도 괜찮을까?'라는 의견도 있었다고 합니다. 하지만 의도적으로 이 그림을 사용함으로써 보다 임팩트가 강해졌지요.
>
> - 《나우시카의 '신문 광고'를 본 적 있나요?》

한편으로 남자 주인공인 하쿠와 치히로의 관계는 '연애 영화가 아니다'라는 방침으로 예고편과 광고에는 등장하지 않았다. 하쿠는 영화 개봉 5개월 후인 12월, 광고에 처음 등장하게 되었다.

✒ 편의점과의 첫 제휴

〈센과 치히로의 행방불명〉의 특징으로, 그동안의 작품보다 투자 기업이 증가했다는 점을 들 수 있다. 투자 기업을 나열하자면 도쿠마 쇼텐, 스튜디오 지브리, 니혼 TV, 덴쓰, 디즈니, 도호쿠신사, 미쓰비시 상사까지 총 7개 기업. 디즈니는 도쿠마 그룹과의 제휴로 〈이웃집 야마다군〉부터 지브리에 투자하게 되었는데, 도호쿠신사와 미쓰비시 상사는 이번이 첫 투자였다.

〈센과 치히로의 행방불명〉의 홍보에서는 덴쓰를 통해 특별 협찬이 결정된 '네슬레 일본'과 미쓰비시 상사 계열의 편의점 '로손'의 제휴 광고의 역할이 컸다.

특별 협찬의 네슬레 일본은 〈폼포코 너구리 대작전〉의 JA 공제, 〈모노노케 히메〉의 일본 생명과 마찬가지로 작품의 캐릭터와 영상을 사용해 기업 광고를 전개했다.

한편 이번에 지브리는 편의점과의 협업을 처음 시도했다. 이전에도 편의점과의 협업 제안은 있었지만, 스즈키가 편의점과 거리를 두었기에 성립되지는 않았다. 하지만 로손은 담당 책임자인 야마자키 후미오가 열의를 보여, 〈센과 치히로의 행방불명〉 협업 프로모션을 적극적으로 전개하게 되었다. 전국 약 7,500개 점포, 아이모드[22] 등에서의 로손 네트워크, 그리고 TV 광고를 통해 〈센과 치히로의 행방불명〉을 강하게 알리며 영화의 홍보에 공헌했다. 또한 로손도 예매권 32만 장을 판매하는 등 전례 없는 매출을 기록했다. 이후 로손은 지브리 작품의 광고 홍보의 일선을 담

22) 1992년, 일본의 통신사 NTT 도코모가 출시한, 핸드폰에서 인터넷을 사용할 수 있는 기능.

당하는 존재가 되어, 미타카의 숲 지브리 미술관 입장권의 독점 판매로
도 이어졌다.

그리고 야마자키는 이후 로손을 퇴사하고, 지브리 미술관의 사무국장
으로 일하게 되었다.

✒ 주제곡과 캐스팅

〈센과 치히로의 행방불명〉은 2001년 7월 2일에 완성되어, 7월 20일
극장에서 개봉했다.

캐스팅은 주인공 치히로 역에 히이라기 루미, 하쿠 역에 이리노 미유.
영화 초반 돼지가 되어버리는 치히로의 아빠와 엄마 역은 각각 나이토
다케시와 사와구치 야스코가 연기했다. 또한 유바바와 제니바 역은 나쓰
키 마리, 가마 할아범 역은 스기와라 분타가 맡았다. 스기와라는 "사랑이
라는 대사에 설득력을 실어줄 수 있는 사람은 스기와라 씨밖에 없다"라
는 스즈키의 추천으로 캐스팅되었다.

또한 〈센과 치히로의 행방불명〉의 주제곡은 기무라 유미가 작곡 · 노
래하고 가쿠 와카코가 작사한 〈언제나 몇 번이라도〉로 정해졌다. 이 곡이
주제곡으로 정해지는 데도 독특한 에피소드가 있다.

원래 계기는 지브리 작품을 좋아했던 기무라가 〈모노노케 히메〉를 본
것이었다. 작품에 강한 인상을 받은 기무라는, 자신의 앨범을 편지와 함

께 미야자키에게 보냈다. 그리고 며칠 후 미야자키에게 "굴뚝 화가 린'
이라는 기획을 진행하고 있으니, 작품이 구체화될 때가 오면 연락할지도
모릅니다"라는 답장을 받았다고 한다.

그 후 기무라는 '굴뚝 화가 린'에서 영감을 받아 멜로디를 떠올렸다. 기
무라는 친구였던 작사가 가쿠에게 상담하면서, 머릿속에 떠오른 가사의
앞부분과 전체 선율을 전했다. 가쿠가 멜로디에서 받은 인상을 단숨에
가사로 완성하자, 두 사람은 영화 기획의 진전과는 관계없이 경과를 보
고한다는 마음으로 완성곡 〈언제나 몇 번이라도〉를 미야자키에게 보냈
다. 그런데 얼마 뒤 미야자키에게 "곡 자체는 너무 좋지만, '굴뚝 화가 린'
의 기획이 중단되었다"라는 연락을 받게 되었다.

그 후 '굴뚝 화가 린'의 기획에서 변경된 〈센과 치히로의 행방불명〉의
제작이 시작되었다. 주제곡으로 미야자키 작사, 히사이시 조 작곡의 〈그
날의 강에〉라는 곡이 예정되어 있었지만, 미야자키의 작사 작업이 난항
을 겪었다. 2주를 공들여도 가사를 완성할 수 없었던 것이다. 그때 〈언제
나 몇 번이라도〉를 떠올린 미야자키는 더 이상의 작사가 불가능하다며,
그 곡을 주제곡으로 하자고 제안하게 되면서 결국 〈언제나 몇 번이라도〉
가 주제곡이 되었다.

미야자키의 당시 심경에 관해 스즈키는 다음과 같이 추정하고 있다.

노래 중에 '제로(zero)가 된 몸을 채워나갈 수 있다'라는 가사가 있잖아
요. 미야 씨는 "어쩌면 내 안에 잠재되어 있던 이 노래가 계기가 되어 〈센

과 치히로의 행방불명〉을 만든 것일지도 모른다"라고 후기를 남겼습니다. 미야 씨가 이 곡을 처음 들은 게 약 2년 반 전이니까요. 그때는 '제로가 된 몸'이라는 가사를 잘 이해할 수 없었던 것 같습니다. 하지만 이번에 영화를 만들고, 그 의미를 알 것 같다고 하더군요. (중략) "이 노래가 영화에서 다 그려내지 못한 부분을 채워주는 것은 아닐까"라면서요. 그런 마음이 들어 어떻게든 이 노래를 사용하고 싶었던 것 같습니다.

– 《〈센과 치히로의 행방불명〉 치히로의 대모험》

✒ 기록적 히트와 아카데미상

〈센과 치히로의 행방불명〉은 기록적인 성공을 거두었다. 〈모노노케 히메〉가 약 1년간 쌓아 올린 흥행 성적을 단 56일 만에 돌파했으며, 심지어 11월 11일까지의 약 4개월 동안 흥행 수익 262억 엔, 관객 동원 수 2,023만 명을 기록했다. 이는 흥행 수익과 관객 동원의 최고 기록인 〈타이타닉〉(1997, 감독 제임스 카메론)을 제외하고, 일본 영화사상 최고의 히트작이 되었다는 것을 의미한다. 그리고 1년 넘게 롱런 히트한 〈센과 치히로의 행방불명〉의 흥행 성적은 최종적으로 304억 엔(당시)에 달했다.

다음 해인 2002년 2월에는 3대 영화제 중 하나인 베를린 국제 영화제에서 최고상인 황금 곰상을 받았다. 당시 심사 위원장이었던 인도의 미라 네어 감독은 "힘 있는 판타지로, 소녀의 작은 세계가 보편성을 가지고 심금을 울렸다"라며 작품을 평가했다.

한편 북미의 경우, 우선 배급권을 가지고 있는 디즈니의 오퍼가 없었기에 〈센과 치히로의 행방불명〉의 북미 개봉이 어렵다는 견해도 있었다. 당시 지브리의 해외 사업부 이사인 스티브 알퍼트는 자신의 책에서 당시 상황을 다음과 같이 서술하고 있다.

일본에서의 흥행 수익이 최고 금액을 새롭게 기록했을 때, 전 세계에 배급하는 일을 제가 맡게 되었습니다. 디즈니와의 기존 계약이 있었지만, 〈모노노케 히메〉를 해외에 수출하면서 디즈니가 작품을 모든 나라에서 밀어주지 않는다는 것이 밝혀졌습니다. 디즈니가 일부 지브리 작품에 대해 소극적인 태도를 보였기에, 저희는 〈센과 치히로의 행방불명〉을 미국 개봉을 단념해야 하는지 걱정하고 있었습니다.

－《우리는 외국인이다 : 지브리를 세계에 알린 남자

(吾輩はガイジンである. ジブリを世界に賣った男)》

그래서 스즈키는 미야자키를 존경하고, 또 〈토이 스토리〉 등의 히트 메이커이기도 한 픽사 애니메이션 스튜디오의 존 라세터에게 상담하기로 했다. 픽사와 디즈니는 작품의 배급 관계로 계약을 맺고 있어 인연이 매우 깊다. 그래서 스즈키는 〈센과 치히로의 행방불명〉을 픽사에서 배급할 가능성도 어느 정도 염두에 두고 있었다.

스즈키와 알퍼트는 바로 픽사 사내에서 〈센과 치히로의 행방불명〉의 시사회를 열었다. 작품을 본 라세터는 디즈니에서의 배급을 실현하기 위해 스즈키에게 구체적으로 조언했다.

지금도 그 관습은 바뀌지 않았습니다만, 〈센과 치히로의 행방불명〉의 국외 첫 시사회는 픽사에서 이루어졌습니다. 픽사의 사람들은 모두 명작이라고 확신하고, 미국에서 그동안 없었던 흥행적 성공을 거두는 일본 영화가 되지 않을까 다들 기대했습니다.

픽사의 존 라세터는 디즈니의 임원 앞에서 시사할 때 철저한 태도로 임하는 것이 좋다고 조언해 주었습니다. 디즈니 임원의 평가는 관객의 반응에 크게 영향을 미치기 때문에, 그에 유의해야만 한다고 했죠. 첫째, 시사회를 되도록 큰 시사회실에서 할 것. 둘째, 관객석에는 디즈니 픽처 애니메이션의 애니메이터를 많이 앉힐 것. 작은 시사회실은 임원들은 너무 마음을 풀어놓기 때문에 영화에 주의를 기울이지 않을 우려가 있습니다. 관객이 많을수록 임원들은 작품에 집중하고, 큰 시사회실이어야 작품의 중요성이 전달됩니다. 애니메이터들은 영화를 이해하고 공감하며, 그것이 태도에서 나타날 것입니다. 임원들은 그를 보고 관객이 기뻐하고 있다고 생각할 것입니다.

－《우리는 외국인이다》

이런 라세터의 조언을 참고하여 알퍼트는 시사회를 준비했다. 우선 작품 배급의 결정권을 가진 사람들, 디즈니의 애니메이터와 감독들로 시사회의 자리를 메꾼다. 예의상 디즈니의 당시 회장인 마이클 아이즈너와 같은 회사 상급 간부들에게도 권유했지만, 아니나 다를까 이 작품에 관심 없는 회장과 상급 간부들은 시사회의 참가를 거절했다. 여기까지는 스즈키와 알퍼트의 계획대로였다. 이대로만 시사회를 하면 이상적인 관객과 환경을 바탕으로 디즈니의 임원들에게 미국 전역에 배급해달라고 어필할 수 있다.

그러나 순조롭게 생각했던 앞날에 예상하지 못했던 사태가 발생하고 말았다. 참석하지 않겠다고 했던 디즈니의 회장과 상급 간부들이 했던 말을 철회하며 시사회의 참석을 희망해온 것이다.

일본에서의 눈부신 흥행 성적이 미국에 전해지기 시작하자, 아이즈너 회장 본인이 화제의 영화를 보고 싶다고 말을 꺼낸 것입니다. 회장이 출석한다는 말을 들은 다른 상급 간부들은, 회장이 중요하다고 판단한 것을 무시하면 인상이 나빠진다는 이유로, 참석하지 않겠다고 했던 대답을 손바닥 뒤집듯이 바꾸었습니다. 이런 간부의 부하들도 상사의 기분을 거스르고 싶지 않다며 참석하겠다고 했습니다. 이렇게 연쇄적으로 출석 희망자가 증가하면서, 상급, 중급, 하급 관리자는 반드시 참가해야 하는 디즈니 일대의 이벤트가 된 것입니다. 간부들, 그 대부분은 작품에 흥미도 없고, 작품과 관련도 없었습니다만, 덕분에 애니메이터들의 자리가 사라졌다고 전해 들었습니다.

―《우리는 외국인이다》

이렇게 의도와 달리 애니메이션 제작과 관계하는 사람들을 초대할 수 없는 상황에서의 시사회는 디즈니 상급 간부들에게 좋은 반응을 얻지 못했다. 미국을 제외한 전 세계 영화 배급의 책임자이기도 했던 마크 조라디는 알퍼트에게 다음과 같은 감상을 전했다고 한다.

> 영화는 잘 봤습니다. 우리 모두 마음에 들었어요. 하지만 솔직히 말하면, 전부 다 너무나 일본 색이 강하고 난해해서 미국인이 이해할 수 있을지 모르겠습니다. 유럽에서도 마찬가지일 것입니다. 작은 아트 시어러라면 잘 될지도 모릅니다. 그것도 확실하지는 않지만요. 죄송합니다만, 지금 그런 상황입니다.
>
> -《우리는 외국인이다》

한편 이 시사회를 마친 후, 디즈니 프랑스의 고몽-부에나 비스타 인터내셔널의 책임자인 장 프랑수아 카밀레리만은 모회사의 결정을 따르지 않고, 프랑스에서의 배급을 강하게 요청했다. 그 결과 프랑스에서는 미국보다 앞선 2002년 4월 10일부터 〈센과 치히로의 행방불명〉이 배급되었다.

이러한 일련의 과정을 통해 〈센과 치히로의 행방불명〉은 2002년 9월 20일부터 미국에서 시범 상영을 하게 되었다. 당시 규모는 디즈니 직영의 영화관인 엘 캐피턴 시어터 한정이라는 지극히 소극적인 상영이었다.

알퍼트의 제안에 따라 〈센과 치히로의 행방불명〉의 영어판 제목은

〈SPIRITED AWAY〉로 결정되었다. 라세터는 영어판 제작의 전체적인 지휘와 홍보 등에서 크게 진력했다.

라세터와 미야자키의 교류는 오래되었는데, 원래 디즈니의 애니메이터였던 라세터가 〈루팡 3세 : 칼리오스트로의 성〉을 보고, '어른도, 아이도 즐길 수 있는 애니메이션 영화를 만들 수 있다'라는 확신을 얻어 미야자키의 열정적인 팬이 되었다고 한다. 1982년 도쿄 무비 신사(오늘날 TMS 엔터테인먼트)의 일본·미국 합작 프로젝트 〈리틀 니모〉로 미국에 건너간 미야자키와 만난 후, 라세터는 픽사에서 풀 CG의 단편을 맡게 되었다. 이후 라세터는 1987년 '히로시마 국제 애니메이션 페스티벌'로 일본에 방문했을 때, 〈이웃집 토토로〉를 제작 중이던 스튜디오 지브리에도 방문한 적도 있다. 그런 라세터의 손을 거친 만큼 영어판 〈센과 치히로의 행방불명〉은 대사 하나하나까지 신경 써 공들인 작품이 되었다.

일본의 각 영화상에서도 높은 평가를 얻은 〈센과 치히로의 행방불명〉은 미국에서도 좋은 평가를 받았다. 전미 영화 비평가 협회상, 로스앤젤레스, 뉴욕 비평가 협회상의 애니메이션 부문을 연속하여 수상하였으며, 2003년 2월에는 '애니메이션계의 아카데미상'이라고 불리는 애니상(국제 애니메이션 영화협회 주최)에서 감독, 각본 등 4개 부문을 차지했다.

2003년 3월 아카데미상에서는 디즈니의 〈릴로 스티치〉와 〈보물섬〉이라는 작품을 제치고 장편 애니메이션 부문을 수상했다.

시상식에는 스즈키의 출석이 예정되어 있었는데, 바로 직전에 미국이 이라크에 공격을 개시한 상황이었다. 그래서 결국 스즈키도 출석을 취소했다. 세계 각지에서 테러에 대한 경계심이 높아지는 가운데 만약을 생각해서라도 전쟁이 일어난 시기에 그 전쟁 당사국에서 행해지는 화려한 행사에 출석하는 것이 마음에 걸린다는 판단의 결과였다.

미야자키는 상을 받으며 "지금 세계는 매우 불행한 사태를 맞이하고 있어, 수상을 솔직하게 기뻐할 수 없는 것이 안타깝습니다. 하지만 미국에서 〈센과 치히로의 행방불명〉의 개봉을 위해 노력해주신 많은 분들, 그리고 작품을 평가해주신 분들에게 진심으로 감사의 인사를 전합니다." 《미야자키 하야오, 반환점 1997~2008》)라며 일본에서 소감을 말했다.

그리고 미국에서의 상영은 한정적으로 이행되었지만, 〈센과 치히로의 행방불명〉이 아카데미상을 받은 5일 후인 2003년 3월 28일에는 미국과 캐나다에서 확대 상영을 시작했다. 그렇게 북미에서의 최종 흥행 수익은 약 1,000만 달러(약 1억 엔)를 달성했다.

제12장

미타카의 숲 지브리 미술관의 건립과
도쿠마 야스요시의 죽음

🖋 미타카의 숲 지브리 미술관의 건립

미야자키 하야오 감독은 〈센과 치히로의 행방불명〉과 나란히 또 하나의 프로젝트를 진행하고 있었다. 바로 '지브리 미술관'의 건립이다. 1999년 7월 28일에는 보도 관계자를 초대해 미술관 건립을 발표하는 기자회견이 미야자키의 아틀리에, 통칭 '돼지 방'에서 열렸다.

어떻게 미술관을 건립하기에 이르렀는가. 거기에는 애니메이션 제작회사인 지브리만의 동기와 사정이 있었다.

원래 애니메이션 업계에서는 애니메이터의 직업 수명이 40세라는 정설이 있었다. 오랜 기간 작업하면서 피로가 누적되고 눈이 혹사당하는데다 애니메이터로서의 풋풋한 감성도 나이가 들면서 쇠퇴할 수밖에 없기 때문이다. 하지만 그렇다고 애니메이터를 정규직으로 채용하는 지브리에서 체력적으로 일을 계속할 수 없는 제작진을 해고할 수는 없었다.

그래서 지브리로서는 그들에게 맞는 제2의 일을 준비할 필요가 있었다.

그래서 미야자키는 '그림을 그려주는 점원이 있는 가게'의 아이디어를 떠올렸다. 애니메이터를 계속할 수 없게 된 사원을 그 가게에서 일하게 할 수 있다면, 지브리는 제작진의 종신 고용을 유지할 수 있다. 그래서 미야자키와 스즈키는 바로 검토에 들어갔다. 저출산으로 문을 닫게 된 유치원을 활용해 가게로 꾸민다는 구상을 바탕으로, 미술관 후보지를 거듭 시찰했다고 한다.

그런 상황에서 스즈키는 어떤 사소한 계기로 나카무라 겐이치 기념 고가네이시립 하케의 숲 미술관의 학예원인 호리우치 사토시를 만나, 미술관의 운영 실태에 관해 자세하게 이야기를 들을 기회가 생겼다. 미술관 운영에 관심이 있었던 스즈키는, 미술관과 미야자키가 제안한 '가게'의 아이디어를 접목해 지브리에서 새로운 미술관을 만들면 어떨지 고민했다.

이와 같은 경위로 세워진 미술관의 구상은, 〈모노노케 히메〉 개봉 직후인 1997년부터 구체적으로 시동하면서, 가을부터 관계자들이 전국의 미술관을 돌아다녔다. 1998년 1월부터 본격적으로 건설 예정지를 찾아 다녔지만, 구체적으로 마음에 드는 부지는 정해지지 않고, 몇몇 후보지도 어중간해 별로 쓸모가 없는 상황이었다.

그런데 그로부터 한 달이 지난 2월 중순의 어느 날. 지브리가 미술관을 구상 중이라는 정보를 들은 미타카시 기획부 기획조정실장인 가와무라 다카시(이후 미타카시 시장)가 스즈키에게 전화를 걸어왔다. 그 전화에서 가와무라는, 미타카시가 '이노카시라 공원 서쪽 확장 용지'에 문화 시설의 건설을 검토하고 있다며, 지브리의 미술관을 세우는 데 그 토지를 활용할 것을 제안했다.

스즈키는 가와무라의 제안에 찬성하였고, 이후 양측이 구체적으로 검토하기 시작했다. 하지만 이 토지는 원래 도쿄도의 소유이며, 문화 시설을 건설한다는 조건으로 도쿄도가 미타카시에 내줄 예정이었다. 당연히 시립 등의 공공시설만 건설할 수 있었다. 지브리 주도의 미술관처럼 민간 시설을 세우기는 쉽지 않았다.

그래서 떠올린 것이 '부담 조건부 기부'라는 특별한 방법이다. 도쿠마 쇼텐 스튜디오 지브리 사업본부와 니혼 TV의 자회사인 뮤제오 다르테 지브리(10월 설립)가 건설한 건물을 미타카시에 기부하는 방법으로, 미타카시 소유의 공공시설이 되는 것이다. 그리고 그다음 미타카시와 니혼 TV, 스튜디오 지브리 등이 출원하여 설립한 '재단법인 도쿠마 기념 애니메이션 문화 재단'(2011년 공익 재단법인으로 이행)이 관리, 운영한다는 방법이 고안되었다. 영화를 공동 제작해온 니혼 TV와는 오랜 인연이 깊었기에, 이러한 공동 사업을 실현할 수 있었다.

이렇게 1999년 3월, 미타카시는 정식으로 유치를 요청했다. 참고로 스즈키는 애써 마련한 건물을 기부해야만 한다는 것에 약간의 망설임이 있었다. 하지만 도쿠마 쇼텐의 도쿠마 야스요시 사장의 '공공 토지에 건설하는 것이니, 그 정도는 당연하다'라는 조언으로 '부담 조건부 기부'라는 방법을 채용하기로 결단을 내렸다고 한다.

미야자키는 영화를 제작할 때와 마찬가지로, 미술관 건립을 위해 다수의 이미지 보드를 그리며 구상을 구체화해 나갔다. 또한 '이런 미술관으로 만들고 싶다'라는 문장을 쓰고, 그 목적도 밝혔다. 예를 들어 건물과 전시에 대해, 다음과 같이 적혀 있다.

그렇기 때문에 건물은…, 그 자체가 하나의 영화관이 되도록 만들고 싶다. 과시하는 건물, 훌륭해 보이는 건물, 호화로워 보이는 건물, 꽉 막힌 건물로 만들고 싶지 않다. 비어 있을 때일수록 마음을 놓을 수 있는 좋은 공간으로 만들고 싶다. 만졌을 때의 느낌이 따뜻한 건물로 만들고 싶다. 외부의 바람과 빛이 자유롭게 드나드는 건물로 만들고 싶다.

(중략)

전시물은…, 지브리 팬만 기뻐하는 장소로 만들고 싶지 않다. 지금까지의 지브리 작품에 나온 그림이 줄지어 있는 '추억의 미술관'으로 만들고 싶지 않다. 보는 것만으로도 즐거운, 만드는 사람의 마음이 전해지고 애니메이션에 관한 새로운 인식이 생겨나는 공간을 만들고 싶다. 미술관의 독자적인 작품이나 그림을 그리고 발표한다. 영상전시실과 전시실을 만들어, 활기차게 움직이는 공간을 만들고 싶다. (독자적인 단편 작품을 만들어 공개하고 싶다!) 지금까지의 작품에 관해서는 좀 더 깊이 있는 형태로 포지셔닝하여 전시하고 싶다.

– 〈미타카의 숲 지브리 미술관 도록〉

기자회견에서 "아이들의 첫인상이 '이상하다'라고 말하는 미술관. 이상하기에 들어가고 싶다고, 들어가 보니 정말로 이상해서 점점 더 들어가고 싶다고 생각할 수 있는 건물을 만들고 싶습니다. 어딘가에서 아이들의 잠금장치를 풀어주고 싶습니다."(《아니메주》 1999년 10월호)라고 말한 대로, 미야자키의 구상을 꽤 독특하고 특이한 것이었다.

법률상의 문제가 발생해, 미술관은 현재와 같은 형태로 정리되었지만, 미야자키의 의도는 건물 곳곳에 반영되어 있다.

✒ 지브리 미술관과 미야자키 작품

DVD 〈미야자키 하야오와 지브리 미술관〉은 그런 건물 자체를 하나의 미야자키 작품으로 인식해, 다카하타 이사오 감독의 해설로 소개하고 있다. DVD에서는 미술관의 공간 구성 등이 미야자키의 작품과 공통되는 부분이 있다고 설명한다.

예를 들어 관람객은 입구로 들어오면 긴 계단을 통해 지하 1층의 홀로 내려간다. 그리고 홀을 올려다보면 옥상까지 뻥 뚫린 구조인데, 건물 가운데 건너편과 이어지는 복도가 있고, 벽 곳곳에는 작은 발코니가 있다. 관람객은 그 가장 아래층부터 천천히 위로 올라가면서 미술관 내부를 회유하게 된다. 미야자키 작품 속 건물에 종종 등장하는, 천장까지 뚫린 건물의 구조와도 유사하지만, 최하층부터 최상층으로의 이동 또한 미야자키의 작품과 매우 비슷하다.

　게다가 지하 1층 홀의 밖은 정원이라 외부의 빛이 들어와, 지하 1층을 1층이라고 착각하게 만든다. 또한 벽 곳곳에 작은 구멍을 뚫어, 아이들이 무심코 빠져나가고 싶어지는 장치도 만들었다.

　미야자키는 〈미타카의 숲 지브리 미술관 도록〉에서 "아이들이, 이곳에 서는 날개를 펴도 괜찮다고 생각할 수 있는 공간을 만들고 싶었습니다. (중략) '여기는 어떻게 만들어져 있을까?'라며 들여다보기도 하고, 자신도 모르게 길을 잃기도 하는 그런 공간을 만들고 싶었습니다. 지금이라는 시대는, 일단 그렇지 않은 부분투성이니까요"라며, 미술관이 전시품을 위한 단순한 보관함이 아니라 건물 자체에 그 목적이 담겨 있다는 것을 밝히고 있다.

　당연하지만 이런 독특한 건축물인 만큼, 건축에 기성품을 사용할 수 있는 부분이 적어 건물을 올릴 때 수고가 많이 들었다고 한다. 이런 힘든 현장을 책임지고 관리한 사람이 미야자키의 장남, 미야자키 고로였다. 1998년, 고로는 녹지 설계의 일에서 미술관 관련 일을 맡게 되었다. 스즈키의 요청과, "만든 것을 사용해주는 사람의 얼굴이 직접 볼 수 있는 일을 하고 싶다"(《〈센과 치히로의 행방불명〉 치히로의 대모험》)라는 이유에서였다. 미야자키는 이런 인사에 대해, 아들이기 때문에 처음부터 두 가지 대답이었던 것은 아니다. 하지만 영화를 제작하면서 또 자신의 기획·원안을 실제로 구체화하기 위해서는 한층 더 창조력과 노력이 필요하며, 본인도 희망한다는 점에서 이번 인사를 수락했다. 또 이 시기에 건축, 설계, 전시,

기획, 기념품 가게 등 미술관을 위한 새로운 직원도 집결했다. 고로를 중심으로 실제 미술관을 세우기 위한 고군분투가 시작되었다.

1999년 9월, 미타카시와의 회의에서 '부담 조건부 기부를 받는 것에 대하여'의 의결이 가결되었다. 그리고 2000년 3월 4일 기공식이 열렸으며, 2001년 6월 준공을 시작했다. 그 후 개관일 전날까지 내부 장식과 전시 준비가 이어졌다. 9월 29일에는 '재단법인 도쿠마 기념 애니메이션 문화 재단'의 설립 이사회가 개최되었으며, 2001년 10월 1일, 미타카의 숲 지브리 미술관이 오픈했다.

✒ 지브리 미술관 오픈

완공된 미술관은 우선 선명한 색의 외벽이 인상적이다. 1층의 기획 전시실 이외에, 조이트로프 등을 통해 애니메이션 움직임의 매력을 보여주는 '움직임이 시작하는 방', 이상적인 애니메이션 스튜디오를 형상화하면서 영화가 완성되기까지를 해설한 '영화가 탄생하는 곳', 추천하고 싶은 서적이 진열된 도서 관람실 '트라이 호크', 단편 영화를 상영하는 '토세이자(토성좌)' 등이 있다. 또 나무와 풀로 덮여 있는 옥상에는 〈천공의 성 라퓨타〉에 등장하는 로봇 병사가 서 있다.

미술관의 운영, 관리에 관해, 건물의 유지 비용 일부를 미타카시가 부담하고 그 외 실제 운영 등은 재단이 담당하는 것으로 역할을 분담했다.

또한 재단법인은 상업 활동을 할 수 없으므로 원래 카페나 기념품 가게 등의 운영은 관련 회사인 '맘마유토단'('뮤제오 다르테 지브리'를 개칭)이 담당했지만, 맘마유토단은 2008년 스튜디오 지브리에 사업을 양도하고 2018년 폐쇄되었다.

오픈할 때의 기획 전시는 당시 상영 중이었던 〈'센과 치히로의 행방불명'전〉. 미야자키가 제작이 이제 막 끝난 원본 동화와 배경 미술 등의 전시를 직접 디렉팅했다. 또한 전년부터 제작하고 있던 미술관의 단편 영상 두 편이 완성되었다. 나카가와 리에코와 오무라(야마와키) 유리코의 아동 문학 《싫어 싫어 유치원》 가운데 〈고래 잡기〉와 오리지널 작품 〈고로의 산보〉가 상영되었다.

그 후 기획전은 1년에서 1년 6개월마다 전시가 변경되고 있다. 2002년 10월부터 2004년 5월까지는 〈'천공의 성 라퓨타와 상상 비행 기계'전〉, 2004년부터 5월부터 2005년 5월까지는 〈'픽사 애니메이션 스튜디오'전〉, 2005년 5월부터는 〈'알프스 소녀 하이디전 – 그를 만드는 사람들의 일'〉을 전시했다. 또한 2003년 11월부터 2004년 5월까지는 2층 갤러리 등 미술관 내 곳곳을 활용해 〈'유리 노르시테인'전 – 노르시테인과 야르부소바의 일〉도 열었다. 나아가 2002년 10월부터는 지브리의 세 번째 오리지널 단편 〈메이와 아기 고양이 버스〉를 상영했다.

미타카의 숲 지브리 미술관은 하루 2,400명의 완전 예약제로, 입장 방법도 독자적인 방법을 채용했다. 이는 〈센과 치히로의 행방불명〉의 엄청난 성공 덕에, 그대로 오픈하면 미술관 수용 인원을 뛰어넘는 사람이 방문할 우려가 있기에 그렇게 결정됐다. 또한 편의점 로손에 있는 정보 단말기 '로피'를 이용해 예약하는 구조인데, 현재는 로손의 티켓 판매 웹사이트 '로티케'에서만 접수를 받고 있으며, 매월 10일부터 다음 달 관람의 티켓을 판매하고 있다.

그리고 하루의 관람객 수는 영상전시실 '토세이자'의 수용 인원을 기준으로 하며, 관람객이 반드시 단편 영화를 앉아서 볼 수 있는 인원수로 정해졌다.

✒ 도쿠마 야스요시 사장의 서거

2000년 9월 20일에는 도쿠마 쇼텐의 사장이자 지브리 설립과 운영에 큰 후원자였던 도쿠마 야스요시가 간암으로 세상을 떠났다.

〈센과 치히로의 행방불명〉과 지브리 미술관 등의 완성을 보지 못한 채 눈을 감았다.

1921년에 태어난 도쿠마 사장은, 요미우리 신문 사회부 기자 출신으로 1954년 히가시니시 예능 출판사(현재의 도쿠마 쇼텐)를 설립했다. 스튜디오 지브리를 설립하고 사장으로 취임했지만, 지브리 작품의 내용에는 어떠한 의견도 더하지 않았으며, 그룹의 리더로서 뒤에서 지원했다.

미야자키는 "도쿠마 사장은 우리의 사장이었습니다. 우리는 도쿠마 사장을 좋아했습니다. 그는 경영자라기보다 이야기를 잘 들어주는 후원자와 같았습니다. 기획에 대해서도, 스튜디오 운영에 대해서도 현장을 믿고 맡겨주었습니다. 종종 '무거운 짐을 지고 언덕길을 올라야 한다'라고 말하며, 위험성이 크고 무모하다고 할 수 있는 계획도 재빠르게 결단을 내려주었습니다. 영화가 잘 되면, 크게 기뻐해 주었습니다. 영화가 잘 되지 못해도 덤덤하게 제작진의 수고를 치하하고 위로해주었습니다. 우리가 여기까지 올 수 있었던 것은 도쿠마 사장을 만난 덕분입니다. 오랜 투병 생활, 정말로 고생 많으셨습니다. 부디 편히 쉬시며, 하늘과 물과 흙과 바람과 어우러져 편안하게 잠드십시오. 우리는 사장님을 계속 이야기하겠습니다."(《미야자키 하야오, 반환점 1997~2008》)라며 이별의 말을 전하고, 추모 행사의 위원장을 맡았다.

스튜디오 지브리의 입구 옆에는 도쿠마 사장이 남긴 말, '뜻, 꿈보다 높게'라고 새겨진 비석이 있으며, 입구에는 지금도 도쿠마 사장의 사진이 걸려 있다.

제13장

신인 감독이 제작한 두 편의 영화, 〈고양이의 보은〉과 〈기브리즈 에피소드 2〉

고양이 왕국. 그곳은 자신의 시간을
살아갈 수 없는 녀석들이 가는 곳.
고양이가 돼도 좋지 않을까?

고양이의 보은

미야자키 하야오 기획,
모리타 히로유키의 첫 번째 감독 작품

문득 뒤돌아보면.

모모세 요시유키 감독 작품

기브리즈 에피소드 2

✒ 2005 아이치 세계 박람회 영상 기획에서

2002년 7월 20일, 〈고양이의 보은〉과 〈기브리즈 에피소드 2〉, 두 작품
이 공개되었다. 〈고양이의 보은〉은 〈이웃집 야마다군〉 등에 애니메이터
로 참가한 모리타 히로유키의 첫 번째 감독 작품이다. 〈기브리즈 에피소
드 2〉도 그동안 다카하타 이사오 작품 등의 그림 콘티와 레이아웃 등을
담당해온 모모세 요시유키의 첫 감독 작품이다. 두 편을 신인 감독이 제
작한다는 이색적인 기획은 여러 우여곡절을 겪으며 결정된 것이었다.

〈고양이의 보은〉 기획의 발단은 〈이웃집 야마다군〉의 제작이 한창 진
행되던 1999년 봄. 이후 아이치현 나고야 도부 규료 지역에서 개최되는
아이치 세계 박람회와 관련된 의뢰가 들어온 것이 계기였다. 스즈키 도
시오는 인터뷰에서 그 경위에 대해 다음과 같이 말했다.

정확하게 기억나는 건 아니지만, 시작은 3년 정도 전이었을 것입니다. 처음 발단은 "테마파크 건설을 계획 중인데, 그 이미지 캐릭터를 그려 달라"라는 한 회사(*나카니치 신문사)의 제안이었습니다. 고양이가 좋다고 해서, 저는 "지브리 애니메이션에는 고양이가 세 마리 정도 등장하지요"라고 대답했습니다. 책임자가 그중 한 마리였던 〈귀를 기울이면〉의 무타를 좋아했는데, 느닷없이 20분 정도의 영상으로 만들어줄 수 없냐고 물어보는 것이었습니다. 그것이 시작이었습니다. 무타를 사용하려면 당연히 미야자키 하야오에게 허락받아야 하니 그 이야기를 가지고 갔더니, 미야 씨가 "그러면 (스토리는) 히이라기 씨에게 만들어달라고 합시다"라고 말했습니다. 그때 미야 씨는 '탐정물'을 제안했어요. "탐정 사무소 지큐야에 명탐정 바론이 있고, 게다가 무타가 등장하는 스토리를 만들 수 없을까요?"라며 히이라기 씨에게 요청했더니, 히이라기 씨가 고양이 나라라는 설정으로 만들어주었습니다.

– 《로망 앨범 고양이의 보은(ロマンアルバム 猫の恩返し)》

히이라기 아오이와 스튜디오 지브리는, 1995년 히이라기의 《귀를 기울이면》을 애니메이션화한 인연이 있었다.

1999년 여름, 지브리로부터 원작 집필을 의뢰받은 히이라기는 그해 9월 바론과 무타를 주인공으로 한 최초의 스토리 메모를 작성. 그 후 지브리와의 회의를 거듭하며 11월에는 영화의 원형이라고도 말할 수 있는 스토리 메모가 정리되었으며, 2000년 1월에는 〈훔베르트 폰 기킹엔 남작의 모험, 고양이 나라의 소녀〉라는 제목으로 구체적인 계획이 완성되었다. 그 계획에는 캐릭터나 러프한 장면 설정도 포함되어 있었다.

원작 집필에 있어 히이라기는 몇 가지를 고집했다.

원래 히이라기가 그린 《귀를 기울이면》에는 '문'이라는 검은 고양이가 등장하는데, 이것이 애니메이션에서는 통통한 흰 고양이로 변경되었다. 스즈키가 '지브리 애니메이션에는 세 마리 고양이가 있다'라고 말하며 보여준 고양이 중 하나가 바로 이 통통한 흰 고양이 '문'이었다. 하지만 히이라기에게 문은 어디까지나 검은 고양이였다. 그래서 애니메이션의 통통한 흰 고양이를 중요한 역할로 그리면서 새로운 이름을 붙이게 되었다. 그래서 《귀를 기울이면》에서 '문'의 별명인 '무타'가 새로운 이름으로 채용된 것이다.

이러한 '문에서 무타로의 전환'은 〈귀를 기울이면〉과 〈고양이의 보은〉의 관계를 상징하고 있다. 히이라기는 《로망 앨범 고양이의 보은》의 인터뷰에서 이 작품의 위치에 대해 다음과 같이 설명했다.

미야자키 씨에게 이야기를 듣고 처음 생각했을 때, 바론은 〈귀를 기울이면〉의 세계에만 존재했습니다. 그러나 그 세계를 배경으로 그려버리면, 보는 사람은 (*〈귀를 기울이면〉의 주인공인) 시즈쿠나 세이지가 나온다고 기대할지도 모른다고 생각했습니다. 그렇게 하고 싶지 않았기에, 시즈쿠가 쓴 소설을 배경으로 하였습니다. 시즈쿠는 중학생 시절 바론의 이야기를 썼지만, 실력이 미치지 못했습니다. 하지만 그 후 열심히 공부해서, 틀림없이 다시 글을 쓸 것이라고 생각했지요.

이렇게 2000년 1월의 계획을 바탕으로 만화의 집필을 시작하여, 2000년 7월까지 조금씩 원고가 완성되어갔다. 이렇게 집필된 원작은, 영화 개봉에 앞서 《바론 고양이 남작》이라는 이름으로 2002년 5월 출간되었다.

완성된 《바론 고양이 남작》은, 교통사고가 날 뻔한 고양이를 도운 고등학생 요시오카 하루가, 우울할 때 저도 모르게 뱉은 '고양이가 되었으면 좋겠다'라는 말 때문에 고양이들의 초대를 받아 고양이 나라에 가게 되는 판타지적인 이야기. 하루를 돕는 존재로 바론과 무타가 활약한다.

🖋 비디오용 작품에서 극장 작품으로

스토리가 확정되어가는 한편, 아이치 세계 박람회에서 사용할 이벤트 영상의 기획은 여러 사정으로 결국 무산되었다. 이 안건은 스즈키도 친분이 있던 오시이 마모루 감독이 맡게 되어, 후에 아이치 세계 박람회 내의 파빌리온 '꿈꾸는 산'의 테마 시어터 〈각서의 방주〉로 상영하게 되었다.

《바론 고양이 남작》은 비디오용 작품으로 발표한다는 방법이 새롭게 부상하여, 한동안은 비디오용 작품으로서 기획을 진행하게 되었다.

감독인 모리타는 OVA 〈조조의 기묘한 모험〉(1993), 영화 〈MEMORIES〉의 '그녀의 추억'(1995), 〈PERFECT BLUE〉(1998) 등에서 실력을 발휘한 애니메이터. 〈골든보이〉(1995)로 연출에 데뷔했다.

모리타는 《로망 앨범 고양이의 보은》의 인터뷰에서 감독을 맡은 경위에 대해 다음과 같이 설명하고 있다.

(모리타) (중략) 미야자키 씨와 상담하면서, 다른 사람을 통해 히이라기 씨가 만화를 준비하고 있다는 이야기를 들었습니다. 저는 저대로 〈이웃집 야마다군〉의 원화를 마치면 연출을 하고 싶다는 생각이 있었고, 그런 바람을 주변에도 말했습니다. 그것을 미야자키 씨가 알고, 제게 이야기를 한 것이겠지요.

– 구체적으로 감독 지명의 이야기를 들은 것은 언제인가요?

(모리타) 언제였는지 정확하게는 기억나지 않지만, 제가 지브리 미술관에서 상영할 단편 애니메이션 〈고로의 산보〉의 원화 작업을 하고 있을 때였습니다. 깨닫고 보니 제 책상 위에 히이라기 씨의 만화가 올려져 있었어요.

– 갑자기요?

(모리타) 네. 책상 위에 '읽어 둬라'라는 메모와 함께요. 며칠 후에 미야자키 씨가 제 책상에 다가와, "슬슬 연출을 정하지 않으면 안 되겠군. (감독을) 해볼래?"라고 물었습니다. "한다고 해, 남자답게!"라고 했습니다. (웃음)

그렇게 2000년 가을부터 본격적인 시나리오 작업을 시작해, 11월부터 그림 콘티 작업에 돌입, 2001년 2월에는 작화 작업도 시작했다.

제작 프로듀서 중 한 명은, 〈바다가 들린다〉에서 프로듀서를 맡은 다카하시 노조무가 담당했다. 감독을 처음 맡는 모리타가 실력을 발휘하기 위해서는 이야기 구조의 확정이 우선이라는 다카하시의 말에, 〈오자루마루〉, 〈꼬마 마법사 레미〉 등을 작업한 베테랑 시나리오 작가인 요시다 레이코에게 시나리오를 의뢰했다. 요시다는 원작 가운데 '자신의 시간을 살아간다'라는 대사를 골라냈다. 모리타는 이해하기 어렵다며 삭제한 대사였지만, 요시다는 그것을 하나의 테마로 중심에 두고 이야기를 정리했다.

주요 제작진은 지브리에 소속되지 않은 제작진이 중심이 되어 편성되었다. 왜냐하면 당시 지브리에서는 〈센과 치히로의 행방불명〉을 제작하고 있었기 때문이다. 애초에 〈고양이의 보은〉의 기획은, 극장용 장편 애니메이션과 동시에 다른 한 편을 제작한다는 시도이기도 했다.

캐릭터 디자인은 〈명견 래시〉와 〈아리테히메〉의 모리카와 사코토가 맡았는데, 히이라기가 조형한 캐릭터의 원형을 살리면서, 간결하면서도 현대성이 느껴지는 캐릭터를 그렸다. 또한 모리카와는 거의 모든 장면의 레이아웃을 작업했다. 작화 감독은 두 명. 〈명견 래시〉에서 작화 감독, 〈인랑〉에서 작화 감독 보좌를 맡았던 이노우에 에이, 그리고 〈아리테히메〉의 작화 감독이었던 오자키 가즈타카가 담당했다. 또한 원화에는 〈인랑〉에서 캐릭터 디자인, 작화 감독을 맡았던 니시오 데쓰야 외에도 〈그 남자! 그 여자!〉의 캐릭터 디자인을 담당했던 히라마쓰 다다시 등의 이름이 보이는 것도 특징 중 하나다. 그 이외에 색채 설계는 〈뱀파이어 헌터 D〉 등의 가와지리 요시아키 작품으로 유명한 미카사 오사무, 촬영 감독은 다카하시 겐타로(T2 Studio)가 담당하고 있다.

또한 미술감독은 〈바다가 들린다〉에서 미술감독을 맡은 사내 스태프 다나카 나오야가 담당하고 있다.

✒ 미야자키 하야오의 개입과 프로듀서 교체 소동

〈고양이의 보은〉의 기획이 한창 진행되던 가운데, 지브리에서는 그와 동시에 또 한 편의 장편을 기획하고 있었다. 바로 〈하울의 움직이는 성〉(원작《하울의 움직이는 성》)이다. 영국의 판타지 작가 다이애나 윈 존스가 쓴 이 작품을 영화로 만들자고 제안한 것은 다름 아닌 미야자키였다. 하지만 당시 미야자키 본인은 이 작품의 감독을 맡을 생각이 없었기에, 당시 도에이 애니메이션에 소속되어 있던 호소다 마모루에게 감독을 맡기고, 스즈키가 프로듀서로 있게 되었다.

이렇게 지브리로서는 지극히 이례적인, 젊은 두 감독의 나란히 달리기가 시작된 것인데, 이 두 편을 기획한 사람은 어디까지나 미야자키다. 호소다와 모리타는 차례차례 미야자키의 '지명'을 받게 된 것이다. 스즈키는 그 경위를 다음과 같이 서술하고 있다.

미야 씨는 기획을 남긴 뒤에 가만히 지켜보기만 하는 타입이 아닙니다. 스토리나 그림에 대해 "이렇게 하는 게 좋다. 저렇게 하는 게 좋다"라고 이것저것 조언합니다. 심지어는 그 말이 매일 달라집니다.

호소다 군은 과거 지브리의 연수생 채용 시험을 본 적이 있을 정도로 미야자키 하야오를 동경해왔습니다. 그래서 미야 씨의 말을 진지하게 들었습니다. (중략) 그것이 일주일, 한 달 동안 계속되자, 그는 완전히 진이 빠져버렸습니다. 제가 상담해주기도 했지만, 이윽고 혼자 깊이 빠져들어 작업에서 손을 놓게 되었습니다.

- 《지브리의 천재들》

미야자키가 개입하면서 난항을 겪은 〈하울의 움직이는 성〉. 하지만 반면 〈고양이의 보은〉의 모리타는 미야자키에 대해 의외의 내성을 발휘했다.

〈고양이의 보은〉도 미야 씨가 관여한 기획이기에 미야 씨는 당연히 이것저것 주문했습니다. 그런데 감독인 모리타 군이 조금 특이한 성격의 소유자인 듯, 미야 씨의 간섭을 즐기는 것이었습니다. 심지어 그는 매일 적극적으로 미야 씨의 이야기를 듣고 끊임없이 질문을 던졌습니다. 그게 또 너무나도 열심인지라 두 손 두 발을 든 미야 씨는 더 이상 현장을 찾아오지 않게 되었습니다. 그러자 이번에는 굳이 스스로 미야 씨를 찾아와 이야기를 들으려고 했습니다. 결국 마지막에는 미야 씨가 도망쳤습니다.

지브리의 역사상 대부분의 신진 제작진이 미야자키 하야오로부터 도망치는데, 모리타는 그와 함께하는 것을 즐기던 몇 안 되는 사람 중 한 명이었습니다.

－《지브리의 천재들》

원래 당시 전망으로는 〈하울의 움직이는 성〉이 유력한 장편 애니메이션의 후보였지만, 상황이 이렇게 되자 〈고양이의 보은〉이 장편으로 실현될 가능성이 커졌다. 하지만 〈하울의 움직이는 성〉도, 〈고양이의 보은〉도 모두 현장은 교착 상태였다. 그런 상황을 지켜본 스즈키는 다카하시 노조무에게 담당 작품의 교환을 제안했다. 스즈키가 〈고양이의 보은〉, 다카하시가 〈하울의 움직이는 성〉을 프로듀싱하는 것으로 상황의 타개를 도모했다.

그 결과, 일시적으로는 두 기획 모두 원활하게 진행되었지만, 얼마 지나지 않아 〈하울의 움직이는 성〉은 다시 암초에 걸리고 말았다. 어쩔 수 없이 〈하울의 움직이는 성〉의 제작은 중지되고, 이후 지브리는 〈고양이의 보은〉의 제작에 집중하게 되었다.

그 후 〈센과 치히로의 행방불명〉의 막바지 작업 영향으로 한때 〈고양이의 보은〉 작화 작업이 중단되는 사태도 있었지만, 2001년 8월, 드디어 모리타의 그림 콘티가 완성되었다.

스즈키는 그 콘티를 보고, 작화 작업도 꽤 고생할 것 같은 내용이라 비디오 작품의 예산으로는 타협할 수 없다고 판단했다. 또 내용 측면에서도 극장에 더 어울리는 엔터테인먼트 작품이라고도 생각했다. 도호와 니혼 TV, 부에나 비스타 홈 엔터테인먼트의 주요 관계자들이 모여 회의를 한 결과, 〈고양이의 보은〉을 극장용 작품으로 제작하는 것이 정식 결정되었다. 10월에는 모리타를 비롯한 주요 제작진에게도 극장용 작품으로 공개한다는 이야기가 전달되었다.

극장 공개가 정해지고, 해결해야 할 과제로 떠오른 것이 제목이었다. 원래 〈고양이 나라의 하루〉라는 가제로 제작이 진행되고 있어, 제작진은 줄여서 〈고양이 하루〉라고 불렀다. 하지만 이 제목으로는 임팩트가 부족했다. 그래서 스즈키가 제안한 제목이 〈고양이의 보은〉이었으나, 미야자키가 반대했다.

모리타 감독과 제작진들이 이야기를 나누던 중, 〈고양이의 보은〉이라는 제목이 부상했습니다. 제가 '이 제목은 괜찮다'라고 생각한 순간, 미야 씨가 찾아왔습니다.

"스즈키 씨, 그 제목은 별로예요."

"네? 어째서죠?"

"'행방불명' 다음에 '보은'[23]은 아니잖아요."

미야 씨의 말을 듣고 보니, 어감은 비슷했습니다. 그럴 때 미야 씨는, 친절하다고 해야 할지, 간섭쟁이라고 해야 할지, 의견도 내고, 이것저것 관

---

23) 일본어로 '행방불명'은 '가미가에시', '보은'은 '온가에시'로 발음이 유사하다.

여하기도 했습니다. 10개 정도 다른 제목을 생각해서 가지고 갔더니 기탄 없이 직언하며 이도 아니다, 저도 아니다, 하며 논란에 휩싸였습니다. (중략) 지브리의 모든 작품 가운데 〈고양이의 보은〉은 제목으로 가장 옥신각신한 작품일지도 모릅니다.

― 《지브리의 동료들》

긴 회의 끝에 최종적으로 미야자키도 제목으로 〈고양이의 보은〉을 하는 것에 동의했다. 모리타도 그를 수긍하여, 정식 제목은 〈고양이의 보은〉이 되었다.

목소리는 주인공 하루 역에 이케와키 지즈루, 바론 역에 하카마다 요시히코가 캐스팅되었다. 〈귀를 기울이면〉의 바론은 쓰유구치 시게루였지만, 젊고 새로운 이미지를 위해 하카마다가 캐스팅되었다. 고양이 나라의 임금 역에 단바 데쓰로, 무타 역에 와타나베 데쓰, 무타와 싸우는 친구인 까마귀 토토 역에 사이토 요스케 등 실력파 남자 배우들이 캐스팅에 이름을 올리고 있는 것도 특징 중 하나다.

〈고양이의 보은〉은 2002년 7월 20일부터 개봉. 최종적으로 흥행 수익 64억 6,000만 엔으로 2002년 최고의 히트작이 되었다.

또한 완성한 〈고양이의 보은〉을 본 미야자키의 반응을, 스즈키는 다음과 같이 회상하고 있다.

사실 미야 씨와 〈고양이의 보은〉이 어느 정도의 수준에 도달하지 못하는 것이 아니냐는 대화를 많이 나누었는데, 완성된 영화를 보고 난 후의 미야 씨를 보고 저는 새삼 미야 씨가 참 대단한 사람이라는 생각이 들었습니다. 〈고양이의 보은〉의 주인공 소녀는 모리타 (히로유키) 군이 만든 캐릭터인데 그때 미야 씨가 했던 첫마디를 저는 평생 잊을 수 없습니다. "모리타는 어떻게 요즘 여자아이들의 마음을 이렇게 잘 알고 있을까요? 이 영화는 성공할 것입니다"라면서요. 저는 크게 감동했습니다. 〈고양이의 보은〉이 없었으면 〈하울의 움직이는 성〉도 탄생하지 못했을지도 모릅니다. (중략) 미야 씨 자신에게도 도전인 것입니다. 그래서 소피라는 캐릭터를 만들 때, 〈고양이의 보은〉의 주인공 소녀가 라이벌이었습니다. "그 캐릭터를 이기기 위해 나도 요즘 여자 아이를 그릴 것입니다"라면서요.

– 《바람이 불어와》

🖊 캐리커처 캐릭터인 〈기브리즈〉

〈고양이의 보은〉과 동시 상영으로 개봉한 〈기브리즈 에피소드 2〉도 경위가 복잡했다.

이 작품이 '에피소드 2'인 이유는 2000년 4월 8일, 니혼 TV에서 방송된 〈모노노케 히메〉의 해외 진출 이야기를 담은 특별 방송 중, 약 15분의 연작 단편 〈기브리즈〉라는 작품이 발표되었기 때문이다. 또한 〈기브리즈 에피소드 2〉가 상영된 2002년 미국에서 〈스타워즈 에피소드 2 – 클론의 습격〉이 개봉했기에 프로듀서인 스즈키는 그에 대한 오마주로서 제목에 '에피소드 2'를 사용했다.

모모세 감독은 기획의 시작에 관해 다음과 같이 말했다.

> 저는 〈이웃집 야마다군〉(1999) '봅슬레이편'의 연출을 담당했었습니다. 그것이 계기였을까요. '봅슬레이편'은 CG의 특성을 살려 다양한 그림이 등장하고, 마치 그림책의 책장을 넘기는 것처럼 전개한다는 목표로 제작하였습니다. 그것이 꽤 성공적이어서, 〈이웃집 야마다군〉이 끝난 후에도 그런 새로운 시도를 할 수 있는 작품을 만들고 싶다고 생각했습니다. 실제로 실행에 옮기기 위해 원작을 찾아 프로듀서와 논의도 해봤지만 확 끌리는 것이 없었습니다. 원작의 애니메이션화는 역시 그 원작을 애니메이션으로 만드는 의의를 찾게 되어, 아무래도 짧은 작품을 쉽게, 라고 할 수는 없습니다. 그때 스즈키 (도시오) 프로듀서가 그린 지브리 제작진의 캐리커처 캐릭터를 사용하자는 아이디어가 부상했습니다.
>
> ─《필름 코믹 기브리즈 episode 2(フィルムコミック ギブリーズ episode2)》

이렇게 공개 방식을 확정하지 않은 채, 〈기브리즈〉의 제작이 시작되었다. 매우 짧은 에피소드를 14편 완성하고, 그를 하나로 묶어 앞에 언급한 〈모노노케 히메〉의 특별 방송에서 공개하게 되었다. 또한 같은 해 세계 최대의 애니메이션 영화제인 '안시 국제 애니메이션 영화제'에서도 상영되었다.

그러나 〈기브리즈〉를 완성하고 보니, 한편으로 그 공개 방식 등에 대한 반성도 떠올랐다.

> 매우 짧은 단편밖에 없어 '한 방'을 생각하고 쪼개서 만들었습니다만…, 역시 잘게 나누어버리니 성취감이 없었습니다. 그렇게 반성했습니다.
>
> (중략)
>
> 〈기브리즈〉는 3D CG를 사용하는 등 여러 가지로 공을 들였지만, 한편으로는 일부러 간단한 애니메이션으로 해보는 실험이기도 했습니다. 하지만 이는 일반인이 보면 대충한 셀 애니메이션으로밖에 보이지 않았던 것입니다.
>
> -《필름 코믹 기브리즈 에피소드 2》

모모세는 이러한 반성을 바탕으로, '캐릭터는 단순하지만, 표현은 정성스럽게'라는 방침으로 2000년 봄부터 〈기브리즈 에피소드 2〉의 콘티를 시작했다. 〈기브리즈 에피소드 2〉는 다음과 같은 세 가지 특징이 있다. 첫째, 철저한 슬랩스틱으로, 차분하고 서정적인 이야기까지 전개할 수 있는 허용 범위가 넓은 세계. 둘째, 그런 넓은 범위를 활용하고, 참가한 애니메이터의 개성을 발휘할 수 있는 작품일 것. 마지막으로 셋째는 낙서인 캐리커처에서 탄생한 단순한 그림을 살려서, 그런 그림이라도 집중하여 볼 수 있는 공을 들인 그림일 것.

이번에도 공개 채널을 정하지 않은 상태에서 제작이 시작되었으며, 중간까지는 〈기브리즈〉와 〈기브리즈 에피소드 2〉를 합쳐 30분 정도의 비디오 작품으로 출시한다는 얘기도 있었다. 또한 2001년에는 니혼 TV의 자회사 주식회사 닛테레 완즈(Wands)가 운영하는 인터넷 쇼핑몰의 이미지 캐릭터로 기브리즈의 캐릭터가 채용되었다.

2001년 1월부터는 모모세가 혼자 원화 작업을 시작했다. 도중에 〈센과 치히로의 행방불명〉의 작화를 도와주는 기간도 있었지만, 〈센과 치히로의 행방불명〉이 완성된 이후부터 다른 제작진도 참가하여 본격적인 제작이 시작되었다. 2001년 여름 무렵에는, 미니 시어터[24]에서 공개하자는 의견도 있었지만 같은 해 가을, 〈기브리즈 에피소드 2〉는 〈고양이의 보은〉과 동시 상영으로 극장에서 개봉하게 되었다.

완성된 작품은 '낮', '카레다운 승부', '댄스', '미녀와 야추', '첫사랑', '에 필로그'라는 6개 에피소드로 구성되어 있다. 슬랩스틱 터치의 '카레다운 승부'와 주인공 야추 군의 초등학교 시절의 추억을 담은 '첫사랑'을 중심으로, 다른 에피소드들을 연결해 나가는 구성이다. 참여한 애니메이터의 기법에 관해, '댄스'의 오오히라 신야, '미녀와 야추'의 일부를 담당한 우쓰노미야 사토루, '에필로그'의 다나베 오사무 등이 인상적인 비주얼을 만들어냈다. 영상 스타일도 자유자재인데, 6개의 에피소드에는 3D CG도 있고, 손으로 그린 애니메이션도 있는 등 다양한 기법이 채택되었다.

캐스팅에는, 〈모노노케 히메〉에 출연한 고바야시 가오루, 니시무라 마

---

24) 일본 영화관의 종류 중 하나로, 배급사의 영향을 받지 않는 독립적인 영화관을 가리킨다.

사히코, 그 밖에도 스즈키 교카, 후루타 아루타 등 실력파 배우들이 참여하고 있다.

✒ 지브리의 단편 작품

지브리의 가장 큰 특징은 극장용 장편 애니메이션을 중심으로 제작하고 있다는 점이다. 이런 스튜디오는 전 세계에서도 흔치 않다. 하지만 90년대에 들어와 지브리도 CF 등의 다양한 단편 작품을 제작하게 되었다.

지브리가 제일 처음 다룬 단편은 〈하늘색 씨앗〉(1992)이다.《구리와 구라》 시리즈로 유명한 작가 나카무라 리에코, 그림 오무라 유리코의 그림책 《하늘색 씨앗》을 30초짜리 영상을 총 3화의 애니메이션으로 제작했다. 미야자키의 밑에서 애니메이터 곤도 요시후미가 본격적으로 연출을 맡아 성공시킨 작품이며, 니혼 TV 개국 40년 기념 스팟으로 방송되었다.

같은 해 제작되어, 니혼 TV 개국 40주년 기념 홍보 스팟으로 방송된 것이 〈무엇일까〉이다. 〈무엇일까〉는 〈붉은 돼지〉 서두에 등장하는 돼지를 바탕으로 미야자키가 디자인한 니혼 TV의 이미지 캐릭터인데, 5초짜리 스팟이 4편, 15초짜리 스팟이 1편 제작되었다.

니혼 TV와 관련해, 영화 방송 〈금요 로드쇼〉의 오프닝(1997, 연출 곤도 요시후미), 버라이어티 방송 〈특상! 천성 신고〉의 오프닝(2003, 연출 모모세 히로유기)도 제작했다.

홍보 스팟으로는 〈스튜디오 지브리 원화전〉의 TV 스팟(1996, 연출 곤도 요시후미), 〈반딧불이의 묘〉의 금요 로드쇼 방송 홍보 스팟(1996, 연출 곤도 요시후미), 온라인 쇼핑몰 '숍원'의 홍보 스팟(2001, 연출 모모세 요시유키), 〈미타카의 숲 지브리 미술관〉의 티켓 판매 홍보 스팟(2001, 연출 미야자키 하야오), 방송 채널 KNB 유메디지의 홍보 스팟(2004, 연출 하시모토 신지) 등이 있다.

일반 기업의 CF의 첫 제작은 2001년, 아사히 음료의 '우마차(旨茶)'다. '정체편'과 '회의편', 두 종류가 있으며, 모두 실사 버전과 똑같은 내용을 애니메이션으로 제작하는 독특한 시도의 CF였으며, 다나베 오사무가 연출을 맡았다. 2003년에는 하우스 식품 '집에서 먹자' 시리즈의 여름 버전 4종류(소꿉놀이편, 심부름편, 뒷골목편, 홍보 자동차편)를 제작하고, 2004년에는 겨울 버전 3종류(썰매타기편, 어슬렁 거리는편, 썰매타기편 30초 버전)를 제작했다. 여름 버전은 미야자키 하야오 감독, 연출 모모세 요시유키이며 겨울 버전은 모모세 요시유키가 연출을 맡았다.

그 외 지브리는 리소나 은행 기업 CF(2003, 연출 이나무라 다케시)와 요미우리 신문사 기업의 CF도 제작했다. 요미우리 신문사 CF로 '가와라반 25)편'(2004, 연출 다나베 오사무), '어느 이사편'(2005, 연출 다나베 오사무) 등이 있다.

뮤직비디오 분야에서는, 1995년에 미야자키가 감독을 맡아 차게 앤 아스카의 〈On Your Mark〉를 제작하고, 같은 해 차게 앤 아스카의 콘서

---

25) 에도 시대, 찰흙에 글씨나 그림 등을 새겨 기와처럼 구운 것을 판으로 하여 인쇄한 속보 기사 판. 이를 판매하러 돌아다니는 사람을 '요미우리'라고 한다.

트 투어에서 상영되는 영상 외에도 〈귀를 기울이면〉의 동시 상영작으로서 '지브리 실험 극장'이라는 타이틀을 붙여 상영되었다.

그 외 하우스 식품의 겨울 버전 CF에 악곡을 제공한 캡슐(capsule)과 모모세 요시유키 감독이 팀을 구성해, 2004년부터 2005년에 걸쳐 SF 3부작 뮤직비디오(〈포터블 항공〉, 〈space station No.9〉, 〈하늘을 나는 도시 계획〉)을 발표했다.

또한 CF는 아니지만, 〈무엇일까〉와 같은 이미지 캐릭터도 몇 가지 제작했다. 주요 결과물로 1998년에 개최된 〈카나가와 유메 국민 체육 대회〉의 이미지 캐릭터 '카나베', 에도 도쿄 건축 정원의 마스코트 캐릭터 '에도마루', CF에도 등장하는 요미우리 신문사의 '도레도레', 미타카의 숲 지브리 미술관의 오픈을 기념한 미타카시의 이미지 캐릭터 '포키' 등이 있다.

이런 단편이나 캐릭터 제작으로 장편에서는 할 수 없었던 시도를 통해 스튜디오의 활성화를 도모하고 CF 등을 제작한 것은 수익 측면에서도 의미 있는 시도였다.

🖋 동시에 진행하는 다양한 기획

2000년 전후부터 스튜디오 지브리는 실사 영화의 제작이나 해외 영화의 제공 등에도 도전하고 있다.

2000년 스튜디오 지브리는 실사 영화 부문의 새로운 브랜드 '스튜디오 카지노'를 설립하여, 안노 히데아키 감독의 〈식일〉을 제작했다. 1995년에 발표한 〈신세기 에반게리온〉을 크게 히트시킨 안노는, 과거 지브리의 〈바람 계곡의 나우시카〉, 〈반딧불이의 묘〉에 애니메이터로 참가했다는 인연이 있었다. 〈식일〉은 〈러브 앤 팝〉(1997)에 이어 안노의 두 번째 실사 상업 영화에 해당한다.

〈식일〉은 성공 대신 창작의 동기부여를 잃은 남자가 자신의 고향 마을에서 신기한 '그녀'와 만나는 이야기다. 남자 주인공에는 〈러브 레터〉 등으로 유명한 영화 감독 이와이 슌지, 여자 주인공은 〈식일〉의 원작에 해당하는 소설《도피몽》을 쓴 후지타니 아야코가 연기했다. 영화의 무대로는 안노의 고향인 야마구치현 우베시가 선정되었으며, 4월 1일부터 한 달에 걸쳐 촬영, 7월 7일에 초호 프린트가 완성되었다. 제13회 도쿄 국제 영화제에 출품되어, 우수예술공헌상을 받았으며, 12월 7일부터 도쿄도 사진 미술관에서 공개되었다.

그 후 스튜디오 카지노는 〈사토라레〉(2001, 감독 모토히로 가쓰유키)의 제작에도 이름을 올렸으며, 앞에 서술한 모모세 감독의 〈기브리즈〉나 SF 3부작도 스튜디오 카지노에서 발표했다.

그 밖에 지브리는 해외 영화도 들여왔다. 2001년에는 미야자키가 높게 평가한, 제2차 세계대전 중의 체코슬로바키아의 공군을 소재로 한 역사 전쟁 영화 〈다크 블루 월드〉(감독 얀 스베락), 2002년에는 프랑스에서 크게 히트한 애니메이션 〈키리쿠와 마녀〉(감독 미셸 오슬로)라는 두 편의 작품의 배급에 협력했다. 특히 〈키리쿠와 마녀〉는 다카하타 이사오 감독이 매우 높게 평가했으며, 직접 번역과 일본어 더빙판도 연출했다.

또한 도서 《하울의 움직이는 성》의 영화화가 재조명되면서 미야자키가 맡게 되었으며, 2002년 가을부터 다시 시작하게 되었다.

제14장

시대를 반영한
〈하울의 움직이는 성〉과
지브리의 독립

두 사람이 살았다.

미야자키 하야오 감독 작품

하울의 움직이는 성

✒ TV 특별 방송 안에서의 신작 발표

2002년 7월 21일 니혼 TV에서 방송된 〈고양이의 보은〉의 특별 방송에 등장한 스즈키 도시오 프로듀서는 2003년 2월부터 미야자키 하야오 감독의 신작 준비에 착수한다고 발표했다. 그리고 그에 맞추어 9월부터 2003년 2월까지 제작진의 재충전을 위해 일시적인 유급휴가를 주는 방안도 발표되었다. 이 신작이 〈하울의 움직이는 성〉이다.

원작은, 1985년 영국의 판타지 작가인 다이애나 윈 존스가 발표한《하울의 움직이는 성》. 쉴라 이고프의 판타지 역사를 다룬 장편 평론인《이야기의 힘 : 영어권 판타지 문학, 중세부터 현대까지(物語る力 : 英語圏のファンタジー文学 - 中世から現代まで)》에서는 화염의 악마 캘시퍼로 대표되는 캐릭터의 매력에 더해 스토리성과 속도감 있는 전개 방식을 겸비한 경쾌하고 묘한 판타지로 높게 평가하고 있다.

미야자키는 그 원작의 어느 부분에서 매력을 느꼈을까? 스즈키는 다음과 같이 말했다.

> 미야 씨는 〈HOWL'S MOVING CASTLE〉이라는 원제가 흥미를 보였습니다. 성이 움직인다니, 재밌다면서요. 게다가 여자 주인공은 마법에 걸려 90세의 할머니가 되어버립니다. 그 두 가지 요소라면 영화로 만들 수 있다는 미야 씨의 말이 계기였습니다.
>
> ─《로망 앨범 하울의 움직이는 성(ロマンアルバム ハウルの動く城)》

2002년 10월, 미야자키는 영화 제작에 앞서 제작진을 위한 '준비를 위한 메모'를 작성하였으며, 그 글에서는 이 원작의 특징을 다음과 같이 분석하고 있다.

> 이 작품은 아이를 위한 크리스마스 연극의 구상이라고 생각했습니다. 전통이라고 말하면 조금 과장이지만, 영국에는 크리스마스에 아이들이 연극을 즐기는 관습이 있다고 합니다. (중략) 하울의 집은 어떤 곳일까요? 무대 중앙에 캘시퍼의 난로가 있고, 인형 탈을 쓴 불꽃이 말을 하거나 발돋움하기도 합니다. 좌우에 네 개의 문과 하나의 창문이 있으며, 문을 열면 각기 다른 세계가 나타납니다. 극은 설명하는 대사(혼잣말도 많음)로 진행됩니다. 그리고 네 개의 문으로 들어오고 나가는 많은 등장인물이 큰 소리로 말하거나 서로 욕하기도 하고, 울기도 하고 웃기도 하다가, 대단원에

서는 모든 존재가 무대에 등장하여 싸우기도 하며 얼렁뚱땅 해피엔딩으로 끝이 납니다.

　　　　　　　　　　　　　　－《지브리의 교과서 13 하울의 움직이는 성
　　　　　　　　　　　　　　　　　（ジブリの教科書13ハウルの動く城）》

　그리고 미야자키는 이렇게 분석한 다음, "크리스마스 연극으로 원작을 파악하면 이 작품이 잘 이해가 되는데, 그렇다고 해서 영화 제작에 도움이 되지는 않습니다. 오히려 눈앞이 캄캄했습니다"라며, 영화화는 곤란한 시도라고 설명하고 있다.
　원래 〈하울의 움직이는 성〉은, 앞에서 언급했듯 〈고양이의 보은〉과 함께 제작을 진행하고 있었는데, 그렇다면 미야자키가 한 번 제작이 중단되었던 이 기획에 다시 주목하게 된 이유는 무엇일까? 스즈키는 그 경위를 다음과 같이 해석하고 있다.

　〈고양이의 보은〉의 제작이 진행되는 가운데, 미야 씨도 슬슬 본인의 작품을 생각해야만 할 때가 찾아왔습니다.
　어느 날, 화장실에 간 제 뒤로 우연히 미야 씨가 따라 들어와 함께 볼일을 보게 되었습니다. 미야 씨가 "스즈키 씨, 다음 작품은 어떻게 할까요?"라고 물었습니다. 이럴 때는 틈을 주지 않고 대답하는 것이 중요합니다.
　"미야 씨, 저번에 성이 움직이는 게 재밌다고 말했으니, 《하울의 움직이는 성》을 해보시죠."

미야 씨는 "알았습니다" 라고만 대답했습니다. 그렇게 〈하울의 움직이는 성〉의 재시동이 걸린 것입니다. 화장실에서 결정되었다니, 아무도 알 길이 없어 얘기를 들은 모든 제작진이 깜짝 놀라더군요.

– 《지브리의 천재들》

⚜ 세 명의 작화 감독

미야자키는 '준비를 위한 메모'를 정리한 2002년 10월부터 그림 콘티에 착수했다. 그에 맞추어 CG로 어떻게 영화를 표현할 것인지 등 구체적인 제작 준비도 시작했다.

그 전에 미야자키는, 파리 조폐국 미술관에서 프랑스의 저명한 만화가인 뫼비우스와 공동 전시회를 개최하기로 하여 스태프와 함께 프랑스로 건너갔다. 그때 프랑스 알자스 지방의 콜마르, 리크비르 등의 마을을 방문한 경험이 〈하울의 움직이는 성〉의 구상을 짜는 데 도움이 되었다.

알자스 지방에는 하얀색 회반죽의 벽에 기둥과 지주 등 목재를 돋보이게 하는 목조 연와조(Colombages, 하프 팀버링 양식) 건물이 남아 있다. 이 전통적인 목재 구조의 건물이 있는 풍경은 작품 속에서도 구체적으로 살리게 되었다. 그 밖에 오래된 건물 특유의 어긋난 모양, 유럽 특유의 습도가 낮은 공기, 석조 바닥 특유의 빛이 비치는 방식 등이 배경을 그리는 데 참고가 되었다.

작화는 임시 유급휴직이 시작되는 2003년 2월에 착수하였으며, 그때 부터 본격적인 제작이 시작되었다.

작화 감독은 야마시타 아키코와 이나무라 다케시로 출발했다. 야마 시타는 OVA 〈자이언트 로보 THE ANIMATION 지구가 정지하는 날〉 (1992), 〈STRANGE DAWN〉(2000) 등의 캐릭터 디자인 및 작화 감독으로 유명히며, 미야자키 작품에는 〈센과 치히로의 행방불명〉에 처음으로 참 여했다. 이 작품에서 치히로와 하쿠가 공중을 다이빙하는 클라이맥스 장 면을 담당했다. 〈하울의 움직이는 성〉에서는 미야자키의 러프한 스케치 를 바탕으로 캐릭터의 연기를 추가하는 작업을 중심으로 하여, 작품의 방향성을 결정했다.

이나무라는 그동안 지브리 작품에서 원화 작업을 담당했던 핵심 애니 메이터 중 한 명으로, 지브리 미술관의 단편 〈고래잡이〉의 연출 애니메이 터로서 작업한 경험은 있지만, 장편의 작화 감독은 이번이 첫 도전이었 다. 그는 야마시타와 함께 캐릭터 설정 등을 담당하였으며, 실제 작업에 서는 표정의 뉘앙스 등을 중심으로 작업했다.

또한 중간부터 고사카 기타로도 세 번째 작화 감독으로 참가했다. 고사 카는 자신의 감독작인 〈나스 안달루시아의 여름〉(2003)을 완성한 이후 합 류하였는데, 〈센과 치히로의 행방불명〉에 이어 지브리 작품에서 네 번째 작화 감독을 맡았다. 주로 까다로운 장면의 수정 등을 작업했다.

미술 감독은 다케시게 요지와 요시다 노보루의 2인 체제. 다케시게는 〈센과 치히로의 행방불명〉에 이어 지브리에서 네 번째 장편 애니메이션을 담당한 미술 감독이다. 〈센과 치히로의 행방불명〉에서 미술 감독 보좌를 했던 요시다는, 지브리 미술관의 단편 〈고로의 산보〉(2001), 〈기브리즈 에피소드 2〉(2002)의 미술 감독을 거쳐 처음으로 장편 작품의 미술 감독을 맡게 되었다.

또한 〈하울의 움직이는 성〉은, 작품의 핵심인 '움직이는 성'의 움직임을 디지털 작화(CG)로 제작한 것이 특징이다.

미야자키가 그린 기계 등은 장면에 따라 화면적으로 더 완성도 높은 그림을 추구해 디테일이 바뀌는 경우가 많다. 그래서 3D CG로 성을 구축하는 방법은 오히려 불편함이 증가했기 때문에, 성은 어디까지나 2D로 표현하게 되었다.

성은 셀에 배경의 터치로 그린 '하모니'라는 기법으로 그려졌다. 요시다가 그린 미술 보드를 참고하여 완성한 그림을 스캔하여 컴퓨터로 옮긴 후, 각 파트에 잘라 넣는다. 그 파트를 몇 번 포개어 맞추고, 성이 걷는 움직임에 맞추어 각 파트의 움직임을 붙여나감으로써 성의 특징적인 움직임을 만들어냈다.

디지털 작화 감독인 가타야마 미쓰노리에 의하면, 이와 같은 성의 움직임을 표현하는 데 힌트가 된 두 작품이 있다고 한다.

첫 번째는 러시아의 애니메이션 작가 유리 노르시테인의 〈안개와 이야기 속의 고슴도치〉. 컷아웃 애니메이션인 이 작품은, 세세하게 분할된 여러 개의 파트를 끈으로 묶어 고슴도치의 팔을 표현하고 있다. 화면상에서는 파트가 연결되는 부분은 눈에 보이지 않기 때문에, 각 파트를 세세하게 움직여 연기를 붙이면, 흡사 팔 파트의 전체가 부드럽게 움직이는 것처럼 보인다. 단단해 보이는 소재도 이러한 방법으로 부드러운 움직임을 만들 수 있다는 점에서 참고가 되었다고 한다.

또 하나의 작품은 미야자키의 〈바람 계곡의 나우시카〉다. 이 작품에서 사용된 통칭 '고무 멀티'라고 불리는 독특한 수법이 성의 움직임을 표현하기 위한 아이디어로 도입되었다. 거대한 무당벌레인 생물 '오무'가 움직이는 장면에 사용된 '고무 멀티' 방식은 하모니로 그린 껍질 파트를 여러 겹 포개어, 그를 고무로 묶어 신축시킴으로써 오무의 독특한 움직임을 표현했다. 이 방식을 '고무 멀티'라고 부른다.

참고로 이번에 '성'의 하모니 작업을 담당한 다카야 노리코는 〈바람 계곡의 나우시카〉에서도 오무 등의 하모니를 담당했다.

그 밖에 비주얼 측면에서는, SF 일러스트레이션의 선구자 알베르 로비다에게 영감을 받은 부분도 많다. 19세기 말에 활약한 로비다는 미래 세계의 생활 양식을, 유머를 가득 담아 예상하고 풍자한 화가다. 미야자키는 예전부터 로비다에게 흥미가 많았다. 미타카의 숲 지브리 미술관에서 열린 〈천공의 성 라퓨타와 상상 비행 기계'전〉에서 로비다의 그림을 스크랩북의 형식으로 전시하고, 기획 전용 단편 애니메이션 〈상상 속의 비행 기계들〉에서는 로비다 일러스트를 보고 떠올린 공중 택시 등의 비행 기계를 등장시켰다.

이 공중 택시는 〈하울의 움직이는 성〉에 등장하는 플라잉 카약의 전신이라고도 말할 수 있는 존재. 〈하울의 움직이는 성〉을 인상 깊게 만드는 개성적인 형태의 비행 기계와 19세기 말의 클래식한 풍경의 조합은 이렇게 탄생한 것이었다.

✒️ 영화로 제작하면서 달라진 점

〈하울의 움직이는 성〉의 줄거리는 다음과 같다.

모자 가게의 장녀 소피는, 어떠한 이유로 황야의 마녀의 저주에 걸려 할머니의 모습으로 변하고 만다. 하지만 마법에 걸렸다는 사실을 아무에게도 말할 수 없게 된다. 그 저주를 풀기 위해 집을 나온 소피는, 마을 사람들이 두려워하는 마법사 하울의 성에 청소부로 잠입한다. 그 성은 먼 마을도 자유롭게 오고 갈 수 있는 신기한 문을 가진 기묘한 성이었다. 그리고 그 성의 난로에는 화염의 악마 캘시퍼가, 성과 하울의 힘을 빌리고 있었다.

완성한 영화의 전반부는 대부분 원작과 비슷하게 진행되지만, 후반부에 가면 오리지널 요소가 증가한다. 이는 원작을 현대성을 가진 영화로서 어떻게 구상해 나갈지를 고민해나가는 과정에서 탄생한 것이다.

미야자키는 영화로 제작하는 데 원작의 '소피' 역에 주목했다. '준비를 위한 메모'에는 다음과 같이 기록되어 있다.

이 작품은 일종의 홈드라마라고 말할 수 있습니다. 소피가 하울을 사랑하기 전, 소피는 주부로서의 입장을 확립하고 있습니다. 화염의 악마 캘시퍼, 꼬마 마르클, 강아지 인간 힌, 허수아비 카브, 거기에 하울을 연결해 가족으로 만드는 열쇠는 소피의 존재입니다. 움직이는 성인 우리 집. 그곳에 전쟁이 일어납니다. 동화 속 전쟁이 아닙니다. 개인의 용기와 명성을 건 전투가 아닙니다. 근대적인 국가 사이의 총력전입니다. 요청이 아니라, 강요입니다. 하울은 자유롭고 솔직하게 다른 사람과 엮이지 않고 자신이 좋아하는 대로 살고 싶은 인간입니다. 그러나 국가는 그것을 허락하지 않습니다. 하울도, 소피도 '무엇을 선택할래?'라며 쫓기는 것입니다. 그 사이에도 전쟁은 모습을 드러냅니다. 움직이는 성의 문 하나가, 어떤 항구 마을에서도, 소피의 집이 있는 마을이나 왕궁, 황야에서도 불이 내리고 폭발하며, 총력전의 공포가 현실의 것이 되어버립니다.

– 《지브리의 교과서 13 하울의 움직이는 성》

원작에는 전쟁을 거의 언급하지 않는다. 원작에서 하울이 마지못해 명령받고 있는 이유는, 행방불명된 왕의 동생 저스틴과 그를 찾으러 떠났다가 소식이 끊긴 왕실 소속의 마법사 설리만, 두 사람을 찾기 위해서이며, 전쟁에 협력하는 것이 아니다. 원작에서는 전쟁에 관해 적국 '하이놀랜드와 스트레인지아'가 선전 포고를 할 것 같다는 상황을 가볍게 다루고 있는 정도다.

이처럼 원작과 비교해 영화에서 전쟁이라는 요소가 클로즈업된 배경에는, 2001년 9월 11일 미국을 습격한 동시다발적인 테러 이후의 시대적 흐름이라고 할 수 있다. 〈하울의 움직이는 성〉의 그림 콘티를 집필 중인 2003년 3월, 미국이 갑자기 이라크를 공격하며 국제 정치나 국내 여론이 찬반양론으로 크게 흔들리는 상황도 일어났다. 이러한 시대의 분위기를 받아들여 '현재성이 있는, 만드는 가치가 있는 작품'으로 하려는 의도가 있다.

✒ 〈이노센스〉에서 〈하울의 움직이는 성〉으로

〈하울의 움직이는 성〉에서 지브리는, 그동안 해왔던 홍보 스타일을 크게 바꾸었다. 이 전환의 계기 중 하나가 오시이 마모루 감독의 영화 〈이노센스〉에 제작 협력을 한 것이었다.

〈이노센스〉는 〈하울의 움직이는 성〉의 개봉보다 앞선 2004년 3월에 공개된, 프로덕션 I.G 제작의 극장용 장편 애니메이션 영화다. 스즈키는 오시이가 1980년대 전반에 TV 애니메이션 〈시끌별 녀석들〉의 치프디렉터로 주목을 받았을 무렵, 잡지 《아니메주》를 통해 그를 알게 되어, 그 후 20년 이상의 친분을 맺어왔다. 〈이노센스〉는 수백 개의 관에서 공개되는 대작 애니메이션 영화이며, 프로덕션 I.G 또한 방송국, 광고 대행사 등과 제작 위원회를 결성하고, 간사회사로서 극장용 작품을 제작하는 첫 사례였다. I.G가 극장용 작품의 경험을 가진 지브리에 상담하러 찾아와 미야자키도 조언해 주었는데, 언제부터인가 스즈키는 〈이노센스〉의 프로듀서 중 한 명으로서 투자 회사를 초대하거나 조정하고 대부분의 홍보를 책임지게 되었다. 오시이와의 오랜 관계에서 탄생한 협력이었다. 스튜디오 지브리도 제작 협력의 차원에서 홍보나 계약 실무 등 다양하게 지원했다.

〈이노센스〉의 공공 제작에 참여한 기업들은 대부분 지브리의 작품과 공통적이다. 이렇게 참가 기업이 주가 되는 기업 제휴와 퍼블리시티, 혹은 신문 광고나 TV 스팟, 예고편 제작에 대해서도 지금까지의 지브리 스타일이 답습되어, 그 결과 〈이노센스〉는 오시이 작품의 고정관객층을 크게 뛰어넘어 일반층에 폭넓게 어필하는 데 성공했다.

그러나 〈이노센스〉의 홍보를 진행하던 스즈키는, 〈센과 치히로의 행방불명〉 때와 관객의 반응이 어딘가 달라지기 시작했다고 느꼈다. 복합 상영관의 보급으로 더욱 박차를 가했던 대량의 사전 홍보. 아무래도 관객은 그에 거부 반응이 나타난 것은 아닐까? 너무나 많은 정보를 다루기 때문에 관객은 영화를 보기 전부터 벌써 작품을 다 본 것 같은 기분이 되어버리는 것이다. 지금은 아직 괜찮지만, 8개월 후의 〈하울의 움직이는 성〉에서는 그것이 눈에 보이는 형태로 나타나지는 않을까?

이렇게 〈하울의 움직이는 성〉의 홍보는 기존의 지브리 스타일과는 지극히 대조적인 방식으로 접근했다. 바로 홍보에 힘을 들이지 않는다는 방침이었다.

〈하울의 움직이는 성〉을 구체적으로 홍보하기 시작한 것은, 〈이노센스〉의 홍보가 한창이던 2003년 말 무렵이다. 2003년에는 이미 '이 성이 움직인다'라는 카피와 성이 움직이는 영상이 특보로 영화관에서 상영되고 있었다.

하지만 홍보를 시작하려던 참에 〈하울의 움직이는 성〉의 공개 연기가 결정됐다. 2004년 1월 7일, 도호가 작업 지연을 이유로 2004년 여름에서 가을에 개봉 연기를 발표했다.

이렇게 원래 예정보다 시간적 여유가 생긴 상황에서, 차례로 홍보 전략이 확정되었다. 도호의 홍보 프로듀서 이세 신페이는 그 상황을 다음과 같이 회고하고 있다.

> 스즈키 프로듀서가, "사실 미야자키 감독이 '이번 작품은 관객이 아무것도 모르는 상태에서 보길 바랍니다. 즉 홍보 가운데 〈말하지 않는다〉라는 것이 있어도 괜찮지 않은가요?'라고 제안했습니다"라고 했습니다. 처음에는 그것이 어떤 의도인지, 저는 정확하게 이해하지 못했습니다. 하지만 스즈키 씨와 브레인 스토밍을 반복하면서, '그런 사고방식도 있구나'라고 마음이 놓였습니다.
>
> (중략)
>
> 만약 〈하울의 움직이는 성〉이 '미야자키 하야오의 최신작'이 아니라면, 틀림없이 모두 반대할 것입니다. (중략) 말하자면 국민적 차원의 기대감으로 환영받을 수 있는 영화인 셈입니다. 그렇다면 우리가 언제나처럼 오랜 기간 열정적으로 홍보하여, 그 영화의 테마성과 시대성을 사전에 고객에게 전하는 것을, 사실 그들은 원하지 않을지도 모른다고 생각했습니다.

이러한 홍보 방침의 전환은 미야자키의 제안이 반영된 것이기도 했다. 4월부터 여름에 걸쳐, 어느 시기까지는 TV에서의 영상 노출을 완전히 중단하고, 극장의 특보와 예고편, 포스터로 좁혀 홍보한다는 방침이 결정되었다. 6월에는 5개 도시에서 영화관 담당자들을 모아 홍보 회의를 열었는데, 그 자리에서 개봉 연기에 대해 사과하고, 영화 완성은 8월이라는 점과 홍보의 기본적인 채널을 극장으로 좁힌다는 방침 등을 설명했다.

반면 6월부터는 하우스 식품의 제휴 CF가 TV에서 방영되었는데, 이 또한 극장 특보를 바탕으로 한 매우 제한적인 내용이었다.

이러한 홍보 방침은 언론에 배포된 보도자료에서도 철저하게, 해설 등 내용 해석과 관계되는 글은 일절 게재되지 않았다. 대신 스즈키의 〈홍보하지 않는 '홍보'〉라는 한 문장을 게재했다. 그 글에서 스즈키는 미야자키의 제안을 근거로, 이번 결정이 어떻게 이루어졌는지 설명하고 있다.

〈센과 치히로의 행방불명〉의 홍보는 너무 지나쳤다는, 그동안의 반성도 있습니다. '자, 이번에는 이 방침으로 갑시다!'라고 결정한 순간, 항상 우리 영화를 응원해주는 관계자들의 불만의 목소리가 들려왔지요. 협력하고 싶은데 자신들의 호의를 무시하냐는 말도 들었습니다. 그래서 할 수 있는 범위에서 한 명 한 명을 만나 성심성의껏 양해를 구했습니다.

적절한 홍보란 무엇인가. 얼마 전 제작진과 만나 여러 이야기를 나누었습니다. 홍보의 내용보다, 적절한 홍보에 관해 이야기하는 데 더 많은 시간을 할애했습니다. 양보다 질 아닐까요. 그리고 홍보는 영화를 보는 계기에 불과한 것이 아닐까요. 당연한 의견이 나왔을 때, 제작진의 얼굴에 안도의 표정이 떠올랐습니다.

　　　　－《하울의 움직이는 성 철저 가이드 : 하울과 소피, 두 사람의 약속》

그리고 다음과 같은 문장으로 글을 마무리했다.

　　자화자찬이지만, 〈하울의 움직이는 성〉은 너무 잘 만든 영화입니다. 미야자키 하야오, 63세. 그 나이에 어떻게 요즘 여자아이들의 마음을 아는지. 26년여 동안 줄곧 그의 곁에 있었지만, 아직도 이해할 수 없는 할아버지네요.
　　나머지는 말을 아끼려고 합니다. 영화를 보고, 자유롭고 다채로운 감상을 듣고 싶습니다.

　　　　－《하울의 움직이는 성 철저 가이드 : 하울과 소피, 두 사람의 약속》

이렇게 홍보하지 않는 홍보는 실제로 시행되었다.
　참고로 특보나 포스터 등에 사용된 문구의 글자는 스즈키 도시오의 친필이다. 그 목적에 대해 도호의 이세 홍보 프로듀서는 다음과 같이 설명하고 있다.

우연히 제1탄 예고편을 본 스즈키 씨가 "이 카피로 갑시다"라고 적어주었습니다. 예고편 제작 담당자가 기존의 폰트로 카피를 삽입하자, 왠지 재미가 없었습니다. 왜 그럴까, 그 이유를 두고 얘기하다가, '이 카피는 아날로그로 하는 편이 더 좋을 것 같다. 이 글자를 그대로 사용하자'라는 이야기가 나왔습니다. 글자가 조금 읽기 어렵다고 생각했지만, 그 글자가 가진 신비한 따뜻함이 〈하울의 움직이는 성〉의 세계로 들어가는 입구가 된다고 생각했습니다.

－《로망 앨범 하울의 움직이는 성》

✒ 하울 역에 기무라 타쿠야

이처럼 홍보를 자제하는 한편, 최고의 화제가 된 것이 바로 캐스팅이었다.

〈하울의 움직이는 성〉의 주요 캐스팅은 4월 13일에 발표되었다. 소피 역에 바이쇼 지에코, 하울 역에 기무라 타쿠야, 황야의 마녀 역에 미와 아키히로가 캐스팅되었다.

그중에서도 하울의 캐스팅이 큰 화제를 모았다. 스즈키는, 캐스팅을 결정하기까지의 과정에 대해 다음과 같이 말했다.

물론 저도 그의 이름과 인기는 알고 있었습니다. 하지만 그가 출연한 드라마는 본 적이 없었지요. 그래서 저는 딸에게 기무라 타쿠야는 어떤 연기를 하느냐고 물어보았습니다. 그랬더니 딸이 "철없는 남자를 표현할 수 있는 사람이에요"라고 알기 쉽게 설명해주더군요. 어폐가 있을지도 모르지만, 그 말을 들은 전 그가 하울이라는 캐릭터에 딱 맞는다고 생각했습니다.

-《지브리의 천재들》

미야 씨는 영화를 만들 때, 어떠한 형태로든 자신을 투영한 캐릭터를 등장시킵니다. 〈하울의 움직이는 성〉에서는 그 존재가 하울이었습니다. 그런 의미에서도 어중간한 사람은 하울의 목소리로 고를 수 없었습니다. 후보는 많았지만 눈에 띄는 사람이 없어 고민일 때, 어떤 분을 통해 기무라씨가 지브리 작품에 출연하고 싶어 한다는 말을 들었습니다. 기무라 씨라는 말에 마음이 술렁거리기 시작했습니다. 기무라 씨라면 더 여유 있는 하울을 할 수 있지 않을까? 그렇게 느꼈습니다. 바로 미야 씨에게 "SMAP이라는 그룹이 있는데요"라고 이야기를 꺼내자, "저도 SMAP 정도는 알고 있습니다"라고 대답하더군요(웃음). 사실 미야 씨와 저는, 오래전 SMAP 멤버들과 지하철을 함께 탄 적이 있습니다. 아직 그들이 주목받지 못했던 시절입니다만, 그때도 여고생들에게 둘러싸여 있었습니다.

-《로망 앨범 하울의 움직이는 성》

그런 대화를 주고받던 중, 미야자키가 기무라 타쿠야는 어떤 연기를 하는지 물었다고 한다. 스즈키가 딸에게 들은 말을 전하자, 미야자키는 "바로 그거야!"라면서 기무라를 하울 역에 캐스팅하는 데 찬성했다고 한다.

또한 미야자키는 소피 역에 '할머니부터 18살 소녀까지, 한 사람이 연기했으면 좋겠다'라는 요청을 전달했다고 한다. 이 역할에도 다양한 사람이 후보로 올랐지만, 최종적으로 '바이쇼 지에코라면 할머니와 소녀를 모두 연기할 수 있을 것이다'라며 바이쇼로 결정되었다고 한다.

이렇게 4월 6일, 후시 녹음이 진행되었으며, 8월 3일 영화가 완성되었다. 참고로 바이쇼는 영화의 주제곡인 〈세계의 약속〉도 불렀다.

영화 개봉은 2004년 11월 20일. 개봉 이틀 만에 흥행 수익 15억 엔이라는 일본 최고 기록을 다시 쓰고, 〈모노노케 히메〉와 거의 비슷한 수준으로 히트했다. 이로써 당시 일본 영화의 역대 흥행 성적은 1위부터 3위까지 〈센과 치히로의 행방불명〉, 〈모노노케 히메〉, 〈하울의 움직이는 성〉으로 미야자키 작품이 독점했다.

또한 해외에서 〈센과 치히로의 행방불명〉이 높게 평가받으면서, 〈하울의 움직이는 성〉도 크게 주목받았다. 9월에 개최된 제61회 베니스 국제영화제에서 전 세계 최초로 공개되었는데, 상연이 끝난 후에는 5분에 달하는 관객의 기립박수가 이어졌다고 한다. 이 영화제에서 미야자키와 스튜디오 지브리 작품의 높은 수준과 꾸준하게 높은 완성도가 좋은 평가를 받으며 황금 오셀라상을 받았다.

일본에서 개봉 후 차츰차츰 세계 각지에서도 공개하기 시작했다. 일본에서 개봉하고 1개월 후인 12월 24일부터 한국에서 개봉했다. 관객 동원 수 300만 명을 넘으며, 한국에서 공개된 일본 영화 가운데 역대 최고를 기록했다. 그 밖에 2005년에는 홍콩, 대만에서 개봉하며 엄청난 히트를 기록했으며, 2005년 1월에 개봉한 프랑스에서는 개봉 첫 주에, 그 주에 개봉한 영화 중 관객 동원 수 1위가 되었다.

2005년 6월부터는 미국에서도 개봉, 최대 202개 관에서 공개되었다. 영어판 〈하울과 움직이는 성〉은, 영어판 〈센과 치히로의 행방불명〉을 프로듀싱한 존 라세터 감독이 신작으로 너무 바빠, 〈몬스터 주식회사〉를 제작한 픽사의 피트 닥터 감독이 담당했다. 또한 캐스팅에는 할리우드의 실력파 배우들이 이름을 올렸다. 하울 역에 크리스찬 베일(〈배트맨 비긴즈〉), 할머니 소피 역에 진 시몬스(〈스파르타쿠스〉), 황야의 마녀 역에 로런 버콜(〈명탐정 필립〉), 캘시퍼 역에 빌리 크리스탈(〈해리가 샐리를 만났을 때〉)이 연기했다.

✒ 스튜디오 지브리의 독립

2005년 4월부터 도쿄도 현대 미술관에서 〈'하울의 움직이는 성·대서커스'전〉이 개최되었다. 이는 '영화의 이야기가 끝난 후, 하울과 움직이는 성의 주인들이 서커스단을 결성한다면'이라는 설정으로, 길거리 연예인 등이 출연하는 즐길 거리가 풍부한 이벤트였다. 도쿄도 현대 미술관의 관장인 니혼 TV의 우지이에 세이치로 대표의 요청으로 이 이벤트가 기획되었다. 도쿄도 현대 미술관은 2003년에 개최한 〈지브리가 가득, 스튜디오 지브리 입체 조형물'전〉을 비롯해, 2004년 봄에는 〈이노센스〉의 개봉 기념으로 〈'구체 관절 인형'전〉, 같은 해 여름에는 '일본 만화 영화의 전모, 그 탄생부터 〈센과 치히로의 행방불명〉, 그리고 그 후' 등의 전시회를 개최했는데, 2003년 6월 지브리에 새롭게 신설된 이벤트 사업팀이 이러한 전시회 운영을 담당했다.

또한 2005년 3월부터 개최된 '아이치 세계 박람회'에 협력한 것도 세간의 주목을 받았다. 스튜디오 지브리는 〈이웃집 토토로〉에 등장한 '사츠키와 메이의 집'을 재연하는 전람회 협회의 프로젝트에 관여한 것이다.

'사츠키와 메이의 집'은 1920년대의 건축 재료와 공법으로 세운 진짜 집에 에이징을 입혀 낡게 함으로써 '건축 후 약 25년이 지났다'라는 영화의 분위기를 똑같이 재현했다. 건설은 미타카의 숲 지브리 미술관의 관장 미야자키 고로를 필두로, 지브리 미술관을 만든 몇 명의 스태프를 모으고, 스튜디오 지브리 관련 회사이자 미타카의 숲 지브리 미술관을 건설한 맘마유토단이 전람회 협회로부터 건축 공사를 수탁하는 형태로 사업을 진행하게 되었다. 실제 목수 일은 지방 나고야에서 전통 공법을 살려 일하는 목수들이 담당했다. 완성된 집은 가구나 가전 등을 충실하게 반영하여 매우 높은 완성도를 보여주었다. 하지만 전람회가 시작하자 인기가 과열되어 안타깝게도 입장권 배포를 둘러싼 문제가 발생했다.

그리고 이 시기의 가장 중대한 사건은 스튜디오 지브리의 독립일 것이다.

주식회사 스튜디오 지브리는 원래 도쿠마 쇼텐의 자회사로서 1985년부터 사업을 전개해왔다. 1997년에는 도쿠마 쇼텐에 흡수 합병되어 '주식회사 도쿠마 쇼텐 · 스튜디오 지브리 컴퍼니'가 되었으며, 이후 '주식회사 도쿠마 쇼텐 스튜디오 지브리 사업본부'가 되었다. 하지만 이제 도쿠마 쇼텐도 재편되고 있었고, 출판은 출판, 애니메이션은 애니메이션으로 사업 내용에 따라 회사를 나누게 되면서 스튜디오 지브리의 독립이 결정되었다. 회사명은 원래대로 '주식회사 스튜디오 지브리'. 사장으로 스즈키 도시오가 취임했다.

지브리가 독립하면서 해외 기업으로부터 주식을 소유하고 싶다는 요청이 들어오기도 했다. 그중에는 3,000억 엔으로 주식을 매입하고 싶다는 기업도 있어, 지브리의 임원 중에는 그 제안을 긍정적으로 검토한 사람도 있었다. 그러나 스즈키는 최종적으로 그 제안을 거절하였으며 지브리를 자본금 1,000만 엔의 중소기업으로 시작하겠다고 결심했다. 나아가 새로운 지브리를 만들기 위한 준비 기간으로 직원들에게 독립 시점부터 6개월을 휴가로 제공했다.

주식을 외부 기업이 소유하게 되면, 지브리는 주주의 이익을 위해 정신없이 계속 일해야만 하는 회사가 될 수밖에 없다. 하지만 자신들이 주식을 가지고 있는 한, 외부에서 경영에 개입할 일도 없고 이렇게 장기간의 휴식도 자유롭게 결정할 수 있다.

꾸준한 영화 제작을 최우선으로 하고, 그것을 자유롭게 계속하기 위해서는 불필요한 성장이나 확대를 좇지 않는다. 어디까지나 지브리는 상황

변화에 빠르게 대응할 수 있는 중소기업으로 계속한다.

　오늘날 스튜디오 지브리의 바탕이 되는 이 경영 방침은 이때 확립된 것이며, 이렇게 지브리는 2005년 4월 1일부터 독립적인 주식회사가 되었다.

제15장

신인 감독 미야자키 고로의
〈게드 전기:어스시의 전설〉

그 옛날 인간과
용은 하나였다.

르 귄 원작
미야자키 고로의
첫 번째 감독 작품

게드 전기 : 어스시의 전설

✒ 원작자 르 귄의 애니메이션화 제안

이야기를 조금 앞으로 되돌려, 2004년 여름 〈하울의 움직이는 성〉을 완성한 스튜디오 지브리는, 지브리 미술관의 단편 작품 세 편 〈별을 산 날〉, 〈집 찾기〉, 〈물거미 끙끙〉의 제작에 착수했다. 이 작품들은 2005년 1월부터 차례로 지브리 미술관의 토세이자에서 공개되었는데, 이 작품들의 제작과 함께 다음 장편 작품의 기획이 결정되었다. 바로 어슐러 K. 르 귄 원작, 미야자키 고로 감독의 〈게드 전기 : 어스시의 전설〉이다.

르 귄의 판타지 문학 《어스시 연대기》 시리즈는 전 6권의 장편으로, 제 1권부터 제6권까지 간행하는 데 30년 이상의 시간이 걸렸다. 마법과 용이 존재하는 '어스시'라는 세계를 무대로, 젊은 마법사 게드의 성장과 모험을 그리면서 시작하는 《어스시 연대기》는 게드를 둘러싼 세계 전체에서, 게드의 다음 세대의 이야기로 전개되고 있다. 이 작품에서 마법은 말의 힘 그 자체이며, 수많은 다른 세계의 판타지 문학 중에도 특히 사색적인 내용과 현대성이 돋보이는 작품이다.

일본에서《어스시 연대기》의 1~3권이 출간된 시기에, 이 작품이 마음에 들었던 미야자키 하야오 감독은 여러 차례 반복해서 읽었다. 그 후, 당시《아니메주》의 편집부에 소속되어 있던 스즈키 도시오와 알게 되어 여러 이야기를 나누면서,《어스시 연대기》를 꼭 영화로 만들고 싶다는 이야기가 나왔고, 그 책을 출판한 이와나미 쇼텐을 통해 원작자 측에 애니메이션 영화화를 제안했다. 지금으로부터 약 40년 전, 지브리가 생기기 이전의 이야기다. 하지만 유감스럽게도 그때는 원작자의 허락을 받지 못했다.

그 후 미야자키는, 1982년부터《아니메주》에 만화〈바람 계곡의 나우시카〉를 연재하기 시작했고, 1983년에는《슈나의 여행》이라는 새로운 그림을 그려 아니메주 문고에서 발표했는데, 이 두 작품 모두《어스시 연대기》의 영향을 느낄 수 있는 작품이다.

마침내 원작자 측의 제안으로 지브리에서 과거의 작품을 영화화할 수 있게 되었다. 2003년 가을의 어느 날,《어스시 연대기》의 번역가인 시즈미즈 마사코가 지브리에 전화를 걸어왔다. 원작자 르 귄이 미야자키에게《어스시 연대기》의 애니메이션 영화화를 부탁하고 싶어 한다는 내용이었다. 이 전화를 받고, 지브리 내의 분위기가 살짝 고조되었다. 앞에서 서술한 것처럼《어스시 연대기》의 영화화는 오랜 기간 지브리가 바라고 있었던 일이기 때문이다. 스즈키는 다음과 같이 이야기하고 있다.

그때 떠오른 생각은 '이런 순간에 아카데미상과 베를린 영화제의 황금 곰상의 효과가 나타나는구나'였습니다. 실은 꽤 오래전에 《어스시 연대기》의 애니메이션화를 제안한 적이 있는데, 그때는 유감스럽게도 실현되지 않았습니다. 하지만 이번에는 르 귄 씨가 미야자키 하야오의 작품을 모두 감상하고, 먼저 '지브리에서 애니메이션을 만들어주었으면 한다'라고 연락을 주셨습니다. 다시 말해 저런 세계적인 상을 받으니, 미야자키 하야오의 작품이 세계적으로 주목을 받고, 전 세계의 많은 사람이 본 것이지요. 그리고 덕분에 르 귄의 눈에도 들게 된 셈이지요. 아카데미상이나 황금곰상을 받아도 딱히 이득은 없다고 생각했는데, 그렇지 않다는 것을 깨달았습니다(웃음).

    – 《로망 앨범 게드 전기 : 어스시의 전설(ロマンアルバム ゲド戦記)》

그러나 2003년 가을에는 하필 〈하울의 움직이는 성〉의 제작이 한창이었다. 그리고 미야자키의 입장에서도 20여 년 전과 상황이 달라졌기에, 원작자의 영화화 제안이 조금 당황스러웠다. 미야자키는 '20년 전에 말해줬더라면'이라고 생각했던 것 같다.

그런 상황을 지켜본 스즈키는, 미야자키를 제외한 다른 제작진이 《어스시 연대기》를 영화로 제작하는 방안을 떠올리고 2003년 가을, 연구회를 발족시켰다. 주최자는 스즈키이며, 그 멤버에 미야자키 고로도 있었다.

✒ 감독 '미야자키 고로'의 각오

영화 〈게드 전기 : 어스시의 전설〉의 감독은 처음부터 미야자키 고로로 결정된 것이 아니었다. 고로는 다음과 같이 말하고 있다.

원래 저는 지브리 미술관 관장의 자격으로 연구회에 참가했습니다. 조 언자라고나 할까요, 이야기를 시작할 수 있게 도와달라는 것이었습니다. 미술관 관장이라는 자리에서 누군가 젊은 세대가 감독을 맡으면 응원하고 싶고, 도움을 주고 싶은 마음도 있었습니다. 지브리 미술관은 스튜디오 지브리 없이는 성립할 수 없는데, 다카하타 (이사오), 미야자키 (하야오), 두 감독의 오랜 경력을 생각하면, 슬슬 스튜디오를 이을 새로운 인재가 등장해 지브리를 이어가지 않으면 곤란하니까요(웃음). 만약 젊은 세대가 나오기 어려운 분위기라면, 저와 같은 사람이 참가하여 분위기를 부드럽게 만들어주었으면 좋겠다고 생각했던 건데···. 일종의 '탄환'이라고나 할까요 (웃음). 하지만 제가 감독을 맡게 되리라고는 전혀 생각해 보지도 않았습니다. (중략) 처음 기획에 참여한 것도, 스즈키 도시오 프로듀서의 감독 제의를 수락한 것도 역시 《어스시 연대기》였기 때문이라고 생각합니다.

– 《로망 앨범 게드 전기 : 어스시의 전설》

한편으로 스즈키는 저서에서, 당시 상황을 다음과 같이 회고하고 있다.

미술관을 건립하면서 몇 가지 어려운 일이 있었는데, 고로 군은 그것을 착실하게 해결해 나갔습니다. 그 일 처리를 보고, 미술관이 완성된 후에는 관장으로서 운영을 책임지고 관리해달라고 부탁했습니다. 그런데 미술관 운영이 궤도에 올랐을 무렵, 그가 저에게 찾아와 이렇게 말했습니다.

"미술관을 그만두고 싶습니다."

그는 무에서 유를 창조하는 것에 흥미가 있었습니다. 완성된 것을 계속 유지하는 것에는 그다지 관심이 없었던 것입니다. 다만 미술관을 위해서는 그가 계속 미술관 관장을 맡아주었으면 했습니다. 어떻게 해야 할지 생각하고 있을 때, 마침 영화 쪽에 새로운 기획의 이야기가 들어왔습니다. (중략) 미야 씨는 〈하울의 움직이는 성〉의 제작으로 바빴기에, 감독을 지망하는 애니메이터와 저를 보좌하고 있던 이시이 도모히코를 비롯해 몇 명이 회의를 갖기로 했습니다. 그래서 고로 군에게도 멤버로 참석하라고 제안했습니다.

그에게도 기분 전환이 될 테고, 지브리가 앞으로 어떤 영화를 만들지는 미술관 운영에도 중요하다고 생각했기 때문입니다. 이야기를 건네자 그도 흔쾌히 수락했습니다.

－《지브리의 천재들》

일단 연구회에서 제기된 문제는, 외전을 포함해 총 6권인 장대한 원작 소설의 어떤 부분을 영화로 만들 것인지에 대한 것이었다. 이에 관해 고로는 다음과 같이 회고하고 있다.

기획의 준비 단계에서는 제1권이 소재였습니다. (중략) 하지만 도중에 '정말 제1권이 괜찮은가?'라는 의문이 들어, 새롭게 원작을 전부 다시 읽어 보았습니다. 그랬더니 어렸을 적엔 크게 재밌지 않았던 제3권이 다시 읽으니 너무 재미있는 것이었습니다. 제3권 〈머나먼 바닷가〉는 아저씨가 된 대현자 게드(하이타카)와 소년 아렌의 부족과 관련된 이야기인데, 제가 아저씨의 기분을 이해하는 나이가 되어버린 탓도 있겠지만 매우 인간미가 느껴져 친근감이 들었습니다. 그래서 솔직히 오히려 제3권을 영화화하는 게 더 재밌겠다고 생각했습니다.

– 《로망 앨범 게드 전기 : 어스시의 전설》

고로는 제3권 〈머나먼 바닷가〉에 주목하고 있었는데, 한편으로 스즈키도 또 다른 이유로 제3권의 영화화를 제안했다. 마법의 힘이 약해지고, 사람들이 무기력해진 나라 인라드를 무대로 하는 제3권은 마음의 문제를 다루고 있다. 고도 성장기에서 버블 붕괴를 지나, 사람들이 원하는 영화는 철학적인 주제를 담은 영화로 바뀌고 있다는 것을 감지하고 있던 스즈키는, 제3권이야말로 현대의 테마에 어울린다고 생각했다.

하지만 사람의 마음속에 있는 빛과 그림자의 갈등을 영화에 구현하기는 너무나 어려워, 기획은 난항을 겪었다. 그런 와중에 감독 후보였던 애니메이터가 프로젝트에서 빠지는 사태가 발생했다. 바라고 바라던 《어스시 연대기》의 영화화 프로젝트를 여기에서 그만둘 수는 없다고 생각한 스즈키는, 그때 처음으로 고로에게 감독을 해보지 않겠냐고 물었다. 그리고 고로는 그 제안을 받아들이기로 결심했다.

마침 그 무렵, 스튜디오 지브리는 〈하울의 움직이는 성〉의 다음 장편 작품을 어떻게 할지 결정해야 하는 시기를 맞이했다. 2005년, 스즈키는 《어스시 연대기》의 제3권을 중심으로 영화를 제작한다는 방침을 정식으로 결정했다. 그리고 2월 7일, 스튜디오 내에 공식적으로 《어스시 연대기》의 제작 준비실이 마련되었다. 이시이 도모히코의 제안으로 야마시타 아키히코, 오쿠무라 마사시, 다케시게 요지, 이나무라 다케시가 멤버로 모였다.

스즈키는 고로를 감독으로 추천한 이유에 대해 다음과 같이 말하고 있다.

객관적으로 말하면 무모한 이야기입니다. 애니메이션을 제작한 경험이 없는 사람을 갑자기 감독으로 발탁하는 것이니까요. 하지만 저는 그라면 할 수 있지 않을까 생각했고, 그도 그렇게 생각하는 분위기였습니다.

왜 그렇게 생각했을까요? 예전부터 마음에 걸렸던 의문이 제 안에서 다시 떠올랐습니다. 미술관의 일을 요청했을 때, 그는 쓸데없는 설명은 요구하지 않고, 두 가지로 대답하며 받아들였습니다. 아버지와 충돌하리라는 것은 이미 알고 있었고, 실제로 진행하는 과정에서 몇 번이나 문제가 생겼습니다. 그래도 그는 그것을 극복했습니다.

이번에도 그가 감독을 맡게 되면 분명 사람들은 "미야자키 하야오의 아들이라는 것만으로 감독이 될 수 있겠어?"라는 시선으로 볼 테고, 당연히 아버지와의 대립도 피할 수 없을 것입니다. 그런데도 그는 못 하겠다고 말하지 않았어요. 왜일까요? 영화 제작과 동시에, 제 안에서는 그 수수께끼를 푸는 것도 하나의 과제였습니다.

－《지브리의 천재들》

애니메이터로서의 경험도 없는 고로가 감독을 받아들인 이유는 무엇일까? 스즈키가 품고 있던 그 의문에 대해, 후에 고로는 사회학자인 우에노 지즈코와의 인터뷰에서 다음과 같이 대답했다.

감독 후보였던 사람이 그만두었을 땐, 공개는 이미 내년으로 정해져 있었고, 특별한 선택지가 없었는데 제게 "고로 군, 한번 해볼래?"라고 말하는 것이었습니다. 그 말을 들으니 해야만 한다는 마음이 마구 샘솟아, 해보겠고 말해버렸습니다. 물론 그동안 그림 콘티를 그려본 적이 없으니 "어떻게 하면 좋을까요?"라고 스즈키 프로듀서에게 묻자, 그는 "어깨 너머 본 대로 하면 돼"라고만 대답했습니다.

－《고로는 어디에서 오고, 어디로 가는 것일까?
(どこから來たのかどこへ行くのかゴロウは?)》

이렇게 고로가 감독으로 취임하기로 했지만, 영화 제작은 많은 제작진의 힘을 빌리지 않으면 완성할 수 없다. 초반에 '감독에 미야자키 고로'라는 말을 들은 사내외의 관계자들은 많은 의문의 목소리를 냈는데, 사실

아버지인 미야자키 하야오도 크게 반대했었다. 그런 의견을 잠재우기 위해 고로와 스즈키는 행동으로 옮겼다.

> 그러한 목소리를 누그러뜨리기 위해서는 일단 임팩트 있는 카피와 비주얼을 내세울 필요가 있었습니다.
>
> 그래서 고로 군에게 첫 번째 포스터에 넣을 주인공 아렌과 용을 그려보라고 했습니다. 작은 인간이 거대한 존재에 경외심을 드러내는, 그런 구도는 다양한 그림에서 볼 수 있는 테마입니다. 저는 이 그림이 완성도가 높으면, 영화도 잘 풀릴 것 같다는 예감이 있었습니다.
>
> 제가 한 조언은 '각도를 틀어라'였습니다. 아마 미야 씨가 이 장면을 그린다면, 정면 혹은 바로 옆에서 그릴 것입니다. 고로 군이 똑같은 스타일로 그리면 미야 씨도 불만을 터뜨리겠지요. 하지만 미야 씨가 절대 그리지 않는 구도로 그리면 어떨까요? 아니나 다를까, 그림을 본 미야 씨는 입을 다물고 말았습니다.
>
> ― 《지브리의 동료들》

이와 같은 경위로 고로의 손에서 탄생한, 용과 소년이 마주 보는 그림이 첫 번째 포스터가 되었다. 고로가 훌륭하게 완성한 그림을 보고 미야자키 하야오는 그제야 아들이 감독을 맡는 것을 허락했다고 한다.

또한 그 무렵 고로는 미야자키 하야오 감독이 '〈게드 전기 : 어스시의 전설〉을 할 정도라면 〈슈나의 여행〉을 하면 된다'라고 말하는 것을 다른 사람을 통해 전해 들었다. 앞에서 서술한 것처럼 원래 〈슈나의 여행〉은 〈게드 전기 : 어스시의 전설〉의 영향을 받아 쓰인 작품이지만, 그 말이 큰 힌트가 되어 '한 소년이 나라를 떠날 수밖에 없는 상황에서 여행하며 위대한 마법사를 만나고, 소녀를 만나면서 바뀌어 간다'라는 스토리의 골격이 구상되었다. 이 〈슈나의 여행〉은 스즈키의 제안으로 〈게드 전기 : 어스시의 전설〉의 캐릭터와 미술 설정의 바탕이 되고 있으며, 최종적으로 크레디트에는 원안이라고 표기되어 있다. 고로는 후에 "영화 〈게드 전기 : 어스시의 전설〉의 몸과 마음은 르 귄에게, 그리고 뼈는 미야자키 하야오에게 받았다."(극장용 팸플릿)라고도 말하고 있다.

나아가 이 작품의 세계를 결정지어야 할 때, 스즈키는 미야자키에게 호트웁의 그림을 그려달라고 의뢰했다. 결과적으로 미야자키의 이 그림은 작품의 방향성을 분명하게 하는 중요한 역할을 담당하였으며, 두 번째 포스터의 밑그림이 되기도 했다.

이 그림에 이끌리고, 또 이 그림의 세계관의 바탕이 되는 클로드 로랭의 그림을 참고하여, 영화 〈게드 전기 : 어스시의 전설〉의 세계가 준비 제작진의 손에서 점점 구체화되었다.

✒ 원작자 르 귄과의 대화

고로 감독이 제작을 시작하고 얼마 지나지 않았을 때, 미야자키와 스즈키는 《어스시 연대기》의 원작자인 르 귄을 만났다. 원래 르 귄은 미야자키 하야오가 《어스시 연대기》를 영화화해주기를 희망했다. 미야자키의 아들인 고로가 감독을 맡기 위해서는 일단 그녀에게 동의를 구해야만 했다. 이때 미야자키 하야오의 협력이 필요하다고 생각한 스즈키는 망설이는 미야자키를 설득해, 함께 르 귄이 거주하는 미국의 오리건주 포틀랜드로 향했다.

르 귄의 자택에는 그녀와 그녀의 아들 테오가 미야자키와 스즈키를 맞이해주었다. 미야자키는 〈바람 계곡의 나우시카〉부터 〈하울의 움직이는 성〉에 이르기까지, 자신이 《어스시 연대기》에 많은 영향을 받아왔다는 것, 그 작품을 영화로 만든다면 세부적인 사항까지 모두 이해하고 있는 자신 이외에는 없다고 생각한다는 것, 그러나 이 작품을 영화로 하기에는 자신이 너무 나이가 들었다는 것, 그리고 아들 고로와 여러 제작진이 이 작품을 만들고 싶어 한다는 것을 전했다.

아들과 제작진이 만드는 각본은 제가 전부 책임지겠습니다. 각본을 읽고 별로라고 생각하시면, 바로 그만두게 하겠습니다.

– 《지브리의 천재들》

마지막에 미야자키가 그렇게 말하자, 르 귄은 "아들이 만드는 각본에 모든 책임을 당신이 지겠다는 것은 어떤 의미인가요? 별로라고 생각하면 그만두게 하겠다는 것은 또 무슨 말이죠? 당신은 영화 제작을 허락받으러 온 게 아닌가요?"《지브리의 천재들》)라며 날카롭게 지적했다. 한동안 긴박한 공기가 흘렀지만, 대화에 동석한 그녀의 아들 테오의 도움으로 결국 르 귄도 고로가 영화화하는 것을 승낙했다. 스즈키는 미야자키의 당시 모습을 다음과 같이 회고하고 있다.

그녀는 잠시 침묵한 뒤, 미야자키 하야오의 손을 잡고 "당신의 아들, 고로 씨에게 모든 것을 맡기겠습니다"라고 말해주었습니다. 그 말을 들은 미야 씨는, 감격한 나머지 눈물을 흘렸습니다. 그 순간만큼은 아버지의 얼굴이었습니다.

– 《지브리의 천재들》

✒ 세련되지 않아도 좋다. 왕년의 명작이 가진 힘을 되살리고 싶다

5월 9일, 영화의 전체 시놉시스가 완성되었다. 시놉시스는 A4용지 1장 분량이었는데, 제3권을 중심으로 하면서도 제1권과 제4권, 그리고 외전의 요소도 중간중간 섞고, 심지어는 〈슈나의 여행〉도 근거로 하고 있다. 주인공은 게드가 아니라 왕자 아렌과 테루이며, 고로는 이를 작품으로 성립시킬 수 있다고 확신했다고 한다.

완성된 시놉시스는, 〈바다가 들린다〉의 각본을 쓴 니와 게이코에게 시나리오 작업을 의뢰하였으며, 5월 16일 제1원고가 완성되었다. 그 후 고로는 시나리오 수정과 함께 그림 콘티 작업을 시작했다. 고로는 그림 콘티 작업이 처음이라는 점에서 〈픽사 애니메이션 스튜디오'전〉 때 배운 픽사의 방법을 답습하게 되었다.

보통 그림 콘티 용지는 5컷을 한 장의 종이에 쓰는데, 픽사의 방법은 1컷을 한 장에 그리고 그것을 벽에 나란히 붙여 검토하는 스토리보드의 방식이다. 장면 연결과 카메라 무빙은 그동안의 지브리 작품의 그림 콘티를 참고했다.

완성된 스토리보드를 5프레임씩 나열해 붙이고, 기존의 그림 콘티 스타일로 다시 만드는 작업과 함께, 이 〈게드 전기 : 어스시의 전설〉에서는 라이카 릴도 굉장히 빠른 단계에서 제작되었다. 스토리 릴이라고도 부르는 라이카 릴은, 콘티 그림을 촬영하고 초 수에 맞춰 편집하여 임시로 소리까지 삽입한 일종의 데모 영상으로, 완성했을 때의 이미지를 파악하여 주로 시나리오를 검토하기 위해 만든다.

5월부터 8월까지는 시나리오와 스토리보드(그림 콘티), 라이카 릴을 동시에 작업하였으며, 시나리오에 대해서는, 콘티와 동시에 진행되었기 때문에 최종 원고는 아직 나오지 않은 상태였다. 또한 작화 감독인 이나무라 다케시의 캐릭터 설정과, 미술 감독인 다케시게 요지의 미술 보드 작업도 함께 진행되었는데, 그 사이 6월 24일에는 고로가 정식으로 지브리 미술관 관장 자리에서 내려와, 명실공히 영화에 전념하게 되었다.

주요 제작진에는, 위에 언급한 제작진 이외에도, 작화 연출에 야마시타 아키히코가 참가하였다. 작화 연출이라는 직함은 그동안 지브리 작품에서는 사용되지 않았는데, 캐릭터의 연기, 움직임에 대해 종합적으로 연출하고, 신인 감독을 뒷받침하기 위해 이 작품에서 설치된 것이었다. 또한 색채 설계에 야스다 미치요, 영상 연출에 오쿠이 아쓰시 등이 참가하며, 제작진은 그동안의 지브리 작품과 다르지 않았다.

이나무라는 처음에, 애니메이션을 제작했던 경험이 없는 고로의 감독 취임에 뿌리 깊은 우려를 품고 있었지만, 고로가 야마시타의 힘을 빌리지 않고 그림 콘티의 서두 20분을 완성하자, '이것은 프로다'라며 고로의 높은 완성도를 인정했다고 한다.

하지만 초보인 고로는 어떻게 프로가 감탄할 만한 그림 콘티를 완성할 수 있었을까? 앞에서 서술한 우에노 지즈코의 인터뷰에서 "그림 콘티는 이제껏 그려본 적이 없으니까요"라고 말했던 고로였지만, 한편으로 일로 너무 바빠 집을 자주 비웠던 아버지 미야자키 하야오의 그림자를 좇던 청소년기에는 아버지를 다룬 잡지 《아니메주》와 도쿠마 쇼텐에서 출간한 아버지의 그림 콘티 전집을 있는 대로 읽었다고 한다. 아버지에게 직접 가르침은 받은 것은 아니지만 집에 없던 아버지의 뒤를, 아버지 일의 다양한 것을 보고 자란 고로는 무의식중에 감독으로서의 기초를 몸에 익힌 것이다.

이렇게 8월 25일, 그림 콘티가 모두 완성되었다. 이번에 고로가 처음 감독을 맡았기에, 작화 작업을 시작하기 전 모든 그림 콘티를 갖추겠다는 목표를 세우고 준비 작업을 시작했는데, 무사히 그를 달성하고 9월 6

일 작화 작업을 시작했다.

〈게드 전기 : 어스시의 전설〉과 다른 지브리 작품과의 차이점이 바로 제작 기간이다. 이 무렵 지브리는 보통 제작에 2년 정도 걸렸는데, 이 작품은 처음부터 제작 기간을 짧게 하는 것이 목표였으며, 영화 개봉은 작화 작업을 시작하고서 1년도 지나지 않은 2006년 7월 예정이었다.

사전에 그림 콘티를 모두 완성하는 것을 목표했던 것은, 이 짧은 제작 기간을 달성하기 위해서이기도 하지만, 이러한 기간 설정은 제작비를 줄일 수 있을 뿐만 아니라, 집중력을 높이고 단숨에 만듦으로써 작품에 에너지를 불어넣는다는 목적이 있었다. 이는 신인 감독의 젊음에 기대했던 도전이었다.

고로는 이 영화의 목표를 제작진에게 설명할 때 '신고전주의'라는 단어를 사용했는데, 이는 쓸데없이 완성도를 추구하는 것이 아니라, 세련되지 않아도 괜찮으니 왕년의 명작이 가지고 있는 힘을 작품 속에 되살리고 싶다는 의미였다. 구체적으로는 다카하타와 미야자키, 두 감독의 출발점인 〈태양의 왕자 호루스의 대모험〉이나 〈바람 계곡의 나우시카〉 등을 의식하고 있다.

작화는 선을 늘리지 않고, 움직임에서 매력을 살리며, 배경은 사진과 같은 사실성이 아니라 그림 자체의 매력을 전면에 내세우고 싶었다. 그러나 이는 그저 단순화와 과거를 추억하는 것이 아닌, 작품에 에너지를 되찾겠다는 목적에서였다. 이 방침에 대해 고로는 다음과 같이 말하고 있다.

모두들, 완성된 세계 속에서 앞이 보이지 않는 막막함에 헐떡이고 있다. 애니메이션 영화의 세계에서도 젊은 사람들이 영화를 제작하는데, 어째서인지 거장이라고 불리는 사람들의 작품을 본보기로 삼아 완성도 높은 작품을 만드는 것만 생각하고 있다. 그러면 재미있는 것을 만들 수 없지 않을까? 그래서 나는 거장들이 만들어온 것의 원점이기도 한, 그들이 젊었을 때의 옛 느낌이 나는 것을 만들어 보기로 했다.

– 〈극장용 팸플릿〉

제작 과정은 절대 평탄하지 않았지만, 모든 작화 작업은 2006년 5월 17일에 종료되었으며, 미술은 그 전인 5월 6일 마무리되었고, 영상은 5월 23일에 완성했다. 그 시점에서는 아직 후시 녹음을 하는 중이었는데, 이는 꽤 독특한 일이다. 이는 제작 스태프가 속도감 있게 작업을 진행했다는 것을 보여준다.

🖋 작품의 존재 방식에 강하게 영향을 준, 데시마 아오이의 〈테루의 노래〉

〈게드 전기 : 어스시의 전설〉의 주제곡 〈시간의 노래〉와 삽입곡 〈테루의 노래〉를 부른 사람은, 당시 18세의 신인 가수인 데시마 아오이였다. 데시마가 〈The Rose〉를 포함한 스탠더드 넘버를 부른 데모를 들을 기회가 있었는데, 스즈키와 고로 모두 이미지와 잘 어울리는 순수한 데시마의 목소리가 마음에 들어 기용하게 되었다.

〈테루의 노래〉의 가사는, 어느 날 스즈키가 고로에게 들려준 하기와라 사쿠타로의 시 〈마음〉에서 영향을 받았다. 고로는 〈마음〉을 듣고 떠오른 생각을 가사로 썼으며, 작곡은 다니야마 히로코가 맡았다. 영화 제작 중에 완성된 이 곡은, 영화 중반의 전개에 중요한 의미를 갖게 되었으며, 작품 전체의 존재 방식에도 영향을 미쳤다.

게다가 본인이 희망하여, 데시마는 노래뿐만이 아니라 테루의 목소리도 담당하게 되었는데, 고로는 〈테루의 노래〉에 대해 극장용 팸플릿에서 다음과 같이 말하고 있다.

스즈키 프로듀서가 가사를 쓰라고 했습니다(웃음). 〈테루의 노래〉는 하기와라 사쿠타로 씨의 〈마음〉이라는 시를 참고하였습니다. 이 영화에 나오는 사람은 모두 고독합니다. 그런 이 영화의 감정을 〈마음〉이라는 시에서 그리고 있기 때문입니다. 사람은 혼자 제멋대로 살아가는 존재가 아닙니다. 부모에게서 받는 것이 있으면, 또 부모에게서 책임지고 떠맡는 것도 있습니다. 그리고 언젠가는 자신도 다음으로 이어지는 사람들에게 바통 터치 합니다. 그렇게 여러 사람에게 무언가를 나누기도 하고 받기도 하는 것이, 저는 인생이라고 생각합니다. 가사에도, 영화에도 그런 제 생각을 담을 예정입니다.

배경 음악을 맡은 데라시마 다미야는, 지브리 작품을 맡는 것은 처음이었지만, 영화 〈한오치〉에서 일본 아카데미상 우수 음악상을 받고, 편곡, 오케스트레이션에 높은 평가를 받는 작곡가다. 〈게드 전기 : 어스시의 전설〉에서는 오케스트라의 장대한 곡, 에스닉한 민족 음악풍의 곡을 잘 조합하여, 게드나 아렌이 틀림없이 존재한다고 느낄 수 있도록 다른 세계를 표현했다.

음악과 관련된 또 하나의 토픽이, 세계적인 백파이프 연주자 카를로스 누네스가 참여했다는 점이다. 〈게드 전기 : 어스시의 전설〉의 음악을 제작하던 중, 그가 일본에 방문한다는 소식을 접하고 큰 기대하지 않고 시범 삼아 요청했는데 그를 허락하면서 갑작스럽게 참가하게 되었다. 그가 스튜디오를 방문에 첫 음을 내뱉은 순간, 그 장소의 공기가 확 바뀌어, 마침 그 자리에 있던 모든 사람이 닭살이 돋았다고 한다. 카를로스 누네스 덕분에 영화 〈게드 전기 : 어스시의 전설〉에 세계는 더욱 넓어지게 되었다.

캐스팅과 관련해 주인공인 아렌 역에 아이돌 V6의 오카다 준이치를 기용했다. 예전에 오카다의 라디오 방송에 출연했던 스즈키가 그의 목소리가 인상이 남았는지, 캐스팅할 때 오카다를 떠올리고 고로에게 제안하자 바로 OK가 떨어졌다. 오카다는 올곧음과 위험함이 공존하는 아렌 역을 훌륭하게 소화했다. 테루 역에는 앞에서 서술한 대로 데시마 아오이가, 그리고 게드 역은 〈센과 치히로의 행방불명〉에 이어 스기와라 분타가 맡아, 대현인인 마법사 게드를 풍부하게 연기했다. 그 밖에도 불로불사에

사로잡힌 마법사 거미 역을 다나카 유코, 그 부하인 토끼 역을 가가와 데루유키, 게드의 옛 친구인 테나 역을 후부키 준이 연기했다.

✒ '아버지만 없었으면 살 수 있다고 생각했다.'

이렇게 제작된 〈게드 전기 : 어스시의 전설〉은 2006년 6월 28일, 첫 시사를 마치고 완성하여, 7월 29일 전국 도호 계열 영화관에서 개봉하였다.

'아버지만 없었으면 살 수 있다고 생각했다'라는 카피가 화제를 모았으며, 더욱이 영화 속에서 아렌이 아버지를 찌르는 '아버지 살인'을 그리고 있다는 것도 사람들에게 강한 인상을 남겼다. 사실 이 '아버지 살인'은 고로가 처음에 쓴 스토리에는 담겨 있지 않았지만, 프로듀서인 스즈키가 '아버지를 찌르는 것이 좋다'라고 제안하여 추가된 부분이었다. 스즈키는 그 의도를 다음과 같이 말하고 있다.

고로 군이 영화를 제작하는 이상, 역시 아버지 살인은 피할 수 없습니다. 저는 그렇게 생각했습니다. (중략) 다시 말해 〈게드 전기 : 어스시의 전설〉이라는 영화의 스토리에는 현실의 미야자키 부자 사이에 일어나고 있는 문제와 현대 사회의 문제가 동시에 투영되고 있는 것입니다.

게다가 저는 그것을 그대로 홍보에 녹였습니다. 그 상징적인 예가 '아버지만 없었으면 살 수 있다고 생각했다'라는 카피입니다. 이 작품에는 아무래도 프로듀서로서 내용 측면에 깊이 관여한 장면이 많았는데, 그래서 필연적으로 내용과 홍보가 밀접하게 연결되었습니다.

－《지브리의 동료들》

게다가 스즈키는 "근대화를 이룬 선진국은 어느 곳이나 금과 물건으로 넘쳐나거나 사람들은 과잉 소비로 나날을 보내고 있다. 이런 생활이 언제까지나 지속될 수 없다는 것을 알면서도, 거기에서 벗어날 수 없다. 특히 도시에서 생활하는 사람은 병적으로 소비에 홀려 있다. 하지만 대량 소비 사회의 끝은 이제 바로 앞까지 다가왔다. 지금이야말로 '보이지 않는 것'의 가치에 주목해야 하는 것이 아닐까?"《지브리의 동료들》라는 생각을 바탕으로, 원작 속에 있는 문구를 활용해 다음과 같은 보디 카피를 쓰고, 이 작품을 현대에 호소했다.

세계의 균형이 무너지고 있다.

사람들은 바삐 움직이고 있지만 목적은 없고,
그날에 비춘 것은
꿈인지 죽음인지 어딘가 다른 세계였다.

인간의 머리가 이상해지고 있다.

재앙의 근원을 찾는 여행을 떠난 대현인 게드는,

마음에 어둠을 지닌 소년, 인라드의 왕자 아렌과 만난다.

소년은 그림자에 쫓기고 있었다.

그림자를 두려워하는 아렌의 앞에

얼굴에 화상 흔적이 남은 소녀 테루가 나타난다.

생명을 소중히 하지 않는 녀석은 싫어!

미야자키 고로, 첫 번째 감독 작품,

이 여름, 사람과 용은 하나가 된다.

〈극장용 팸플릿〉

이런 스즈키의 홍보 방침에 더해, 카피라이터 이토이 시게사토의 '보이지 않는 것이야말로'라는 철학적인 카피도 호응을 얻어, 〈게드 전기 : 어스시의 전설〉의 홍행 성적은 7억 5,000만 엔으로 그 해 일본 영화 1위를 기록했다. 데시마 아오이의 삽입곡이자 데뷔곡인 〈테루의 노래〉를 돋보이게 한 덕에 이 곡은 스매시 히트를 기록했다. 곡을 영화의 주요 홍보 수단으로 인식하는 방법은 지브리의 다음 작품인 〈벼랑 위의 포뇨〉에서 더 적극적으로 활용하게 된다.

〈게드 전기 : 어스시의 전설〉은 스튜디오 지브리 독립 후 첫 장편 극장

용 작품이었지만, 신인 감독 미야자키 고로는 많은 제작진의 도움으로
작품을 완성하여, 기대에 부응했다.

제16장

사람이 손으로 그린
놀라움으로 가득 찬
〈벼랑 위의 포뇨〉

미야자키 하야오 감독 작품

벼랑 위의 포뇨

✒ 어린이용, 세토 내해, 오필리아, 보육원

〈벼랑 위의 포뇨〉는 미야자키 감독의 10번째 극장용 장편 애니메이션 작품이다.

벼랑 위의 외딴집에 사는 5살 소년 소스케는 집을 나온 아기 물고기 포뇨를 만난다. 자신을 도와준 소스케를 좋아하게 된 포뇨. 그리고 소스케도 포뇨를 좋아하게 된다. 하지만 포뇨는 아버지 후지모토의 손에 끌려 바닷속으로 되돌아가게 된다. 인간이 되고 싶은 포뇨는 아버지의 마법을 훔쳐, 소스케가 있는 인간 세계로 다시 가려고 한다. 하지만 마법의 영향으로 바다가 거세지면서 해일이 육지로 밀어닥치는데….

전작 〈하울의 움직이는 성〉은 해외 소설을 원작으로 했으나, 〈벼랑 위의 포뇨〉는 〈센과 치히로의 행방불명〉 이후 7년 만의 오리지널 원작.

프로듀서인 스즈키 도시오에 의하면, 이 작품의 기획은 다음과 같이 시작됐다고 한다.

지금은 잘 기억나지 않지만, 아마도 〈하울의 움직이는 성〉의 공개가 끝난 직후일 것입니다…. 미야 씨(미야자키 하야오)와 다음 작품에 관해 이야기를 나눌 때, 제가 "어린이가 보는 영화를 만들어봅시다"라고 말했습니다. 왜냐하면 〈하울의 움직이는 성〉에 나오는 캘시퍼와 마르클, 소피의 대화 장면이 '어린이 영화'로서 매우 좋았기 때문에, 그를 발전시킨 작품을 꼭 보고 싶다고 생각했습니다. 작품 전체에서 그렇게 한다면, 어린아이들이 정말로 기뻐할 것이라고요.

－《로망 앨범 벼랑 위의 포뇨(ロマンアルバム 崖の上のポニョ)》

〈벼랑 위의 포뇨〉의 기획은 일단 '어린이용'이라는 방향성이 결정된 순간부터 시작됐다. 원래는 나카가와 리에코와 오무라 유리코의 아동 문학 《싫어 싫어 유치원》을 다시 애니메이션으로 만들자는 의견도 있었는데, 이때 지브리의 사원 여행이 신작의 기획에 크게 영향을 미치게 되었다.

2004년 11월 20일. 딱 〈하울의 움직이는 성〉이 개봉하는 날, 지브리는 세토 내해의 도모노우라로 사원 여행을 떠나게 되었다. 그때 미야자키는, 그 지역 사람의 호의로 벼랑 위의 민가에 머무르게 되었는데 그 집을 매우 마음에 들어 하며, 다음 해인 2005년 봄, 약 2개월간 그곳에서 혼자 자취 생활을 한다. 집의 뒤편은 전면이 바다와 맞닿아 있고 전망이 좋아, 미야자키는 그곳을 매우 좋아했다. 미야자키가 그곳에서 지낸 이유는 원래 〈벼랑 위의 포뇨〉가 아닌 다른 기획을 준비하기 위해서인데, 결과적으로 그 작품 대신 〈벼랑 위의 포뇨〉가 탄생하게 되었다.

또한 그 시기에 미야자키는 〈벼랑 위의 포뇨〉로 이어지는 또 다른 하나의 영감을 받았다. 바로 나쓰메 소세키였다. 바닷가 마을의 집에는 신작을 준비하는 것 이외에는 아무것도 할 일이 없었다. 그래서 미야자키는 오래된 문학전집을 있는 대로 모조리 읽었는데, 그중에서도 재미있게 읽었던 것이 '나쓰메 소세키 전집'이었다.

스즈키는, 당시 미야자키와의 대화를 다음과 같이 회고하고 있다.

마을 구석에 있는 헌책방에서 책장을 찬찬히 둘러보던 미야 씨의 시선이 책 한 권에 머물렀습니다. 나쓰메 소세키의 《문》이었습니다. 주인공의 이름은 노나카 소스케. 아내와 남동생, 셋이 벼랑 아래의 작은 셋집에 살고 있는 남자입니다. 소설을 읽어나가는 동안, 미야 씨의 머릿속에 새로운 기획이 떠올랐습니다. 제가 미야 씨의 모습을 살피러 도모노우라에 갔을 때, 그는 "스즈키 씨, 아이디어가 떠올랐습니다. 제목은 〈벼랑 아래의 소스케〉입니다"라고 말했습니다. 그를 들은 저도 "오, 좋은데요?"라고 대답하고 이런저런 이야기를 하다가 "역시 벼랑 아래보다는 위가 좋겠군요"라며, 〈벼랑 위의 소스케〉라는 가제가 완성되었습니다.

– 《지브리의 천재들》

2005년 지브리는, 가을 무렵부터 미야자키의 신작, 미술관의 단편 작품 세 편을 제작하였으며, 일부 기간이 겹치기도 했지만, 여름이 지난 무렵부터는 미야자키 고로 감독 작품인 〈게드 전기 : 어스시의 전설〉에 집중하기 시작했다. 그해 미야자키는 미술관의 단편 이외에도 지브리 미술관의 기획 전시 〈'알프스 소녀 하이디'전〉과 〈하울의 움직이는 성〉의 해외 프로모션 등 다양한 일을 하고 있었는데, 그 일들을 하면서 동시에 머릿속으로는 〈벼랑 위의 포뇨〉의 기획을 진행하고 있었다.

그 후 2006년 2월, 미야자키는 영국으로 건너갔다. 로버트 웨스톨의 《블랙컴의 폭격기》(미야자키 하야오 편집)에 수록할 일러스트 에세이를 그리기 위한 취재 여행이었는데, 그때 테이트 브리튼 미술관에 들러 존 에버렛 밀레이가 그린 〈오필리아〉를 감상하고 충격을 받았다. 〈오필리아〉는 나쓰메 소세키도 감상하고 소설 《풀베개》에 등장시킨 유명한 그림이었는데, 미야자키가 받은 충격은 확실히 〈벼랑 위의 포뇨〉의 영상 제작에도 영향을 주게 되었다. 지브리가 하고 싶어 했던 것이 거기에 실현되어 있었다, 그것도 150년보다 더 전에. 이제는 더 이상 갈 길이 없다. 미야자키는 〈오필리아〉 그림을 보며 '정밀도를 높인 성숙함에서 소박함으로 선회하고 싶다'라고 감상하며, '처음 시작을 돌아갈 것'을 결심했다.

그리고 〈벼랑 위의 포뇨〉로 이어지는 중요한 요소 중 하나로 '사내 어린이집'이 있다. 미야자키는 꽤 오래전부터 어린이집을 만들고 싶어했다. 2002년 출간한 요로 다케시와의 대담집 《무시메와 아니메(虫眼とアニ眼)》의 첫머리에는, 오랜 기간 품고 있던 어린이집 계획이 컬러 그림으로 게재되어 있는데 실제로 그 후에 점점 커지는, 어린이집을 하고 싶다는

미야자키의 마음과 의욕이 〈벼랑 위의 포뇨〉의 기획으로 이어졌다. 《무시메와 아니메》에 게재된 계획에서는 보육원과 요양원이 인접해 있는데, 이는 〈벼랑 위의 포뇨〉에서 해바라기 어린이집과 해바라기의 집(어린이집과 재활 치료 센터)이 인접해 있는 것과 비슷하다. 그리고 영화의 준비 작업을 시작한 2006년 봄 무렵, 미야자키의 강력한 의사에 따라 지브리의 사내 어린이집도 〈벼랑 위의 포뇨〉와 동시에 진행되도록 실현을 위해 곧장 움직이기 시작했다. 그리고 2007년 3월에 착공, 영화가 완성되기 전인 2008년 4월에 '곰 세 마리의 집'으로 개원했다. 기본 설계는 물론 미야자키 하야오. 미야자키는 어린이집에 관해 다음과 같이 말하고 있는데, 이는 〈벼랑 위의 포뇨〉와의 연결고리가 선명하게 엿보이는 발언이다.

'어린이집을 만들고 싶다'라는 생각은 그냥 하는 아름다운 말이 아니라, 제가 아이들에게 도움을 받기 때문입니다. 아이들을 보면서 느끼는 것은 역시 희망입니다. '나이 든 사람은 작은 아이를 보고 있으면 행복한 기분이 든다'라는 것을 너무 잘 이해했습니다. 이것은 너무나도 큰 부분입니다. '문명의 말로'라든지, '대량 소비 문명의 몰락', '지각 변동기에 들어간 지구에 살 운명', 이런 비극적인 이야기를 아무리 논해도, 그럼 어떻게 해야 하는지 물어보면 답은 나오지 않습니다. (중략) 아이가 성장하여 어떻게 되는가 하면, 그저 시시한 어른이 될 뿐입니다. 어른이 되어도 대부분은 영광도 없고, 해피엔딩도 없는, 비극조차 애매한 인생이 있을 뿐입니다. 하지만 아이는 언제나 희망입니다. 좌절해 가는 희망의 영혼입니다. 답은 그것밖에 없습니다.

–《미야자키 하야오, 반환점 1997~2008》 중 '후기를 대신하여'

🖊 불안과 예민함의 시대이기에 원초적인 것을 그리다

이렇게 영화 〈벼랑 위의 포뇨〉로 이어지는 다양한 요소들이 있었으며, 2006년 봄 무렵 〈벼랑 위의 포뇨〉는 이미 〈게드 전기 : 어스시의 전설〉 이후 장편 애니메이션으로 제작이 결정되고, 미야자키는 4월부터 자신의 아틀리에에서 준비 작업을 시작했다. 그리고 5월에 작화 감독 곤도 가쓰야와 미술 감독 요시다 노보루, 두 명이 합류했다. 곤도는 〈마녀 배달부 키키〉와 〈추억은 방울방울〉에서 작화 감독, 〈바다가 들린다〉에서는 캐릭터 디자인과 작화 감독을 맡은 실력파 인물이다. 지브리 미술관의 단편 〈집 찾기〉에서는 연출 애니메이터도 담당했었다. 한편 〈모노노케 히메〉부터 지브리 작품에 참여한 요시다는 그 후 지브리의 사원이 되어 〈이웃집 야마다군〉, 〈센과 치히로의 행방불명〉에서 미술 감독 보좌를, 〈하울의 움직이는 성〉에서는 공동으로 미술 감독을 맡았으며, 〈기브리즈 에피소드 2〉와 지브리 미술관의 단편 〈고로의 산보〉에서 미술 감독을 담당했다.

미야자키는 곤도, 요시다와 함께 세 명이 이미지 보드와 미술 보드를 작성하기 시작했는데, 〈벼랑 위의 포뇨〉는 처음부터 그림체의 변화를 강하게 의식하였으며 곤도와 요시다를 기용한 이유도 영상이 매우 특징적인 다른 미술관의 단편인 〈집 찾기〉와 〈고로의 산보〉에서 보여준 성취 때문이었다. 그리고 미야자키는 6월 5일, 연출을 위한 각서를 탈고했다. 작품의 목표와 줄거리, 캐릭터가 정리된 기획서라고 해도 될 만큼 내용이 충실한 글이었는데, 글의 서두에는 다음과 같은 네 가지 사항이 열거되어 있다.

- ○ 극장용 장편 애니메이션, 목표 90분, 1,000컷
- ○ 대상: 어린이와 모든 사람
- ○ 내용: 이제껏 볼 수 없었던 공상 가득한 즐거운 오락 작품
- ○ 숨겨진 의도, 2D 애니메이션의 계승 선언

짤막한 길이지만, 단순하면서도 풍부한 내용을 목표로 할 것, 어린이를 첫 번째 대상으로 하면서도 전 세대가 볼 수 있는 영화로 만들 것, 그리고 무엇보다 즐길 수 있는 오락 작품일 것을 분명하게 밝히고 있으며, 미야자키의 예사롭지 않은 의욕이 돋보인다. 또한 '2D 애니메이션의 계승'이란 3D CG를 사용하지 않고, 모두 손으로 그림을 그리겠다는 선언이었다. '애니메이션'의 본디 뜻인 '숨을 불어넣는 것'이 이 작품의 테마 중 하나인 생명을 그리는 것과 직결되어 단순한 그림체의 변경이 아니라 영화의 테마를 실현하기 위한 필연적인 선택이라는 것을 엿볼 수 있다.

각서에는 위의 네 항목에 이어 '기획 의도'가 적혀 있다. 요약할 수 없을 정도로 감독의 의도가 응축된 문장인데(극장용 팸플릿에 '바닷가의 작은 마을'이

라는 제목으로 게재되었다), 그중에서도 특히 '포뇨가 떼를 쓰는 이야기이며, 동시에 소스케가 약속을 지키는 이야기다'라는 글귀가 눈길을 끈다. 그리고 결말의 한 문장, '소년과 소녀, 사랑과 책임, 바다와 생명 등 원초에 속한 것을 서슴없이 그려 예민함과 불안의 시대와 직면하려 한다'라는 이 영화의 목적을 더욱 단적으로 드러내고 있다(이 각서의 전문은 단행본 《미야자키 하야오, 반환점 1997~2008》의 '〈벼랑 위의 포뇨〉에 대하여'에 수록되어 있다).

7월이 되자 미야자키는 다시 일주일 동안 세토 내해의 도모노우라에 머물렀다. 도중에 곤도와 요시다도 합류하는, 로케이션 헌팅의 요소도 갖춘 여행이었다. 그리고 7월 중순, 세 명은 지브리 제1스튜디오의 2층으로 이사하고, 미야자키는 거기에서 그림 콘티를 작업했다. 색채 설계의 야스다 미치요, 영상 연출의 오쿠이 아쓰시 등 항상 함께하던 제작진도 준비 작업에 합류했다.

그림 콘티의 A파트는 9월 5일에 완성하였으며, B파트를 집필 중이던 10월 2일, 미야자키는 영상 부문의 제작진을 소집해 사내 설명회를 열고, 이 작품의 목표와 목적을 새로이 제작진에게 설명했다.

🖊 그림책과 같은 소박한 터치의 풍경화

앞에 서술한 것처럼 〈벼랑 위의 포뇨〉 영상의 가장 큰 특징은 3D CG를 하지 않은 것이다. 〈모노노케 히메〉 때 CG팀을 개설하여, 한정적인 형태이긴 하지만 3D CG를 사용해온 지브리였지만, 이번에는 모두 손으로 그림을 그려 움직임을 표현했다. 미야자키는 사내 설명회에서 다음과 같이 설명했다.

지나치게 밀도가 높아진 그림을 담백하게 하고, 애니메이션은 결국 움직여 가는 것이라는 점을 다시 한번 되찾고 싶었습니다. 역시 마지막으로 사람들이 매력적으로 느끼는 것은 손으로 그린 놀라움에 있다고 생각합니다. 손으로 그린 적당함이나 애매함, 아니면 어떤 종류의 기분이나 마음이 움직임 속에서 보인다는, 그러한 것이 애니메이션이 가진 매력의 근원이 아닐까요.

– 〈극장용 팸플릿〉

또 하나의 큰 특징은 배경을 그리는 방법이다. 지금까지 지브리는 배경 그림을 굉장히 치밀하게 표현해왔는데, 이번에는 큰맘 먹고 방침을 전환하여 그림책과 같은 소박한 터치로 배경을 그리고 있다. 반드시 모든 것이 똑바르고 올곧은 것이 아닌, 어딘가 둥글둥글한 느낌의 온화한 세계. 100% 손으로 그린 그림의 움직임과 이런 따뜻한 터치의 배경 그림이 잘 어우러져 보는 사람을 해방시키는 그림을 지향하고 있다. 미야자키는 전체적인 영화에 대해 다음과 같이 말하고 있다.

이 영화는 마치 바다가 생물처럼 전부 동화가 되고 있는 듯한 표현이 스토리에 온전히 녹아들면 재미있을 것 같은, 매우 스릴 넘치는 부분을 노렸습니다.

- 〈극장용 팸플릿〉

　그리고 사내 설명회 당일 바로 작화 작업을 시작하며 〈벼랑 위의 포뇨〉의 제작이 본격적으로 시작되었다. 〈벼랑 위의 포뇨〉는 손으로 그리는 것을 테마로 하고 있어, 최종 작화 장수는 17만 653장이 되었다. 이는 〈센과 치히로의 행방불명〉의 약 1.5배의 규모이며, 지브리 작품 사상 가장 많은 장수이다. 제작 기간도 〈센과 치히로의 행방불명〉에 비해 4개월 더 길다.

　음악은 언제나처럼 히사이시 조가 담당했다. 9번째 맡는 미야자키의 극장용 영화지만, 이번에는 풀 오케스트라에 코러스를 적극적으로 도입하고, 더 다이내믹하고 따뜻한 음악을 만들어내고 있다. 주제곡인 〈벼랑 위의 포뇨〉 또한 히사이시가 작곡하였으며, 작사는 작화 감독인 곤도 가쓰야가 담당하고, 미야자키가 보좌했다. 미야자키는 앞에 언급한 각서에서 '줄거리를 읽으면 마치 피와 숙명의 대서사시 같지만, 그는 골격에 불과하다. 사실 밝고 유쾌한 만화다. 노래가 필요했다. 예를 들어 포뇨의 노래'라고 쓰여 있는데, 이는 〈이웃집 토토로〉를 의식한 것이었다. 〈이웃집 토토로〉도 기획서 단계에서 모두가 부를 수 있는 주제곡을 삽입하고 싶다고 제안하였고, 그래서 명곡 〈산책〉과 〈이웃집 토토로〉가 탄생하게 되었다. 〈벼랑 위의 포뇨〉에서도 그런 주제곡이 탄생하길 바랐던 미야자키가 곤도 가쓰야에게 작사를 의뢰했다. 어린 딸이 있는 곤도가 적임자라고 생각한 것이다. 참고로 주요 제작진도 대부분 '포뇨'라는 캐릭터를 구체화하는 과정에서 곤도의 딸을 참고했다고 했으니, 그녀는 포뇨의 모델 중 한 사람이라고 해도 좋을 것이다.

✒ 주제곡을 부른 사람은 직장인

캐스팅에 관해, 소스케 어머니인 리사 역을 야마구치 도모코, 아버지인 고이치 역은 나가시마 가즈시게, 포뇨의 어머니인 그랑 맘마레 역은 아마미 유키, 아버지인 후지모토 역은 도코로 조지, 포뇨 역은 나라(코즈키) 유리아, 소스케 역은 도이 히로키가 연기했다. 포뇨의 여동생들의 독특한 목소리는 야노 아키코가 혼자 담당했다.

주제곡을 부른 사람은 후지오카 후지마키와 오하시 노조미. 아역으로 활약 중이던 오하시는 노래가 처음이었다. 후지오카 후지마키는 원래 일본의 코믹 밴드인 마리짱즈의 후지오카 다카유키와 후지마키 나오야가 결성한 '아저씨 엔터테인먼트'를 표방하는 듀오인데, 후지마키 나오야는 하쿠호도 DY미디어 파트너즈에서 스튜디오 지브리를 담당하는 현직 직장인이기도 했다. 후지오카 후지마키를 선택한 이유에 대해, 스즈키는 다음과 같이 말하고 있다.

후지마키 씨는 하쿠호도의 직원으로, 지브리 영화 제작 위원회의 멤버입니다. 그는 일을 하지 않아, 언제나 빈둥빈둥 놀면서 지내고 있었습니다. 그래서 어떻게든 그가 다시 일을 하도록 만드는 것이 제 인생의 과제이기도 했습니다.

그런 상황에서 포뇨의 주제곡 얘기가 나왔습니다. (중략) 게다가 두 딸이 있던 딸바보이기도 했습니다.

그래서 저는 일석이조의 방법을 떠올렸습니다. 그가 노래를 부르면 좋은 분위기의 곡이 될지도 모르는 데다, 주제곡을 부르면, 결국 그는 영화 홍보에 최선을 다해줄 수밖에 없을 것이라고 생각했지요.

－《지브리의 천재들》

그렇게 제작한 〈벼랑 위의 포뇨〉 음반은, 발매처인 야마하의 희망으로 영화 개봉 6개월보다 이전에 발매하기로 했다. 하지만 초도 물량 3만 장 가운데, 6월까지의 판매량이 3,000장에 불과할 정도로 판매량은 전혀 늘지 않았다. 도중에 야마하는 홍보의 지원을 제안했는데, 이에 찬성하지 않은 스즈키는 영화 개봉 직전부터 전례 없는 막대한 양의 광고를 펼치는 방침을 내세웠다. 그 의도에 관해 스즈키는 다음과 같이 말하고 있다.

GRP(Gross Rating Point)라는, 광고 노출량을 측정하는 지수가 있습니다. 음악의 최고치는 어느 정도인지 조사해보니, 거의 2,000GRP 정도였습니다. 그것을 1만 GRP까지 끌어올리면 어떻게 되는지 실험해 보고 싶은 마음이었습니다.

-《지브리의 천재들》

이렇게 이전에는 찾아볼 수 없는 양으로 홍보를 시작하자 그 효과는 바로 나타났다. 그때까지 3,000장밖에 팔리지 않았던 CD는 연일 1만 장의 속도로 팔려나가, 최종적으로 50만 장의 히트를 기록했다. 나아가 당시 유행했던 30초 정도의 핸드폰 벨소리 서비스의 다운로드 수는 495만까지 증가했다.

2008년 6월 25일 첫 시사를 마치고, 〈벼랑 위의 포뇨〉가 완성되었다. 개봉은 같은 해 7월 19일. 전국의 도호 계열의 281개의 스크린에서 개봉하고, 주제곡도 히트하면서 흥행 수익은 155억 엔을 달성하였으며, 그해의 최고 기록을 세웠다.

또한 2007년 10월부터 시작한 도쿄 FM의 라디오 방송 '지브리의 땀투성이'(일요일 밤 11시부터)도 새로운 홍보 채널로 활용했다. 주제곡이 처음 공개된 것도 이 라디오 방송이며, 〈벼랑 위의 포뇨〉 개봉 후에도 다양한 게스트를 초대해, 그 시점에 화제가 되는 지브리의 이야기를 다루고 있으며, 2023년 현재까지도 방송 중이다.

〈벼랑 위의 포뇨〉를 제작하는 동안, 기업으로서의 지브리에 몇 가지 변화가 있었다. 우선 2008년 2월 1일, 새로운 사장으로 호시노 고지가 취임했다. 도쿠마 쇼텐에서 독립한 후, 스튜디오 지브리의 사장은 줄곧 스즈키 도시오였는데, 스즈키는 제작에 더욱 전념하기 위해 사장 자리를 호시노에게 넘기고, 대표이사 겸 프로듀서로 취임했다. 호시노는 디즈니 일본 법인의 임원을 지냈던 인물로, 지브리와 10년이 넘는 친분이 있었다. 지브리를 사업 측면에서 뒷받침하기 위해, 스즈키의 제안을 받은 호시노는 사장직을 수락했다.

또 하나의 변화는, 2008년 4월에 시행된 지브리 미술관 직원의 정규직 전환이다. 스튜디오 부문은 〈추억은 방울방울〉 제작 중에 계약직 스태프를 정규직으로 전환했지만, 미술관 직원은 2001년 개관 이래, 기본적으로 아르바이트를 중심으로 운영되어왔다. 그러나 미술관 주인인 미야자키 하야오는 그것이 계속 마음에 걸렸다. 그래서 재정적인 부담이 증가했지만, 그 해에 드디어 미술관 직원도 정규직으로 전환했다.

그리고 그동안 꾸준하게 스튜디오 지브리에서 채색 부문의 책임자를 담당하고, 다카하타와 미야자키 작품을 오랜 기간 뒷받침해온 야스다 미치요가 〈벼랑 위의 포뇨〉를 마지막으로 자신의 소명을 다했다며 아쉬워하며 퇴사했다.

제17장

요네바야시 히로마사의
〈마루 밑 아리에티〉

인간에게 들켜서는 안 돼.

마루 밑 아리에티

✒ 활기찬 소인들의 생활을 현대로

미야자키 하야오 감독이 〈벼랑 위의 포뇨〉 이후 스튜디오 지브리의 극
장용 작품으로《마루 밑 버로우어즈》의 영화화를 제안한 것은 2008년 7
월, 바야흐로 〈벼랑 위의 포뇨〉가 극장에서 개봉될 무렵의 일이었다. 그
시점에 다음 작품에 관해 결정된 사항은 '젊은 제작진으로 꾸리자'라는
것. 당시 스즈키 도시오 프로듀서는 미국의 아동 문학 작가인 E. L. 코닉
스버그의《클로디아의 비밀》을 추천했는데, 이때 미야자키가 제안한 것
이《마루 밑 버로우어즈》였다.

40여 년 전 도에이 동화에 다니던 시절의 미야자키는《마루 밑 버로우
어즈》를 읽고 다카하타 이사오 감독과 영상화의 가능성에 관해 이야기한
적도 있었다. 그 후 A프로덕션으로 이직한 미야자키는, 다양한 작품을 제
작하던 와중에도 회사에《마루 밑 버로우어즈》에서 파생한 기획을 제안

한 적도 있었다고 한다. 당시 이 기획은 실현되지 못했지만, 그 후로도 미야자키의 마음속에는 줄곧 《마루 밑 버로우어즈》가 남아 있었고, 수십 년이 지난 후에야 지금의 제안에 이른 것이다. 미야자키가 가장 인상 깊었던 것은 '아리에티'라는 주인공의 이름. 2008년 7월 30일에 작성된 이 기획서의 제목이 '작은 아리에티'라는 것을 보면, 미야자키가 그 이름에 꽂혀 있었다는 것을 알 수 있다.

여름에서 가을이 되고, 다음 작품을 결정해야만 하는 시기가 왔다. 결국 스즈키는 미야자키의 의견을 수용해 자신의 기획을 철회하였으며, 2008년 10월 하순 내부적으로 《마루 밑 버로우어즈》의 영화화가 결정되었다. 하지만 기획서의 타이틀에는, 미야자키가 이 작품의 중요 포인트 중 하나라고 생각했던, 원작의 '마루 밑'이라는 표현이 사용되지 않았다. 그래서 스즈키가 미야자키에게 제안하여, 최종적으로 영화 제목은 〈마루 밑 아리에티〉가 되었다.

여기에서 잠시 원작에 대해 다루자면, 저자는 1903년 영국 출생의 여성 작가인 메리 노튼이다. 그녀는 세계 공황으로 남편의 회사가 도산한 후, 심지어 제2차 세계 대전의 영향으로 아이 4명과 함께 포르투갈, 영국, 미국, 그리고 또 영국으로 각국을 돌아다니며 살았는데, 그 사이 여배우로도 활동하는 등 우여곡절이 많은 인생을 보내온 사람인 듯했다. 그런 상황에서 아이들을 위한 판타지를 쓰기 시작했고, 1943년 발표한 《마법의 침대 손잡이》가 좋은 평판을 받아 시리즈화되었으며, 1952년에 발표한 《마루 밑 버로우어즈》는 카네기상을 받았으며 4개의 속편이 나올 정도로 많은 사랑을 받는 시리즈가 되었다.

이 작품에 등장하는 소인들은 크기가 작을 뿐, 마법이나 특별한 능력을 지니고 있지는 않다. 그리고 인간의 눈을 피해 조용히 지내고, 필요한 것은 인간에게 조금씩 '빌려', 지혜와 연구로 살아가는 사람들이다. 다양한 시련을 헤쳐나가고 열심히 살아가는 소인들의 존재 방식은, 저자의 인생을 짙게 반영하고 있으며, 또 분수에 맞는 생활상은 대량 소비 문명에 대한 비평도 포함된 듯했다. 미야자키는 앞으로 점점 더 살아가기 힘들어지는, 그런 시대야말로 이 작품을 받아들일 수 있다는 생각에 이 기획을 제안했다. 미야자키는 기획서의 마지막 부분에 '혼돈과 불안의 시대를 살아가는 사람들에게 이 작품이 위로와 격려를 가져다주기를……'이라고 적고 있다.

✒ 신인 감독을 추천

이렇게 원작은 정해졌다. 그렇다면 감독은 누가 맡을 것인가? 당시 미야자키와의 대화를, 스즈키는 다음과 같이 말하고 있다.

미야 씨는 도에이 동화 시절에 조합 운동을 오래 해온 탓인지, 정식적인 이야기를 할 때는 속마음이 아니라 표면적으로 말하는 습관이 뼛속까지 새겨져 있었습니다. 그러므로 자신이 발안자라는 사실은 잊어버리고,

"스즈키 씨, 회사의 책임자로서 감독은 어떻게 할 생각이죠?"라고 말했습니다.

그때 문득 '마로'라는 별명을 가진 요네바야시 히로마사가 떠올랐습니다. (중략) 저도 그때까지 요네바야시에게 감독을 시키려는 생각은 없었습니다. 하지만 미야자키의 마음에도 없는 말들에 화가 나 있던 저는, 미야 씨가 가장 곤란해할 만한 이름을 꺼내자는 나쁜 마음도 아주 조금은 있었습니다(웃음).

— 《지브리의 천재들》

요네바야시는 1996년 정기 채용으로 지브리에 입사한 애니메이터. 지브리의 중견 제작진 중에는 제일이라고 말해도 좋을 정도로 역량이 뛰어났으며, 〈벼랑 위의 포뇨〉(2008)에서는 포뇨가 마법의 힘을 얻어 물고기와 함께 지상으로 향하는, 이른바 '포뇨가 오는' 장면을 담당하며 미야자키를 감탄하게 하는 성과를 보여주었다. 미타카의 숲 지브리 미술관의 오리지널 단편 〈메이와 아기 고양이 버스〉(2002)에 한 명의 연출 애니메이터로서 참가하고, 상설 전시의 '필름 빙글빙글'의 영상 〈진화론〉(2008)에서 그림 콘티와 연출을 담당한 적도 있었지만, 감독을 맡은 경험은 물론 없었다.

순간적으로 '마로'라고 불리는 요네바야시의 이름을 떠올리긴 했지만, 사실 그때까지 스즈키는 요네바야시와 대화를 나눈 적이 많지 않았다. 하지만 그의 작업 태도나 평상시의 행동에 무언가가 있었기 때문에, 그

순간 이름이 나왔을 것이다. 요네바야시의 이름을 들은 미야자키도 처음
에는 놀랐지만, 바로 그에 수긍하여 "좋네요, 알았습니다. 내일 바로 부르
죠!"라고 대답했다고 한다. 역시 요네바야시는 그렇게 생각하게 하는 무
언가를 가지고 있는 사람이다.

참고로 '마로'라는 별명은, 서글서글하고 침착한 태도가 헤이안 시대의
귀족을 떠올리게 한다는 이유로, 입사 직후부터 사내에서는 그렇게 불리
고 있었다.

무언가가 결정되면 움직임이 빠른 지브리. 미야자키와 스즈키는 스튜
디오 근처의 미야자키의 아틀리에로 요네바야시를 불러, 설득을 시작했
다. 원작을 보여주며 갑자기 "마로, 다음 작품은 네가 감독을 해라!"라고
말을 꺼낸 미야자키에게 요네바야시는 "감독은 확고한 사상이나 주장이
있어야 하지 않나요? 저는 그런 게 없습니다"라고 대답했다. 그에 입을
모아 "그것은 원작에 있다"라고 말하는 미야자키와 스즈키에 대해, 요네
바야시는 대답이 없었다고 한다.

어쨌든 우선 요네바야시가 원작을 읽어보기로 했다. 마침 그 시기는 니
시 지브리(아이치현 도요타시의 도요타 자동차 본사 공장의 방 하나를 빌려, 20여 명의
신인 애니메이터를 3년에 걸쳐 양성하려는 시도)의 연수생 선발이 한창이었는데,
당시 담당자 중 한 명이었던 요네바야시는 연수생을 선발하는 가운데 책
을 읽기 시작했다. 하지만 단숨에 읽지는 못하고, 그냥 책상 위에 책을 올
려두고 있었다. 그러자 미야자키와 스즈키가 교대로 요네바야시를 찾아
와, 빨리 읽으라며 재촉했다. 하는 수 없이 원작을 다 읽은 요네바야시는

읽고 보니 너무 재미있었고, 소인들 생활의 다양한 연구와 그 섬세한 묘사가 인상적이었던 것 같았다. 결국 며칠 후 요네바야시는 〈마루 밑 아리에티〉의 감독을 맡기로 결심했다.

당시 35세, 지브리 최연소 감독의 탄생이었다. 이렇게 2008년 11월을 시작으로 〈마루 밑 아리에티〉의 기획은 움직이기 시작했다.

지브리에서는 기획은 감독 주도로 결정하고, 제작도 감독 중심으로 진행하는 경우가 많았다. 지브리는 이른바 감독 중심주의였지만, 그것은 다카하타와 미야자키라는 범접할 수 없는 재능을 가진 감독이었기에 존재하는 것이었으며, 일반적으로는 프로듀서가 기획을 세우는, 기획 주도로 제작되는 경우가 더 많았다. 이번 지브리에서는 〈마루 밑 아리에티〉를 기획 주도의 작품으로 만들기로 했다. 젊은 감독의 작품이기에 기획자인 미야자키가 조언과 시사를 주며, 요네바야시 감독 등 신진 제작진을 중심으로 영상화하게 되었다. 미야자키의 기획서는 처음부터 젊은 사람의 제작을 전제로 하고 있었으며, 거기에는 이미 무대를 영국에서 현대 일본으로 옮긴다는 것이 적혀 있었다. 일본에 살고 있기에 일본을 무대로 해야 한다는, 〈이웃집 토토로〉 이후의 큰 경향도 있겠지만, 상황을 꿰뚫고 있는 현대 일본을 그리는 것이 제작이 훨씬 수월해지는 것을 의도한 것이었다.

2008년 11월 17일, 제1스튜디오 3층에 〈마루 밑 아리에티〉의 준비실이 마련되었다. 기획의 시나리오화, 설정 만들기를 해야 하는 요네바야시와 그 외의 여러 젊은 제작진이 책상을 마주 앉아 준비 작업을 시작했다.

미야자키는 그곳을 빈번하게 방문하며, 〈마루 밑 아리에티〉의 골격이 되는 다양한 설정을 이야기하거나 힌트를 주며 멤버들을 계속 자극했다.

✒ 지브리의 새로운 체제를 위한 준비

같은 시기, 미야자키는 지브리의 향후 3년에 관한 구상을 정리해 사내에서 여러 번에 걸쳐 미술관 직원을 포함한 모두에게 설명하는 자리를 마련하고 있었다. 지브리에서는 처음 있는 일이었다. 회사 규모가 점점 커지고, 〈벼랑 위의 포뇨〉가 대성공을 거두었지만, 스튜디오를 둘러싼 정세는 더욱 엄격해졌다. 지금 수준의 제작비를 유지할 수 있는지 불안감도 컸고, 제작진의 연령대가 서서히 높아져, 지브리는 전환기를 맞이하고 있었다. 그래서 미야자키는 앞으로의 방침을 더욱 구체적으로 해야 한다고 생각했던 것 같다.

그 설명회에서 미야자키는 다음과 그 다음 장편은 젊은 제작진으로 꾸린다는 것, 그리고 다음 작품은 〈마루 밑 아리에티〉로 결정되었다는 것을 설명했다. 젊은 제작진의 도입에 관해서도 적극적으로 언급하며, 연수생 선발이 끝난 다음 해인 2009년 4월에 시작할 예정인 '니시 지브리'와 내년에 신입(2010년 입사)을 많이 채용할 예정이라는 것도 전했다.

이때 '젊은 제작진으로 3년간 2편 제작'의 구상은 그 2편 다음 작품은 미야자키 하야오의 대작 제작을 의식하고 있으며, 실질적으로 5개년 계획이라고 말해도 좋은 것이었다. 2010년 〈마루 밑 아리에티〉(감독 요네바야시 히로마사), 2011년 〈코쿠리코 언덕에서〉(감독 미야자키 고로), 그리고 2013년 미야자키 하야오 감독의 〈바람이 분다〉로, 2009년부터 5년 동안은 이때의 구상대로 전개하게 되었다.

〈마루 밑 아리에티〉의 준비실에서는 연일 검토가 이어지고, 더 구체적인 시나리오 구성안과 설정안의 작성을 시도했지만, 결국 각본은, 미야자키 고로와 〈게드 전기 : 어스시의 전설〉의 시나리오를 공동으로 집필했던 니와 게이코에게 참가를 요청해 이번에는 미야자키 하야오와의 공동 집필로 결정되었다.

2008년 12월 20일 첫 번째 각본 회의가 열렸으며, 이는 다음 해인 2009년 1월 27일 7번째 각본 회의까지 이어졌다. 스튜디오에 주 1~2회 정도 방문하는 니와와 미야자키를 중심으로 스즈키 등이 참여하는 각본 작성을 위한 회의였다. 미야자키가 필두로 한 이야기의 내용을 니와가 정리하여 문장으로 만들고, 적절하게 더하고 수정하며 집필하였는데, 여기에서 니와의 일 처리에 관해 후에 스즈키는 감탄하며 다음과 같이 서술했다.

미야 씨라는 사람은 처음에 전체 '틀'을 만들고, 그리고 세부를 메워나가는 방법은 불가능한 사람입니다. 순서대로 하나하나 세부 설정을 만들어 가는 것이지요. 게다가 세부 설정은 전체에 영향을 주기 때문에, 하나의 아이디어에서 스토리가 만들어졌어도, 하룻밤 자고 일어나 세부 내용을 바꾸면, 전체가 완전히 달라져 버립니다. 그것을 몇 번이고 반복합니다. 조령모개[26] 정도가 아니라, 아무렇지 않게 하루에 세 번 바꾸기도 합니다. 지금까지 몇몇 시나리오 작가는, 이런 설정 변경이 싫어 미야 씨에게 일단 '틀'을 만들라고 제안했지만, 잘 고쳐지지 않았습니다. 하지만 니와는 그런 불평을 전혀 하지 않고 계속 시나리오를 써 내려갔습니다.

- 《지브리의 천재들》

이러한 니와의 분투 덕분에 1월 말에 제3원고가 완성, 그것이 최종 원고가 되었다. 짧은 기간에 여기까지 순조롭게 시나리오 제작이 진행되는 것은 매우 드문 일이라, 미야자키는 니와에게 고마워했다고 한다.

미야자키 작품은 그림 콘티가 시나리오이기도 하여, 그림 콘티 작업 중에 제작을 시작하는데, 그것은 실사, 애니메이션을 불문하고 지극히 이례적인 스타일이며, 신진 감독을 기용하는 체제에서는 제작 시작 전에 시나리오의 완성은 당연한 전제였다. 이런 시나리오 집필 과정에서 주인공 소녀 아리에티와 소년 쇼우의 만남과 교류, 굳이 말하자면 담담한 사랑이 작품의 중요한 기둥이라는 것이 확실해졌다. 참고로 '쇼우'라는 소년의 이름은 니와의 의견이었다.

한편 요네바야시가 아리에티, 호밀리, 포드 등의 캐릭터를 설정하고, 미야자키도 그에 동의했다. 특히 아리에티는 다양한 캐릭터 설정을 검토

---

26) 아침에 명령을 내렸다가 저녁에 다시 고친다는 뜻.

했다. 조금 언니처럼 성숙한 아리에티, 아직 어린 느낌의 아리에티, 귀여움이 강조된 아리에티, 아니면 나우시카를 떠올리게 하는 여전사 느낌의 아리에티 등.

〈바람과 함께 사라지다〉의 스칼렛 오하라를 좋아하던 요네바야시는, 영화를 참고하여 그리기도 했다고 하는데, 미야자키에게 아리에티를 사람으로서 제대로 그리고, 종아리도 꼼꼼하게 그리고, 건강하고 육감적으로, 꼿꼿하게 서 있는 소녀, 긴장감을 안고 살아가는 소녀의 모습 등의 충고를 받고, 결국 활동적이면서도 가정적이기도 한 사춘기 소녀의 흔들리는 마음을 표현한 현재의 모습으로 정리되었다.

최종 원고가 완성될 무렵에는, 드디어 그림 콘티도 착수하게 되었는데, 지금까지의 지브리 작품 중에는 다카하타 이사오, 미야자키 하야오, 미야자키 고로를 제외하고 스스로 그림 콘티를 그린 감독은 거의 없었다. 천재 애니메이터였던 곤도 요시후미가 감독한 〈귀를 기울이면〉조차 그림 콘티는 미야자키가 그렸다. 그런데 이번에는 "그림 콘티는 어떻게 할래?"라는 스즈키의 물음에, 요네바야시는 "제가 하겠습니다"라고 확실하게 말해, 요네바야시 본인이 그림 콘티를 담당하게 되었다.

제1스튜디오 3층 준비실은 2009년 1월 30일 해산하여, 요네바야시는 스튜디오 외부의 방에 틀어박혀 그림 콘티 집필에 전념했다. 이는 미야자키로부터 요네바야시를 지키기 위한 스즈키의 계획이었다.

"그림 콘티는 제가 하겠습니다"라는 마로의 말에, 미야 씨는 "좋아. 남자다운 선택이군. 나는 어떤 간섭도 하지 않겠네"라고 대답했습니다. 하지만 그것을 진심으로 받아들였다가는 호되게 당한다는 것을 알고 있었기에 저는 스튜디오 근처에 아파트를 하나 빌려, 그곳으로 마로를 격리시켰습니다.

- 《지브리의 천재들》

처음에는 어림잡아 시작한 그림 콘티 작업이었지만, 요네바야시는 서서히 그림을 갖춰갔다. 그리고 요네바야시는 그림 콘티를 미야자키에게 보여주지 않기로 했고, 스즈키와 상담하며 작업을 진행했다. 4월 18일, 아직 완성 전이지만 어느 정도의 수준이 되었다고 생각해 다시 스튜디오로 돌아온 요네바야시는 주요 제작진의 공간에서 그림 콘티 집필을 계속했다.

그 무렵 스즈키의 요청으로 미야자키는 설정 그림이 되는 이미지 보드를 수십 장 그려 전달했다. 또한 원래 작화 감독은 베테랑인 가가와 메구미, 야마시타 아키히코, 두 사람이 예정되어 있었으며, 그 외 주요 제작진도, 미술 감독은 다케시게 요지와 요시다 노보루, 색 지정은 모리 나오미, 영상 연출은 언제나처럼 오쿠이 아쓰시로 결정되었다. 그리고 이 무렵부터 미야자키의 관여가 줄어들고, 제작이 본격화된 뒤로는 아예 터치하지 않았다. 이때 미야자키는 2009년 5월 23일에 시작하는 지브리 미술관의 기획 전시 〈'벼랑 위의 포뇨'전〉의 작업에 주력하고 있었다.

5월 15일, 제작진을 위한 작품 설명회가 열리고, 18일 드디어 작화 작업에 들어가며 본격적인 제작이 시작되었다. 요네바야시는 우선 그림 콘티의 완성에 집중했다. 1년이 채 되지 않는 제작 기간이었기에, 이 작품에서는 그림 콘티를 빠르게 완성하여 제작 속도를 올리는 것이 목표였는데, 요네바야시의 열정으로 작화 작업을 시작하고 1개월 후인 6월 19일, 그림 콘티가 완성되었다. 이후 요네바야시는 그 그림 콘티에 따라 약 1년 동안 오로지 화면 만들기에 주력했다.

✒ 새로운 지브리 작품의 탄생

2009년 4월 무렵, CD 한 장이 스즈키 앞으로 도착했다. 보낸 사람은 프랑스 브리타뉴 지방 출신의 아티스트 세실 코르벨이었다. 지브리에는 다양한 CD가 빈번하게 도착했는데, 스즈키가 그를 듣는 일은 거의 없었다. 하지만 이번 작품의 주제곡을 고민하고 있던 스즈키는 그때 우연히 세실의 CD를 듣고 그 자리에서 바로 그녀의 발탁을 결심했다. 요네바야시에게도 들려주자 그 또한 크게 마음에 들어 하며 우선 세실에게 연락해보기로 했다. 편지에는 연락처가 적혀 있지 않았지만, 홈페이지를 찾아 메일을 보냈더니 다음날 바로 답변이 왔다. 그렇게 세실과의 대화가 시작되어, 5월에는 정식으로 세실에게 주제곡을 의뢰했다. 지브리 작품에서 해외 아티스트에게 주제곡을 의뢰한 것은 〈마루 밑 아리에티〉가 처음이었다.

세실은 후에 주제곡이 되는 〈아리에티의 노래(Arrietty's Song)〉와 그 외의 여러 이미지의 데모곡을 만들어 일본에 보내왔는데, 그를 들은 스즈키는 배경 음악도 세실에게 맡기기로 결심했다. 이 영화는, 오케스트라가 연주하는 장엄한 곡은 어울리지 않는다. 켈트 음악이 흐르는 세실의 어쿠스틱하고 단순한 곡이 배경 음악에 적합하다고 생각했다. 그런 의견에 요네바야시도 동의하여, 그 뜻을 다시 세실에게 전하자, 세실도 흔쾌하게 승낙했다. 그렇게 데모곡 만들기가 계속되었다.

2009년 9월 일본을 방문한 세실은 회의에서 일본어로 주제곡을 부를 것을 먼저 제안했다. 귀국 후, 세실은 시범으로 데모곡을 만들어주었는데 매우 완성도가 높아, 주제곡은 일본어와 영어, 두 가지 버전으로 녹음하고 일본어 버전을 메인으로 하기로 했다.

2010년 5월 2일부터는 스튜디오 지브리의 시사실에서 후시 녹음이 진행되었다. 아리에티 역에 시다 미라이, 쇼우 역에 가미키 유노스케, 호밀리 역에 오타케 시노부, 사다코 역에 다케시타 게이코, 스피라 역에 후지와라 다쓰야, 포드 역에 미우라 도모카즈, 그리고 하루 아줌마 역에 키키 키린이라는 실력파 군단이 캐스팅되었다. 5월 19일 후시 녹음은 끝났으며, 비슷하게 5월 29일에 채색과 촬영이 모두 끝나며, 영상 작업도 완료했다. 그렇게 6월 24일 첫 시사를 맞이하였으며, 영화가 드디어 완성됐다. 첫 시사를 마치고 미야자키는 시사실 내에서 우두커니 서서 요네바야시의 오른팔을 높게 들어 올리고 "마로, 수고 많았다"라고 말하며 제작진 앞에서 그를 치하하고 위로했다. 이렇게 젊은 감독의 손에서 신선하고 생기 있는 지브리 작품이 탄생했다.

✒ 전시회×영화의 상승효과

영화를 완성하면, 다음 과제는 홍보다.

이전 작품인 〈벼랑 위의 포뇨〉의 프로모션으로 전국의 영화관을 순회
했을 때, 스즈키는 깨달았다. 기존의 극장 홍보에서 포스터와 함께 주로
활용했던 '스탠디'라고 불리는 입체 간판이 어느 극장에서도 잘 보이지
않았다. 대신 '배너'라고 불리는, 극장 벽에 붙이는 몇 미터 폭의 현수막과
같은 거대 포스터가 등장했다. 그래서 스즈키는 〈마루 밑 아리에티〉의 홍
보 중 하나로 배너를 활용하기로 결심했다.

그 무렵에는 전국의 주요 영화관이 거의 복합 상영관으로 바뀌었습니
다. 그리고 그로 인해 계속 감소했던 스크린 수가 회복되고 있었습니다.
1950~60년대에는 7,000개가 넘었던 극장이, 영화 산업의 사양화와 함께
급감하여 한때는 2,000개를 밑돌았습니다. 하지만 복합 상영관으로 바뀌
고, 하나의 영화관이 여러 개의 스크린을 보유하게 되면서 2010년 스크린
수는 3,400개까지 증가하였습니다.

하나의 복합 상영관은 보통 7~8개의 스크린을 보유하고 있습니다. 그
렇게 되면 동시에 5~10개의 영화를 상영하게 됩니다. 극장 측은 그 영화들

을 똑같이 홍보하지는 않습니다. 반드시 그 시기의 '추천 영화'가 있고, 극장 벽은 그 작품의 배너 현수막으로 가득 차게 되는 것입니다.

당시 히트하고 있던 〈캐리비안의 해적〉 시리즈는 등장인물 한 명 한 명의 배너를 제작해, 한쪽 벽면에 걸어두었습니다. 그런 상황에서 스탠디를 덩그러니 놓아두어도 전혀 승부가 되지 않습니다.

〈마루 밑 아리에티〉에서는 '어차피 배너 현수막을 만들 계획이면, 가장 크게 만들자'라는 마음으로 10.5×1.8미터의 거대한 현수막을 제작했습니다. (중략) 작은 크기도 만들고, 어쨌든 배너 현수막을 배포하여 극장을 '아리에티'로 가득 물들이는 작전을 펼쳤습니다.

– 《지브리의 동료들》

이렇게 만들어진 배너 현수막은 푸르른 정원 가운데 신장 10센티의 아리에티가 숨어 있는 그림이 그려졌고, '인간에게 들켜서는 안 돼'라는 작품의 카피를 비주얼화한 것으로 화제를 모았다.

극장 홍보에 주력하면서도, 스즈키는 홍보 측면에서 디지털과 아날로그의 균형에도 새로운 사고를 도입하기로 했다. 기존의 홍보는 신문 광고 등 아날로그 중심이 주류였지만, 인터넷의 성장에 따라 모든 정보의 절반을 디지털로 하는 방침을 내세운 것이다. 여기에는 스즈키 나름의 논리가 있었다.

포인트는 '반반'이라는 것입니다. 반대로 말하면 아직은 아날로그도 확실히 해야만 한다고 생각합니다.

예를 들어 아날로그의 대표적인 수단이 신문입니다. 저는 지금까지 줄
곧 신문 광고에 힘을 실어 왔습니다. 신문 구독자층을 보면 중심이 되는
세대가 50대에서 60대, 70대로 올라가고 있습니다. 그 데이터를 보고 '신
문 광고는 이제 그만하고, 인터넷에 집중하자'라고 말한 광고 관계자도 있
었습니다. 하지만 제가 감히 말씀드리자면, 그건 난센스입니다. 다른 시각
으로 보면 연배가 있는 사람들은 신문에서 정보를 얻고 있기 때문입니다.
특히 지브리 영화는 모든 세대를 대상으로 하고 있습니다. 신문을 사용하
지 않을 이유는 없다고 생각했습니다. (중략)

'홍보비가 적으니 신문을 제외한다'가 아니라 '홍보비가 적으니 신문에
사용한다' 그런 발상으로 결과가 달라지는 영화도 꽤 있지 않을까? 저는
그렇게 생각했습니다.

– 《지브리의 동료들》

스즈키는 특히 영화 특집이 편성된 아사히 신문의 석간을 중요하게 생
각했다. 미니 시어터와 같은 영화관에서는 금요일에 광고하면 토요일의
수치가 올라간다는 데이터도 나왔다.

또한 전시회도 작품의 홍보에 공헌했다. 영화 개봉에 맞추어 그 시기에
도쿄 현대 미술관에서 〈'마루 밑 아리에티×다네다 요헤이'전〉을 개최했
다. 미술 감독인 다네다 요헤이가 소인이 사는 세계를 세트로 재현한 이
전시회는, 보통 전시회의 2배의 예산이 들어가, 처음에는 공동 주최자인

니혼 TV의 동의를 좀처럼 얻을 수 없었다. 그래서 스즈키는 니혼 TV의 회장이자 도쿄 현대 미술관의 관장이기도 한 우지이에 세이치로에게 다네다 요헤이가 직접 프레젠테이션할 기회를 마련했다. 프레젠테이션에 성공해 "재미있어 보이는군. 추진하자!"라는 우지이에의 한 마디로 전시회가 실현되었다.

전시회가 시작하고 〈마루 밑 아리에티〉의 세트에서 즐거워하는 사람들의 모습이 뉴스에 방송되자, 방문자가 쇄도했다. 전시회와 영화의 상승효과로 작품이 대중에게 인지되어 더욱 확대되어 갔다.

이러한 홍보가 한창일 때, 영화는 2010년 7월 17일에 개봉해 흥행 수익 92억 5,000만 엔, 동원 관객수 765만 명이라는 엄청난 기록을 세우며, 그 해 일본 영화 최고 작품이 되었다. 지브리는 쉴 새도 없이, 앞에서 서술한 3년간의 계획에 따라, 다음 해인 2011년 개봉 예정인 다음 작품의 제작을 준비했다. 그리고 2010년 6월에는 3층 건물의 제5스튜디오가 완성되어, 7월부터 제5스튜디오에서도 업무가 시작되었다. 또한 8월에는 니시 지브리가 해산되었으며, 제작진은 도쿄 고가네이의 스튜디오에서 근무하며 신작 제작에 합류했다.

시대 변화의
소용돌이 속에서 만든
〈코쿠리코 언덕에서〉

위를 보고 걷자.

기획 미야자키 하야오,
감독 미야자키 고로

코쿠리코 언덕에서

✒ 이례적인 5개년 계획

2011년에 공개된 〈코쿠리코 언덕에서〉는, 2006년 〈게드 전기 : 어스시의 전설〉에 이은 미야자키 고로의 두 번째 감독 작품이다. 이 기획은, 2008년 11월 미야자키 하야오 감독이 사내에서 발표한, 스튜디오 지브리 향후 3년간 계획에 근거하고 있다. 이 계획은 〈벼랑 위의 포뇨〉의 공개 후, 지브리가 중장기적으로 나아가야 할 방향을 정리한 것으로, 향후 3년간 젊은 감독이 2편의 극장용 장편 작품을 제작하여 2010년과 2011년 2년 연속으로 공개한다는 계획이었다. 젊은 제작진으로 짧은 기간에 영화를 제작하는 목적은 몇 가지 있었는데, 그중에서도 가장 큰 목적은 젊은 감독의 작품이 새로운 시대를 개척해 나갈 것이라는 기대에서였다.

그 계획에 따라 2010년 여름에 요네바야시 히로마사의 〈마루 밑 아리에티〉가 공개되었으며, 그 작품은 이미 사내 설명회 시점에 작품과 감독이 정해져 있었다. 그러나 이어지는 2011년 여름 공개작이 〈코쿠리코 언덕에서〉로 결정된 것은 2010년 1월, 심지어 3개년 계획을 발표한 사내 설명회로부터 1년 이상의 시간이 흐른 뒤였다.

🖋 다음 작품의 기획을 검토

이야기를 조금 돌려, 〈게드 전기 : 어스시의 전설〉을 끝낸 후의 미야자키 고로를 살펴보자. 2006년 여름 〈게드 전기 : 어스시의 전설〉 공개 후, 고로는 회복 기간을 겸해 미타카의 숲 미술관으로 돌아가 여러 가지 업무를 했다. 카페의 설거지를 하기도 하면서, 2007년 2월 지브리 미술관 '단장'으로 취임했다. 단장은 지브리 미술관 전체의 운영 모체인 재단법인 도쿠마 기념 애니메이션 문화 재단과 당시 기념품 가게나 카페 등을 운영했던 주식회사 맘마유토단, 양쪽의 단장을 의미하며, 유머도 더해 명명되었다. 그 직함 아래, 자리를 지브리 미술관 근처에 있는 미술관 아틀리에(일명 '초가집')에 두고, 자유로운 입장에서 얼마 동안 전시의 기획 · 구성과 상품 기획의 조언 등을 유연하게 운영하고 있었다.

그 기간의 주요 업무로는 다네다 요헤이에게 미술 감독을 의뢰한 기획 전시 〈'작은 루브르 박물관'전〉(2008년 5월~2009년 5월)이나 갤러리 전시 〈'팬더와 아기 팬더'전〉(2008년 2월~5월), '두 가지의 삶과 죽음 : 〈벼랑 위의 포뇨〉와 〈스카이 클로라〉에서 보여오는 것'(2008년 6월~11월), 그리고 현립 가나가와 근대 문학관에서 개최된 〈홋타 요시에전, 스튜디오 지브리가 그린 혼란스러운 세상〉(2008년 10월~11월) 등 전시 분야의 일이었다. 〈'홋타 요시에'전〉에서 고로는, '스튜디오 지브리가 홋타 요시에 작품의 애니메이션 영화화를 시도한다'라는 전제로 미술 제작진과 함께 몇 점의 그림을 그렸다.

그러나 이런 활동을 계속하는 동안에도 스즈키 도시오 프로듀서는 계속 다음 영화의 기획을 생각하라며 고로를 계속 재촉했다. 스즈키는 기세가 오를 때 하는 편이 좋다고 생각해, 〈게드전설 : 어스시의 전설〉을 공개한 직후부터 기회가 있을 때마다 새로운 기획을 제안하라고 고로에게 꾸준히 이야기했다고 한다.

처음에는 피하기만 했던 고로도 점점 '이젠 피할 수 없다'라고 생각하게 되었다. 〈'홋타 요시에'전〉에서 가상 설정이긴 했지만, 영화 제작을 염두에 두고 그린 이미지 보드, 미술 제작진이 그린 미술 보드가 자극이 된 것 같다. 고로는 서서히 국내외의 아동 문학을 읽으며 영화로 만들 수 있을지를 고민하기 시작했다. 그리고 2008년 10월, 신작 영화를 기획한다는 전제로, 쿠사야에 있던 고로는 고가네이의 제3스튜디오 2층으로 몇몇 제작진과 함께 이사했다. 그리고 지브리 미술관의 전시와 관련된 일도 일부 맡으며, 다음 작품의 기획서 만들기에 본격적으로 몰두하기 시작했다.

✒ 린드그렌 작품에 착수

이렇게 고로는 2008년 가을 이후, 아동 문학을 읽고 영화화를 검토했지만 좀처럼 마음에 쏙 드는 작품을 발견하지 못했다. 그리고 프로듀서와 가까이 있는 것이 좋다는 생각에, 2008년 12월에는 스즈키 방의 옆방인 프로듀서실(일명 'PD실', 제1스튜디오 3층)로 자리를 이동했다. 고로는 새해가 밝아도 기획의 검토를 멈추지 않았다. 이 무렵 고로는 국내와 해외를 구분하지 않고, 다양한 아동 문학을 검토했다. 이미지 보드를 그리기도 하며 미야자키 하야오와도 이야기를 나누었다.

고로는 중간중간 기분 전환도 할 겸 요미우리 신문의 커머셜 그림 콘티를 그리고, 연출을 담당하였으며, 2009년 7월에 완성하여 그다음 달부터 방영을 시작했다. 이 작품은 미야자키 하야오와 스즈키, 두 사람이 매우 좋아하는 스기우라 시게루의 캐릭터를 사용한 15초 CF로, 미야자키 하야오가 기획했다. 이른바 아버지와 아들의 첫 합동 작품으로, 짧지만 매우 좋은 느낌의 작품으로 완성했다.

그리고 2009년 5월, 드디어 대상이 될 아동 문학이 확정되었다. 바로 《내 이름은 삐삐 롱스타킹》등으로 유명한 스웨덴 작가 아스트리드 린드그렌의《산적의 딸 로냐》다. 고로는 PD실 옆 준비실에서 이 기획을 준비하기 시작했다. 그러자 시작하자마자, 어쩌다 고로의 소식을 들은 곤도 야쓰야가 "《산적의 딸 로냐》라면 나도 해보고 싶다"라며 자진해서 지원했다. 곤도는 〈마녀 배달부 키키〉와 〈벼랑 위의 포뇨〉 등에서 작화 감독을 담당했던 실력 좋은 애니메이터이기에, 고로도 곤도에게 작화 감독을 부탁했다. 〈마루 밑 아리에티〉의 담당 컷을 끝낸 곤도는, 6월부터 이 계획에 참가했다. 그 후 고로와 곤도, 두 사람이 이미지 보드, 캐릭터 스케치 등을 작업하고, 고로가 시놉시스를 정리한 다음 시나리오 집필에 들어갔다.

9월이 되자 고로는 자리를 아예 준비실로 옮기고, 곤도와 함께 〈산적의 딸 로냐〉의 기획 준비에 전념했다. 그러나 시작하고 수개월이 지나자, 점점 이 기획의 어려움이 느껴지기 시작했다. 12월에는 다시 기분 전환의 의도도 포함해, 스즈키가 고로와 곤도에게 CF 제작을 의뢰했다. 이번에는 닛신 제분의 110주년 기념 커머셜이었다. 스즈키가 이전 그렸던 고양이 캐릭터를 사용해, 고로가 그림 콘티를 그려 연출하고, 곤도가 작화를 담당했는데, 붓펜의 부드러운 터치로 그려진 고양이(후에 '코냐라'라는 이름으로 부른다)가 너무 귀여워, 2010년 3월부터 방영되고 크게 호평받아, 후에 속편으로 세 편이 만들어졌다.

그러나 〈산적의 딸 로냐〉의 준비 작업은 도무지 길이 보이지 않았다.

🖋 200여 년 전의 기획이 급부상

한 해의 마지막이 코앞으로 다가온 2009년 12월 27일. 미야자키 하야오는 스즈키에게 중대한 제안을 한다. 〈산적의 딸 로냐〉의 준비는 중단하고, 만화《코쿠리코 언덕에서》를 영화화하자는 것이었다. 역시 〈산적의 딸 로냐〉의 기획이 제자리걸음이라고 느끼고 있던 스즈키는, 미야자키에게《코쿠리코 언덕에서》라는 제목을 듣고, 순간 20여 년 전의 일을 떠올렸다. 만화《코쿠리코 언덕에서》는 〈바람 계곡의 나우시카〉가 공개된 그해 여름, 영화화의 대상으로 논의한 적도 있었던 작품이기 때문이다.

스즈키는 당시의 기억을 다음과 같이 되돌아보고 있다.

거슬러 올라가면 벌써 20년 전입니다. 신슈의 오두막에서 여름휴가를 보내고 있을 때, 미야 씨는 우연히 조카가 놓고 간 소녀 만화 잡지를 읽게 되었습니다. 그중에서 미야 씨의 눈길을 끈 것이《귀를 기울이면》과《코쿠리코의 언덕에서》입니다. 오두막에 놀러 온 오시이 마모루와 안노 히데아키와, 소녀 만화를 영화로 만들 수 있는 방법에 관해 궁리하기도 했습니다.

결과적으로《귀를 기울이면》은 한발 먼저 영화로 제작되었지만,《코쿠리코 언덕에서》는 당시 시대와 맞지 않는다는 이유로 기획을 단념했었습니다. 그런데 이번에는 미야 씨의 안에 명쾌한 기획 의도가 완성되어 있었습니다.

"21세기에 접어들면서 세상은 점점 이상해지고 있다. 왜 이런 사회가 되어버린 것일까? 일본이라는 나라가 미치기 시작한 계기는 고도 경제 성장과 1964년 도쿄 올림픽에 있는 것이 아닐까? 이야기의 시대를 그때로 설정한다면, 현대에 묻는 의미가 나올 것이다."

그 생각을 듣고, 저도 매우 공감했습니다. 고도 경제 성장의 결과, 생활은 풍요로워졌지만, 그 후 찾아온 버블의 붕괴. '잃어버린 10년'을 지나서 가려고 하는 미래는 보이지 않는다. 사회 전체가 폐색감으로 뒤덮였다는 것을 느끼고 있었기 때문입니다.

- 《지브리의 천재들》

여기에서 만화 《코쿠리코 언덕에서》에 관해 살짝 소개하자면, 저자는 다카하시 지즈루, 원작자는 사야마 데쓰로이며, 1980년 고단샤의 월간지 《나카요시》에 게재된 소녀 만화다. 미야자키의 저서 《미야자키 하야오 출발점 1979-1996》에도 자세하게 적혀 있지만(《각본 코쿠리코 언덕에서》에도 재수록), 미야자키는 이 만화를 읽었을 당시, 사람을 사랑하는 진심이 넘쳐나는 주인공들이 단호하고 연약하지 않은 점이 마음에 든다고 하며, 〈바람 계곡의 나우시카〉 제작 후 예민함과 피로를 회복하는 데 많은 도움을 받았다고 한다.

오랜만에 《코쿠리코 언덕에서》라는 제목을 들은 스즈키는 바로 영화화를 결정했다. 스즈키는 새해가 되자마자 고로에게 그 지시를 전하고, 고로도 그 제안을 수락했다. 이렇게 2010년 1월, 만화 《코쿠리코 언덕에서》의 기획이 결정되었다. 작화 감독은 그대로 곤도 가쓰야가 담당했고, 각본은 미야자키 하야오가 쓰기로 했지만, 스즈키의 제안으로 〈마루 밑 아리에티〉와 똑같이 니와 게이코가 각본 집필에 참여하게 되었다. 〈게드 전기 : 어스시의 전설〉은 미야자키 고로와 니와 게이코의 각본이었는데, 〈코쿠리코 언덕에서〉는 미야자키 하야오와 니와 게이코의 각본이 되었다.

미야자키의 이 영화화 기획에는 원작 만화와 크게 다른 점이 있다. 원작은 그려진 당시 그대로의 시대설정, 다시 말해 1980년 무렵의 이야기였지만, 앞에 서술한 경위처럼 미야자키는 시대설정을 도쿄 올림픽 전년인 1963년으로 변경했다. 오늘날 일본의 큰 구조가 완성된 것은 아마도 그 무렵이며, 지금 영화의 시대를 그때로 설정하는 것에 의미가 있다는 생각에서였다. 1963년은 고도 경제 성장과 대량 소비 사회가 본격화된 즈음으로, 오늘날 사회의 모습이 직접적으로 시작된 시기에 해당하면서, 동시에 종전 후 18년이 지난 시점이기에 아직 전쟁의 영향도 남아 있던 시기이기도 하다.

또한 원작 만화는 무대 배경을 특정하고 있지는 않지만, 미야자키는 영화의 무대를 요코하마로 특정하여 기획을 세웠다. 지금까지의 지브리 작품은 시대, 무대를 모두 특정하지 않은 것이 많았기에, 〈코쿠리코 언덕에서〉는 그런 점에서 이색적이다. 또 그와 연결된 내용으로, 판타지적 요소가 전혀 없는 작품은 지브리 작품 가운데 〈코쿠리코 언덕에서〉가 처음일 것이다.

《산적의 딸 로냐》는 이후 고로가 연출하고, NHK와 드왕고가 공동 제작하여 총 26화의 TV 시리즈 〈산적의 딸 로냐〉로서 2014년부터 2015년에 걸쳐 방송되었다.

⬧ 궤도 수정으로 스피드 업

미야자키는 2010년 1월 27일 날짜로, '기획을 위한 각서'를 탈고해, 제작진에게 영화의 기획 의도를 새롭게 밝혔다. 그 무렵 만화《코쿠리코 언덕에서》의 저자와 원작자, 두 사람이 영화화를 흔쾌히 허락하여, 드디어 영화 제작을 위한 구체적인 준비 작업에 돌입했다.

영화 〈코쿠리코 언덕에서〉는 〈마루 밑 아리에티〉 때와 마찬가지로, 미야자키, 니와 게이코, 스즈키, PD실 스태프까지 총 4명이 미야자키의 아틀리에에 모여, 주에 약 1회 정도 회의를 계속해 나갔다. 감독 중심주의로 작품을 만들어 온 지브리가, 기획 중심주의로 이행하여 성공한 전작 〈마루 밑 아리에티〉. 그 방법이 〈코쿠리코의 언덕에서〉에도 계승되어, 기획부터 시나리오까지는 프로듀서가 만들고, 그를 바탕으로 감독이 그림을 그려나가는 방식을 취했다.

미야자키가 화이트보드나 모조지에 구성안을 빽빽하게 작성하고, 그것을 선생님처럼 다른 사람들에게 구두로 설명한다. 이야기한 내용을 니와가 취합하여 적절하게 보충, 수정하고 다음 회의까지 시놉시스를 작성. 그것을 다시 검토하여 미야자키가 새로운 아이디어를 더하고, 정리된 부분까지 시나리오로 만들어 나가는 스타일이다. 2월 1일 첫 번째 미팅으로부터 약 2개월 반 후인 4월 17일, 시나리오가 완성되었다. 정월을 포함해 1개월과 1주 정도로 완성된 〈마루 밑 아리에티〉의 시나리오에 비해 시간이 더 걸렸다.

그리고 이 작품의 무대인 1963년은 미야자키 하야오가 도에이 동화에 입사한 해다. 고등학생인 주인공들과 미야자키는 청춘을 보낸 시기가 약간 어긋난다. 하지만 당시 고등학교 1학년이었던 스즈키는 당시 청춘이었기에 그 시대의 중고등학생이 세상을 어떻게 바라보고, 무엇을 느꼈는지 누구보다도 잘 알고 있다. 그래서 미야자키는 각본을 제작하는 동안, 열심히 스즈키를 취재하고, 단카이 세대[27]의 청춘을 시나리오에 반영해 나갔다.

미야자키와 니와가 시나리오를 집필하던 중, 고로와 곤도는 미야자키가 쓴 플롯에 근거하여 이미지 보드를 그리고, 작품 이미지를 확정해나가는 작업을 진행했는데, 가끔 미야자키가 제1스튜디오 3층의 준비실에 얼굴을 비추고 직접 이미지를 전달하기도 했다. 또한 고로는 요코하마 등에 로케이션 헌팅도 나갔으며, 그 후에도 미야자키는 코쿠리코 저택 등의 이미지 보드, 미술 설정에 대한 러프 스케치 수십 점을 주요 제작진에게 전달했다.

이렇게 시나리오가 완성되고 4월 19일 드디어 고로가 그림 콘티의 제작에 착수했다. 곤도는 캐릭터 디자인과 러프 레이아웃을 병행하였기에 준비실에는 점점 그림이 쌓여갔다. 〈게드 전기 : 어스시의 전설〉 때도 그랬지만, 고로는 콘티를 라이카 릴(그림 콘티를 컷마다 초 수에 맞추어 촬영하고 편집해, 임시 대사를 삽입하는 것)로 하여, 실제 완성 영상에 더 가까운 형태로 확

---

27) 1947~1949년에 태어난 일본의 베이비 붐 세대.

인하면서 작업을 진행했다. 다만 〈게드 전기 : 어스시의 전설〉 때는 처음 감독을 맡았기에, 모든 그림 콘티를 완성한 뒤 작화에 들어갔지만, 이번에는 애초에 일정이 촉박하여 그림 콘티의 도중에 작화 작업을 시작하기로 처음부터 예정되어 있었다. 참고로 〈게드 전기 : 어스시의 전설〉 때는 부분적으로 다른 사람도 그림 콘티를 그렸지만 이번에는 모두 고로 혼자 집필했다.

그리고 그림 콘티와 라이카 릴을 작업하면서, 고로는 스즈키의 의견을 수용해 영화의 속도를 약 1.3~1.5배로 끌어올리고, 전체를 밝게 하는 방향으로 궤도를 수정했다. 그 시대 사람의 움직임은 분명 시원시원할 것이라면서. 또한 서두에 있던 LST(전차 양륙함)[28]의 폭발 장면을 삭제했다. 이러한 과정으로 그림 콘티도 예상보다 시간이 더 소요되었지만, 이 작업으로 고로 본인은 영화의 방향성을 확실하게 잡은 듯했다.

9월 13일, 미야자키 하야오, 미야자키 고로, 스즈키 세 명은 지브리 사내에서 제작진에게 〈코쿠리코 언덕에서〉의 작품 설명회를 시행하고, 같은 날 작화 작업에 들어가면서, 드디어 〈코쿠리코 언덕에서〉의 제작이 본격적으로 시작되었다.

고로의 자리는 예전부터 주요 제작진의 공간에 마련되어 있었지만, 그림 콘티를 하는 동안은 그림 콘티용 작업 공간과 주요 제작진 자리를 오가며 작업했다. 고로는 2010년 말, 주요 제작진 공간으로 완전히 이동했

---

28) 미국의 상륙 작전용 함정으로, 2차 세계 대전 중에 양산되었다.

는데, 이는 이번 콘티 작업이 그만큼 힘들었기 때문일 것이다. 그리고 그림 콘티는 2011년 1월 8일, 완성되었다.

✒ 지진과 원자력 발전소 사고

지브리는 1990년대 중반 이후, 거의 2년에 한 편의 속도로 작품을 발표해왔는데, 〈코쿠리코 언덕에서〉와 전작 〈마루 밑 아리에티〉는 오랜만에 2년 연속 장편 제작 및 공개였다. 그래서 일정은 빡빡했지만, 작화 감독은 캐릭터 디자인의 곤도 외 5명으로 총 6명, 미술 감독 4명, 색 지정 2명, 동화 검사와 동화 검사 보좌가 총 4명으로 평소보다 많은 제작진을 주요 제작진으로 배치하는 등 스튜디오의 힘을 결집하여 제작 작업을 진행했다. 같은 해 4월에는 신입 채용으로 입사한 수십 명의 젊은 제작진도 힘을 보탰다.

그러나 제작이 몰아치던 2011년 3월 11일, 동일본 대지진이 발생했다. 원자력 발전소 사고도 함께 발생했다. 스튜디오에 두드러진 피해는 없었지만, 당일 대중교통이 멈추고 20여 명이 집에 돌아가지 못하게 되어, 사내에서 식사를 준비하고 보육원에서 숙박했다. 참고로 지브리 미술관에서도 180명 이상의 관람객이 돌아가지 못해, 그날 밤은 미술관 내에서 하룻밤을 묵었다고 한다. 스튜디오에서는 '이럴 때일수록 일을 계속해야 한다. 우리가 할 수 있는 일은 영화를 제작하는 것이다'라는 미야자키 하야오의 뜻대로 하루도 거르지 않고 바로 작업을 재개했다. 그러나 3월 13일, 계획 정전이 실시되어 하루 동안 정전될 가능성이 있었기에, 그동안은 컴퓨터의 서버를 멈출 수밖에 없었고, 촬영의 디지털 부문은 야근을 하는 변칙적인 대응이 일정 기간 강행되었다. 결국 정전은 되지 않았지만, 지진과 원자력 발전소 사고는 그렇지 않아도 빡빡한 일정을 더욱 압박했다.

스즈키는 당시의 상황을 다음과 같이 말하고 있다.

원자력 발전소 사고의 영향으로 계획 정전이 실시되어, 현장을 어떻게 해야 할지가 큰 문제였습니다. 고로 군이 일단 사흘간 쉬자고 제안했습니다. 제작 일정을 생각하면 빠듯하긴 하지만, 당시 상황을 고려하면 어쩔 수 없다고 판단하였습니다.

그런데 이를 알게 된 미야 씨가 엄청 화를 냈습니다.

"작업 현장에서 멀어져서는 안 된다. 공개 날짜는 달라지지 않으니, 다소 무리를 하더라도 해야만 한다. 이럴 때일수록 신화를 써나가야 한다" 라면서요.

미야 씨의 말도 이해는 합니다. 다카하타, 미야자키의 시대는 그래도 괜찮았을지 모릅니다. 하지만 요즘 시대에 그렇게 하면 많은 문제가 발생합니다. 특히 지금은 가족의 형태나 아이를 키우는 환경이 과거와 너무나도 다릅니다. 그래서 저는 약간의 휴식은 필요하다고 생각했습니다. 그래서 나올 수 있는 사람은 나오고, 나오지 못하는 사람은 제대로 집을 지키라는, 그런 모호한 결론을 내렸습니다.

－《지브리의 천재들》

　이런 상황에서 한신·이와지 대지진 때와 마찬가지로 제작진 가운데 활동할 수 있고 뜻이 있는 사람들은 피해 지역으로 자원봉사를 갔으며, 〈코쿠리코 언덕에서〉를 완성한 7월에는 40명 이상의 제작진이 현지를 방문했고, 회사도 그를 지원했다.

🖋 음악과 목소리의 출연자

　〈코쿠리코 언덕에서〉의 음악과 관련하여, 우선 기획·각본을 맡은 미야자키 하야오가 처음부터 주제곡으로 마리무라 유키코 작사, 사카타 고이치 작곡의 〈이별의 여름〉을 제안했다. 1976년 방송된 동명의 TV 드라마의 주제곡으로, 원곡은 모리야마 료코의 노래지만, 고로는 데시마 아오이가 새롭게 불렀으면 좋겠다고 제안했다. 그러려면 다른 누군가에게 곡을 맡겨야 했는데, 이때 야마하의 담당자가 거론한 후보자 중에 다케베 사토시의 이름이 있었다. 스즈키는 다케베의 편곡과 피아노에 데시마가 노래한 곡을 듣고 감격한 적도 있고, 또 스즈키와 고로가 우연히 NHK 방송에서 다케베와 마주쳤을 때 다케베에게 좋은 인상을 받았던 것을 기억하고 편곡을 의뢰한 것이다. 주제곡은 마리무라가 새롭게 가사를 추가하였으며, 데시마의 목소리로 〈이별의 여름 : 코쿠리코 언덕에서〉를 완성했다.

스즈키는 다케베의 편곡 재능을 높게 평가해, 영화의 모든 음악을 의뢰하였으며, 고로 외의 관계자의 동의를 얻어 다케베가 배경 음악까지 담당하게 되었다. 다케베는 '학교 음악실에서 흐르는 듯한 소박한 악기의 곡'과 '당시 분위기를 나타내는 듯한 재즈와 라틴'이라는 두 가지 계획을 기준으로 본 작품의 음악을 작곡했다.

게다가 〈코쿠리코 언덕에서〉에서는 1961년 크게 히트한 에이 로쿠스케 작사, 나카무라 하치다이 작곡, 사카모토 큐 노래의 〈위를 보며 걷자〉를 사용하게 되면서 홍보 카피도 '위를 보며 걷자'가 되었다. 이외에도 미야자키 고로 작사, 다니야마 히로코 작곡, 다케베 사토시 편곡, 데시마 아오이 노래의 삽입곡 두 곡과 목소리 출연자가 드라마 내에서 부르는 노래 등 다양하고 풍부한 곡이 등장하고, 전체적으로 밝고 경쾌한 음악으로 물들었다.

목소리의 출연은, 마쓰자 우미 역에 나가사와 마사미, 가자마 슌 역에 오카다 준이치가 캐스팅되었으며, 그 밖에도 다케시타 게이코, 이시다 유키로, 히이라기 루미, 후부키 준, 나이토 다카시, 가자마 슌스케, 오모리 나오, 가가와 데루유키 등이 출연했다. 〈게드 전기 : 어스시의 전설〉에서 아렌을 연기했던 오카다를 비롯해 과거 지브리 작품에 출연한 적 있는 친숙한 배우들이 많았다. 녹음은 2011년 5월 2일부터 19일에 걸쳐 이루어졌다. 처음에 나가사와는 밝은 목소리로 연기하였으나, 어딘가 가볍게 들린다는 고로의 의견으로 약간 무뚝뚝하게 연기했는데, 그것이 너무 잘 어울려 다른 사람에게 아첨하지 않는 당당한 우미의 캐릭터가 더욱 분명해졌다.

✒ 지자체와의 첫 제휴와 인터넷 홍보

앞에서 사정을 설명한 것처럼 제작 상황은 매우 힘들었는데, 2011년 6월 23일 첫 시사를 맞아 작품이 완성되었다. 동시에 언제나처럼 활발하게 홍보했으며, 지브리 작품으로서는 처음으로 영화의 무대가 된 요코하마시와 제휴하고 다양한 PR 활동이 시행되었다.

그런데 지브리는 지금까지 특정 지역뿐만 아니라 전국의 사람들에게 보여주고 싶다는 생각으로 가급적 '한 지역만의 영화'가 되는 것을 피해 왔는데, 이번에는 지자체와의 협업을 단행한 이유가 무엇일까? 스즈키는 그 경위를 다음과 같이 말하고 있다.

지자체가 영화를 홍보하고 제휴해도 괜찮을까? 저도 궁금했습니다. 그래서 시장 하야시 후미코 씨와 만났을 때 솔직히 물어보았습니다.

"시장님이 나서서 제휴하거나 해도 괜찮은가요?"

"스즈키 씨 같은 분이 어떻게 그렇게 꽉 막힌 소리를 하시나요. 앞으로는 지자체도 이만큼 적극적으로 행동하지 않으면 안 됩니다."

저는 완전히 설득당하고 말았습니다. (중략)

현장을 담당한 가이타 야스시라는 분도 굉장히 재미난 분입니다. 시청에서 일하기 전에는 학원 선생님이었다고 하는데, 마치 옛날 광고 대행사의 직원처럼 에너지가 넘칩니다. 차례차례로 기획서를 가지고 왔는데, 내용은 재미있지만 일단 예산이 없었습니다. 그것을 특유의 아이디어와 체력으로 타개하려고 했습니다.

이런 분을 만나면 역시 어떻게든 협력하고 싶은 마음이 듭니다. 그동안 해왔던 제휴는 기업이 저희를 홍보해주는 형태인데, 그때는 저희가 요코하마시의 활성화에 협력하는 느낌이었습니다.

– 《지브리의 동료들》

그렇게 야마시타 공원에서 모토마치, 미나토노미에루오카 공원에 걸친 지역의 활성화를 목적으로 스탬프 랠리나 소셜 미디어와 연계한 프로모션을 실시했다.

또한 주요 제휴 기업은 KDDI로 결정되었다. 지브리는 영화에서 휴대전화 기업과 제휴하는 것은 처음이었다. 사실 그동안 도코모나 소프트뱅크 등의 휴대전화 기업에서 제휴 제안을 받았지만, 미야자키 하야오가 핸드폰이나 컴퓨터를 좋아하지 않아 모두 거절하는 방침을 취했던 것이다.

하지만 이런 상황을 바꾼 계기가, 2009년 도쿄 현대 미술관에서 개최된 〈'메리 블레어'전〉이다. 지브리에서 전시회를 담당하고 있던 하시다

마코토가, 〈'메리 블레어'전〉에서 받은 KDDI의 협찬을 계기로, 뒤이어 〈'마루 밑 아리에티×다네다 요헤이'전〉에서도 KDDI가 제휴를 제안해, 스즈키는 그것을 실현시켜야 한다고 미야자키를 설득했다.

> 좋든 싫든, 역시 오늘날의 홍보는 인터넷이 없으면 성립할 수 없습니다. 진심으로 하려고 마음을 먹었으면, 이제 휴대전화 기업과 손을 잡아야만 한다고 생각합니다.
>
> ─《지브리의 동료들》

이런 스즈키의 말에 결국 미야자키도 찬성하여, KDDI와 정식으로 계약을 체결하게 되었다.

게다 IT 기업 드왕고의 회장인 가와카미 노부오가 2011년 초부터 지브리에 프로듀서 연수를 받게 되었는데, 이 또한 지브리 작품으로서는 처음으로 인터넷을 사용한 다양한 프로모션이 본격적으로 전개되었다. 당시의 홍보를 되돌아본 스즈키는 다음과 같이 말하고 있다.

> 〈마루 밑 아리에티〉때 '정보의 절반은 디지털로 한다'라고 홍보했지만, 솔직히 말하면, 기존의 제작진으로는 인터넷 사정이 어두워 대응하지 못한 부분이 있었습니다. 그래서 가와가미 씨와 KDDI라는 지원군이 함께해, 제 마음이 꽤 든든했습니다.

컴퓨터와 휴대전화의 스페셜 사이트나 au[29] 매장에서의 홍보 등 여러 가지 일을 해주었는데, 이것이 나중에 스마트폰 전용 회원 서비스 '지브리의 숲'으로 이어지게 되었습니다.

– 《지브리의 동료들》

영화 공개는 2011년 7월 16일. 457개 스크린에서 개봉하여, 흥행 수익 44억 6,000만 엔, 관객 동원수 355만 명을 기록하였으며, 그 해 일본 최고의 영화가 되며 일본 아카데미상 최우수 애니메이션 작품상 등을 수상했다.

〈코쿠리코 언덕에서〉를 제작하던 중, 지진 발생 직후인 2011년 3월 28일, 니혼 TV 방송망의 우지이에 세이치로 회장이 사망했다. 그는 지브리의 초대 사장이었던 도쿠마 쇼텐의 사장 도쿠마 야스요시가 2000년에 세상을 떠난 후, 스튜디오 지브리와 지브리 미술관을 후원해주던 인물로, 다카하타 이사오, 미야자키 하야오, 스즈키 도시오, 미야자키 고로 등은 그의 죽음을 깊게 애도했다. 그 후 스튜디오 지브리의 현관에는 도쿠마와 나란히 우지이에도 게시되었다. 참고로 〈코쿠리코 언덕에서〉에 등장하는 도쿠마루 이사장은 도쿠마 야스요시가 모델이다.

29) KDDI가 운영하는 통신사.

제19장

모든 힘을 쏟아부은
〈바람이 분다〉,
그 후의 은퇴와 재시동

호리코시 지로와
호리 다쓰오에게
경의를 표하며

살아야 한다.

미야자키 하야오 감독 작품

바람이 분다

✒ '사실상 미완'의 원작을 영화로

〈바람이 분다〉는 〈벼랑 위의 포뇨〉 이후 5년 만의, 미야자키 하야오 감독의 11번째 극장용 장편 애니메이션이다. 〈벼랑 위의 포뇨〉와 마찬가지로 원작도 미야자키지만, 이번에는 〈바람 계곡의 나우시카〉, 〈붉은 돼지〉와 마찬가지로 본인이 그린 동명의 원작 만화가 존재한다.

원작 만화는 〈붉은 돼지〉의 원작 《비행정 시대》와 그를 포함한 일련의 시리즈 《미야자키 하야오의 잡상 노트》를 게재했던 모형 잡지 《모델 그래픽스》에서 2009년 4월호부터 2010년 1월호까지 총 9회에 걸쳐 연재되었다(10호는 휴재). 미야자키가 작성한 〈바람이 분다〉의 창작 노트에는 '2008년'이라는 숫자가 기록되어 있다고 하며, 이 작품의 구상 자체는 〈벼랑 위의 포뇨〉 제작을 마친 2008년 후반부터 시작한 듯하다. 하지만 미야자키는 처음부터 영화화를 염두에 두고 이 만화를 그린 것은 아니었다.

만화《바람이 분다》는 1920~30년대를 배경으로, 제로센의 개발자인 호리코시 지로의 반생을, 호리 다쓰오의 소설《바람이 분다》의 모티프도 대담하게 섞어가며 그린 작품이다. 그 모티프를 대강 말하자면, 가루이자와마치에서 결핵에 걸린 소녀를 만나 약혼하지만 상대가 세상을 떠나버리는 내용으로, 여기에는 호리 다쓰오의 실제 인생이 짙게 반영되어 있다. 또한 미야자키의《바람이 분다》의 주인공은 실존 인물인 호리코시 지로와 호시 다쓰오의 반생이 융합되어 탄생한, 허구의 호리코시 지로가 되는 것이다. 제목은 물론 호리 다쓰오의 소설에서 따왔다.

현실의 호리코시 지로는 1903년에 태어났으며, 호리 다쓰오는 그다음 해에 출생했다. 1921년에 제1고등학교에 입학한 두 사람은 모두 학생 기숙사에 들어간다. 그 후 지로는 1924년에 도쿄제국대학 공학부 항공학과에, 호리는 그다음 해에 똑같이 도쿄제국대학 문학부 국문과에 입학한다. 다시 말해 이 두 사람은 같은 공간에서 청춘을 보냈다는 말이 된다. 만화《바람이 분다》에는 타이틀에 '망상 컴백'이라는 프레이즈가 붙어 있으며, 제1화에는 저자명 아래에 '자료적 가치는 없다'라는 문구도 쓰여 있다. 이 문구는 역사적 사실을 근거로 하면서도 미야자키의 상상력과 망상력을 활짝 열어두고, 무기에 얽힌 인간의 드라마를 그린 연작 만화《미야자키 하야오의 망상 노트》를 떠올리게 하며, 실제 미야자키는《망상 노트》와 마찬가지로 자신의 취미와 관련된 작품이라는 마음으로 만화《바람이 분다》를 그렸다.

만화《바람이 분다》는 등장인물의 얼굴이 대부분 동물로 표현되어 있었으며, 지로는 〈붉은 돼지〉의 포르코 로소처럼 돼지의 얼굴을 하고 있다. 총 9회가 연재되었으며, 이는 예정과는 달랐다. 미야자키에 의하면 이는 사실상 '미완'이며 '좌절'을 맛보게 한 작품(이는 후술하는 영화 〈바람이 분다〉 기획 단계에서의 '중간 보고'의 기재에 의함). 그 무렵 제작이 본격화되었던 지브리 미술관의 오리지널 단편 애니메이션 중 하나인 〈빵 반죽과 계란 공주〉(원작, 감독, 각본 미야자키 하야오, 2010년 11월 20일부터 미타카의 숲 지브리 미술관에서 상영 시작)의 작업에 쫓겨 그렇게 할 수밖에 없었다.

🖊 전투기는 좋아하지만, 전쟁은 너무 싫다

사실 미야자키가 처음에 구상했던 영화의 기획은 〈벼랑 위의 포뇨〉의 후속작이었다. 〈벼랑 위의 포뇨〉를 공개한 직후, 기다리고 기다리던 첫 손자를 맞이한 미야자키는 손자를 기쁘게 하고 싶었을 것이다. 하지만 그에 프로듀서인 스즈키 도시오가 반대했다. 스즈키는 그 이유를 다음과 같이 설명하고 있다.

지브리는 지금까지 후속작을 만들지 않는다는 방침으로 해왔기 때문에, 저는 그 점이 매우 마음에 걸렸습니다. 또 하나 신경이 쓰였던 것은, 〈벼랑 위의 포뇨〉의 후속작이 과연 어린이들을 기쁘게 할 수 있을까 하는 점이었습니다.

왜냐하면 〈벼랑 위의 포뇨〉 자체가 반드시 어린이를 위한 작품이 아니었던 부분도 있었습니다. 실제로 상영했던 영화관의 말을 들어보면, 포뇨가 파도를 타고 등장하는 장면에서 울음을 터뜨리는 아이가 꽤 있었다고 합니다. 역시 그 장면에는 일종의 광기가 있습니다. 어른이 보면 재미있지만, 어린아이가 보기엔 무서운 것입니다.

- 《지브리의 천재들》

지금 만들어야 하는 작품은 〈벼랑 위의 포뇨〉가 아니라고 생각한 스즈키는 미야자키에게 〈바람이 분다〉를 제안했다. 시기는 2010년 여름, 〈마루 밑 아리에티〉를 공개했을 무렵이었다.

미야자키에게 〈바람이 분다〉의 영화화를 제안한 이유와 그 경위에 대해, 후에 스즈키는 〈바람이 분다〉의 극장용 팸플릿에 게재된 '일본인과 전쟁'이라는 글에서 다음과 같이 말하고 있다.

전투기는 좋아하지만, 전쟁은 싫다. 미야자키 하야오는 그런 모순적인 사람이다. 인간에 대한 절망과 신뢰, 그 사이에서 미야 씨는 살아왔다. 하지만 그는 왜 그렇게 되었을까?

잘 알려진 이야기는 아니지만, 미야자키 하야오는 전쟁에 관해 매우 빠삭하다. 일본은 물론, 세계 전쟁의 역사에 대해서도 잘 알고 있다. 특히 독소전쟁에 대해 말할 때는 뜨거워진다. 다양한 국지전에 관해서도 손에 넣을 수 있는 모든 책을 읽고 있으며, 전투에 사용된 전투기나 전차 등 무기류에 이르기까지 지식이 풍부하다. 그의 이야기에 따르면 독소전쟁으로 2,000만 명이 죽었다고 한다. 그래서 인간이 경험한 가장 어리석은 전쟁이었다고 단죄한다.

한편으로 그는 평화에 관한 희구를 누구보다도 더 간절히 바라고 있다. 젊은 시절에는 반전(反戰) 데모 등에도 다수 참가하였으며, 현재도 그런 마음을 계속 간직하고 있다.

그런 그가 제로센을 설계한 호리코시 지로를 주인공으로 만화 연재를 구상하기 시작한 것은 약 5년 전의 일이다. 방금 이야기했던 것처럼, 그의 창작 노트 《바람이 분다》에는 2008년이라고 적혀 있었다고 한다.

그런 그를 이미 알고 있었던 나는, 당연한 것처럼 이번에는 〈바람이 분다〉를 만들자고 제안했다. 하지만 그의 답변은 굉장히 차가웠다.

"스즈키 씨는 어떻게 그렇게 생각하죠? 저는 그 만화를 취미의 범위에서 그리고 있습니다. 영화로 만들 수 없습니다."

"애니메이션 영화는 어린이를 위해 만들어져야 합니다. 어른을 위한 것으로 만들면 안 됩니다."

하지만 나는 끈덕지게 물고 늘어졌다. 프로듀서의 기본은 '제3자의 시선'이다. 미야자키 하야오가 전쟁을 소재로 어떤 영화를 만들 것인가? 전투 장면은 미야 씨의 특기 기술. 이번 영화에서 전쟁을 긍정하는 영화는 만들 수 없다는 것은 확실하게 알고 있었다. 특기 기술을 밀봉했을 때, 작가는 때때로 걸작을 모방한다.

그 이야기를 제안한 것이 2010년 여름. 그 후 나와 미야 씨는 여러 차례 이야기를 나누었다. 그리고 가을 무렵의 일이라고 기억한다.

"알겠습니다. 영화로 만들 수 있을지 검토해 보겠습니다. 연말까지 기다려 주십시오."

기획이 결정된 날을 잊을 수 없다. 12월 28일이었다. 새해가 되고, 미야 씨는 바로 그림 콘티 작업에 착수했다. 지로의 어린 시절과, 간토대지진의 상황에서 이루어진 지로와 여주인공 나오코의 만남까지 눈 깜짝할 사이에 그려냈다.

마침 동일본 대지진이 일어나기 바로 전날의 일이었다.

전후 68년, 인간에 대한 절망과 신뢰를 간직해온 것은, 비단 미야자키 하야오뿐만이 아닐 것이다. 그런 주제이기에 비로소 일본인이 간직한 가장 첫 번째 문제라고, 나는 확신하고 있다. (2013. 05. 28)

이렇게 미야자키가 2010년 12월 21일 날짜로 스즈키에게 제출한 '〈바람이 분다〉 중간 보고'라는 제목의 문서에는, 원작 만화에는 없었던 주인공 지로와 여주인공 나오코가 간토대지진의 상황 속에서 만난다는 아이디어와 함께, 최종적으로 영화 작품과 거의 비슷한 A안과 청년기 이후의 이야기를 줄이고, 꿈의 장면도 나오지 않는 B안, 두 가지 영화화 플랜이 적혀 있었다. 미야자키는 그 중간 보고 문서를 바탕으로 스즈키와 상담하였으며, 앞에 서술한 2010년 12월 28일, 종무식 전날, 2013년 여름에 공개하는 스튜디오 지브리의 작품으로 〈바람이 분다〉의 제작이 정식으로 결정되었다.

✒ 실존 인물을 모델로 한 첫 작품

새해기 밝은 2011년 1월 10일, 미야자키는 기획서를 완성했다. 〈바람이 분다〉의 기획을 다시 보면, 미야자키가 깊은 흥미를 품고 있는 두 가지 요소인 전투기(특히 호리코시 지로가 설계한 비행기)와 전쟁 전의 근대 일본 문학(그중에서도 호리 다쓰오의 소설)이 엮여 있다는 점이 매우 독특하다.

미야자키는 초등학교 6학년 무렵, 당시 발매된 호리코시의 책(아마도 오쿠미야 마사타케와 공저인 《제로센 일본 해군 항공 소사》)을 친구에게 빌려 읽었던 것이 호리코시 지로와의 첫 만남인 듯하며, 그 이후의 오랜 축적을 기획에 반영하고 있다.

그리고 호리 다쓰오. 미야자키는 〈벼랑 위의 포뇨〉 때도 나쓰메 소세키의 영향을 받아 작품을 제작했는데, 그런 일본 근대 문학에 대한 관심은 〈하울의 움직이는 성〉 제작 이후 오래된 문학 전집을 반복해서 읽었을 때부터 도드라졌다. 그 무렵 읽었던 책 중에 호리 다쓰오의 작품도 포함되어 있었는데, 미야자키는 전쟁 시기에 청춘을 보낸 사람들이 어떤 삶을 보냈는지를 잘 전달하는 호리의 문학에 줄곧 경의를 품고 있었던 것 같다.

앞에서 서술한 것처럼 호리코시 지로와 호리 다쓰오는 같은 세대다. 그러나 이 두 사람을 융합시켜 하나의 캐릭터로 만든다는 설정은, 보통 떠올린다고 해도 실행에 옮기지 않는다. 그런 생각을 실행해버리는 것이 바로 미야자키의 독창성이라고 할 수 있다. 어쨌든 실존 인물을 모델로 한 영화는 미야자키에게 처음이었으며, 그에 의해(이것만이 이유는 아니지만) 판타지 색이 옅어진 것도 이 영화의 큰 특징이다. 미야자키가 가지고 있던 '리만 쇼크 이후 판타지를 간단히 그릴 수 없는 시대가 왔다'라는 생각이 이 기획에 반영되었다.

또한 수십 년에 걸쳐 이야기를 전개하는 것도 미야자키 작품에서는 처음 도입되는 방식이다. 큰 역사의 흐름을 배경으로 그 안에서 만나고 서로 사랑하게 되는 남녀를 그리는 영화는 영국의 영화감독인 데이비드 린의 작품 〈닥터 지바고〉와 같은 역사 로망의 재미도 있으며, 오랜 기간을 그린 영화만이 지닌 역사를 바탕으로 한 깊이가 있다. 그리고 영화에서는 등장인물의 얼굴을 동물화하지 않고, 모두 인간의 모습으로 그리고 있다. 그뿐만 아니라, 미야자키는 영화화에 맞추어 원작 만화의 다양한 요소를 변경했는데 이는 원작 만화에 얽매이지 않고 〈바람이 분다〉를 한 편의 영화로서 어떻게 만드는 것이 최선인지, 원점으로 돌아가 깊이 고민한 결과라고 말할 수 있다.

✒ 경애하는 사람들을 향한 마음을 담아

밖에도 이 영화에는 이탈리아의 항공기 제작자이자 설계자인 카프로
니가 '도발자이자 조언자, 지로 내면의 대변자'(기획서 발췌)로서 지로의 꿈
속에 등장하여 중요한 역을 연기하고 있다. 카프로니사에서 제작한 비행
기 가운데 'Ca.309'라는 군용 정찰기가 있는데, 이것의 애칭이 'GHIBLI',
즉 지브리(기브리)다. 스튜디오 지브리의 명칭도 카프로니가 제작한 비
행기에서 따왔으므로, 이런 부분에서 미야자키가 예전부터 카프로니 백
작과 그가 만든 비행기를 좋아했다는 것을 알 수 있다. 극중에서 카프로
니가 말하는 비행기를 향한 마음은, 비행기를 포함한 20세기 문명에 대
한 미야자키 생각의 반영이라고도 할 수 있으며, 영화에 깊이를 더하고
있다.

또한 미야자키가 깊게 경애하는 문학가인 홋타 요시에도 이 작품에 영
향을 주고 있다. 카프로니가 지로에게 반복적으로 하는 말, '힘을 다해'는
홋타가 생전에 출간한 마지막 수필집《공허하고 공허하기에(空の空なれば
こそ)》에서 인용하고 있는 구약성서 전도서의 '네 손이 일을 얻는 대로 힘
을 다하여 할지어다'에서 왔다. '힘을 다하다'라는 말은 이 영화의 중심 테
마와 직접 이어지는 표현이다.

게다가 하나 더 덧붙이자면, 이 영화가 그리는 시대에 대해 미야자키
가 관심을 가진 이유 중 하나로 부친의 존재가 있다. 미야자키의 부친은
1914년 출생. 9살에 간토대지진을 경험하고, 4만 명에 가까운 사상자가

발생한 피복창 광장을, 여동생의 손을 끌고 도망 다니며 살아남았다. 미야자키가 본 아버지는 대의명분이나 국가의 운명에는 전혀 관심이 없고, 오직 가족만을 생각하는 사람이었다고 하는데, 미야자키는 아버지가 왜 그런 사람이 되었는지, 아버지가 태어난 시대가 어떤 시대였는지 알고 싶다고 생각해온 듯하다. 참고로 미야자키의 아버지는 전시 중에 형(미야자키의 큰아버지)을 도와 군수 공장을 꾸려나갔는데, 그 공장은 군용기 부품을 제조하고 있었다. 그러한 부분도 이 영화의 소재와 관련 있다고 말할 수 있다.

✒ 지진 장면과 동일본 대지진

한편 미야자키는 2011년 1월 13일 지브리의 제2스튜디오 2층에 작업 공간을 마련하고, 그곳에서 그림 콘티를 그리기 시작했다. 이번에도 〈벼랑 위의 포뇨〉와 마찬가지로, 대부분의 장면을 수채화 도구를 사용해 채색하여, 색이 다채로운 콘티를 그렸다. 그리고 간토대지진 장면을 그린 다음 날, 동일본 대지진이 발생했다. 미야자키는 작품에 지진 장면을 남겨야 할지 고민했지만, 역사 속 사건이라는 생각으로 장면을 남기기로 결단, 그대로 콘티를 계속 그렸다.

그러는 동안 〈바람이 분다〉의 주요 제작진도 점차 확정되었다. 작화 감독에 고사카 기타로, 미술 감독에 다케시게 요지, 촬영 감독에 오쿠이 아쓰시로, 모두 미야자키 작품을 지금까지 지원해온 인물들로, 색채 설계도 다시 야스다 미치요가 담당하게 되었다. 야스다는 오랜 기간 다카하타, 미야자키, 두 감독의 작품에서 채색 책임자를 지내왔지만, 〈벼랑 위의 포뇨〉 이후 지브리를 떠나 있었다. 하지만 미야자키는 〈바람이 분다〉의 색채 설계 담당자로 야스다 이외는 생각할 수 없어, 다시 부르게 되었다.

2011년 6월 30일, 사내의 제작팀 스태프를 모아 작품 설명회를 개최했다. 미야자키는 '문제의식을 지니고, 이 시대와 마주하여 작품을 만들고 싶다'라고 말했다.

그리고 2011년 7월 6일, 작화 회의가 시작되고 영화 〈바람이 분다〉의 제작이 본격적으로 시동했다.

앞에서 서술한 것처럼 〈바람이 분다〉는 허구라고는 하지만 실존 인물이 모델이며, 그리고 있는 시대와 무대는 실제 존재했던 70~90여 년 전의 일본이 주가 되고 있다. 그를 위해 지브리 사내에서는 제작 개시와 동시에 데생 강습이 열려, 작화 제작진은 일본 옷차림을 그리는 방법 등을 새롭게 배웠다. 또한 미술 제작진은 옛 상점가로 유명한 에히메현 기타군 우치코초로 데생 합숙을 떠나기도 했다. 하지만 이는 정확한 시대 고증이 아닌, 얼마나 그 시대다운 느낌을 낼 수 있는지에 주안점을 두고 시행되었다.

미야자키 작품에서는 그림 콘티를 완성하기 전, 작화 작업을 시작하는데, 〈바람이 분다〉 또한 익숙한 방식으로 제작을 시작하였으며, 미야자키는 완성된 그림을 확인하면서 그림 콘티를 계속 그려나갔다. 손으로 그린 작화와 배경 미술의 제작 스타일도 기존과 동일하게 진행되었으며, 제작 기간 중, 미야자키를 비롯한 제작진은 계속 그림을 그리는 매일이었다.

🖊 충칭 대공습을 둘러싼 갈등

그렇게 그림 콘티는 영화의 마지막에 접어들었다. 전투기는 좋아한다. 그러나 전쟁에는 단호하게 반대한다. 이 모순을 어떻게 해소할 것인가? 그림 콘티의 어떤 장면까지 어느 정도 그리자, 미야자키는 이 문제와 대면할 수밖에 없는 상황에 빠지게 되었다. 바로 삭제된 충칭 대공습 장면이다. 스즈키는 당시의 상황을 다음과 같이 말하고 있다.

비행기는 '아름다운 꿈'임과 동시에 사람을 죽이는 도구가 되기도 합니다. 지로의 마음속에서는 당연히 갈등이 발생했을 것입니다. 그 대항과 갈등 속에서 청년을 어떻게 살았을까요? 테마는 거기로 수렴될 수밖에 없습니다.

구체적으로 말하자면, 지로가 전투기를 개발하는 과정뿐만 아니라, 그 전투기가 전쟁에서 무엇을 했는지 그려야만 했습니다. 그가 만든 제로센의 첫 임무 중 하나가 중국 충칭을 공격하는 것이었습니다. 스페인의 게르니카 폭격에 이은, 세계에서도 가장 초기에 이루어진 무차별 폭격입니다.

그 이후 세계적으로 도시를 향한 무차별 폭격이 행해지게 되어, 현대에도 시민을 희생하는 공습이 이어지고 있습니다. (중략) 아마도 지금까지 충칭 대공습을 제대로 그린 영화는 없었습니다. 그것을 그리는 일은 의의가 있으며, 미야 씨 자신이 해야 한다고 말했습니다.

그런데 그림 콘티를 그리면서 그 장면에 다다랐을 때, 미야 씨는 심한 갈등에 휩싸이며 괴로워했습니다. 그중 하나가 관객이 그 장면을 어떻게 받아들일지에 관한 것입니다. 무차별 폭격으로 사람들이 무참하게 살해당했는데, 지로가 무슨 말을 하더라도 공감을 얻기는 어려울 것입니다.

－《지브리의 천재들》

이러한 미야자키의 갈등에 더해, 스즈키도 폭격받은 당사국인 중국의 반응이 염려되었는데, 〈바람이 분다〉의 제작자이기도 한 니혼 TV의 우지이에 세이치로의 지지를 받아, 두 사람은 다시 그 장면을 실현하는 방법을 모색하게 되었다.

하지만 미야자키에게는 또 하나, 그림에 대한 고민도 있었다. 제로센이 편대를 짜 전장으로 날아가는 장면을 몇 장이나 그렸는데, 스스로 수긍할 수 있는 그림을 그릴 수 없었다. 본인이 아닌 다른 애니메이터에게 화면 설계를 의뢰했지만, 그도 만족할 수 없었다. 그러한 고민 끝에, 결국 미야자키는 충칭 대공습 장면 자체를 없애기로 결단을 내렸다.

그리고 이 삭제된 충칭 대공습 장면에 관해, 〈바람이 분다〉를 공개한 다음 해에 《분게이슌주》에서 기획한 다카하타, 미야자키, 스즈키의 면담에서도 다카하타의 지적을 받은 미야자키는 다음과 같이 대답했다.

(다카하타) 저는 많은 여성 관객과 마찬가지로 호리코시 지로와 나오코의 연애 스토리라고 생각해, 〈바람이 분다〉를 연애 영화라고 이해했습니다. 하지만 이렇게 말해도 괜찮을지 모르겠는데, 영화의 마지막에 변해버린 엄청난 수의 제로센이 줄지어 있는 장면이 있는데 그 전에, 이 대전으로 어떤 일이 있었는지, 객관 묘사라도 괜찮으니 그렸어야 하는 것이 아닌가 생각했습니다.

(미야자키) 그 부분은 저도 충분히 고민한 부분입니다. 하지만 그런 장면을 넣으면 알리바이 만들기와 같은 느낌이 들어서…. 그래서 그냥 하지 않기로 했습니다.

(다카하타) 제로센이 잔해가 됨과 동시에 엄청나게 많은 사람이 죽었습니다. 어느 일정 연령층 이상의 사람들은 그렇다고 해도, 젊은 세대는 그 전쟁이 어떤 것인지 알지 못하는 사람이 많습니다. 그러니 어떠한 형태로든 그려지길 바랐습니다. 하지만 미야 씨도 충분히 고민하여 그렸겠지요. 생각하지 않을 리 없으니까요.

(미야자키) 맞습니다. 제로센에 관한 다큐멘터리 영상을 너무 많이 본 탓도 있겠지만, 그런 증언과 기록은 엄청 많습니다. 그런 것들을 전혀 건드리지 않고, 애니메이션만으로 관객이 전부 이해해주길 바라는 것은 무리라고, 감정의 도화선이 될 뿐이라고 생각했습니다. 원래 구상에서는 그런 장면을 넣었었는데, 제로센은 중일전쟁부터 종전까지 계속 날고 있었기

때문에 너무 길어졌습니다.

(다카하타) 하지만 아주 짧더라도, 어떤 일이 있었는지 떠올리는 시간이 있어도 괜찮지 않았을까요?

(미야자키) 파쿠(다카하타 씨의 애칭) 씨와 같은 의견도 있을 수 있다고 생각은 했습니다만, 그런 장면을 그렸다고 해서 제로센의 설계자인 호리코시 지로의 인간상이 바뀌냐, 그건 또 다른 얘기입니다.

(다카하타) 그건 저도 알고 있습니다.

— 《분게이슌주》 2014년 2월호

〈스튜디오 지브리 30년 만의 첫 대담, 미야 씨 다시 찍으면 되지 않아?〉

최종적으로 그림 콘티는 공개 해인 2013년 1월 말에 완성하였으며, 최종 컷 수는 1,450컷이 되었다. 그 후에도 제작 작업은 계속되었으며 5월에는 작화, 미술, CG 등 각 부문이 차례로 시작되었으며, 5월 28일에는 촬영도 마무리되었다. 작화 장수는 16만 1,545장에 달했다.

✒ 주인공 목소리에 안노 히데아키

〈바람이 분다〉의 목소리 출연자로, 주인공 호리코시 지로 역을 〈신세기 에반게리온〉 시리즈와 〈신 고질라〉 등으로 유명한 영화 감독 안노 히데아키가 연기했다는 점이 독특하다. 캐스팅은 2012년 9월부터 본격화되었는데, 지로 역에 어울리는 목소리를 좀처럼 찾을 수 없었다. 12월의 어느 날, 회의 중에 스즈키가 갑자기 안노의 이름을 꺼냈다. 잠시 생각하다가 의외로 괜찮을지도 모른다는 미야자키의 대답에 갑자기 안노가 후보로 부상했다. 이틀 후, 빠르게 오디션이 시행되고 바로 결정에 이르렀다. 후에 미야자키는 기자회견에서 안노에게 지로 역을 제안한 이유로 "안노의 목소리에는 시대에서 가장 상처 받으며 살아간다는 느낌이 나오고 있다고 생각했기 때문이다"라고 말하고 있다.

여자 주인공인 나오코 역은 다키모토 미오리가 맡았다. "과거의 사람들은 삶의 방식이 맑고 깨끗하다. 필사적으로 살고자 몸부림치는 느낌이 아니라, 최선을 다해 주어진 시간을 살아가는, 그런 이미지로 연기했으면 한다"라는 미야자키의 조언을 듣고, 그를 의식하여 연기했다.

또한 카프로니 역은 쿄겐[30] 배우인 노무라 만사이가 연기했는데, 이는 미야자키와 스즈키가 제작 초기 단계부터 희망하고 있던 캐스팅이었다. 미야자키는 녹음할 때 노무라에게 "카프로니 백작은 지로에게 '메피스토펠레스'[31]와 같다"라고 설명했다.

그 밖에도 혼조 기로 역을 니시지마 히데토시, 구로카와 역을 니시무라 마사히코, 나오코의 아버지 역을 가자마 모리오, 지로의 어머니 역을 다케시타 게이코, 호리코시 가요 역을 시다 미라이, 핫토리 역을 구니무라

---

30) 일본의 대표적인 전통 연극.
31) 중세 서양의 파우스트 전설에 나오는 악마. 파우스트가 부와 권력의 대가로 그에게 혼을 팔았으나 결국 신과의 대결에서 패하여 파우스트를 타락시키지 못했다고 전해진다.

준, 구로카와 부인 역을 오타케 시노부가 연기했는데, 니시무라, 다케시타, 시다, 오타케는 지브리 작품에 두 번째 혹은 세 번째 출연이었다.

안노 히데아키 외에도 또 한 명 이색적인 캐스팅이라고 말할 수 있는 사람이, 카스토프를 연기한 연기한 스티브 알퍼트다. 그는 원래 배우가 아니라 과거 스튜디오 지브리의 이사로, 해외 사업부의 부장으로 일했던 인물이다. 1990년대 후반부터 2000년대에 걸쳐 지브리 작품의 해외 진출에 큰 역할을 담당하였으며, 미야자키의 해외 출장에도 매해 동행했는데, 2011년 말 지브리를 퇴사했다. 애초에 카스토프는 알퍼트를 모델로 만들어진 캐릭터이며, 알퍼트의 일본어 말투에 예전부터 신기한 매력을 느끼고 있던 미야자키가 그에게 부탁해 목소리로 출연하게 되었다.

목소리 녹음은 언제나처럼 스튜디오 지브리 제2스튜디오 지하 시사실에서, 2013년 4월 17일부터 5월 16일까지 계속 이어졌으며 총 12일 만에 종료되었다.

🖋 〈마녀 배달부 키키〉 이후 24년 만에 '마쓰토야 유미' 기용

음악은 언제나처럼 히사이시 조가 담당했다. 제작 초기 단계부터 음악 회의도 시작하였지만, 이번에 히사이시는 감각을 익히는 데 다른 때보다 더 많은 시간을 들였으며, 착수부터 1년 2개월 정도가 소요되었다. 그동안의 미야자키 작품처럼 판타지 중심이 아닌, 실존 인물을 모델로 하고 실제 시대를 설정했다는 점에서 실사 영화와 비슷하게 느껴진다는 이유였다. 또한 지금까지의 미야자키와 히사이시가 함께한 작품에서 항상 시행했던, 제일 먼저 이미지 앨범을 제작하고 그를 살려 본편의 사운드트랙 음악을 제작하는 프로세스가 이번 작품에서는 시행되지 않고, 사운드트랙용 음악만 제작하여 CD를 발매했다.

음악은 2013년 5월 말에 녹음되었는데, 미야자키의 요청으로 이번에는 평소보다 소편성의 오케스트라로 연주되었다. 또한 스즈키의 제안으로 발랄라이카, 바얀 등의 러시아 민속 악기, 혹은 아코디언이나 기타 등 이른바 오케스트라에서 연주하지 않는 악기를 사용한 것도 〈바람이 분다〉 음악의 특징이다.

주제곡은 아라이 유미(현 마쓰토야 유미)의 〈비행기 구름〉. 〈비행기 구름〉은 마쓰토야의 동명 데뷔 앨범에 수록된 명곡으로, 마쓰토야는 〈마녀 배달부 키키〉 이후 24년 만에 미야자키 작품에 등판했는데, 이 주제곡도 갑작스럽게 결정되었다.

2012년 말에 〈마녀 배달부 키키〉, 〈추억은 방울방울〉의 블루레이 발매 기념 토크 이벤트에서 마쓰토야와 대담하게 된 스즈키는, 예습하는 마음으로 마쓰토야의 베스트 앨범을 들었다. 그리고 수록곡인 〈비행기 구름〉을 들으며 〈바람이 분다〉의 주제곡에 딱이라고 생각했다. 그래서 미야자키에게 들려주었는데, 영화와 너무 잘 어울리는 것에 깜짝 놀란 미야자키는 〈비행기 구름〉을 주제곡으로 하는 것에 찬성했다. 미야자키도 이 곡을 예전부터 알고 있었는데 스즈키가 이 곡을 들려주었을 땐 생각지 못한 눈물이 나왔다고 한다.

그리고 12월 9일에 시행된 토크 이벤트에서, 스즈키는 청중 앞에서 마쓰토야에게 미야자키 신작의 주제곡으로 〈비행기 구름〉을 사용했으면 한다며 갑자기 공개적으로 의뢰했다. 마쓰토야는 깜짝 놀란 듯 보였지만, "소름 돋았습니다. 이 순간을 위해 40년을 활동해온 것일까요⋯"라며 흔쾌히 허락하여, 이렇게 주제곡이 결정되었다. 또한 그 시점에서는 아직 〈바람이 분다〉의 타이틀 등은 발표되지 않았으며, 영화의 정식 제작 발표는 그 4일 후인 12월 13일에 실시되었다.

〈바람이 분다〉는 음향도 매우 독특한 방법을 채용했다. 대부분의 효과음을 사람의 소리로 표현하는 것이다. 이 시도는 미타카의 숲 지브리 미술관의 오리지널 단편 애니메이션 중 하나인 〈집 찾기〉에서도 비슷한 방법이 한 차례 시행되었는데, 〈집 찾기〉는 꽤 간략화된 그림 단편이었으므로, 극장용 장편에서 이 방법을 사용한 것은 당연히 처음이었다. 사실적인 효과음을 추구해도 한계가 있는, 예를 들어 진짜 제로센 소리는 이미 존재하지 않는다는 점에서 이 방법이 탄생하지 않았을까. 미야자키는 제작 초기 단계부터 효과음을 사람의 소리로 만든다고 생각하고 있었는데, 또 스테레오가 아닌 모노럴로 완성하고 있다. 이는 미야자키가 예전부터 영화의 스테레오 음향에 관해 여러 문제를 느꼈기 때문이었는데, 〈바람이 분다〉의 음향은 작품의 내용이나 시대 설정과도 잘 어울려 일부에서 주목을 받았다.

✒ 홍보 전략 총결산

영상과 목소리가 완성되고 하나가 되어, 2013년 6월 19일 〈바람이 분다〉는 첫 시사를 맞이하였으며, 약 126분의 영화로 완성되었다. 특히 〈바람이 분다〉는 필름을 하나도 사용하지 않고, 모두 디지털 데이터로 상영하는 지브리의 첫 작품이 되었다.

홍보와 관련하여, 정보가 지나치게 빨리 유통되어 영화가 공개되기도 전에 진부해지는 것을 막기 위해, 공개 직전까지 홍보를 적극적으로 자제하는 방침이 채용되었다. 극장에서는 6월 8일부터 주제곡 〈비행기 구름〉의 전곡을 활용한 4분 13초의 예고편이 상영되었는데, 이는 큰 반향을 불러일으켰다.

또한 그날부터 두 번째 포스터도 게시하기 시작했는데, 메인 카피인 '살아야 한다'를 보고 〈모노노케 히메〉의 '살아라'를 떠올리는 사람이 많아, 역시 화제가 되었다. 하지만 이 카피는 원래 미야자키의 장편 만화 《바람 계곡의 나우시카》의 마지막 장면의 대사 '살아야 한다…'에서 따왔다.

홍보 문구에 관해, 스즈키는 다음과 같이 말하고 있다.

지브리 영화에서는, '살다'라는 표현을 카피에 여러 번 사용해왔습니다. 그것은 아마도 지난 30년이 '산다는 것은 무엇인가'를 계속해서 물을 수밖에 없는 시대였기 때문이겠지요.

"4살과 14살에, 살아 보자고 생각했다." 〈반딧불이의 묘〉

"살아라." 〈모노노케 히메〉

"'삶의 힘'을 불러일으켜!" 〈센과 치히로의 행방불명〉

"아버지만 없었으면 살 수 있다고 생각했다." 〈게드 전기 : 어스시의 전설〉

"태어나서 다행이야." 〈벼랑 위의 포뇨〉

같은 '살다'라도 작품의 테마와 시대의 변화에 따라 미묘하게 표현이 변화해오고 있습니다.

제작을 시작하고 얼마 지나지 않아, 마침 미야 씨가 간토대지진 장면의 그림 콘티를 완성한 다음 날, 동일본 대지진이 발생하였습니다. 그리고 뒤이어 원자력 발전소 사고가 발생했지요. 도쿄를 떠난 사람도 있고, 마트에서는 사재기가 일어났으며, 계획 정전도 있었습니다. 그런 혼란 속에서, '지로와 나오코도 이와 비슷한 세상에서 살아가지 않았을까?'라는 생각이 떠올랐습니다.

그들은 무슨 생각을 하고 있었을까? 그리고 우리는 이 시대를 어떻게 살아야 하는 것일까? 그렇게 생각하고 있을 때, 불현듯 만화 《바람 계곡의 나우시카》의 마지막 권, 마지막 장면에 쓰인 '살아야 한다…'라는 대사가 떠올랐습니다. 기댈 수 없는 시대에는 이 정도의 강한 표현이 필요하다고 생각했습니다.

– 《지브리의 동료들》

6월 말부터는 그동안과 마찬가지로 다양한 매체에서 수많은 홍보를 전개했는데, 이는 지금까지 지브리가 축적해 온 홍보 방법의 총결산이라고 말할 수 있었다. 〈코쿠리코 언덕에서〉에 이어, 이번에도 KDDI와 제휴하고, 스팟에는 주인공 목소리를 연기한 안노 히데아키가 출연했다. 게다가 안노는 각 매체의 인터뷰에 노출되는 등 홍보 측면에서 크게 활약했다. 기존대로 도호의 배급 홍보나 제작 위원회를 통한 광고 전개 이외에도, 로손이나 요미우리 신문 등 그동안 함께했던 기업도 홍보에 협력해주었다. 가와카미 노부오는 KDDI와 연계하여 인터넷에서의 홍보 기획을 전개하고, au에 회원 사이트 '지브리의 숲'도 개설되어, 영화에 힘을 더했다.

그 밖에도 NHK에서는 미야자키 하야오를 밀착 취재한 다큐멘터리를 방송하였으며, 출판 분야에서는 출판사 분게이슌주에서 '분슌 지브리 문고'라는, 과거의 지브리 작품의 제작 과정을 하나의 작품으로 간행하는 시리즈가 탄생했다. 이렇게 아날로그와 디지털 측면 모두 〈바람이 분다〉의 홍보가 전개되었다.

그렇게 2013년 7월 20일, 공개일을 맞이한 〈바람이 분다〉는 전국 454개 스크린에서 개봉하였으며, 흥행 수익 120억 2,000만 엔을 기록하고 일본 영화와 외국 영화를 통틀어 그해에 개봉한 모든 영화 가운데 1위가 되었다. 또한 일본 아카데미상의 최우수 애니메이션 작품상과 최우수 음악상을 수상하였으며, 해외에서는 뉴욕 영화 비평가 협회상, 보스턴 영화 비평가 협회상, 전미 영화 비평가 협회상 등에서 애니메이션 영화상을 수상하였다. 미국 아카데미상 장편 애니메이션 영화 부문에도 후보에 올랐지만, 수상으로는 이어지지 않았다.

🖋️ 은퇴 선언과 그 후

〈바람이 분다〉를 제작하며 이따금 한계를 느낀 미야자키는, 영화를 완성하기 전부터 이 작품을 마지막 작품으로 하기로 마음을 먹었다. 개봉하고서 1개월 반 후인 9월 6일, 미야자키는 기치조지의 한 호텔에서 기자회견을 열고, 세상에 장편 영화 제작에서의 은퇴를 공식적으로 발표했다. 그러나 동시에 그 자리에는 '앞으로 10년은 다양한 일을 해보고 싶다'라며 명확한 활동 계속 선언도 있었다.

기자회견 후 미야자키는 만화를 그리며 지내다가, 미타카의 숲 지브리 미술관의 기획 전시 〈'호두까기 인형과 생쥐왕'전〉(2014년 5월부터 1년간 개최)에 본격적으로 착수했다. 또한 지금까지의 업적으로 미국 아카데미상의 명예상 수상이 발표되어, 2014년 11월에는 시상식 참석을 위해 미국으로 건너갔다. 미야자키는 계속해서 지브리 미술관의 다음 기획 전시인 〈'유령탑에 어서오세요'전〉(2015년 5월부터 1년간 개최)도 시작하였으며, 그 무렵에는 지브리 미술관의 오리지널 단편 애니메이션의 신작 기획도 고민했다.

이렇게 〈바람이 분다〉를 개봉하고 2년 후인 2015년, 단편이긴 하지만, 미야자키는 다시 애니메이션 영화 감독으로서 활동을 시작했다.

제20장

8년이라는 시간이 걸린
〈가구야 공주 이야기〉

다카하타 이사오 감독 작품

가구야 공주 이야기

공주가 지은 죄와 벌

✒ 《헤이케 모노가타리》에서 《다케토리 모노가타리》로

〈가구야 공주 이야기〉는 〈이웃집 야마다군〉 이후 14년 만의, 다카하타 이사오 감독의 극장용 장편 애니메이션 영화다.

1999년 〈이웃집 야마다군〉의 공개 이후, 다카하타의 차기작에 대한 다양한 검토가 이루어졌다. 우선 2000년대 전반에는 다카하타가 예전부터 영화화를 고민한 《헤이케 모노가타리》가 가장 유력한 기획 후보로 검토되지만, 결국 중단되었다. 다카하타는 〈이웃집 야마다군〉에서 그림 콘티와 장면 설정, 연출을 담당한 다나베 오사무가 다음 작품에서도 작화의 중심이 되어주길 바라고 있어, 다카하타에게는 빼놓을 수 없는 가장 중요한 제작진이었다. 그러나 다나베는 다카하타의 《헤이케 모노가타리》에 난색을 보였다. 《헤이케 모노가타리》에서는 전쟁 장면이 필수인데, 다나베는 폭력적인 장면을 그릴 마음이 도저히 생기지 않았기 때문이다.

그리고 또 다른 이유로 방대한 갑옷투구와 무기를 그릴 수 있는 작화 제작진을 꾸리기도 곤란했던 것 같다.

그러면서 《다케토리 모노가타리》의 기획이 급부상했다. 스즈키 도시오 프로듀서의 기억에 의하면, 그것은 2005년 무렵의 일이다. 제안자는 스즈키였는데, 언젠가는 《다케토리 모노가타리》를 영화화해야 한다는 다카하타의 말이 떠올랐기 때문이다.

시간을 거슬러 올라가면 사실 다카하타에게 《다케토리 모노가타리》는 반세기에 미치는 역사가 있는 기획이었다. 다카하타가 도에이 동화(현 도에이 애니메이션)에 입사한 지 얼마 되지 않았을 때, 우치다 도무 감독이 《다케토리 모노가타리》 만화를 영화화하는 기획에 관한 이야기가 나와, 전 직원에게 각색 플롯을 모집한 적이 있었다. 우치다는 실사 영화의 대가였지만 당시 도에이 소속이었기에, 자회사인 도에이 동화의 그런 기획을 검토하는 경우도 있었다고 한다. 다카하타는 처음부터 《다케토리 모노가타리》에 딱히 흥미가 있었던 것은 아니지만, '가구야 공주는 도대체 왜, 무엇을 위해 지상에 내려왔을까'를 생각하면서 흥미가 생겼던 것 같다. 그리고 '가구야 공주가 지상으로 오기 전, 달에서는 이런 일이 있었다. 그래서 공주가 지상으로 내려온 것이다'라는 어떤 설정을 생각해냈다.

그 독자적인 작품 해석에 관해, 다카하타는 이후의 인터뷰에서 《곤자쿠모노가타리슈》와 《다케토리 모노가타리》를 비교하며 다음과 같이 이야기하고 있다.

《곤자쿠모노가타리슈》의 딸은, 아름답지만 전혀 인간적이지 않은 데 비해, 《다케토리 모노가타리》는 가구야 공주의 마음을 그리고 있다는 점이 큰 특징입니다. 그러니 《겐지 모노가타리》에서 '이야기의 원조'라고도 불리지요. 하지만 그 마음의 움직임을 해석하려고만 하면 영문을 알 수 없게 되었습니다. (중략)

아니, 이런 얘기를 계속한다고 해도, 원작에 대한 분석밖에 되지 않으니 이 정도에서 끝내겠지만, 그 영문을 알 수 없는 《다케토리 모노가타리》에는 그려지지 않은 뒷이야기가 있습니다. 그것을 풀어낼 수 있으면, 원작의 대략적인 줄거리를 거의 바꾸지 않은 채 가구야 공주에 감정 이입도 가능한, 진정한 '이야기'를 풀어나갈 수 있지 않겠냐는 생각이 이 기획(*영화 〈가구야 공주 이야기〉를 의미한다)입니다. 그것은, 가구야 공주가 '죄'나 '옛 약속'을 위해 지상으로 내려왔다는 원작의 표현에서, '가구야 공주는 왜, 무엇을 위해 지상으로 내려왔는지'를 풀어내면 되는 것입니다. 사실 저는 50여 년 전, 그것을 모두 푼 것 같습니다. 그 힌트는 달과 지구의 차이입니다. 원작에서 말하는 것처럼, 달은 청정무구하고 고민과 고통이 없을지 모르지만, 풍부한 색채도, 넘쳐흐르는 생명도 없습니다. 어쩌면 가구야 공주가 달에서 지구의 새와 곤충, 짐승, 풀과 나무, 꽃, 그리고 물을 알았다면, 그리고 인간의 희로애락과 사랑의 신비함을 깨달았다면, 지구를 동경하고 그곳에 가서 살아 보고 싶어지는 것은 당연하지 않을까요.

－《지브리의 교과서 19 : 가구야 공주 이야기

(ジブリの教科書19 : かぐや姫の物語)》

결국 우치다의 기획은 실현되지 않았지만, 그때 다카하타는《다케토리 모노가타리》의 애니메이션 영화화가 재미있을 수 있다는 것을 확실하게 느꼈으며, 일본에서 가장 오래된 이야기인《다케토리 모노가타리》는 언젠가 일본인이 제대로 영상화해야 한다고 생각하게 된 듯하다. 그래서 2005년 그 이야기를 떠올린 스즈키가 그 기획을 제안한 것이다. 그렇게 지브리에서는《다케토리 모노가타리》의 영화화의 검토가 시작되었다.

🖋 젊은 제작진의 참여와 기획의 좌절

그 무렵 2005년 2월 지브리에 입사한 신진 제작진인 기시모토 다쿠가 다카하타의 전임 담당자로 임명되었다는 또 하나의 움직임이 있었다. 다카하타의 기획을 진행하기 위해서는 시간이 소요된다. 누군가가 감독의 이야기 상대가 되어, 매일매일 엄청난 양의 대화를 계속함으로써 기획을 구체화하는 과정이 필요했다. 〈반딧불이의 묘〉 이후에는 스즈키가 그 역할을 하고 있었으나, 이번에는 기시모토가 담당하게 되었다. 그리고 그 시점에 다나베를 작화의 중심으로 결정하였으며, 차기 다카하타 작품은 그것이 모든 전제였다. 이후 기시모토는 다카하타의 대화 상대가 되기도 하고, 제4스튜디오(통칭 4스타)에 있는 다나베에게도 찾아가는 등《다케토리 모노가타리》의 기획을 진행하기 위해 고군분투를 계속했다.

'4스타'에 대해서는 거의 언급하지 않았는데, 지브리의 네 번째 스튜디오로서 그 무렵 이미 10년 이상 유지되어 오던 스튜디오였다(그 후 2016년에 철수). 제1스튜디오에서 도보로 약 10분 거리인 4스타는 지하철 주오선의 남쪽에 있으며, 다른 스튜디오는 지브리가 세운 건물이지만 4스타는 평범한 민가를 빌린 것이었다. 실력은 우수하지만, 지브리의 기존 스튜디오에 들어가 일하고 싶어 하지 않는 애니메이터를 위해 조금 떨어진 위치에 별도의 건물을 마련한 것인데, 이곳에서는 지브리의 작업만 하지는 않았다. 다나베는 그런 4스타의 책임자이기도 했으며, 4스타는 그를 중심으로 운영되고 있었다. 후에 〈가구야 공주 이야기〉에 참가한 작화의 몇몇 주요 제작진은 4스타에 있던 사람들이었다.

그리고 후에 〈가구야 공주 이야기〉가 열매를 맺는 기획이 드디어 시작되었는데 2005년 말, 그림이 아직 완성되지 않아 이 기획은 무산되고 말았다. 다카하타 본인은 그림을 그리지 않기 때문에, 그림 담당자와 의견을 주고받으며, 언제나 다나베가 그린 그림을 바탕으로 기획을 진행해왔다. 그러나 다나베는 이때 〈가구야 공주 이야기〉 기획의 준비용 그림을 도저히 그릴 수 없었다. 헤이안 시대의 이미지가 떠오르지 않는다는 것이 가장 큰 이유였다. 그리고 그때 다카하타는 감독을 맡겠다고 확실하게 말하지 않았었다. 기시모토가 이번 일로 다카하타를 처음 만났을 때, "〈가구야 공주 이야기〉의 기획은 좋은 기획이라고 생각한다. 하지만 내가 한다고는 말하지 않았다"라는 말을 들었다고 하는데, 그 무렵은 아직 감독은 다카하타로 확정되지 않은 채, 우선 이야기만 진행하려는 상태였다. 〈가구야 공주 이야기〉의 기획이 좀처럼 진행되지 않았기에, 2005년 말, 기시모토가 다음 해 공개하는 미야자키 고로 감독의 작품 〈게드 전기 : 어스시의 전설〉을 담당하게 되면서, 〈가구야 공주 이야기〉의 기획은 일단 무산되고 만다.

✒ 새로운 기획이 부상

〈게드 전기 : 어스시의 전설〉의 개봉 후, 기시모토는 자진해서 다시 다카하타 작품의 담당으로 돌아갔다. 게다가 2006년 11월 니시무라 요시아키가 새로운 다카하타 담당으로서, 기시모토와 함께 일하게 되었다. 니시무라도 당시 20대인 젊은 스태프였는데, 2002년에 지브리에 입사해 그동안 주로 홍보와 관련된 일을 담당해왔었다.

니시무라가 합류한 이후 스즈키는 바로 새로운 기획을 제안했다. 그것은 야마모토 슈고로의 《야나기바시 모노가타리》였다. 에도 말기를 무대로 한 시대 소설인 《야나기바시 모노가타리》는 서민의 인정과 사랑을 그리며, 화재가 이야기의 중요한 전환점이 된다. 이 무렵 다나베가 메이지 시대의 사람들에게 흥미를 갖고 있었기에, 그와 가까운 시대라는 점과 다카하타가 '불'의 표현에 관심을 보일지도 모른다는 생각에서 한 제안이었다. 그리고 이 제안은 하나의 결과를 도출했다. 책을 읽은 다나베가, 기시모토의 부탁으로 처음 그림을 그린 것이다.

2007년 2월, 다나베가 그린 《야나기바시 모노가타리》의 캐릭터 그림

을 앞에 두고, 다카하타, 스즈키, 기시모토, 니시무라, 네 명이 모여 회의
했다. 하지만 다카하타는 그 그림에는 감명은 받았지만, 이것으로 장편
애니메이션은 만들 수 없으며, 게다가 자신은 이 작품을 할 마음이 없다
며, 대신 〈자장가〉의 기획을 제안했다.

✒ 우여곡절에 따른 수확

〈자장가〉의 기획은 민속학자 아카사카 노리오의 저서 《자장가의 탄생
(子守り唄の誕生)》을 원작으로 한 기획이었다. 이 책은 소설이 아니라 학술
서인데, 과거 일본에 존재했던, 아이를 돌보는 소녀가 부르던 자장가에
대해 〈이쓰키의 자장가〉를 중심으로 서술한 책이다. 이 책을 소재로 이미
지를 확장하고 에피소드를 구상하여 이야기를 만들어, 영화로 제작한다
는 야심 찬 기획을 제안했다. 이는 예전부터 다카하타가 생각해오던 기
획으로, 메이지 시대를 그린다는 점이 다나베의 지향성과 부합한다는 점
에서 《야나기바시 모노가타리》의 대안으로 제출되었다.

이렇게 슈고로의 작품에서 완전히 바뀌어, 〈자장가〉의 기획을 검토하
기 시작했다. 〈자장가〉의 기획 검토는 400일 이상 계속되었는데, 그 사
이에 구마모토현 이쓰키무라로 2회 취재를 가기도 했으며, 수집한 자료
의 양도 방대했다. 하지만 결국 이 기획도 무산되었다. 몇 가지 에피소드
를 정리하여 한 편의 영화로 만들기 위한 구성이 도저히 확정되지 않았

기 때문이다. 그래도 이 기획 검토의 수확은 다나베가 그린 몇 가지 캐릭터였다. 특히 어린아이와 갓난아기의 캐릭터는 〈가구야 공주 이야기〉 전반부에 큰 영향을 미쳤다.

또한 이 기획을 검토하면서, 다카하타는 감독을 맡는 것에 대해 기시모토와 니시무라, 두 사람에게 양해를 구했다. 〈자장가〉의 기획은 결코 무의미하지 않았던 것이다.

게다가 이 기획을 진행하는 과정에서, 당시 니혼 TV 방송망의 회장이었던 우지이에 세이치로의 지원도 한층 확실해졌다. 다카하타 작품의 팬인 우지이에는 다카하타 감독의 신작을 꼭 보고 싶다며 지원을 아끼지 않겠다고 스즈키에게 전했다. 과거 도쿠마 쇼텐의 사장이었던 도쿠마 야스요시가 그랬던 것처럼, 우지이에는 도쿠마가 세상을 떠난 후 지브리를 지원하는 후원자로서, 다카하타와 미야자키, 두 감독의 작품 제작을 끊임없이 지원하는 존재였다. 미타카의 숲 지브리 미술관이 발족할 때도 많은 도움을 주었으며, 미술관이 완성된 후에는 그 운영에 해당하는 도쿠마 기념 애니메이션 문화 재단의 이사장으로 근무하며 스즈키와 월 1회 정도 회담을 나누는 사이였다.

이렇게 다카하타의 극장용 신작 제작을 위한 외적인 환경이 조금씩 갖춰지기 시작했다. 그리고 유감스럽게도 우지이에는 2011년 3월 세상을 떠났다. 그러나 최종적으로 그의 이름은 〈가구야 공주 이야기〉의 크레디트에 '제작'으로서 올라가게 되었다.

🖋️ 각본가 사카구치 리코의 참가

이러한 상황에서 2008년 봄 다카하타는 다시 기획을 〈가구야 공주 이야기〉로 정했다. 하지만 준비용 그림이 좀처럼 완성되지 않는 상황이 계속됐다. 2008년 8월, 다카하타의 기획을 담당해온 기시모토가 강판, 니시무라만 다카하타의 담당으로 남게 되었다.

혼자가 된 니시무라는 인원 한 명이 더 필요하며, 이 상태를 개선하기 위해서는 우선 시나리오 집필이 열쇠라고 생각해 이전부터 알고 지낸 각본가 A에게 연락했다. A를 다카하타에게 소개하고, 그렇게 A의 합류가 결정되었다.

2008년 10월, 다카하타, 다나베, A, 니시무라는 시가현 오쓰시로 시나리오 헌팅을 나갔고, 10월 말, A의 플롯 제1원고가 완성되었다. 이후에도 각본 회의를 계속하며, 2009년 1월 말에 각본화 작업에 착수, 2월 21일에 A가 초고를 완성했다. 〈가구야 공주 이야기〉의 기획에서 모든 편의 시나리오가 완성된 것이 처음이라는 점에서 획기적이었다. 또한 각본 작업을 하는 가운데, 다나베가 가구야 공주를 비롯한 여러 캐릭터의 그림을 그리기 시작한 것도 큰 진전이었다. 하지만 A의 각본은 다카하타의 방향과 많이 달라, 사용할 수 없다고 판단해 A는 여기에서 하차하게 되었다. 그리고 다카하타는 혼자 직접 각본을 쓰기 위해 집필에 착수했는데, 좀처럼 진전이 없었다. 6월이 되어서도 겨우 9분 분량만 진척되었을 뿐이었다.

그래서 7월, 새로운 각본가 사카구치 리코에게 참가를 요청했다. 2008 NHK 드라마 〈오자자장!〉을 보고 감동한 다카하타가, 여러 상을 받은 실력파 각본가 사카구치를 희망했다. 다행히 사카구치와 다카하타는 서로 생각이 잘 맞았던 것으로 보이며, 8월 9일 사카구치가 제출한 19페이지의 플롯을 읽은 다카하타는 "이런 영화였군요"라며 중얼거렸다고 한다. 그 후 사카구치는 각본 집필을 시작하였으며, 사카구치의 합류 이후 다나베도 각본 회의에 참석하게 되었다. 또한 9월에는 작화 감독인 고니시 겐이치의 기획 참가도 결정되었다. 사카구치에게 참가를 요청했을 무렵, 다카하타는 〈가구야 공주 이야기〉의 기획을 새롭게 정리했다.

🖋 진행되기 시작한 그림 콘티

그리고 2009년 9월 29일, 지브리 제작 부문의 중핵이라고 말할 수 있는 제1스튜디오 2층에 〈가구야 공주 이야기〉의 준비실이 마련되었다. 〈마루 밑 아리에티〉의 요네바야시 히로마사 감독, 〈빵 반죽과 계란 공주〉의 미야자키 하야오 감독이 같은 층에서 작업하는, 그 옆에 다카하타, 다나베가 책상을 나란히 하였으며, 고니시가 가끔 얼굴을 비추고 주3일 정도 사카구치가 들리며 각본 작업을 이어갔다.

10월 20일, 사카구치의 각본 초고가 완성되었다. 함께 대본을 읽은 결과, 3시간 30분이었기에 다카하타, 사카구치, 니시무라 세 명은 그 다음주 협의를 통해 2시간 30분까지 줄였는데, 이것이 준비 원고가 되었다. 스즈키는 미야자키와의 상담 끝에, 이 준비 원고를 정식으로 지브리에서 제작하기로 했다. 2009년 10월 28일 사내 회의에서 그 뜻을 발표하였으며, 참고로 다카하타의 금연이 화제가 된 시기도 이 무렵이었다.

그러나 제작 자체는 이후에도 순조롭게 진행되지 않았다. 2009년 말, 그림에서는 아사카의 집, 할아버지의 집과 할아버지와 할머니의 캐릭터가 겨우 확정된 상태였다.

그 무렵 다카하타는 영화의 그림 스타일의 방향성에 관해 빈번하게 언급했다. 캐릭터는 연필 선을 살리고, 선 너머로 진짜가 있다고 느끼게 하는 그림을 그리고, 배경 미술은 담채로 하며, 산 생활을 생생하게 느낄 수 있는 그림을 추구했다. 그리고 이런 미술을 실현할 수 있는 사람은 오가 가즈오, 한 사람밖에 없다고 생각했다. 오가는 애니메이션 배경 미술의 일인자이자, 〈이웃집 토토로〉, 〈추억은 방울방울〉 등에서 미술 감독을 지낸 인물. 하지만 그는 〈모노노케 히메〉 이후 벌써 수십 년 동안 미술 감독을 하지 않고 있었다. 2009년 말의 어느 날, 니시무라는 오가를 설득하기 위해 오랜 시간 이야기를 나누었고, 그에게 〈마루 밑 아리에티〉의 작업이 끝나면 생각해 보겠다는 약속을 얻어냈다.

그리고 2010년이 되었다. 다나베는 2009년 말부터 혼자 그림 콘티를 제작하기 시작했는데, 이후 다카하타도 함께 작업하게 되었다. 3월 말, 7주가 걸린 총 9분짜리의 그림 콘티가 완성되었다. 그 이후로도 그림 콘티 제작은 매우 느리면서도 서서히 진행되었다. 4월이 되어 사카구치가 다시 합류하여 각본을 수정하였으며, 16일에 준비 원고를 탈고하여 제본으로 했다. 러닝타임 2시간 30분의 준비 원고는 관계자들 사이에서 호평이 일색이었으며, 니시무라는 큰 반응을 느꼈다. 그 다음 달, 스즈키는 니시무라에게 〈가구야 공주 이야기〉 준비실을 옮기라고 지시했다. 지브리에서는 〈가구야 공주 이야기〉의 제작과 동시에 다른 장편 애니메이션을 제작 중이었기 때문에, 아무래도 고가네이시 가지노초의 기존 스튜디오와는 다른 장소에 〈가구야 공주 이야기〉의 제작 현장을 마련할 필요가 있었다. 슬슬 〈가구야 공주 이야기〉의 전용 공간에서 작업을 시작해야 하는 시기가 찾아온 것이다. 그래서 니시무라는 히가시고가네이시역 남쪽 출구 근처의 빌딩 2층에 적당한 공간을 발견했다.

✒ 오가 가즈오가 미술 감독으로

2010년 6월 7일, 다카하타는 〈마루 밑 아리에티〉의 작업을 끝낸 오가에게 미술 감독을 요청했고, 오가가 수락했다. 전년 10월 말, 영화화를 정식 결정하고 7개월 반이 지났지만, 오가의 합류로 이 작품의 윤곽이 확실해졌다. 다나베와 오가의 참여는 다카하타가 이 작품을 성립시키기 위한 필수 조건. 후에 다카하타는 오가의 독특한 기술에 관해 다음과 같이 이야기하고 있다.

오가 씨는 대단한 역량을 가진 사람으로, 작품의 핵심이 되는 산에서의 생활과 몇 년 후의 재방문 등은 처음부터 오가 씨 이외에 그릴 수 있는 사람이 없다고 생각했습니다. 수채로 슬쩍 그려도 하나하나가 그림이 되고, 심지어 산천초목, 자연의 실감이 확 넓어지며, 바람이 사악 불어오는 그런 그림이기에, 이번 영화에 매우 적절한 방법일 것 같다는 예감이 들었습니다. (중략) 최근 애니메이션 미술이 너무 응축된 것 같다는 얘기를 오래전부터 해왔던 사이이기에, 관심은 가질 것이라고 믿었지만, 미술 감독에서 손을 놓은 지 오래되었기에 그가 수락할지 말지는 걱정이 되었습니다. 그래서 오가 씨가 해주기로 했을 때, 정말 너무나 기뻤지요.

- 《지브리의 교과서 19 가구야 공주 이야기》

이렇게 6월 12일, 새로운 스튜디오 '가구야 공주 스튜디오'(통칭 '가구 스타')가 오픈했다. 제작진도 충원되고, 제작 준비 작업이 서서히 본격화되었다. 2010년 가을에는 다카하타의 제안으로 어떤 영화를 지향하는지를 파악하기 위해 테스트 컷을 여러 장 제작했다. 그리고 스즈키의 지시로 파일럿 필름을 제작하게 되었는데, 보통의 파일럿 필름과 달리, 이때는 목표하는 영상을 가능하게 하려면 실제 제작 작업을 어떻게 해야 하는지의 검증에 주안점을 두었다. 이른바 본편의 일부로 여러 컷을 선행 제작하는 듯한 시도다.

2011년 1월 17일부터 파일럿 필름의 작화가 시작되었다. 그리고 그 시점에 그림 콘티는 약 400컷, 약 37분이 완성되었다. 그러나 파일럿 필름을 제작하던 중, 동일본 대지진이 발생했다. 직접적인 지진 피해는 없었지만, 제1스튜디오와 달리 히가시고가네이역 동쪽 출구 지역은 계획 정전이 실시되어, 가구 스타는 한동안 정전으로 고생했다. 4월 28일, 파일럿 필름의 시사회가 열렸다. 이 제작과 함께 가구 스타는 본편 영상의 제작에 본격적으로 착수하게 되었다.

〈가구야 공주 이야기〉의 특징 중 하나가 독특한 영상 표현이다. 이른바 셀 화풍의 그림과는 전혀 다른, 캐릭터와 배경이 일체화하여 마치 한 장의 그림이 움직이는 듯한 표현이다. 또한 스케치처럼 선으로 그린 캐릭터가 그대로 움직임으로써 강한 생명력을 느낄 수 있는 애니메이션이 되었다. 언뜻 보면 단순하지만, 그림의 수준 높은 표현력과 엄청난 노력, 그리고 최신 디지털 기술로 탄생한 〈가구야 공주 이야기〉의 영상은, 그 바탕에 다카하타의 전작 〈이웃집 야마다군〉의 성과를 두고, 다카하타의 만족할 줄 모르는 탐구심과 다나베 오사무, 오가 가즈오를 비롯한 우수한 제작진이 모든 힘을 쏟았기에 비로소 가능해진 표현이며, 애니메이션의 새로운 지향점이 되었다. 그러나 이러한 스타일로 한 편의 극장용 장편 애니메이션을 제작하기에는 너무나도 큰 노력과 시간이 필요한 것도 사실이었으며, 그렇기에 항상 일정에 쫓기는 상황이었다.

그리고 동시 진행 중인 또 다른 장편 〈바람이 분다〉로, 지브리의 단골 제작진은 대부분 그쪽에 참가하고 있었기에, 제작 현장과 마찬가지로 〈가구야 공주 이야기〉의 제작진은 평소와는 조금 다르게 꾸려졌다. 그리고 주요 제작진 가운데 색 지정의 가키타 유키코와 촬영 감독인 나카무라 게이스케는 T2studio 소속이었는데, 이 방침을 결정한 스즈키는 그 의도를 다음과 같이 설명하고 있다.

다카하타 씨가 고집 있고, 끈덕지게 버티는 사람인 것은 누구나 다 아는 사실이라, 처음부터 소수의 제작진으로 시간을 들여 만들기로 구상하였습니다. 이는 다카하타 씨가 바라던 부분이기도 합니다. 동시에 저의 의도도 있었습니다. 〈바람이 분다〉는 지브리의 제작진만 참여하지만, 〈가구야 공주 이야기〉는 전부 외주 제작진이 한다. 기획에 맞는 사람을 모집해 영화를 제작하는 것은 초창기 지브리의 방식입니다. 어떤 일이 가능할지, 그리고 동시에 제작진 편성의 문제, 제작비 문제, 그런 것들을 모두 실험해 보고 싶었습니다. 그래서 니시무라가 지브리 제작진의 지원을 요청했을 땐, 전부 차단했습니다. 외주 제작진만으로 해보자고 하면서요.

– 《개정판 스튜디오 지브리의 현장 스토리
(仕事道楽 新版 スタジオジブリの現場)》

✒️ '수동적이지 않은 의지가 담긴 목소리'를 찾아서

일본 애니메이션은 대부분 목소리 녹음을 후시 녹음으로 진행하는데, 다카하타는 예전부터 더 생생하고 자연스러운 연기를 위해 목소리를 먼저 녹음하고, 그 목소리에 맞추어 작화를 작업하는 사전 녹음의 방식을 적극적으로 채용하고 있어, 〈가구야 공주 이야기〉도 사전 녹음을 중심으로 녹음이 진행되었다.

캐스팅은 2011년 봄부터 이미 검토가 시작되었으며, 주인공인 가구야 공주 역은 오디션으로 선발하게 되어 골든 위크 무렵에 오디션을 열었지만 좀처럼 적절한 목소리를 만날 수 없었다. 가구야 공주에 어울리는 '수동적이지 않은 의지가 담긴 목소리'를 찾을 수 없었던 것이다.

그런 상황에서 오디션에 아사쿠라 아키가 등장했다. 아사쿠라의 목소리를 들은 다카하타와 니시무라 프로듀서는 '아사쿠라라면 가능성 있다'라며 둘 다 고개를 끄덕였다. 아사쿠라는 오디션 후 떨어졌다고 생각해 울면서 지하철역까지 걸어갔다고 하는데, 결국 다카하타는 '목소리의 슬픔이 좋았다'라는 이유로 수백 명의 후보 중 아사쿠라를 선택했다.

2011년 8월, 지브리의 시사실에서 사전 녹음이 시작됐다. 아사쿠라 아키 외에도 할아버지 역에 치이 다케오, 할머니 역에 미야모토 노부코, 사가미 역에 다카하타 아쓰코, 인노베 아키타 역에 다테카와 시노스케, 이시쓰쿠리 황자 역에 가미카와 다카야, 오토노모 미유기 대납언 역에 우자키 류도, 구라모치 황자 역에 하시즈메 이사오 등이 각각 녹음했다. 9월에는 스테마루 역에 고라 켄고, 미카도 역에 나마쿠라 시치노스케, 아베노 미우시 우대신 역에 이주인 히카루가 사전 녹음을 하였으며, 이후 그들의 목소리에 따라 작화가 이루어졌다. 2012년 6월 29일, 할아버지 역의 치이 다케오가 사망하였지만, 대부분의 녹음이 끝났기 때문에 치이는 그대로 본 작품에 할아버지로 출연하게 되었다. 그리고 약간의 추가

녹음이 필요한 부분은 미야케 유지가 담당했다. 그리고 2012년 8월, 하녀 역에 다바타 도모코, 숯불을 굽는 역에 나카다이 다쓰야가 사전 녹음했다. 영화의 완성이 가까워진 2013년 9월, 많은 출연진이 추가로 후시녹음하였으며, 북쪽 사람 역의 아사오카 유키지의 녹음을 마지막으로 목소리 수록이 완료되었다. 〈가구야 공주 이야기〉는 다카하타의 집념으로 목소리 녹음도 평소보다 더 긴 시간과 수고가 들어갔다.

🖋 공개를 향해

2009년 8월, 로카르노 국제 영화제의 명예 표창을 받기 위해 출석한 다카하타가 《다케토리 모노가타리》를 바탕으로 한 영화를 준비 중이라고 밝혀, 이후 팬들 사이에서는 아마도 그럴 것이라는 소문이 돌았지만 한동안 공식 발표는 하지 않았다. 그 사이, 앞에서 서술한 것처럼 제작이 본격화되고 가구 스타가 비좁아지게 되면서, 2012년 2월에는 새로운 스튜디오인 '제7스튜디오'(통칭 '7스타')로 이사를 실시, 6일부터 7스타가 가동을 개시했다. 7스타는 히가시고가네이역 남쪽 출구에서 도보 약 10분 정도 거리의 3층 빌딩으로, 가구 스타와 달리 건물 한 채를 통째로 빌려 〈가구야 공주 이야기〉 제작을 위해 특별히 개조했다.

그리고 2012년 12월 13일 〈가구야 공주 이야기〉의 공식 제작 발표가 시행되었다. 〈바람이 분다〉의 발표와 동시에 진행되었으며, 이 시점에서는 2013년 여름에 두 작품을 같은 날 공개한다고 발표했다. 1998년 〈반 딧불이의 묘〉와 〈이웃집 토토로〉 이래 25년 만에 다카하타 작품과 미야자키 작품이 동시 개봉하는 것으로 크게 화제를 모았다(다만 이번에는 동시 상영이 아닌 개별 극장). 두 작품의 동시 개봉은 스즈키가 제안했는데, 당시 다카하타는 "그렇게 부채질해서 이 작품을 공개한다는 건가요?"(《지브리 의 교과서 19 가구야 공주 이야기》)라는 탐탁지 않은 반응을 보이며, "그런 것에 는 협력하고 싶지 않습니다"라며 화를 냈다고 한다.

2012년 말에 완성된 그림 콘티는 1,020컷 정도, 약 96분으로 아직 약 300컷이 남아 있었다. 결국 작업 상황이 너무 고되어, 본 작품의 공개를 가을로 늦추기로 결단을 내리고, 2013년 2월 5일 그 뜻을 공표했다. 그 렇게 〈바람이 분다〉의 공개 후인 8월 19일, 〈가구야 공주 이야기〉의 개봉 일은 11월 23일로 정식 발표되었다.

🖊 공개 연기의 여파

〈가구야 공주 이야기〉의 공개 연기는 작품의 내용에도 영향을 미쳤다. 바로 음악이었다. 히사이시 조는 예전부터 다카하타 작품에 참여하기를 깊이 바라고 있었으며, 다카하타도 〈가구야 공주 이야기〉의 음악 후보로 히사이시를 고려하고 있었다. 원래 〈바람 계곡의 나우시카〉에서 히사이 시를 추천한 것은 프로듀서였던 다카하타이며, 〈가구야 공주 이야기〉를 제작하면서도, 실사 영화 〈악인〉에서의 히사이시의 작업을 평가하고 있었다. 그러나 〈바람이 분다〉와 동시에 공개하면, 히사이시가 두 편을 동시에 담당하기에는 역시나 무리가 있었으므로, 원래 〈가구야 공주 이야기〉의 음악은 히사이시에게 의뢰하지 않았다. 하지만 공개 연기가 결정되고, 힘들긴 해도 불가능하지는 않은 상황이 되었기에, 히사이시는 다카하타 감독의 작품에 참여할 수 있었다.

주제곡은 현역 승려라는 이색적인 직함을 가진, 히로시마 거주의 아티스트 니카이도 가즈미가 담당했다. 아사히 신문의 음반 리뷰에서 니카이도의 앨범 〈니지미〉를 보게 된 다카하타가 니카이도의 모든 앨범을 사서 들으며 그의 노래에 강하게 매료되어 주제곡을 의뢰하게 된 것이다. 니카이도는 두 번 정도의 회의를 거쳐 다카하타가 원하는 곡을 완성하였고, 2013년 3월 고향인 히로시마에서 다카하타의 입회 아래, 뱃속에 곧 태어날 아이를 품은 상태에서 주제곡 〈생명의 기억〉을 녹음했다. 그리고 다카하타는 3월 11일 이후, 자신은 연출가로서 책임을 다할 수 있는가에 의문을 느꼈지만, 〈생명의 기억〉을 듣고 그 의문이 깨끗이 사라졌다고 한다. 이 곡 덕분에 〈가구야 공주 이야기〉가 3월 11일 이후에 어울리는, 인간과 지구의 연대를 그리는 영화가 되리라고 확신했다고 한다.

2013년 3월 23일, 일단 그림 콘티 작업이 완료되었으나 그 후 여러 컷의 미세 조정이 있어 최종적으로 1,423컷이 되었다. 그 후에도 일정에 쫓기는 날들이 이어졌지만 2013년 10월 30일, 기획이 시작되고 8년이라는 시간이 지나, 드디어 첫 시사를 맞아 영화가 완성되었다. 러닝타임은

137분으로, 지브리에서 가장 긴 작품이다. 다카하타는 스스로 〈가구야 공주 이야기〉를 평가하며, 애니메이션 작품으로서 '오늘날 하나의 지향점', '한 가지 꿈의 실현'이라고 서술하고 있다.

✒ '만들어진 성공'을 바라지 않는 감독

〈가구야 공주 이야기〉는 이렇게 완성되었지만, 개봉 연기는 홍보 측면에도 영향을 미쳤다. 제작 기간을 정하지 않고 시작하여, 결과적으로 8년이라는 시간이 걸린 〈가구야 공주 이야기〉의 제작비는 50억 엔. 이는 일본 애니메이션 역사상 최고 금액으로, 상업 영화로서는 성립할 수 없는 금액이다. 처음부터 손익을 생각하지 않고 진행한 기획이라고는 하지만, 그래도 투자자의 기대에는 부응하지 않을 수 없었다. 〈바람이 분다〉와의 동시 상영을 제안했을 때, 스즈키는 머릿속에 동시 상영이 작품의 홍보로서 큰 효과를 탄생시킬 것이라는 생각도 당연히 있었다. 하지만 동시 개봉의 희망이 사라진 이상, 새로운 홍보 전략을 세우지 않을 수 없었다.

스즈키는 처음에 프로듀서인 니시무라에게 홍보도 맡길 생각이었다. 하지만 니시무라의 요청으로 두 사람이 함께 홍보 전략을 검토해 나가게 되었다. 여기에서 발생한 최초의 문제가 바로 작품의 카피였다. 스즈키는 다카하타가 쓴 기획서를 다시 읽고, '공주는 지상의 기억 때문에 여자를 괴롭힌 죄를 추궁당한다. 그리고 그 죄로 공주는 지구로 내려오게 된다'라는 문장에 주목했다. 여기에서 스즈키는 '죄와 벌'이라는 표현을 떠올렸다. 러시아의 문호인 도스토예프스키의 소설 제목으로도 유명한 '죄와 벌'은 문학이나 영화에서 종종 다뤄온 보편적인 테마이기도 하다. 이를 살리면 현대에 호소하는 카피가 될 수 있다고 생각한 스즈키는, 여기에 '공주가 지은'이라는 문장을 덧붙여 '공주가 지은 죄와 벌'이라는 카피를 고안했다. 그리고 이를 다카하타에게 제안했다.

스즈키와 니시무라는, 벚꽃을 보고 기뻐하는 가구야 공주의 모습에 이 카피를 넣어 다카하타에게 보여주었는데, 다카하타의 반응은 기대와 달랐다. 스즈키는 당시 다카하타와의 대화를 다음과 같이 말하고 있다.

"이 카피는 제가 만들고자 하는 영화에 방해가 됩니다."

"하지만 다카하타 씨의 기획서 안에 있던 말을 사용한 것입니다."

"분명 그를 테마로 하려고 하긴 했으나, 안타깝게도 잘 풀리지 않았습니다. 지금 만들고 있는 작품의 내용과는 다릅니다."

홍보는 작품을 방해해서는 안 된다. 다카하타 씨가 줄곧 추구해온 대원칙입니다. 감독이 저렇게 말을 하면, 어쩔 수 없습니다. 저는 물러서기로 했습니다.

– 《지브리의 동료들》

한 발 뒤로 물러난 스즈키였지만, 그 카피가 가진 보편적인 사정과 기존의 《다케토리 모노가타리》에 대한 이미지를 바꾸는 임팩트에 대해서는 주변의 평판도 나쁘지 않았다. 스즈키는 포기할 수 없었다. 그래서 제 2안을 준비한 다음, '죄와 벌'의 카피도 다카하타에게 여러 번 제안했다. 그러자 예상대로 다카하타는 제2안에 문제가 없다고 했다. 그에 스즈키는 카피에 '죄와 벌'을 추천한 제작진이 많다는 점과 제2안은 관계자의 평이 좋지 않다는 점을 보고했다. 결과적으로 다카하타는 "그러면 마음대로 하세요"라며 스즈키가 카피의 방침을 결정하는 것을 승낙하였으며, 결과적으로 '죄와 벌' 콘셉트로 포스터와 예고편 제작이 결정되었다.

그리고 이 카피가 작품의 내용과 괴리가 있다는 것을 깨달은 다카하타는, 이후 부분적으로 작품 속 대사를 변경함으로써 그 문제를 해결했다. 이에 당사자인 스즈키도 경의를 표하며 다음과 같이 회고하고 있다.

요즘의 영화는 예전보다 홍보와 영화의 내용이 깊게 관계하고 있는 듯합니다. 관객이 영화를 보기 전, 홍보 카피를 보게 되는 이상, 본편도 홍보를 무시할 수 없지요.

그것이 다카하타 씨의 의견이었습니다. 다시 말해 '공주가 지은 죄와 벌'이라는 카피에 작품이 따라야만 한다는 것입니다. (중략)

저는 관객이 영화관에 오도록 만드는 도구가 홍보라고 생각합니다. 영화에 흥미를 갖게 하는 계기가 된다면 그걸로 임무 완수. 하지만 사실은 그것이 매우 어렵습니다. 그런 의미에서는 '기껏해야 홍보, 그래도 홍보', 이것이 저의 솔직한 심정입니다.

그런데 다카하타 씨는 그렇게 생각하지 않았습니다. 홍보와 본편에 모순이 생기지 않도록 철저하게 고집했습니다. 홍보를 바꿀 수 없다면 내용을 바꾼다. 그렇게까지 하는 것이 다카하타라는 사람인 것입니다.

－《지브리의 동료들》

카피가 결정되고, 스즈키는 〈바람이 분다〉와 마찬가지로 홍보 전략에 총력전을 기울여야 하며, 홍보팀 멤버들에게 '한눈에 알 수 있는 〈가구야 공주 이야기〉 10가지 홍보 포인트+α'라는 자료를 공유했다. 그 항목은 다음과 같다.

- 〈가구야 공주 이야기 프롤로그 서장〉 블루레이+DVD 100만 세트 배포! (협찬 파나소닉+KDDI)
- 〈바람이 분다〉를 순풍으로, 극장에서 1,000만 명이 보는 '질주하는 공주'의 예고
- 단독주택 브랜드 아이풀홈의 특별 협찬 CF 3,000GRP!
- au 스마트 패스 '지브리의 숲'과, LINE 스탬프 다운로드 누계 1,500만!
- 전대미문의 서점 매대 공략! 도쿠마+가도카와 → 2,000개 점포, 출판 유통사 닛판 → 800개 점포, 누계 2,800개 점포
- 10만 명+α - 전후 최대의 영화 시사회 실시! 도호 시네마즈, 이온 시네마 등
- 지브리를 좇은 다큐멘터리 영화 〈꿈과 광기의 왕국〉을 〈가구야 공주 이야기〉 공개 일주일 전에 선행 상영! 프로듀서 가와카미 노부오, 감

독 스나다 마미

- 이온 시네마의 로비에서 지브리 프로모션. ①미야자키 하야오 미개봉 데뷔작 〈유키의 태양〉 상영, ②6분간의 '프롤로그' 특별 상영, ③ 〈'알프스 소녀 하이디'전〉

- 스즈키 프로듀서 대활약! 역대 최다의 TV출연. NHK+민영 방송국 시청률 합계, 목표 100%!

- 아사쿠라 아키+니카이도 가즈미의 전국 순회 프로모션! 삿포로, 나고야, 오사카, 후쿠오카 etc

- 특별 협찬 요미우리 신문&로손

  – 《지브리의 동료들》

이러한 홍보 결과, 2013년 11월 23일, 456개 스크린에서 개봉한 〈가구야 공주 이야기〉는 흥행 수익 24억 7,000만 엔을 기록. 일본 국내는 물론 해외에서도 좋은 평가를 받아, 미국 아카데미상 장면 애니메이션 영화상의 후보로 올랐다. 하지만 다카하타 최대 히트작인 〈너구리 폼포코 대작전〉의 실질 흥행 수익인 44억 7,000만 엔에 미치지 못하여 후에 스즈키는 "지금 왜 《다케토리 모노가타리》를 영화로 만드는 것인가. 거기에 현대와의 격투는 있었는가. 그런 것을 제대로 담지 못했습니다. 그것은 기획자인 제 책임입니다. 홍보를 시작하면서 그 문제를 새롭게 인식하고, '죄와 벌'이라는 카피로 현대와의 접점을 만들려고 하였습니다. 어느 정도 효과는 있었다고 생각하지만, 작품과 홍보가 하나가 되는 부분까지는 도달하지 못한 것입니다."《지브리의 동료들》라고 회고했다. 그리고 홍보를 둘러싼 다카하타와의 긴장 관계와 스즈키 본인이 도달한 홍보 수단에 대해서도 다음과 같이 총괄하고 있다.

홍보로 의도적으로 무브먼트를 만들어내고, 그 흐름을 타고 영화를 히트시키는, 필요해서 해온 것이지만 저는 그 방법을 점점 발전시키고 〈모노노케 히메〉에서 도달한 부분까지 가버리고 말았습니다. 다카하타 씨는 그에 대해 큰 저항을 느꼈습니다. 그래서 〈이웃집 야마다군〉에서는 하나의 카피에 대해서도 굉장히 신중했던 것입니다.

다카하타 씨는 '만들어진 성공'을 원하지 않는 감독입니다. 정말로 그 영화를 이해해주는 사람이 진정으로 즐기며 영화를 봐준다. 그 정도의 상태가 좋은 것 같습니다. 그 마음은 저도 너무나도 공감합니다. 그렇기에 제가 〈가구야 공주 이야기〉의 홍보에서 저항한 것은 카피밖에 없습니다. 그 이외는 모두 다카하타 씨의 마음을 계승해왔습니다.

- 《지브리의 동료들》

그 후 역할을 마친 제7스튜디오는 철수하게 되어, 2014년 1월 17일 다카하타와 오가 등의 제작진이 참석한 상태로 폐소식이 거행되었다.

그리고 〈가구야 공주 이야기〉의 개봉하고 4년 이상 지난 2018년 4월 5일, 다카하타 이사오는 82세의 나이로 눈을 감았다. 〈가구야 공주 이야기〉는 다카하타의 유작이 되었다.

제21장

젊은 감독을 중심으로 한
새로운 제작 체제의 편성
〈추억의 마니〉

당신이 정말 좋아.

저기 후미에서, 나는 당신을
기다리고 있을 거야.
영원히.

요네바야시 히로마사
감독 작품

추억의 마니

🖋 재등판을 향한 의욕

〈추억의 마니〉는 2010년 개봉의 〈마루 밑 아리에티〉로 데뷔한 요네바 야시 히로마사 감독의 두 번째 작품이다. 요네바야시(통칭 '마로')는 스즈키 도시오 프로듀서의 발안으로 애니메이터에서 〈마루 밑 아리에티〉의 감 독으로 발탁되어, 무사히 영화를 완성했지만, 이후 다시 원화 스태프로 돌아가 미야자키 고로 감독 작품인 〈코쿠리코 언덕에서〉에 참여했다. 이 어서 미야자키 하야오 감독 작품인 〈바람이 분다〉에서도 원화를 그렸는 데, 2012년 1월의 어느 날, 스즈키와 이야기할 기회가 생긴 요네바야시 는 "다시 한번 감독을 하고 싶다"라며 재등판을 향한 의욕을 보였다.

요네바야시는 〈마루 밑 아리에티〉를 끝낸 직후, 모든 것을 쏟아낸 느낌 을 받았는데, 얼마 뒤 '미처 하지 못한 일들이 남았다. 다시 기회가 생기 면 감독을 하고 싶다'라는 생각이 들었다고 한다. 〈마루 밑 아리에티〉는 미야자키 하야오가 기획, 각본을 맡았으며, 작품 세계의 핵심이 되는 이미지 보드도 여러 장 그렸다. 그래서 요네바야시는 다음 작품은 스토리 구상의 처음부터 관여하여, 조금 더 스스로 해보고 싶다는 마음을 품었던 것이다.

요네바야시의 의사를 들은 스즈키는, 이와나미 소년 문고의 《추억의 마니》를 건네며, 이를 영화화하면 어떻겠냐고 바로 제안했다. 《추억의 마니》는 1967년 영국의 조안 로빈슨이 발표한 아동 문학으로, 일본어로 처음 번역된 것은 1980년이다. 이 작품은 미야자키 하야오가 좋아하는 작품이라, 미야자키의 저서 《책으로 가는 문 – 이와나미 소년 문고를 말하다》에도 추천서가 게재되어 있는데, 미야자키는 이 책에 나오는 저택과 마니가 있었던 푸른 창문의 이미지가 가장 인상적이었다고 한다. 후에 미야자키가 제작진에게 한 말에 따르면, 미야자키는 이 책은 읽은 뒤 해외여행을 갈 때마다 '마니의 창문'을 찾아다녔다고 하는데, 어느 날 아일랜드의 켄메어에서 자신이 문득 그리던 '마니의 창문'을 발견했다고 한다. 다만 영화로 만들기는 너무 어려워, 자신은 평생 《추억의 마니》를 영화화할 수 없다고 생각했다는 것. 실제로 《추억의 마니》는 그동안 영국을 비롯한 세계의 어떤 나라에서도 영상화된 적이 없는 것이다.

스즈키가 이 책을 고른 것은, 훌륭한 작품임은 물론, 여주인공이 두 명이라는 이유에서였다. 스즈키는 〈마루 밑 아리에티〉 제작을 통해, 요네바야시가 소녀를 매우 잘 그리고, 본인도 그것을 좋아한다는 것을 깨달았다. 〈추억의 마니〉는 마니와 안나, 여주인공이 두 명이기에 두 사람을 구분해 그리는 것은 마로에게 틀림없이 즐거운 일이 될 것이라고, 마로에게 안성맞춤인 기획이라고 생각했던 것이다.

✒ 미야자키 하야오의 제안

그리고 〈바람이 분다〉의 원화를 그리며 원작을 읽은 요네바야시는, 역시 매우 재미있는 작품이지만 곤란함도 강하게 느꼈다. 후에 그가 기록한 '기획 의도'라는 글에는 이렇게 적혀 있었다.

문학 작품으로서 《추억의 마니》는 너무나 재미있었고, 감동적이었습니다. 그러나 애니메이션으로 그리기에는 너무 어려운 내용이었습니다. 이야기의 묘미는 안나와 마니의 대화입니다. 그 대화를 통해 두 사람의 마음에 미묘한 변화가 일어납니다. 그것이 다른 무엇보다 재미있는 부분인데, 이를 어떻게 애니메이션으로 그려야 할까요. 적어도 저는 재미있게 그릴 자신이 없었습니다.

– 영화 〈추억의 마니〉 공식 사이트

2012년 2월 28일 열린 첫 번째 기획 회의에는, 〈바람이 분다〉 제작으로 굉장히 바빴던 미야자키 하야오도 참석했다. 미야자키는 회의에서 일본을 무대로 하라고 제안했다. 영국의 아동 문학을 원작으로 하고, 무대의 배경을 일본으로 옮겨 애니메이션 영화를 제작한다는 것은 〈마루 밑 아리에티〉와 완전히 똑같았다. 일본인이 일본인 관객을 상대로 만드는 영화이기에 그렇게 해야 한다는 이유와, 충분히 잘 알고 있는 일본을 무대로 하면 영화 제작이 훨씬 수월해지고, 무대가 외국이라면 설정의 조사만으로도 굉장히 힘들다는 이유도 지난번과 마찬가지로, 이에 대해서는 다른 회의 참석자들도 같은 의견이었다. 그리고 그 자리에서 미술 감독에 다네다 요헤이의 이름이 거론되었다. 하지만 요네바야시는 회의에서 아직 이 원작을 영화화에 대한 마음을 굳히지 않았다고 말했다.

그리고 사흘 후인 3월 2일에 열린 제35회 일본 아카데미상 시상식에서 〈코쿠리코 언덕에서〉가 애니메이션 작품상을 받았다. 스즈키와 미야자키 고로 감독, 그리고 전년도 최우수 애니메이션 작품상을 받은 요네바야시가 발표자로 출석했다. 그때 〈멋진 악몽〉으로 미술상을 받은 다네다 요헤이도 출석하였는데, 스즈키는 시상식에서 만난 다네다에게 이번에는 애니메이션의 미술을 해보면 어떻겠냐고 은근슬쩍 물었다.

매우 저명한 실사 영화의 미술 감독인 다네다는, 이와이 슌지 감독의 〈스왈로우테일 버터플라이〉, 미타니 고키 감독의 〈THE 더 우쵸우텐 호텔〉, 쿠엔틴 타란티노 감독의 〈킬빌 Vol.1〉, 〈더 헤이트폴 에이트〉 등에서 폭넓게 그 실력을 발휘하고 있었다. 지브리와의 인연은 이미 수년 전, 미타카의 숲 지브리 미술관의 기획 전시 〈'작은 루브르 미술관'전〉(2008~2009년)과 〈'마루 밑 아리에티×다네다 요헤이'전〉(2010년, 도쿄)에서 미술 감독을 담당했었기에 스즈키와 요네바야시, 미야자키 고로까지 세 명 모두 면식이 있었다. 하지만 시상식 자리에서는 구체적인 의뢰가 아니었기에, 다네다는 기회가 있으면 하겠다며, 언제든 연락 달라고 대답하는 데 그쳤다.

✒ 무대는 홋카이도

스즈키는 회의 후에도 〈추억의 마니〉밖에 없다는 생각을 바꾸지 않았다. 스즈키의 의지가 확고하였기에 요네바야시도 조금 더 생각해 볼 마음이 생겼는데, 시범 삼아 몇 장의 이미지 그림을 그리면서 〈추억의 마니〉를 해보자는 마음이 서서히 샘솟기 시작했다.

2012년 3월 14일, 요네바야시는 7점의 이미지 스케치를 완성했다. 그리고 10일 정도 후에는 원작의 번역가인 미쓰노 마사코의 딸을 만나 이야기를 듣고, 자료를 제공받았다. 이렇게 2012년 4월 무렵, 〈추억의 마니〉의 기획이 〈바람이 분다〉의 다음 지브리 작품이라는 것이 어느 정도 사내에 기정사실화되어 있었다.

검토를 진행하는 동안, 스즈키는 작품의 무대로 홋카이도를 추천했다. 스즈키는 작품에 쌀쌀한 느낌이 있는 게 좋고, 서양식 건물이 있어도 이상하지 않다고 했다. 그리고 요네바야시는 안나의 내면을 표현하기 위해, 안나를 그림 그리는 아이로 설정하고 싶다는 안을 제출했다. 5월에 요네바야시는 습지의 풍경을 보기 위해 개인적으로 미우라 해변의 에나만을 찾아가기도 했다. 또한 6월, '마니'의 이름은 그대로 '마니'이지만, '안나'의 이름은 영어 'Anna'가 아닌 일본어 '杏奈(안나)'로 하기로 했다.

나아가 작화 감독의 후보로 안도 마사시의 이름이 부상했다. 안도는 1990년 제2기 연수생으로 지브리에 입사해, 젊은 나이로 〈모노노케 히메〉, 〈센과 치히로의 행방불명〉에서 작화 감독을 맡은 우수한 실력의 애니메이터지만, 방향성의 차이로 2001년 지브리를 퇴사했다. 그리고 그후 곤 사토시 감독과 오키우라 히로유키 감독의 작품 등에서 작화 감독 등을 맡아왔다. 당시 안도는 〈가구야 공주 이야기〉에서 오랜만에 지브리 작품에 참여하여, 제7스튜디오에서 원화를 그리고 있었는데, 〈추억의 마니〉의 기획 이야기를 듣고, 일단 원작 소설을 읽기 시작했다.

그 무렵 각본 작업도 시작되었다. 스즈키는, 〈바다가 들린다〉, 〈게드 전기 : 어스시의 전설〉, 〈마루 밑 아리에티〉, 〈코쿠리코 언덕에서〉의 각본을 맡은 니와 게이코(〈바다가 들린다〉에서는 필명 나카무라 가오리)에게 이번에도 각본 집필을 의뢰했다. 니와는 지금까지 그려온 그림을 보며 요네바야시와 회의하고, 먼저 플롯을 썼다. 그를 바탕으로 회의를 거듭하면서, 2012년 8월 5일 니와는 제1원고를 완성하였다.

🖋 두 명의 중심인물

한편 미술도 동시 진행으로 서서히 나아가기 시작했다. 그 무렵 다네다는 중국에서 어떤 작품의 미술 감독을 하고 있었는데, 7월 스즈키의 연락을 받고 8월 2일 지브리를 방문했다. 사전에 지브리에서 받은 원작 소설을 읽은 후 고가네이의 스튜디오에 방문한 다네다는, 그날 첫 번째 미술 설정 회의에 참석했다. 그 시점에 다네다가 〈추억의 마니〉의 미술 감독을 담당하는 것은 이미 기정사실의 분위기였다고 한다.

약 일주일 후 열린 두 번째 미술 설정 회의에는 미야자키 하야오도 참석했다. 미야자키는 이날 영화의 배경으로 세토 내해를 제안했다. 하지만 요네바야시는 역시 홋카이도로 하고 싶다고 하여, 그 방향으로 진행하기로 결정되었다. 또한 그 결정에 따라 홋카이도로 로케이션 헌팅을 다녀오기로 정해졌다. 이 기획의 발단에는 미야자키도 아주 약간 관여하고 있는데, 애초에 〈바람이 분다〉가 제작 중이었기에 이후 〈추억의 마니〉에는 더 이상 관여하지 않았다. 그렇게 〈추억의 마니〉는 다카하타 이사오, 미야자키 하야오의 이름이 크레디트에 일절 등장하지 않는 첫 번째 극장용 장편 지브리 작품이 되었다.

8월 말에 열린 지브리의 사내 회의에서 스즈키는 〈추억의 마니〉가 〈바람이 분다〉와 〈가구야 공주 이야기〉의 다음 작품이 된다는 것을 공식 발표했다.

그리고 홋카이도의 여름 풍경을 지금 당장 봐 두어야 한다며, 8월 하순에 갑작스럽게 로케이션 헌팅을 떠나, 요네바야시, 다네다, 그리고 미술팀과 제작팀에서 각각 한 명, 총 네 명이 홋카이도의 네무로, 구시로, 앗케시, 삿포로, 하코다테 등의 도시를 방문하고 취재했다. 그 후에도 미술 관련 회의는 월 1회 이상의 페이스로 2013년 1월까지 계속되었으며, 다네다는 다양한 스케치, 설정 그림, 입체 모형 등을 제작하기 시작했다.

한편 각본에서는 제1원고를 작화 감독 후보인 안도에게 보여주었는데, 아직 〈추억의 마니〉 작업을 수락할지 결정하지 못했던 안도였지만, 구체적인 제안을 참고 의견으로서 요네바야시에게 전달했다. 그를 반영해 제2원고가 9월에 완성되었으며, 다시 같은 과정을 거쳐, 10월에 니와는 제3원고를 완성하였다. 그리고 〈가구야 공주 이야기〉에 이어 본 작품의 프로듀서도 담당하게 된 니시무라 요시아키가 〈가구야 공주 이야기〉로 몹시 바빴는데도 틈을 내어 요네바야시와 안도와의 회의를 준비한 덕분에 두 사람은 그와 함께 니와의 시나리오를 수정, 보완해 나갔다.

제3원고가 마무리될 무렵, 안도는 '지금까지 관여했으니 이제 하는 수밖에 없다'라며 〈가구야 공주 이야기〉의 담당 작업이 끝나면 〈추억의 마니〉 제작 감독의 요청을 수락했다. 〈추억의 마니〉는 안도와 다네다, 두 명의 참여는 제작진 편성에 있어 큰 의미가 있다. 안도는 지브리에서 육성한 애니메이터지만 스스로 뜻을 품고 지브리를 떠나, 십여 년 지브리 밖에서 경험을 쌓아왔다. 그리고 다네다는 원래 실사 영화의 미술 감독이다. 두 사람 모두 기존의 지브리에 없는 것을 발휘해주지 않을까? 그것이 지금까지 쌓아온 지브리다운 요소와 합쳐졌을 때, 새로운 무언가가 탄생하는 작품이 되지는 않을까? 두 사람을 기용하는 데는 그러한 기대가 있었다.

2012년 11월 27일, 요네바야시는 〈바람이 분다〉의 담당 부문을 마무리 짓고, 이후 〈추억의 마니〉에 전념했다. 12월 1일에는 고가네이와 비교적 가까운 곳의 건물에 방 하나를 준비실로 마련하여, 러프 콘티의 제작에 착수했다.

✒ 본격적인 제작 개시

새로운 해가 되고 2013년 1월에는 10번째 미술 설정 회의 및 종합 회의를 시행했다. 다네다가 기획한 영화의 무대와 건물에 대한 미술 설정은 이 시점에서 거의 정해졌다. 그중에서도 입체 모형을 제작하여 설정을 확정해나간 실사 분야의 방식이 매우 유의미했던 것 같으며, 요네바야시는 그를 바탕으로 그림 콘티를 그릴 수 있었기에 매우 고마워했다고 서술하고 있다.

2월 13일, 각본의 최종 결정 원고가 드디어 완성되었다. 메인은 니와였지만, 안도, 요네바야시의 의견도 들어갔기 때문에 〈추억의 마니〉의 각본 크레디트는 세 명의 이름이 올라갔다. 3월 2일에는 러프 콘티가 완성되었으며, 요네바야시는 그림 콘티를 다듬는 작업을 시작했다. 참고로 그림 콘티는 7월 중순에 거의 완성되어, 8월 31일에 정식으로 OK가 나왔다. 5월 7일에는 〈가구야 공주 이야기〉를 끝낸 안도가 〈추억의 마니〉에 합류했다. 그날 앞에 서술했던 '기획 의도'를 작성한 요네바야시는, "또 한 번 아이들을 위한 스튜디오 지브리의 작품을 만들고 싶습니다. 이 영화를 보러 와주는 '안나'와 '마니'의 옆에 앉아, 슬며시 기댈 수 있는 영화를 만들고 싶습니다"라며 글을 마무리하고 있다. 또한 요네바야시는 "'다카하타, 미야자키가 없는 지브리는 이것밖에 만들지 못하는가'라는 말을 들을 수 없습니다."('프로덕션 노트', 영화 〈추억의 마니〉 공식 사이트)라고도 말하고 있다. 온화한 요네바야시가 이렇게 발언하는 것은 매우 이례적인 일이었다. 시나리오 착수부터 그림 콘티의 완성까지 약 18개월이 걸렸다고 말하며, 이 작품에 대한 그의 패기를 느낄 수 있는 에피소드다.

이렇게 2013년 6월 7일에 작화 작업을 시작하였으며 6월 27일에는 지금까지 제2스튜디오 2층에 있던 주요 제작진의 공간을, 〈바람이 분다〉가 끝난 지 얼마 되지 않은 제1스튜디오 2층의 지정 장소로 이동하면서 〈추억의 마니〉의 제작이 본격적으로 시작되었다. 〈추억의 마니〉는 〈바람이 분다〉를 끝낸 제작진, 그리고 가을 이후 〈가구야 공주 이야기〉를 끝낸 제작진이 제작을 진행했는데, 앞에서 서술한 것처럼 이 작품에는 다카하타와 미야자키는 거의 관여하지 않았고, 스즈키의 이름은 '제작' 크레디트에 올라가 있었으며, 프로듀서는 젊은 피 니시무라가 담당하게 되었다. 작화에 안도, 미술에 다네다가 참가하고, 감독은 처음부터 요네바야시였으므로, 현장에는 평소와는 다른 신선한 공기가 흘렀다. 다네다는 지브리의 미술팀에 자리를 마련해 모든 컷을 살피면서 지시를 내리고 마지막까지 관여했다. 현재와 같은 제작 시스템이 완성된 지난 40년 정도의 일본 애니메이션 업계에서 실사 영화의 미술 감독이 극장용 장편 미술 감독을 전담한 것은 아마도 처음이었을 것이다.

✒ 지브리 첫 전편 영어 가사 주제곡

〈추억의 마니〉의 음악은 지브리 작품에 처음 참가하는 무라마쓰 다카쓰구가 담당했다. 무라마쓰가 음악을 담당한 〈클라이머즈 하이〉 등의 영화의 곡이 마음에 들었던 프로듀서 니시무라가 페이스북으로 그에게 접근한 것이 시작이었다. 히사이시 조를 동경하여 지브리 작품의 팬이기도 했던 무라마쓰는 니시무라의 권유를 받고 스튜디오를 방문했는데, 그 자리에서 요네바야시와 니시무라의 의뢰를 받고 흔쾌히 수락했다.

음악을 만드는 방식은, 다른 지브리 작품과 마찬가지로 이미지 앨범이 먼저 제작되었다. 구체적인 크기나 컷을 신경쓰지 않고, 무라마쓰가 영화의 이미지를 곡으로 만든 후 연주 및 녹음하여 앨범으로 완성하면, 이번에는 그 곡을 바탕으로 실제 영화에 사용하기 위한 음악 제작에 몰두한다. 그리고 요네바야시, 니시무라, 음악 연출의 가사마쓰 고지 등과 회의를 거듭하며 동요하는 안나의 심정을 교묘하게 표현한 본 작품의 사운드트랙 음악을 완성하였다. 참고로 본 작품의 사운드트랙 CD는 이미지 앨범과 함께 두 장을 세트로 발매되고 있다.

주제곡은 로스앤젤레스에 거점을 둔 싱어송라이터인 프리실라 안이 맡았다. 2013년, 미타카의 숲 지브리 미술관의 크리스마스 콘서트에서 부른 노래가 너무 훌륭하여, 나카지마 기요후미 관장이 마침 〈추억의 마니〉 주제곡의 아티스트를 찾고 있던 니시무라에게 추천했다. 프리실라의 노래를 들은 니시무라는 바로 요네바야시에게 들려주었고, 그들은 반드시 프리실라의 긍정적인 답변을 받고 싶었다. 니시무라는 2014년 1월, 갑작스럽게 미국으로 건너가 프리실라의 허락을 흔쾌히 받고 일본으로 돌아왔다. 미국 체류 시간이 30시간인, 지극히 빠듯한 출장이었다.

니시무라가 미국으로 날아가 프리실라 안과의 교섭을 서두른 데는 이유가 있었다. 스즈키는 그 경위를 다음과 같이 말하고 있다.

> 실은 지브리에서 〈추억의 마니〉를 제작하고 있을 무렵, 미야자키 고로 군은 지브리를 떠나 NHK의 TV 애니메이션 〈산적의 딸 로냐〉를 제작하고 있었습니다. 그때 지브리의 팬이었던 프리실라가 일본에 방문해 지브리 미술관에서 콘서트를 했습니다. 그것을 들은 고로 군과 니시무라가 동시에 그녀에게 주제곡을 요청하고 싶다는 말을 꺼냈습니다. 〈산적의 딸 로냐〉 측에서 그런 얘기가 나오고 있다는 것을 들은 저는, 기회를 놓치지 않고 니시무라에게 "바로 미국으로 건너가라. 먼저 말한 사람의 승리다"라고 충고하였고, 니시무라는 1박 3일의 강행군 일정으로 미국으로 가, 그녀와 만나 약속을 받아 왔습니다.
>
> 얼마 후 그 사실을 알게 된 고로 군이 "저도 프리실라를 검토하고 있었는데. 너무해요"라고 볼멘소리를 내었습니다.
>
> – 《지브리의 천재들》에서

이렇게 니시무라가 선수를 쳐서 고로는 프리실라 안을 빼앗겼지만, 그후 스즈키가 〈산적의 딸 로냐〉의 주제곡과 너무 잘 어울리는 가수로 〈센과 치히로의 행방불명〉부터 쭉 계속 교류하고 있었던 나쓰키 마리를 추천했다. 나쓰키가 스즈키에게 보내왔다는 신곡의 데모 테이프를 들은 고로는 그 노래가 마음에 들어 엔딩 테마로 선정했다.

　제작을 시작한 프리실라는 원작을 읽고 영화의 제작 자료를 대강 훑어보면서, 9년 전 만들고 그대로 있던 〈Fine On The Outside〉를 떠올렸다. 어려운 시기였던 자신의 학창 시절을 생각하며 만든 그 곡이 이 영화에 잘 어울린다고 생각한 프리실라는, 신곡과 함께 이 곡의 데모곡도 지브리에 보냈다. 곡을 들은 요네바야시와 니시무라는 〈Fine On The Outside〉를 선택했다. 요네바야시는 '프리실라 안에는 안나가 있었다. 운명적인 만남이다'라며 평가하였으며, 이렇게 지브리 작품 처음으로 전편 영어 가사의 주제곡이 탄생하게 되었다.

　〈추억의 마니〉는 지브리에서 처음으로 주인공이 두 명인 작품인데, 요네바야시의 희망으로 주인공 선발을 위한 오디션을 개최하여, 300명 이상의 후보 가운데 안나 역에 다카쓰키 사라, 마니 역에 아리무라 가스미가 선발되었다. 그리고 두 소녀를 지켜주는 어른들 역에 마쓰시마 나나코, 데라지마 스스무, 네기시 도시에, 모리야마 료코, 요시유키 가즈코, 구로키 히로미 등이 캐스팅되었다. 또한 후반에서 안나와 사이가 좋아지는 소녀 사야카 역은 스기사키 하나가 연기했다. 이에 더해 홋카이도를 무대로 한다는 점에서, 홋카이도에서 결성된 연극 유닛 TEAM MACS(모리사키 히로유키, 야스다 겐, 토쓰기 히로유키, 오이즈미 요, 오토오 다쿠마)가 총출연하는 것도 화제가 되었다. 후시 녹음은 이전과 마찬가지로 스튜디오 지브리의 시사실에서 5월의 연휴가 끝난 날부터 약 2주간에 걸쳐 시행되었다.

🖋 제작 부문의 해체, 과제가 남은 홍보

그리고 이야기는 거슬러 올라간다. 앞에서 서술한 것처럼 〈추억의 마니〉의 작화가 시작되고 그 다음 달, 2013년 7월 20일에 미야자키 하야오의 〈바람이 분다〉가 공개되었는데, 9월 6일에 미야자키는 기치조지에서 기자회견을 열어 공식적으로 은퇴를 발표했다. 스튜디오 지브리에서는 이 상황을 수용해 〈추억의 마니〉를 완성한 후, 제작 부문을 일단 정리하게 되었는데, 각 제작진은 그를 인식하면서도 온 힘을 다해 작업을 이어갔다.

요네바야시는 당시의 심경을 다음과 같이 말하고 있다.

스즈키 씨에게 이야기를 들은 것은, 한창 〈추억의 마니〉를 제작하고 있었을 때입니다. 입사 때부터 언젠가 이날이 온다는 말은 들었지만, 미야자키 씨가 은퇴하면 스튜디오는 문을 닫겠지요. 그때까지 어디를 가도 일할 수 있는 그런 애니메이터가 되려고 일을 해왔기 때문에, 그렇게 크게 놀랍지는 않았습니다. 하지만 그래도 '벌써 그때가 왔구나'라고는 생각했습니다. (중략) 다른 사람들도 비슷하게 각오는 하고 있었다고 생각합니다. 그렇기 때문에 〈추억의 마니〉라는 작품에 강렬한 마음이 생겨났습니다. 지브리에서 배운 기술을 이 작품에 전부 담는다는 기백이 대단했었습니다. 그림을 보면 알 수 있지요. 그 생각을 강하게 느끼면서 일을 해왔습니다.

　　　　　　　　　　　　　　　　　－《지브리의 교과서 20 : 추억의 마니

　　　　　　　　　　　　　　　　　（ジブリの教科書20 : 思い出のマーニー）》

　〈추억의 마니〉의 홍보는 〈가구야 공주 이야기〉와 마찬가지로 니시무라의 요청에 따라 스즈키가 담당했다. 세상이 노골적인 광고를 싫어하고, 소셜 미디어를 통한 입소문이 홍보의 주류가 되어간다는 것을 통찰하고 있던 스즈키는 홍보팀에게 "현실 세계에서 '이야깃거리'를 얼마나 만들고, 그것을 어떻게 소셜 미디어 쪽으로 흘러가게 하여 화제를 만들 것인가. 이번에는 그런 방식의 시금석이 될 것이다."《지브리의 천재들》라는 방침을 전했다. 그러나 지금까지의 작품과는 달리, 한 걸음 뒤로 물러난 입장에서 홍보에 관계한 스즈키는 그 어려움도 실감했다고 한다.

　홍보와 관련해서도 이렇게 방침 전달에만 머무르고, 나머지는 젊은 제작진들에게 맡기기로 했습니다. 그렇게 하면 구애받지 않고 자유롭게 다양한 아이디어를 시도하리라고 기대했기 때문인데, 결과적으로는 잘되지 않았습니다. 아직 옛날 그대로의 홍보가 일정 부분 유효성을 가지고 있었던 이유도 있지만, 가장 큰 원인은 영화의 홍보와 관련 있는 사람들이 인터넷이나 소셜 미디어의 사정에 어둡다는 것이었습니다. 그 점에 관해 나이는 크게 상관 없었으며, 유감스럽게도 재미있는 전개는 불가능했습니다.

-《지브리의 천재들》

〈추억의 마니〉는 2014년 6월 25일에 첫 시사가 이루어지며 완성되었다. 7월 19일부터 전국의 극장에서 공개되어, 흥행 수익 35억 3,000만 엔을 기록했다. 해외에서도 물론 공개되어, 미국에서는 제88회(2015년) 아카데미상 장편 애니메이션 영화 부문에 후보로 올랐다. 유감스럽게도 수상은 하지 못했지만, 작품이 높이 평가받고 있음을 안팎으로 보여주었다.

지브리의 제작 부문은 예정대로 〈추억의 마니〉를 완성한 후, 일단 해산. 제작진은 2014년 말, 퇴사했다. 미야자키는 그다음 해 중반부터 미타카의 숲 지브리 미술관의 오리지널 단편 애니메이션 〈털벌레 보로〉 제작에 착수했고, 그를 위한 제작진도 많지 않은 인원이었지만 그해 가을에 새로 조직되었다. 지브리를 나간 니시무라 요시아키는, 새롭게 회사를 일으켜 요네바야시와 함께 '스튜디오 포녹'을 시작했다. 극장용 장편 애니메이션 영화 〈메리와 마녀의 꽃〉을 2017년 여름 공개 예정으로 제작했다.

제22장

다카하타 이사오가
지원하고 이끌었던
〈붉은 거북〉

붉은 거북
어느 섬의 이야기

생명은 어디에서 왔고,
어디로 가는가.

✒ 발단은 지브리가 보낸 한 통의 메일

스튜디오 지브리의 장편 작품 가운데 유일하게 해외에서 제작된 작품이 〈붉은 거북〉이다. 이 작품은 제작 장소뿐만 아니라 모든 제작 과정이 다른 작품과는 다르며, 발단부터 세보면 완성까지 약 10년이라는 시간이 걸렸다. 감독은 미카엘 두독 드 비트. 2006년 11월, 미카엘 앞으로 스튜디오 지브리가 장편 영화의 제작을 권유하는 메일을 보낸 것부터 이야기는 시작된다.

네덜란드 출신인 미카엘은 스위스와 영국에서 미술 대학을 졸업하고, 스페인에서 애니메이터로 근무한 이후, 영국에 집을 구해 프리랜서로 여러 스튜디오와 일하며 디즈니의 〈미녀와 야수〉(1991)와 〈환타지아 2000〉(2000) 등에 참가한 인물이다. 이와 동시에 유나이티드항공, AT&G, 네슬레, 폭스바겐, 하인츠 등 세계 각국의 CF를 다수 제작하고, 많은 상을 받았다. 1990년대부터는 스스로 단편 애니메이션 감독이 되어 작품을 발표했는데, 〈수도승과 물고기〉(1994)는 미국 아카데미상 단편 애니메이션 영화상의 후보에 올랐으며, 2000년 제작한 〈아버지와 딸〉로 아카데미상 단편 애니메이션 영화상을 받았다. 세계적으로 높은 평가를 받으며 각국의 애니메이션상을 휩쓸었다. 하지만 미카엘은 장편 애니메이션의 감독을 맡은 적은 없었다.

앞에서 언급한 장편 제작을 의뢰했다는 메일은, 미카엘의 장편 작품을 꼭 보고 싶다는 스즈키 도시오 프로듀서의 오랜 마음에서 보내진 것이었다. 〈붉은 거북〉의 제작용 팸플릿에 게재된 글에서 스즈키는 다음과 같이 쓰고 있다.

> 그동안 미카엘은 단편의 명수였다. 〈아빠와 딸〉은 단 8분으로 한 여성의 인생을 훌륭하게 그려낸 작품이다. 이 영화를 보고, 나는 미카엘의 장편 영화를 보고 싶어졌다.

지브리가 이 메일을 보낸 시점에, 미카엘과 지브리 사이에는 이미 몇 번의 교류가 있었다. 미카엘은 예전부터 지브리의 작품을 보고 있었으며, 2004년 여름 히로시마 국제 애니메이션 페스티벌에서 국제 심사위원을 하기 위해 일본에 방문했을 때, 도쿄 고가네이시의 스튜디오 지브리를 방문해 다카하타 이사오 감독과 스즈키를 만났다. 다카하타도 이전부터 미카엘의 작품에 관심을 보이며, 〈수도승과 물고기〉로 '첫눈에 반하고',

〈아빠와 딸〉은 TV 방송을 녹화하고 되돌려보면서 '이 작품의 모든 것에 감동했다'라고 말했다(〈극장용 팸플릿〉에 게재된 인터뷰에서).

그리고 지브리가 보낸 메일을 읽은 미카엘은 너무나 갑작스러워 전혀 예상하지 못한 제안이었다며, 제일 먼저 '도대체 이게 어떻게 된 일이죠?'라고 계속 물었다. 미카엘은 그 이후에 이 일에 관해 다음과 같이 말하고 있다.

너무나도 영광스러운 일이라 몇 달 동안 믿지 못했습니다. 왜냐하면 지브리 영화의 완전 팬이었으니까요! 일주일 정도 생각하고 꼭 만나서 얘기하자고 답장을 보냈습니다.

– 〈극장용 팸플릿〉

그리고 미카엘은 지브리에 하나의 조건을 제시했다. 그것은 다카하타와 지브리의 협력이 필요하다는 것이었다. 첫 장편 영화라는 점에서 역시 단편과는 여러 가지 차이가 있는 것은 분명하다. 그러니 장편 경험이 풍부한, 자신이 존경하는 다카하타의 조언이 필요하다고 말했다.

✒ 일본에 지내며 그림 콘티를 제작

이렇게 2007년 2월, 지브리 해외 사업부 스태프인 스티브 알퍼트와 다케다 미키코가 런던의 미카엘의 집을 방문해 첫 대면 대화가 이루어졌다. 지브리 측은 미카엘에게 우선 줄거리 작성을 제안했다. 그 시점에 미카엘에게 장편의 기획안이 있던 것은 아니지만 몇 가지 주제는 가지고 있었다. 그중 하나가 남쪽 섬의 조난자에 관한 이야기였다. 미카엘은 7월경 그 테마로 줄거리를 작성해, 몇 점의 그림과 함께 지브리로 보냈다.

그것을 읽은 스즈키는 "세상에 널리고 널린, 이른바 로빈슨 크루소와 같은 것들이 있지만, 저는 미카엘이 만들면 특별한 작품이 될 것이라고 확신했습니다. 꿈이 커지기 시작했습니다."(《극장용 팸플릿》)라며, 망설임 없이 이 테마를 선택했다.

지브리는 바로 미카엘에게 재미있을 것 같으니 이 방향으로 각본을 착수해 달라고 답장을 보냈으며, 미카엘은 각본 집필을 개시했다. 집필 도중 인도양의 세이셸 섬에 열흘간 로케이션 헌팅을 가기도 하면서 각본을 써 내려갔고, 2008년 4월 초고가 완성되었다. 미카엘은 그것을 지브리에 지참하고 회의를 진행했다.

이후 미카엘은 다시 런던으로 돌아가, 각본을 더욱 탄탄하게 구성함과 동시에 그림 콘티와 라이카 릴(그림 콘티를 촬영하여 순서대로 연결한 확인·검증용 영상)도 제작하기 시작했다. 미카엘이 메일로 보낸 완성된 부분을, 일본에 있는 다카하타와 스즈키가 보고 어떠한 조언을 해야 하는지 고민하는데 그 과정에서 의사소통의 어려움을 느끼는 상황이었다. 게다가 요즘처럼 신종 코로나19 바이러스의 확대에 따라 네덜란드 미팅과 각종 자료 전달의 구조가 한층 더 개선된 상황이라면 상황은 조금 달랐을지도 모르지만, 당시에는 격화소양(隔靴搔癢)의 느낌이 지워지지 않았다. 그래서 스즈키는 미카엘을 일본으로 불러, 일정 기간 일본에서 각본과 그림 콘티를 그려줄 것을 제안했다. 원래 일본을 좋아했던 미카엘은 바로 그 제안을 수락하였으며 2010년 3월과 4월에 연속으로 일본에 방문했다.

특히 4월에 일본을 찾았을 땐, 골든 위크를 포함해 4주 정도 체류하였는데 지브리가 스튜디오 근처에 빌려준 집에 살면서 매일같이 다카하타와 스즈키와 만나 집중적으로 대면 회의를 열었다. 작업도 진행되었지만 미카엘은 근처 가게의 사람들과 알고 지낼 정도로 그 지역에 정이 들었던 것 같다. 이렇게 각본과 그림 콘티, 라이카 릴을 일정 단계까지 마무리할 수 있었다.

✒ 와일드 번치와의 공동 제작

이야기가 조금 거슬러 올라가지만, 각본과 그림 콘티의 작업과 함께 스즈키는 제작의 구체적인 방식에 대해서도 검토했다. 그 결과, 초기 단계부터 이 작품을 배급사 와일드 번치와 공동 제작하기로 마음먹고, 와일드 번치의 프로듀서인 빈센트 마라발에게 연락했다. 각본 단계라면 몰라도 실제 애니메이션 제작이라면, 감독이 미카엘인 이상 제작 현장은 역시 유럽이 좋겠다고 생각했기 때문이다.

와일드 번치는 프랑스의 영화사로 훌륭한 영화, 예를 들어 당시에는

〈아티스트〉나 〈킹스 스피치〉와 같은 영화를 전 세계에 배급하고 있었으며 제작도 적극적으로 하고 있었다. 그리고 무엇보다 지브리 작품을 세계의 넓은 지역(북미, 프랑스, 동아시아 이외의 거의 모든 지역)에 배급하면서, 오랜 기간 인연을 유지하고 있는 회사였다. 스즈키는 빈센트가 일본에 들어왔을 때 〈아버지와 딸〉을 보여줬는데, 빈센트도 굉장히 마음에 들어 하며, 그 자리에서 〈붉은 거북〉의 제작 참여를 흔쾌히 허락했다.

그러나 이후 예상보다 시간이 더 소요됐던 것이 자금 조달과 계획이었다. 유럽에서의 영화 제작은 유럽 독자만의 방식으로, 대부분 여러 회사의 공동 제작 및 공동 투자의 형태를 취한다. 여러 나라에 투자 회사가 퍼져 있는 것이 이상하지 않았고, 심지어 각국의 공적 자금이 도입되는 것도 일반적이었는데, 대신 그만큼 과정에 시간이 걸린다. 와일드 번치는 그동안의 공동 제작의 경험을 살려 〈붉은 거북〉의 제작 프레임을 구상하였지만 아무런 전례도 없고, 손으로 그린 지극히 예술적인 장편 애니메이션 영화이기도 해서 그런지 각 회사와 이야기가 정리되어 계약을 체결할 때까지 수년이 필요했다. 최종적으로 제작이 결정되고, 그를 받아 실제 작업에 들어간 것은 2013년 7월이다.

하지만 물론 그때까지 작업을 멈춘 것은 아니다. 지브리와 와일드 번치는 모두 의사가 확고했기 때문에 2010년 라이카 릴이 어느 단계까지 완성된 후에도 계속해서 준비 작업을 진행했다. 영화 제작의 구체적인 관리를 위해 와이낫 프로덕션이 제작 협력으로 참가하였으며, 애니메이션 제작을 프리마 리니어 프로덕션이 담당하는 것도 내정되었다. 또한 미카엘과 직접 교류하면서 영화의 기본적인 비주얼을 고민하고, 또 미카엘이 손으로 그린 터치를 활용해 어떻게 장편 영화를 제작할 것인가에 대한 검토도 진행되었다. 그리고 탄탄한 각본으로의 수정을 위해 실사 영화의 각본가이자 감독인 파스칼 페링이 참여해, 미카엘과 논의를 거듭했다.

✒ 그림만 훌륭하면 음악은 필요 없다

지브리도 계속 미카엘에게 조언을 아끼지 않았으며, 그것은 정식으로 제작이 결정되고 애니메이션 제작을 시작해 음악 작업을 거쳐 영화가 완성되기까지 계속되었다. 예를 들어 거의 제작 후반 단계까지, 영화에는 아주 적지만 대사가 있었는데, 최종적으로 모든 대사가 삭제된 것은 다카하타와 스즈키의 조언이 미카엘의 결단을 지지했기 때문이다. 당시의 의견 교류에 관해 미카엘은 다음과 같이 말하고 있다.

다카하타 이사오 감독에게 거의 완성된 영상을 보여주자, 그는 더 과감하게 대사를 모두 삭제하자고 조언했습니다. 애니메이션의 완성도가 굉장히 만족스러웠기에 저도 같은 생각을 하고 있었습니다. 그 후 스즈키 도시오 프로듀서에게도 상담했더니, 그도 '대사가 없는 편이 그림에 더 집중할 수 있으니, 대사가 없는 게 더 좋다고 생각한다'라고 말해주었기에 〈붉은 거북〉은 대사를 없애기로 했습니다.

- 〈극장용 팸플릿〉

한편 스즈키도 그 후에 NHK 뉴스 방송의 인터뷰에서 다음과 같이 말하고 있다.

(*미카엘은) 다카하타, 미야자키에게는 없는 것을 갖고 있습니다. 다카하타 이사오나 미야자키 하야오는 하나의 화면이 있다고 가정하면 애니메이션이므로 그 안에 많은 정보를 담습니다. 하지만 미카엘은 그것을 줄여나갑니다. 어떻게 말하자면 반대인 거죠. 거기에 매력을 느꼈습니다. (중략) 그림만 훌륭하면 소리는 필요하지 않습니다. 음악도, 효과음도, 그리고 대사도 말이지요. 최근 일본 영화는 설명하지 않아도 되는 것을 굳이 설명하는 경향이 있는데, 옛날 일본 영화를 보면 설명은 하지 않습니다. 그렇기에 스스로 생각하려 하지요. 스스로 생각함으로써 즐거움이 찾아오기 때문입니다.

- NHK 〈뉴스워치 9〉 2016년 9월 22일 방송

그 후에도 다시 메일을 주고받는 것이 기본이 되었지만 콘셉트는 공유되었고, 미카엘의 비전도 확고했기에 문제는 없었다. 지브리에서는 다카하타와 스즈키, 그리고 이 영화와 관계가 깊은 부서(해외 사업부나 라이브러리 담당 등)의 몇몇 스태프가 모여 미카엘 프로젝트팀과 같은 그룹이 생기면서, 미카엘에게서 검토해야 하는 소재가 도착하면 프로젝트팀 멤버들

이 모여 함께 의견을 나누고, 다카하타가 미카엘에게 어떤 코멘트를 남길지를 정리했다. 다카하타의 입장과 태도는 분명하였으며, 그것은 같은 제작자로서 어디까지나 미카엘의 의사를 존중한다는 의미였다. 이에 대해 다카하타는 다음과 같이 서술하고 있다.

저는, 만약 의견을 반드시 말해야만 한다면 철저하게 미카엘에게 다가가 미카엘의 입장에 서서 생각하고 싶었습니다. (중략) 미카엘의 의도를 적확하게 파악하는 데 가장 크게 노력하고, 미카엘을 이해하려고 하였습니다. 그 단계에서 감탄한 것, 좋다고 생각한 것, 이해한 것을 솔직하게 전하며, 그를 격려했습니다. (중략) 그리고 미카엘에게 '만약 당신이 이러한 의도로 이렇게 묘사한 것이라면, 이러이러한 점에 더 배려해야 하지 않을까요?' 혹은 '이런 방식이 관객에게 더 잘 전달될 것 같다고 생각합니다'라고 답변합니다. '제안'이 아니라 하나의 '의견'으로서 말이죠. 우리는 미카엘에게 우리 의견을 강요할 생각은 전혀 없었습니다. 그리고 미카엘의 최종 판단을 항상 지지했습니다. 스즈키 도시오 씨도, 저도 미카엘을 존중하고, 미카엘에게 절대적인 신뢰와 기대를 보냈습니다.

– 〈극장용 팸플릿〉

✒ 세계를 겨냥한 흥행과 홍보

2013년 7월 〈붉은 거북〉의 제작이 본격적으로 시동하였으며, 주요 제작 현장은 프랑스의 앙굴렘에 있는 프리마 리니어 프로덕션의 스튜디오였다. 작화에는 헝가리 등 동유럽 스튜디오도 부분적으로 참여하였으며, 합성 작업은 벨기에의 벨비전 스튜디오도 중요한 역할을 수행했다. 기본적으로 손으로 그린 그림이었지만, 디지털 기술을 구사하고 일부 3D CG도 활용해, 전편 미카엘 두독 드 비트의 작품이라고 말할 수밖에 없는, 통일감 있는 영상이 제작되었다.

시작하기 전에는, 그동안 단편 애니메이션만 만들었던 미카엘이 많은 제작진과 함께 작업하는 장편 애니메이션을 잘 만들 수 있을지 걱정하는 사람들도 일부 없지는 않았지만, 미카엘은 훌륭히 결과물을 만들어냈다. 이에 대해 스즈키는 다음과 같이 쓰고 있다.

> 미카엘은 이성적으로 자신을 통제하고, 훌륭하게 장편 애니메이션 영화의 감독을 해냈다. 무엇보다 62세라는 나이에 장편 처녀작이다. 단편 작가로서 오랜 경력을 가진 미카엘은 고집이 세고 독선적이어도 이상하지 않다. 하지만 그는 이성적인 감독이었다.
>
> – 〈극장용 팸플릿〉

제작이 대단원으로 치닫고 있던 2015년 6월, 안시 국제 애니메이션 영화제에서 미카엘은 스스로 등단하여 〈붉은 거북〉의 메이킹 필름을 공개한다는 기획이 시행되었고, 본 작품의 제작과 그에 지브리가 관여했음을 전 세계에 공식적으로 발표했다. 해결하기 어려웠던 음악 문제도 로랭 페레즈로 결정되었다. 본격적으로 제작하기 시작하고 약 28개월이 지난 2015년 가을, 영상이 거의 완성되었으며, 2016년 최종 음향 작업을 거쳐 봄에 영화가 완성되었다. 제작 경위를 바탕으로 다카하타는 아티스틱 프로듀서로, 스즈키는 빈센트와 함께 프로듀서로 크레디트에 이름을 올렸다. 그리고 투자 기업의 구성으로 〈붉은 거북〉은 일본, 프랑스, 벨기에의 공동 제작 작품이 되었다.

또한 일반적인 대중오락 작품과는 달리, 예술성이 짙은 〈붉은 거북〉은 기존의 지브리 작품보다 작은 규모로 배급하게 되었다. 스즈키는 시인 다니카와 슌타로, 작가 이케자와 나쓰키에게 작품을 보여주고, 시와 원고의 집필을 요청하는 등 독자적인 홍보를 전개했다. 문학자들이 생각해낸 표현의 힘을 빌려, 작품의 본질을 세계에 전하는 방법을 모색했다. 그 경위에 대해 스즈키는 다음과 같이 말하고 있다.

시인 다니카와 슌타로 씨에게 〈붉은 거북〉을 보여주고, 한 편의 시를 받았습니다. 너무나 훌륭한 작품이었습니다. (중략)
이 시를 읽고 떠올린 고갱의 그림이 있습니다. 고갱이 타히티로 돌아오고 마지막 해에 그린, '우리는 어디에서 왔고, 우리는 무엇이며, 우리는 어디로 가는가'라는 제목의 대작입니다. 저는 망설임 없이 다니카와 씨가 쓴

시의 한 구절을 영화의 (*홍보) 카피로 만들었습니다. (중략)

그리고 이케자와 씨에게 팸플릿을 위한 해설을 부탁했습니다. 미카엘, 고갱, 이케자와 씨는 모두 '정착민은 아니다'라고 썼는데, 그들의 작품에는 '생명'을 낳는 여성에 대한 깊은 경외심이 있다는 점이 공통적입니다.

그것을 깨달았을 때, 이 영화의 홍보 방향이 보였습니다. 점점 더 복잡해지는 현대 사회에서 새로운 형태의 성차별이 증가하고 있습니다. 연애나 결혼, 가정생활, 직장 등에서 여성이 피해자가 되는 사건은 끊이지 않습니다. 〈붉은 거북〉은 이런 시대에 대한 하나의 대답이 되지 않을까요?

저에게는, 이런 식으로 작품의 테마를 해석하고, 시대에 맞는 영화를 어떻게 홍보해야 할지 고민하는 작업은 언제나 모험을 떠나는 것과 같습니다.

〈붉은 거북〉은 그동안의 지브리 작품과 비교하면 예술성이 꽤 짙어서, 스크린 수는 150개로 적지만, 도호는 알짜배기 영화관을 준비해주었습니다. 이 영화를 통해 새로운 히트의 형태를 만들 수도 있다는 생각도 하고 있습니다.

– 《지브리의 동료들》

이런 홍보 활동과 함께, 지금까지의 지브리 작품과 작풍이 크게 다른 〈붉은 거북〉은 NHK에서 다루어져, 밤 9시의 〈뉴스워치 9〉 내에 약 8분짜리 특집이 편성되기도 하며 주목받았다.

또한 미카엘이 아카데미상 단편 애니메이션 부문을 비롯해 다양한 영화상을 받은 경력이 있는 인물이라는 점에서, 스즈키는 제작 초기 단계부터 일본보다 오히려 해외 배급을 중시하는 방침을 세웠다. 해외에서의 배급은 공동 제작자인 와일드 번치의 프로듀서였던 빈센트에게 일임하였으며, 완성된 영화는 2016년 5월 제69회 칸 국제 영화제에서 상영되어 미카엘과 스즈키 등이 영화제에 참석했다. 지브리 작품은 언제나 여름 공개를 목표로 제작하고, 대부분 6월 이후에 완성되었기에 5월에 열리는 칸 국제 영화제는 지금까지 인연이 없었는데, 이번에는 타이밍 좋게 출품할 수 있었다. 그 결과 '영화 자체가 특별하다', '영상과 음악의 포에지'라며 높은 평가를 받으며 '주목할 만한 시선' 부문의 특별상을 받았다.

일본에서의 개봉은 2016년 9월 17일. 8월 말, 일본에 방문한 미카엘은 기자회견과 인터뷰, 강연 등을 가졌다. 앞에서 서술한 것처럼 스크린수는 150개로 보통의 대중오락 작품과 비교하면 꽤 적지만, 그래도 다른 예술 작품과 비교하면 이례적으로 많은 숫자다. 이는 지브리 작품을 오랜 기간 담당해온 도호의 지다 사토시(당시 부사장)가 〈붉은 거북〉을 위해 힘을 써준 결과이기도 하다.

이렇게 작품의 내용은 높은 평가를 받았지만, 유감스럽게도 흥행 성적은 크게 좋지는 않았다. 그러나 세계적으로 〈붉은 거북〉에 대한 호평이 이어져, 2017년 미국 아카데미상 장편 애니메이션 영화 부문에 후보로 올랐다. 수상하지는 못했지만, 비슷한 시기에 열린 애니메이션계의 아카데미상으로 불리는 애니 어워즈에서는 독립 장편 애니메이션 영화상을 받았다.

〈붉은 거북〉은 스튜디오 지브리의 장편 작품으로서 독특한 위치를 점하게 되었다. 하지만 〈아버지와 딸〉에서 '인생'을 그린 미카엘에게 처음으로 장편 작품을 제작할 기회를 주고, '자연과 인간'이라는 테마를 더해 더욱 깊게 '인생'을 그린 〈붉은 거북〉이라는 작품을 탄생시킨 의의는 충분하다고 말할 수 있을 것이다. 〈벼랑 위의 포뇨〉, 〈마루 밑 아리에티〉, 〈코쿠리코 언덕에서〉, 〈바람이 분다〉, 〈가구야 공주 이야기〉, 〈추억의 마니〉를 제작해온 약 10년에 걸친 구상이었다.

제 23 장

지브리 첫 3D CG 작품
〈아야와 마녀〉

저의 어느 부분이
잘못되었죠?

GORO가 도전하는
지브리 최초 풀 3D CG 작품

(극장판) 아야와 마녀

🖊 처음 다룬 CG 애니메이션 〈산적의 딸 로냐〉

〈아야와 마녀〉는, 2006년 〈게드 전기 : 어스시의 전설〉, 2011년 〈코쿠리코 언덕에서〉에 이은 미야자키 고로 감독의 세 번째 장편 애니메이션이다. 〈코쿠리코 언덕에서〉 이후 〈아야와 마녀〉에 이르기까지, 우선 고로 감독의 행보를 간단하게 살펴보자.

첫 번째 작품 〈게드 전기 : 어스시의 전설〉의 제작이 끝난 후, 고로는 미타카의 숲 지브리 미술관으로 돌아가 주로 전시 업무를 담당했다. 애니메이션 제작 현장에서 다음 작품의 기획에 착수하기까지 2년 이상의 공백기가 있었다. 그러나 〈코쿠리코 언덕에서〉 이후에는 공백을 많이 두지 않고 다음 작품 제작을 준비했다.

그때 스즈키 도시오 프로듀서는 고로에게 "한 번은 지브리 밖의 다른 곳에서 작품을 만드는 것이 좋다"라고 제안했다. 지브리에 있으면, 어쨌든 미야자키 하야오의 영향에서 벗어날 수 없고, 앞으로도 계속해서 작품을 만들 것이라면 한 번쯤 지브리 밖을 경험해보는 것이 좋다는 이유에서였다.

그리고 드왕고의 가와카미 노부오 회장이 고로에게 홋타 요시에의 소설《길 위의 사람(路上の人)》의 TV 애니메이션 시리즈 제작을 추천했다. 가와카미는 2010년에 스즈키의 라디오 방송 '지브리의 땀투성이'에 출연했고 그때의 대화가 발전해 프로듀서 연수생으로서 2011년 초부터 스튜디오 지브리에 다니며, 스즈키 프로듀서를 본받아 특기 분야인 IT 기술과 지식, 경험과 인맥을 활용해 〈코쿠리코 언덕에서〉의 홍보에서 힘을 발휘했다. 〈코쿠리코 언덕에서〉는 미야자키 고로의 작품이므로, 그 사이 가와카미는 고로와도 교류를 늘려 그런 기획을 제안하는 흐름이 된 것이다.

고로는 2008년, 현립 가나가와 근대 문학관에서 개최된 〈'홋타 요시에'전, 스튜디오 지브리가 그린 혼란스러운 세상〉에서《길 위의 사람》의 애니메이션 영화화 기획의 전시를 제작한 적이 있었지만, 그때는 어디까지나 가상 기획안이었다. 가와카미의 기획은 총 26회의 TV 애니메이션 시리즈로서,《길 위의 사람》를 가와카미 프로듀스, 미야자키 고로 감독으로 제작하여 NHK에서 방송한다는 것이었다. 기획이 진행되어, 캐릭터 디자인은 〈코쿠리코 언덕에서〉에 이어 곤도 가쓰야가 담당했다. CG로의 제작이 결정되었으며, 폴리곤 픽처스의 합류가 내정되고, 처음 3~4회의 그림 콘티가 완성되었다. 하지만 2012년 말, 종교를 그리는 어려움으로 인해 이 기획은 중지할 수밖에 없었다.

그때 고로는 아스트리드 린드그렌의 아동 문학《산적의 딸 로냐》를 떠올렸다. 사실《산적의 딸 로냐》는 예전에 고로가 영화화를 한 번 시도했다가 중단된 기획. 그때는 방침을 전환하여 결과적으로 〈코쿠리코 언덕에서〉를 제작했었다. 다시 말해《산적의 딸 로냐》는 한 번 좌절했던 적이 있는 기획이었다. 당시의 경위에 대해 고로는 다음과 같이 말하고 있다.

새로운 미술관의 관장 아래에 숨어 무책임한 입장에서 비교적 즐겁게 일하고 있었는데, 어느 날 스즈키 씨가 저에게 "고로 군, 다음은 어떻게 할 거야?"라고 물었습니다. 지브리로 다시 불려 가, 우선 기획을 고민하게 되었습니다.(중략)

그때 처음으로 스스로 기획을 생각하게 됐는데, 좀처럼 소재가 정해지지 않았습니다. 딱 하나 떠오르는 원작이 나중에 TV 시리즈로 하게 된《산적의 딸 로냐》였습니다. (중략) 영화로 만들기에는 꽤 긴 이야기라 어떻게 짧게 간추릴 것인가를 고민할 때, 이번에는 미야자키 하야오가 여러 번 개입했습니다. 제가 준비하고 있는 곳에 와서는 "이렇게 하는 편이 좋다"라고 말하고 간 것이죠.

(중략)

제가 하고 싶다고 생각한 것과 미야자키 하야오가 이렇게 해야 한다고 말한 것은 물과 기름처럼 섞일 수 없었기에, 기획으로 성립되지 않아 막혀버리고 말았습니다. 그때 느닷없이 미야자키 하야오에게 〈코쿠리코 언덕에서〉의 원작 만화를 건네받았습니다.

　　　　　－《고로는 어디에서 오고, 어디로 가는 것일까?

　　　　　（どこから來たのかどこへ行くのかゴロウは?)》

　이렇게《산적의 딸 로냐》는 일단 중단되었지만, '영화로는 무리여도, 처음부터 끝까지 상세하게 다루는 것은 분명 시리즈물에 더 적합할 것이다.'《고로는 어디에서 오고, 어디로 가는 것일까?》)라고 생각해,《길 위의 사람》TV 시리즈 제작의 틀을 거의 그대로 옮겨,《산적의 딸 로냐》를 총 26회의 TV 시리즈로 NHK에 제안하기로 했다. 그 후 2013년 초에 일찌감치 원작 측에 영상화에 대한 기본적인 허락을 받아, 〈산적의 딸 로냐〉를 제작하기 시작했다.

　캐릭터 디자인을 맡은 곤도 가쓰야는 영화판 〈산적의 딸 로냐〉 기획에 이미 참여하고 있었기에 그때의 작업이 도움이 되었다. 애니메이션 제작은 폴리곤 픽처스로, 고로 감독의 첫 CG 작품이 되었는데, 픽사 작품처럼 완전 3D CG 애니메이션이 아닌, 언뜻 보기에는 셀을 사용한 것처럼 보이는, 이른바 셀룩 기법을 선택했다.

　TV시리즈 〈산적의 딸 로냐〉는 NHK와 드왕고의 제작 및 저작, 가와카미의 프로듀싱으로, 2014년 10월부터 2015년 3월까지 NHK BS프리미엄 채널에서 방송되었다. 그리고 세계 각국에서도 방송되었으며, 2016년 4월에는 국제 에미상 어린이 애니메이션 부문 최우수상을 받았다.

🖋 현대를 살아가는 아이들에게

〈산적의 딸 로냐〉를 다 만든 후, 고로는 2015년 봄, 스튜디오 지브리로 복귀했다. 고로가 밖에 있는 동안, 지브리는 2013년에 미야자키 하야오 감독의 〈바람이 분다〉와 다카하타 이사오 감독의 〈가구야 공주 이야기〉, 2014년에 요네바야시 히로마사 감독의 〈추억의 마니〉를 제작 및 공개했다. 2014년 말에 제작 부문을 일단 해산하고, 지브리 미술관의 오리지널 단편 애니메이션 10번째 작품인 미야자키 하야오 감독의 〈털벌레 보로〉를 통해 부분적으로 애니메이션 제작을 재개하려고 했다. 그런 상황 속에서 새롭게 제2스튜디오 2층에 고로의 자리가 만들어지고, 다음 작품의 기획을 검토했다.

그리고 2015년 6월, 다음 기획도 가와카미의 제안으로 시작되었다. 이번에는 해외의 SF 소설을 원작으로 하는 역사 시리즈물이었는데, 2015년 중순에 제작 개시를 전제로 하여 고로가 그림 콘티 집필을 개시했다. 1년 가까운 기간 동안 3화 이상의 분량을 그려나갔지만, 유감스럽게도 2016년 초여름 무렵, 이 기획은 좌절되고 말았다.

2016년 7월, 고로는 중국에서 크게 히트한 3D CG 애니메이션 영화 〈신서유기 : 몽키킹의 부활〉의 텐 샤오펑 감독과 '아시아의 3D CG 애니메이션의 미래'를 주제로 대담회를 가졌다. 그 뒤풀이 자리에서 텐 샤오펑 감독이 직접 의뢰하여, 고로는 〈신서유기 : 몽키킹의 부활〉의 일본어 더빙판 제작 감독을 맡게 되었다. 일본어판 주제곡과 삽입곡의 제작에도 관여하고 작사도 담당하게 되면서 업무량은 상상 이상이었지만, 2017년 2월에 작업은 마무리되었다(공개는 2018년 1월). 그리고 그사이 부상한 것이 〈아야와 마녀〉의 기획이었다.

여기에서 〈아야와 마녀〉의 원작 소설 《이어위그와 마녀》에 관해 조금 다루자면, 저자는 영국의 판타지 작가 다이애나 윈 존스로, 영화 〈하울의 움직이는 성〉의 원작자다. 2011년 3월 유감스럽게도 저자가 세상을 떠나면서, 《이어위그와 마녀》는 저자의 유작이 되었다. 역자 다나카 가오루코, 그림 사타케 미호의 일본어 번역판은 2012년 7월, 도쿠마 쇼텐에서 출간되었는데, 이 책을 너무나 좋아했던 미야자키 하야오는 "너무나 사랑스러운 책입니다. 다이애나 윈 존스 씨의 최고의 책은, 사다케 씨의 삽화와 편집자의 노력으로 뭐라고 설명할 수 없는 매력적인 책이 되었습니다. 저는 한 글자도 놓치지 않고 다섯 번이나 꼼꼼히 읽었답니다"라는 서평을 남겼다. 다시 말해 《이어위그와 마녀》의 영상화 기획은 미야자키 하야오가 시작했다고 할 수 있다. 당시 미야자키 하야오와 했던 대화에 관해, 스즈키는 다음과 같이 말하고 있다.

미야 씨는 "이 작품은 요즘 시대에 적합하다"라고 말했습니다. 저도 역시 같은 생각을 하고 있었기에 "주인공 소녀의 성격이 요즘 시대에 잘 맞지요?"라고 대답했습니다. 사실 미야 씨는 2013년 은퇴를 발표한 이후에도 다양한 기획을 찾고 있었습니다. 은퇴는 했지만, 미타카의 숲 지브리 미술관에서 상영하는 〈털벌레 보로〉를 만들며, 다른 작품도 만들고 싶다는 마음을 가지고 있었습니다. 그리고 얼마 후 신작 장편 영화로 〈그대들은 어떻게 살 것인가〉를 하고 싶다고 이야기를 꺼냈지요. 이미 은퇴한 몸이긴 하지만, 열심히 노력하려는 의욕을 보일 수 있는 작품을 하고 싶다고 생각했던 타이밍이었습니다. 마침 그 시기에 《이어위그와 마녀》를 읽었는데, 그게 더 재미있을지도 모른다고 생각한 것 같습니다. (중략) 그럴 때 미야 씨는 항상 무엇이 더 재미있는지 저에게 물어보는 버릇이 있습니다. 그래서 저는 "《이어위그와 마녀》도 분명 재밌지만, 미야 씨에게는 《그대들은 어떻게 살 것인가》가 더 어울리고, 더 재미있을 것이라고 생각합니다"라고 말해, 〈아야와 마녀〉의 기획은 적절한 때가 올 때까지 일단 보류하게 되었습니다. 그런 상황에서 이번에 감독을 맡았던 고로 군이 신작을 만들고 싶어 한다는 이야기를 들었습니다.

　(중략) 어느 날, 미야 씨가 고로 군에게 《이어위그와 마녀》를 하도록 설득하러 갔습니다. 고로 군은, 〈게드 전기 : 어스시의 전설〉이나 〈코쿠리코 언덕에서〉도 미야 씨의 권유로 시작한 작품이었기에 이번에야말로 스스로 기획하고 싶다고 생각했을 것입니다. (중략) 그런데 《이어위그와 마녀》를 읽어보니, 역시 재미있었던 거지요.

- 《로망 앨범 아야와 마녀(ロマンアルバム アーヤと魔女)》

이렇게 고로는 《이어위그와 마녀》를 검토하고, CG 애니메이션화에 적합하다고 생각했다. 고로는 〈산적의 딸 로냐〉를 제작하며, CG를 통한 일상 연기의 표현에 큰 가능성을 느꼈는데, 《이어위그와 마녀》는 무대가 매우 한정적이고 등장인물도 적어 CG화가 쉽다고 파악했기 때문이다.

또 고로는 이 원작에 매력을 느낀 이유를 다음과 같이 말하고 있다.

〈아야와 마녀〉에 착수하려고 했을 무렵, 오늘날의 아이들은 주위의 어른들을 어떻게 바라보고 있을까 생각했습니다. 단카이 주니어[32]의 조금 위인 제 세대는 아이들의 숫자가 매우 많았습니다. 스즈키 씨와 같은 단카이 세대는 아이들이 더 많습니다. 그런데 지금은 우리 세대의 절반, 혹은 그 이하의 인구밖에 없습니다. 그러면 요즘 아이들의 주위에는 나이 든 사람과 어른밖에 없는 게 아닐까요. 스즈키 씨와 같은 단카이 세대가 어렸을 적에는 주위에 자신들과 비슷한 세대 혹은 젊은 사람밖에 없었습니다. 제가 자랄 때도 같은 세대가 많았고, 많은 청년들 위에 고령자가 있었습니다. (중략) 하지만 지금은 엄청난 수의 중장년층이 있고, 젊은 사람들은 소수파로 살아야 합니다. 목소리도 크고, 수도 많은 어른을 상대로 대치하면 꼼짝할 수 없습니다. 그렇다면 이런 사회에서 잘 살아가기 위해서는 '주위의 어른들을 조종하고, 자신에게 유리하게 어른들을 움직이고 빠져나가는 수밖에 없지 않을까?'라고 생각했습니다. 그리고 그것이 바로 원작에 등장하는 아야라고 생각했습니다.

– 《로망 앨범 아야와 마녀》

---

32) 단카이 세대의 자녀를 말하며, 통상적으로 일본에서 1970년~1974년 이전에 출생한 사람들을 가리킨다.

이런 생각으로 주인공 아야를 정성껏 그리고, 그 매력을 어떻게 표현하는지가 중요하다고 생각한 고로는, 머지않아 사실상 제작을 전제로 한 준비 작업에 들어갔다. 그리고 2016년 원작 소설의 영상화 계약도 교섭을 시작했다.

🖋 아야의 모델이 된 의외의 인물

고로는 먼저 곤도 가쓰야에게 연락하여 다시 〈아야와 마녀〉에 참여해 달라고 부탁하였으며, 이에 따라 곤도는 2016년 캐릭터 디자인을 작업하기 시작했다. 고로는 〈산적의 딸 로냐〉에서 곤도가 작업한 캐릭터 디자인을 보고, 곤도의 그림이 CG에서 입체화하는 데 적합하다고 생각했는데, 그것도 곤도에게 요청한 이유 중 하나였다. 그리고 시나리오는 다시 니와 게이코에게 의뢰했다. 니와는 고로 감독의 작품 〈게드 전기 : 어스시의 전설〉과 〈코쿠리코 언덕에서〉에도 참여했는데, 이로써 지브리의 고로 감독 작품으로서는 세 작품 연속으로 맡게 되었다.

또한 이 무렵 고로는 오랜만에 미타카의 숲 지브리 미술관의 기획 전시를 담당했다. 2017년 5월에 시작하는 '먹는 것을 그리다'의 기획 · 감수를 맡았다. 그 작업과 병행하면서 〈아야와 마녀〉를 준비하여, 2017년 3월에는 기획서를 모두 작성하였다. 기획서에는 다음과 같이 적혀 있다.

지금 우리 사회는 불안과 불신으로 넘쳐납니다. 전 세계에서 경제 격차가 커진 결과, 사회는 불안정해지고, 앞으로 무엇이 기다리고 있는지 아무도 예측할 수 없습니다. (중략) 누군가가 옳은 길을 보여주는 것이 아니라, 스스로가 옳은 길을 정해야만 하는 시대. 우리는 어떻게 살아가야 할까요. '아야'라는 한 소녀를 그림으로써 곤란한 시대를 살아가는 아이들에게 응원을 보내고 싶습니다.

– 《The Art of Earwig and the Witch 아야와 마녀》

고로는 니와가 쓴 시나리오를 바탕으로 영화의 전개와 구성을 고민하고, 동시에 이미지 보드를 그려나갔다. 또한 곤도는 고로와 의견을 주고받으면서 서서히 캐릭터를 구체화해 나갔다. 2017년 봄, 니와의 시나리오가 일단 정리되었으며, 거기에 감독 보좌인 군지 에미가 고로의 의향을 덧붙여 재구성해 나갔다. 그것을 바탕으로 2017년 봄, 고로의 러프 스케치와 그림 콘티 집필도 시작되었다.

그리고 고로는 아야의 캐릭터를 만들기 위해 스즈키 도시오와 그 딸인 마미코를 참고했다. 처음부터 아야의 성격이 스즈키와 닮았다고 생각한 고로는, 제작진에게 "똑똑한 것도 그렇고, 성격도 아버지와 매우 비슷하다."《로망 앨범 아야와 마녀》라며 딸 마미코를 취재하게 하여 그 인물상을 시나리오에 반영해 나갔다. 한편 그의 아버지인 스즈키는 스즈키대로 아야의 성격이 고로와 쏙 빼닮았다고 생각한 듯한데, 스즈키는 후의 인터뷰에서 다음과 같이 말하고 있다.

〈아야와 마녀〉의 제작진에게 "이 '아야'라는 소녀는 내(*고로)가 모델이다"라고 설명하고 만들면 좋았을 텐데, 아무래도 그런 말은 안 한 것 같더라고요. 오히려 들려오는 소문에 의하면, 고로 군은 제작진에게 설명할 때, "이 '아야'라는 소녀는 스즈키 씨가 모델이다. 하지만 스즈키 씨는 이미 연세가 있으시니, 스즈키 씨의 딸을 모델로 하면 될 것이다"라고 말했다고 하더군요. 그리고 제가 모르는 사이에 제작 스태프 중 한 사람이 저희 딸을 찾아가 인터뷰하면서, 작품을 제작할 때 참고하였다고 합니다. 고로 군을 잘 아는 사람은 모두 주인공 '아야'와 고로 군이 겹쳐 보일 텐데 말이죠.

– 《로망 앨범 아야와 마녀》

고로는 〈산적의 딸 로냐〉를 제작할 때, 컴퓨터 소프트웨어를 이용해 그림 콘티를 수정하고 다시 그리는 작업을 경험하였는데, 〈아야와 마녀〉의 그림 콘티는 컷마다 기본 그림은 손으로 그리고 색을 입히지만, 바로 그 그림을 입력해서 전용 컴퓨터 소프트웨어를 사용해 그림 콘티를 채색해 나갔다. 군지가 재구성한 시나리오를 편집하여, 고로가 그림 콘티를 그리고, 그것을 두 사람이 검토 후 다시 고로가 감수하고 채색하는 식으로 작성되었다.

그리고 〈아야와 마녀〉의 주인공은 10살 소녀인 '아야'지만, 원작 소설의 오리지널인 영어판 《Earwig and the Witch》의 주인공 이름은 '이어위그(집게벌레를 의미)'다. '이어위그'가 아야(본명은 아야쓰루, '조종하는 자'라는 의미)가 된 것은 원작을 번역한 다나카 가오루코의 번안이며, 영화 〈아야 와 마녀〉도 그 번역을 바탕으로 만들어졌다. 또한 사다케 미호의 삽화도 설정에 참고하였으며, 사다케는 캐릭터와 무대 설정 원안으로 크레디트 에 이름을 올렸다.

🖊 다국적 기술이 결집한 제작팀

〈아야와 마녀〉는 3D CG 영화이므로, 제작 방법이 기존의 지브리 작품 과는 완전히 달랐다. 제작진 편성도 외부의 비중이 컸으며, 제작 준비는 서서히 시작해서 고요히 확대되었다. 주요 제작진 가운데 스튜디오 지브 리의 장편 작품에 참여한 경험이 있는 사람은 곤도 가쓰야뿐이었다. CG 연출의 나카무라 유키노리는 앞에서 말한 지브리 미술관의 단편 작품인 〈털벌레 보로〉에서 CG 작화 감독을 담당하고서 지브리 작품에 참여하게 된 것이었다. 애니메이션 연출의 탄 세리는 말레이시아 출신으로, 〈산적 의 딸 로냐〉에서 애니메이션 디렉터를 맡았으며, 그 흐름으로 〈아야와 마 녀〉에 참여했다. 배경의 다케우치 유키는 게임 제작 회사에서 콘셉트 아 티스트를 담당했었는데, 프리랜서가 되어 일러스트 등에서 도움을 준 계 기로 이 작품에 참가했다.

애니메이션 제작 스태프의 출신국도 다양했는데, 절반이 프랑스, 대만, 인도네시아, 말레이시아 등의 해외 출신이었다.

해외색이 풍부하고 생기발랄한 제작팀으로 편성되었다. 그동안은 제2 스튜디오 2층 공간만 사용했지만, 2017년 7월 제작진의 증가로 제3스튜디오 2층까지 확장하고, 스튜디오 내에서 〈아야와 마녀〉 팀이 사용하는 공간은 이후 기본적으로 이 두 곳이 되었다(2스타 2층은 어느 시기부터 지브리 파크의 스태프도 증가했다).

또한 처음부터 NHK와의 공동 제작을 계획했지만, 2017년 여름에는 NHK와 NHK 엔터프라이즈와의 공동 제작이 되는 것도 볼 수 있다. 〈아야와 마녀〉는 다른 작품처럼 '몇 년도, 몇 월, 며칠부터 제작 시작'이라고 말할 수는 없지만, 그림을 움직인다는 의미에서 애니메이션 작업을 시작한 것은 2018년 2월 5일일 것이다. 그날 첫 번째 작화 회의를 하였으므로 하나의 구분점이 될 터였다.

〈코쿠리코 언덕에서〉보다 더 오래 걸린 그림 콘티는 2018년 3월에 완성되었다. 그 무렵은 아이치현 나가쿠테시의 2005 아이치 세계 박람회 기념 공원에 내정되어 있던 지브리 파크의 설립도 시작되었으며, 고로는 두 역할을 겸업하는 상태에서 〈아야와 마녀〉의 제작에 매진했다. 그리고 제작진은 오로지 3D CG의 애니메이션 영상 제작에 몰두했다.

✒ 브리티시 록을 이미지한 노래

〈아야와 마녀〉의 음악은 〈코쿠리코 언덕에서〉와 〈산적의 딸 로냐〉의 전반적인 음악, 그리고 〈신서유기 : 몽키킹의 부활〉의 일본어 더빙판 주제곡·삽입곡에서, 지금까지 고로와 세 번 작업을 함께해온 다케베 사토시가 담당했다. 본 작품은 원작 소설을 꽤 충실하게 따랐는데, 일부 주요 등장인물이 과거 록밴드 멤버로 활동했다는 설정을 새롭게 추가하여, 영화 속에서는 그 밴드의 연주 장면도 등장한다. 이런 이유로 배경 음악도 전체적으로 1960~70년대의 브리티시 록을 의식했는데, 주제곡 〈Don't disturb me〉는 더 직설적인 분위기로 다케베가 작곡했다. 보컬에 인도네시아의 유명한 가수이자 배우인 셰리나 무나프, 기타에 글림 스팽키의 가메모토 히로키, 베이스에 미세스 그린 애플의 다카노 기요가즈, 드럼에 시시드 카프카, 그리고 키보드에 다케베 자신으로 구성된 스페셜 유닛이 연주하고 있다. 또한 영화 속에서 흐르는 곡의 가사는 고로가 직접 썼다. 이처럼 원작에는 없는 오리지널 요소와 록을 의식한 악곡을 조합한 의도에 대해, 고로는 다음과 같이 말하고 있다.

이야기를 바꾸는 것이 아니라, 배경을 깊게 하는 방향으로 확장하는 것은 괜찮다고 생각해, '아야'라는 아이의 배경이 되는 것, 아야의 핏속에 있는 것을 그리려고 고민했습니다. 요약하자면 "아야를 '보육원'에 맡긴 어머니는 어떤 사람이었을까?"라는 것을 깊게 파고들었습니다. 또한 아야를 거두는 맨드레이크와 벨라 야가를 단순히 이상한 사람으로 만들고 싶지 않았기에, 아야의 어머니와 예전부터 알고 있었다는 설정으로 하였습니다. (중략)

이야기의 무대를 원작에 맞추어 영국과 비슷한 곳으로 하였습니다. (중략) 구체적으로는 90년대 초반 정도의 이미지입니다. 아야는 10살이니, 태어난 것은 80년대. 그로부터 거슬러 올라가, 아야의 어머니 등이 젊었던 70년대로 설정하였습니다. 그 무렵을 대표하는 음악은 록으로, 하드 록이나 프로그레시브 록, 글램 록, 펑크 록 등이 나온 시대입니다. 무대가 영국이라면 음악은 록밖에 없다고 생각했습니다. 그리고 거기에서 아야의 어머니, 벨라 야가, 맨드레이크의 에피소드를 만들어 나갔습니다.

– 《로망 앨범 아야와 마녀》

목소리 출연자의 오디션은 2019년 여름에 시행되었으며, 주인공인 아야 역에는 실제 나이가 아야와 비슷한 아이부터 어른까지 약 60명의 응모자 가운데 히라사와 고코로가 발탁되었다. 그 밖에도 애니메이션 후시 녹음은 첫 도전인, 벨라 야가 역에 데라시마 시노부, 맨드레이크 역에 도요카와 에쓰시가 각각 연기하였으며, 아야 어머니 역을 셰리나 무나프가, 토마스 역을 하마다 가쿠가 연기했다. 후시 녹음은 2020년 1월에 시행되었다.

2020년 4월 6일, 〈아야와 마녀〉가 완성되었다. 기획 결정부터 완성까지 약 3년 반의 기간이 소요되었으며, 신종 코로나19 바이러스가 확대되면서 첫 시사는 3개월 후인 7월 6일에 시행되었다. 칸 국제 영화제의 오피셜 셀렉션 '칸 2020'의 한 편으로 선발되었으나, 안타깝게도 역시 코로나19의 영향으로 영화제의 실시간 개최는 연기되었다.

2020년 12월 30일, 〈아야와 마녀〉는 NHK 종합 TV에서 방송으로 처음 공개되었다. 그리고 일부 새로운 장면을 추가한 극장판이 2021년 4월 29일, 전국 영화관에서 개봉 예정이었지만, 또다시 코로나19의 영향으로 공개가 연기되며, 결국 8월 27일에 개봉되었다. 본 작품은 지브리 작품 가운데 처음으로 돌비 시네마 상영도 이행되었다. 그리고 미타카의 숲 지브리 미술관에서는 영화의 프로모션을 겸하여 2021년 6월 2일부터 2022년 5월 15일까지 기획 전시 〈'아야와 마녀'전〉이 개최되어, 본 작품에서 시행한 3D CG의 제작 과정이 다양한 소재를 이용해 이해하기 쉽게 전시되었다.

제24장

미야자키 하야오의 새로운 도전
〈그대들은 어떻게 살 것인가〉

미야자키 하야오 감독작품

그대들은 어떻게 살 것인가

✒ 은퇴 철회까지의 경위

〈그대들은 어떻게 살 것인가〉는 미야자키 하야오 감독의 12번째 장편 영화. 이 영화의 제목은, 1937년 요시노 겐자부로가 어린이를 위해 발표한 소설의 제목으로, 어렸을 적 이 책을 읽고 크게 감동한 미야자키가 이번 본인 작품의 제목으로 차용했다. 하지만 영화의 주인공이 이 소설을 읽는다는 설정은 있으나, 영화 내용은 소설과 전혀 상관없다.

미야자키의 이전 장편 영화는 2013년에 개봉한 〈바람이 분다〉인데, 미야자키는 〈바람이 분다〉가 상영 중이던 2013년 9월 6일 기자 회견을 열어 장편 작품에서 은퇴한다고 발표했다. 그 이후 미야자키는 본 작품을 제작하기 전까지 장편 영화 제작 이외의 업무를 하고 있었는데, 주요 업무는 두 가지였다. 그중 하나는 미타카 지브리 미술관의 기획 전시 〈'호두까기 인형과 생쥐왕'전 : 동화 속 이야기〉(2014년 5월 31일~2015년 5월 17

일 개최)와 〈‘유령탑에 어서오세요’전 : 통속 문화의 왕도〉(2015년 5월 30일 ~2016년 5월 8일 개최)다. 두 전시 모두 미야자키가 기획 · 감수 혹은 기획 · 구성을 담당하며 깊게 관여하고 있다. 그리고 그사이 미야자키는 미국의 아카데미상 명예상을 수상했다. 2014년, 오랜만에 미국으로 건너간 미야자키는 11월 8일(현지 시간)에 개최된 시상식에 참석하여 상을 받았다.

그리고 또 하나의 업무가 지브리 미술관의 10번째 오리지널 단편 애니메이션 〈털벌레 보로〉의 제작이었다. 미야자키가 원작, 각본, 감독을 담당했다.

스튜디오에서는 2015년 6월 〈털벌레 보로〉의 준비 작업을 시작하고, 제1스튜디오 1층 안쪽에 주요 제작진의 공간이 마련되었다. 2015년 10월 초에 그림 콘티가 완성되어, 준비 작업 개시와 거의 동시에 제작을 시작했지만 이후 오랜 기간 작업이 이어졌다.

〈털벌레 보로〉는, 도중 단계에서는 제작 과정에 CG를 넣을 계획이었다. 하지만 실제로 제작에 들어가니 생각처럼 구현되지 않는 장면도 있어 2016년 5월 초에 첫 러시가 되는 등 제작 개시부터 전에 없던 시간이 소요되었다. 그렇게 여러 시행착오 끝에 미야자키 하야오가 그리는 애니메이션은 CG가 어울리지 않으며 수작업이 가장 적합하다는 결론에 도달했다. 결국 작품 전체에서 CG가 차지하는 비율은 거의 사라졌다. 한편 이런 〈털벌레 보로〉의 제작과 병행하면서, 미야자키의 마음속에는 장편 영화의 기획이 다시 싹트며 움직이기 시작했다. 스즈키 도시오 프로듀서는 당시 미야자키와의 대화를 다음과 같이 회상하고 있다.

미야 씨가 제게 한 권의 책을 보여주었습니다.

"이 책 읽어보세요."

아일랜드 사람이 쓴 아동 문학이었습니다. 미야 씨는 매달 반드시 세 권에서 다섯 권 정도의 아동서를 읽는데, 그중 한 권이었습니다. 초여름의 어느 더운 날. 저는 단숨에 그 책을 다 읽었습니다. 굉장히 재미있었으며, 지금 이 시대에 장편 영화로 만들기에 적절한 내용이라고 판단했습니다. 다음 날 아침 제가 감상을 전하자, 미야 씨는 만족스러운 표정을 지었습니다.

"그런데 어떤 내용으로 할지 정하기가 어렵습니다. 원작 그대로는 영화를 만들 수 없어요."

그리고 덧붙였다.

"지브리는 영화를 만들어야 합니다."

그것은 정론입니다. 할 수 있다면 하고 싶지요. 그러나 도대체 누가 만들어야 할까요. 그 시점에서 미야 씨는 자신이 만든다는 말을 꺼내지 않았습니다.

계절이 바뀌고 장마가 찾아왔습니다. 미야 씨는 다른 기획을 들고 왔습니다. 이번에도 외국의 아동서(*나중에 미야자키 고로가 감독을 맡아 영화로 만든 〈아야와 마녀〉)였지요. 저는 그 책도 하룻밤 만에 읽었습니다. 미야 씨가 물었습니다.

"두 가지 가운데 무엇으로 해야 할까요."

제 대답에는 망설임이 없었습니다.

"물론 첫 번째 책이죠."

7월에 막 들어선 무렵이었습니다. 미야 씨가 기획서를 썼습니다.

거기에는 세 가지가 적혀 있었습니다.

첫째. '은퇴 선언'의 철회.

둘째. 이 책을 보고 자극을 받았으나, 원작으로는 삼지 않는다. 지브리

오리지널 영화로 만든다. 그리고 일본을 무대로 한다.

셋째, 모든 장면을 손으로 그린다.

물론 감독은 미야 씨였지요.

– 《지브리의 문학》

   여기에서 스즈키가 언급한 미야자키의 '기획서'는 2016년 7월 1일에 작성된 〈장편 기획 각서 – 극장용 장편 영화를 만들 것인가?〉라는 제목의 서면이다(극장용 팸플릿 및 《THE ART OF 그대들은 어떻게 살 것인가》에 일부 수록). 여기에서 미야자키는 살짝 망설이면서도 은퇴를 철회하고 장편 영화 제작에 복귀한다는 마음을 적고, 제작 기간을 최소 3년으로 예상한다고 말한 뒤 다음과 같이 적었다.

   문제는 앞으로 3년 동안 '세상이 어떻게 변할 것인가'이다.

   우리의 영화는 어떤 상황에서 어떤 감정의 사람들과 만나게 될까?

지금처럼 유유히 떠다니는 듯한, 형태가 분명하지 않은 시대가 여전히 끝나지 않았을까? 아니면 더 나아가 전 세계가 흔들리고 있을까?

전쟁이나 대재앙, 혹은 두 가지 모두일 가능성도 있다.

이런 시대에 3년에 걸쳐 영화를 만든다면, 어떤 형태의 영화가 바람직할 것인가….

첫째, 몹시 평화로운 영화. 예를 들어 〈이웃집 토토로〉와 같은. 〈이웃집 토토로 2〉는 가능할까? 가능성은 있다. 재미있는 작품을 만들 수는 있을 것 같지만 그저 생각일 뿐이며, 전쟁이 시작되면 만드는 것이 의미가 있을 것이다.

둘째, 전쟁 상황을 배경으로 한 영화. 시대를 앞서서, 만들면서 시대에 따라잡힐 것을 각오하고 만드는 영화.

– 〈장편 기획 각서 – 극장용 장편 영화를 만들 것인가?〉

한 번 은퇴를 선언한 미야자키가 이렇게 장편 영화 감독으로 복귀하는 것에 대해, 프로듀서인 스즈키도 당황스럽지 않았던 것은 아니다. 당시의 솔직한 심정을, 스즈키는 훗날 인터뷰에서 이렇게 털어놓았다.

2013년 '은퇴 선언'을 한 미야 씨가 입에 침이 마르기도 전에 신작 장편 애니메이션을 만들고 싶다는 이야기를 꺼냈을 때, 저는 크게 반대하며 "지금까지 '명감독'이라고 불린 사람들이 노년에 만든 영화를 다수 보았지만, 걸작이라고 부를 만한 작품은 거의 없습니다. '노년을 더럽힌다'라는

말도 있고요. 하지 않는 게 좋을 것 같습니다"라고 대답했습니다. (중략) 그
랬더니 그는 "그림 콘티를 20분 분량만 그릴 테니, 그걸 보고 판단해 주었
으면 좋겠습니다"라고 말하더군요. 안 된다고 하면 미련 없이 손을 떼겠
지만, 그게 아니라면 하고 싶다면서요.

– 아사히 신문 디지털

《'미야자키 하야오를 뛰어오를 정도로 기쁘게 했다', 스즈키 P. 일의 명언》

이렇게 미야자키는 2016년 7월 1일부터 〈털벌레 보로〉의 제작과 병행
하며, 스즈키에게 보여주기 위한 그림 콘티 작업에 착수하게 된다. 미야
자키가 고른 주제는, 앞서 언급한 〈장편 기획 각서 – 극장용 장편 영화를
만들 것인가?〉의 두 가지 계획 중 후자인 '전쟁 상황을 배경으로 한 영화'
였다. 이 기획이 바로 본 작품 〈그대들은 어떻게 살 것인가〉이다.

그리고 2016년 말, 미야자키는 영화 초반 20분 분량의 콘티를 완성했
다. 스즈키는 앞의 인터뷰에서 다음과 같이 말을 이어나갔다.

완성된 그림 콘티는 정말로 재미있었습니다. 하지만 저는 망설여졌지
요. 이것을 하게 되면 그다음에 무엇이 기다리고 있는지 보였기 때문입
니다.

주말에 그림 콘티를 받은 저는 월요일에 답변을 줬어야 했는데, 새로운
한 주가 시작하는 월요일, 지브리로 향하는 자동차 안에서 저는 고뇌에 빠
졌습니다. 저도 모르게 '만약 제작한다면, 시간도, 돈도, 최소한 그동안 했

던 것의 두 배는 쓰고 싶다'라는 구체적인 생각을 하면서도, '아냐, 그럼 안 되지'라며 부정하는 것을 반복하다 보니 눈 깜짝할 사이 회사에 도착하더 군요.

미야 씨의 아틀리에를 방문하자 미야 씨는 전에 없는 싱그러운 웃음과 함께 차를 주겠다며 물을 끓이기 시작했습니다. 인간이란 참 재미있는 존 재지요. 그런 그의 모습을 보니 할 수밖에 없겠다며 마음이 굳어졌습니다. 그래서 미야 씨에게 한번 해보자고 말했습니다.

미야 씨는 뛸 듯이 기뻐했습니다. 제가 그 뒤에 그림 콘티가 재미있었다 는 말을 덧붙여도 그는 이미 듣고 있지 않았습니다(웃음). 사실 미야 씨가 그림 콘티를 그린다고 말하기 시작한 시점에 이미 말릴 수 없었던 거죠.

– 아사히 신문 디지털

《'미야자키 하야오를 뛰어오를 정도로 기쁘게 했다', 스즈키 P. 일의 명언》

이렇게 마음을 굳힌 스즈키는 미야자키와 철저하게 마주하기로 마음 을 먹었다. 〈그대들은 어떻게 살 것인가〉의 제작, 다시 말해 미야자키의 장편 애니메이션 영화 제작 복귀가 사실상 결정된 것이다.

이러한 과정 속에서 미야자키는 다시 한번 〈장편 애니메이션 기획서〉 라는 제목의 글을 집필했다. 여기에서 미야자키는 〈그대들은 어떻게 살 것인가〉의 '내용', '의도' 그리고 '무대와 시대'에 관해 설명하고 있다. 미 야자키는, 앞서 언급한 〈장편 기획 각서 – 극장용 장편 영화를 만들 것인 가?〉에서는 결코 밝다고 할 수 없는 세계의 앞날을 추측하는 데 그쳤지만, 이 〈장편 애니메이션 기획서〉에서는 그 초점을 세계에서 개인으로 좁혀, 작품의 기획 의도와 마음가짐을 보다 구체화하여 다음과 같이 적고 있다.

세계는 팽창하고 있다. 예측도 할 수 없는 대폭발이 언제 발생할 것인가. 지금 우리가 살아가는 이 사회 전체가 숨을 죽이고 그 순간을 기다리고 있는 것 같다.

그대들은 어떻게 살 것인가.

그것은, '나는 어떻게 살 것인가'이며 '무엇을 가지고 관객과 마주할 것인가'이다. 삶의 위기에서 보고 싶지 않은 것, 들키고 싶지 않은 것을 똑똑히 보며 도약해야만 한다.

이 작품은 즐겁고 마음이 따뜻해지는 느낌을 추구하지 않는다. 악한 감정, 몽환, 피비린내 나는 세계를 견디는 용기를 그려야만 한다.

지금까지의 작품보다 훨씬 더 먼 곳으로, 마침내 우리는 출발점에 서는 것이다.

– 《장편 애니메이션 기획서》

〈그대들은 어떻게 살 것인가〉는, 미야자키가 지금까지 그리지 않았던 본인의 소년 시절을 투영시킨 자전적 판타지로, 전쟁 중 도쿄에서 지방

(도치기현)으로의 피난, 군수공장을 돌며 전투기 부품을 제조했던 아버지, 그 아버지의 모습과 피난처의 저택 등 미야자키의 다양한 기억과 경험이 짙게 반영되어 있다. 그리고 주인공의 존재 방식도 지금까지의 작품과는 크게 다르다. 내면에 복잡함을 끌어안고 있는 소년의 오이디푸스 콤플렉스에 대해서도 다루는 것이 특징이다.

이야기의 큰 틀은 이른바 '금의환향 성장 스토리'의 영웅담을 따르고 있으며, 그 점에서는 왕도라고 할 수 있을 것이다. 삶과 죽음과 창조의 자전적 판타지인 본 작품은 이렇게 구상되었다.

이러한 과정과 동시에 진행되고 있던 〈털벌레 보로〉의 제작은 2016년 말까지 수작업의 원동화와 배경 작업이 거의 마무리되었으며, 2017년에 들어서는 CG, 채색, 촬영 등 나머지 작업을 진행하는 상태였다.

미야자키는 계속해서 〈그대들은 어떻게 살 것인가〉의 콘티를 그려나 갔다. 장편 영화를 제작하려면 언젠가는 분명 제작진이 필요할 것이었기에 스튜디오에서는 2017년 5월 19일 스튜디오 지브리 홈페이지에 공지를 올려 미야자키 하야오 감독의 신작 장편 애니메이션 영화 제작을 위한 동화와 배경 미술의 신입 제작진 모집을 발표했다. 그전에도 스즈키가 미야자키의 장편 기획에 대해 공식 석상에서 언급한 적은 있었지만 (2017년 4월 29일, 니코니코 초회의 등), 이 공지를 통해 미야자키의 장편 영화 제작을 대중에게 공식적으로 표명하게 되었다.

✒ 작화 감독에 혼다 다케시를 기용

그리고 6월부터 7월에 걸쳐 사내에 이사가 실시되었다. 과거 약 2년 동안 제1스튜디오 2층에는 사무 업무를 담당하는 팀들이 있었는데, 다시 기존대로 제작 부문이 들어가면서 사무 부문은 예전처럼 제5스튜디오와 제3스튜디오로 이동했다. 기존대로라고 쓰긴 했어도 제1스튜디오 2층의 제작 부문에 들어가 있는 팀은 이전과 다르며, 미술과 채색도 주요 제작진이나 작화와 같은 층에 배치되었다.

그리고 7월 3일 오전, 미야자키는 주요 제작진에게 자기 작품에 관한 설명을 시작했다. 미야자키는 그때 다음과 같이 서술했다.

이 작품의 계기가 된 책이 있었습니다.

지금까지 여러 영화를 만들어 왔지만, 가장 편한 것은 밝고 활기찬 소녀가 나오는 이야기입니다. 그 다음은 정의감이 강하고 체력이 뛰어난 소년이 나오는 이야기고요.

사실 진짜 제 모습은 그렇지 않습니다. 내면에 여러 가지를 품고 있었는데, 그 책을 보면서 지금까지 그것을 숨기고 살아왔다는 것을 깨달았습니다.

예를 들어 소년의 어머니와의 관계에 관해서는 확실히 오이디푸스 콤플렉스를 드러내고 있습니다. 이는 아득히 먼 옛날부터 시작된 문제라고 생각합니다만, 그런 어두운 부분도 제대로 다루면서 한 소년이 마지막에는 자신의 삶을 온전히 살 수 있었다는, 그런 이야기입니다.

그래서 저는, '치명적'이라고 말하기도 이상하긴 하지만, 제가 중요한 부분을 숨기고 애니메이션을 만들어 왔다는 자각은 있습니다.

저는 그 부분을 영화 속에서 전혀 다루지 않았습니다.

(중략) 저는 마음 한구석에 태어날 때부터 자리 잡고 있는 것에 대해서는 다룰 수 없다는 생각이 있었기에 그런 영화는 만들지 않았습니다. 하지만 그 책을 읽었을 때, 저는 이대로라면 무언가 중요한 것을 말하지 못하고 끝날 것 같다는 생각이 들었습니다(예전부터 그렇게 생각했지만, 그때는 굳이 말하지 않아도 괜찮다고 생각했었지요). 하지만 그래서 '해볼까?'라는 마음이 들었습니다.

이 책은 계기가 된 작품이긴 하지만, 내용은 다릅니다. (중략)

이 세상 속에 구체적으로 얽히고 설키며 존재하는 것을 일단 끄집어내어 만들려고 생각하니, 지금까지의 영화 제작 방식과는 내용이 조금 달라질 수밖에 없었습니다. 확실히 작화 작업에도 더 많은 시간과 노력이 들어갔지요. 그리고 배경도 마찬가지입니다. 몹시 큰 저택 안을 방황하게 되었으니 결코 마음이 편하지 않을 것 같습니다. 그런 세계가 될 수밖에 없다고 생각했지요.

이 세계는 거의 제 기억에서 끄집어내 만들고 있습니다. 사실 그렇게 거대한 저택은 아니었지만, 나름 큰 별장에 머물던 시기가 있었는데, 그곳이 전쟁 중 피난처였습니다.

그때의 경험이 바탕에 깔려있습니다. 주인공과 같은 부르주아는 절대 아니었지만요. 그래도 여기에 나오는 '쇼이치'라는 아버지는 저의 아버지를 닮았습니다. 굳이 그런 얘기까지 할 필요가 있을까 싶지만….

단순히 저의 회고담을 만들고 싶다는 것이 아닙니다. 그 함정에서 우리의 주인공이 어떻게 빠져나오는지, 그리고 빠져나온 후 이 세상은 살 만한 가치가 있다고 생각하게 되는 것을 설득력 있게 그려낼 수 있는지가 우리의 주제, 아니 과제라고 생각합니다.

－《미야자키 하야오 감독이 주요 제작진에게 한 작품 설명》

작품 설명이 끝난 후, 제작 부분의 새로운 시작을 알리는 '개소식'을 실시하였으며 제1스튜디오 제작진과 함께 점심을 먹으며 마음을 새롭게 다졌다.

그다음 달인 8월에는 작화 작업에 돌입, 본격적으로 제작이 시작되었다. 작화 감독은 〈에반게리온〉 시리즈와 〈털벌레 보로〉의 작화 감독을 맡았던 혼다 다케시가 이어서 맡았다. 미술 감독은 〈바람이 분다〉와 마찬가지로 다케시게 요지가 담당하게 되었다.

특히 혼다는, 안노 히데아키 감독의 작품에서 빼놓을 수 없는 유능한 애니메이터. 〈털벌레 보로〉의 제작을 마친 후에는 〈신 에반게리온〉의 작화 감독을 맡기로 내정되어 있었는데, 스즈키는 〈그대들은 어떻게 살 것인가〉를 만드는 데 그가 빠질 수 없다고 생각하여 안노에게 '혼다 군을 빌려 달라'라며 직접 담판했다고 한다.

"스즈키 씨, 알고 계시죠? 곧 〈에반게리온〉이 시작됩니다. 야구에 비유하자면, 이제 시즌 시작이에요. 스즈키 씨는 지금 4번 타자를 빌려 달라고 말하는 거고요."

스즈키가 고개 숙여 부탁한다고 해도, 안노 또한 제작 현장의 핵심을 잃을 수 없었다. 당연한 저항이었다. 하지만 스즈키도 물러설 수 없었다.

"하지만 제게도 혼다 군이 필요합니다."

이러한 대화 끝에, 안노는 "그럼 본인에게 선택하게 합시다"라며 혼다의 의지에 맡기자는 의사를 내비쳤다.

그 후 스즈키는 저서에서 혼다 본인과의 대화에 대해 다음과 같이 말하고 있다.

작년 말, 저는 12월 30일까지 일했습니다. 실력파 애니메이터인 혼다 다케시 군에게 작화 감독을 부탁하고, 그를 설득하기 위해서였습니다. 이 신작의 핵심이 되는 사람이 혼다 군이었습니다. 그는 올봄부터 어느 대형 기획의 총 작화감독을 하기로 되어 있었는데, 그런 혼다를 데리고 와야 하는 계획이었습니다. 혼다 군은 '정말로 두 작품 모두 하고 싶지만, 그것은 불가능합니다. 그러니 미야자키 씨의 작품을 하겠습니다'라고 말해주었습니다. 그 소식을 들은 저는 바로 고가네시의 지브리로 향했습니다. 미야 씨에게 보고하기 위해서였지요. 미야 씨는 아무도 없는 스튜디오에서 홀로 신작을 위한 콘티를 그리고 있었습니다.

– 《지브리의 문학》 '후기 – 짧은 꿈이여, 그저 광기로'

또한 〈털벌레 보로〉에 도와주는 형태로 미술에 참여하고 있던 다케시게 요지는, 이 작품의 미술 감독 제의를 받았을 때 콘티를 보고 흔쾌히 작업을 수락했다고 한다.

이렇게 세상에 미야자키 하야오 감독의 장편 애니메이션 제작 재개를 알렸으나, 영화의 제목 등은 당장 공개할 예정은 없었다. 그러나 2017년 10월 28일, 와세다 대학의 오쿠마 기념 강당에서 열린 신주쿠 구립 나쓰메 소세키 산방 기념관 개관 기념 이벤트 '소세키와 일본, 그리고 아이들에게'에 참여한 미야자키는, 한도 가즈토시와의 공개 대담 중 다음 작품의 제목은 〈그대들은 어떻게 살 것인가〉라고 언급했다. 결국 그에 뒤따라가는 형태로 스튜디오 지브리도 신작의 제목이 〈그대들은 어떻게 살 것인가〉라고 발표하게 되었지만, 그 이외의 정보는 모두 가린 채 제작은 계속되었다.

🖋 단독 투자, 이례적인 장기 제작

〈털벌레 보로〉는 2018년 3월 21일부터 지브리 미술관의 토세이자에서 상영을 시작했다. 제작 개시 초반의 예정과는 다른 형태로, 〈털벌레 보로〉는 미야자키 작품 가운데 가장 CG를 많이 사용한 작품이 되었다.

그러나 〈그대들은 어떻게 살 것인가〉의 제작 기법은 〈장편 기획 각서〉에서 선언한 대로 이전과 크게 다르지 않게, 손으로 그린 애니메이션에 일부 디지털 기술을 활용한 스타일을 고수했다. 그렇다고는 해도 제작진의 편성과 인원 구성이 달라져 결과적으로는 연인원수[33]는 물론이고 그때그때 참여하는 제작진의 인원이 지극히 제한적이어서, 그만큼 시간을 들여 정성껏 만들게 되었다. 이는 처음부터 〈그대들은 어떻게 살 것인가〉가 명확한 완성 시기와 공개 시점을 정하지 않고 제작을 시작했다는 것과도 연관이 있으며, 철저하게 관객이 공감하고 고개를 끄덕일 수 있는 영상을 만들려고 하는 증거라고 할 수 있다. 이번이 마지막 장편 연출작이 되리라는 생각에 이러한 방식을 취하기로 한 것인데, 사실 이는 굉장히 사치스러운 제작 방식이다.

애니메이터 수를 줄이는 것이 작품에 미치는 긍정적인 영향에 대해 스즈키는 인터뷰에서 다음과 같이 말하기도 했다.

"한 편의 장편 애니메이션을 만드는 데 애니메이터가 적으면 적을수록 좋은 것은 당연합니다. 그것이 가장 사치스러운 일이죠."

—〈그대들은 어떻게 살 것인가〉는 소수 정예라고 일컬어지는데, 그래도 아직 많은가?

"많습니다. 예를 들어 〈이웃집 토토로〉의 경우, 소위 말하는 원화가가 8명밖에 없었어요. 그래서 대단한 작품이 탄생할 수 있었습니다. 가장 중요한 것은 그림의 중심인물입니다. 이번에는 혼다 군이죠. 명쾌합니다. 사람

33) 어떠한 일에 동원된 인원수와 일수를 계산하여, 그 일이 하루에 완성되었다고 가정하고 일수를 인수로 환산한 총인원수. 예를 들면, 다섯 사람이 열흘 걸려서 완성한 일의 연인원수는 50명이다.

이 많다고 해서 반드시 좋은 상태는 아닙니다. 그건 어떤 일이든 마찬가지
고요."

– 야후 뉴스 오리지널 편집
《사실은 10년 동안 하고 싶었다 : 스즈키 도시오 프로듀서가 말하는
미야자키 하야오의 마지막 장편에 대한 '반작용'》

또한 이번에는 공동 제작하는 투자 기업도 없고, 스튜디오 지브리 한
회사만의 단독 투자라는 점도 기존의 지브리 작품과는 다르다. 이는 이
례적으로 긴 제작 기간을 포함해, 역시나 하나부터 열까지 원하는 대로
만들고 싶고, 그 책임도 모두 감수할 각오가 되어 있다는 생각에서 비롯
된 것이다.

〈그대들은 어떻게 살 것인가〉의 그림 콘티는 본편 제작과 동시에 집필
을 이어갔고, 2019년 5월 1일에 E파트가 완료되며 전편이 완성되었다.
이후에도 스튜디오는 영화 완성을 위해 제작에 매진했다.

작화 작업 시작으로부터 햇수로 7년에 미치는 〈그대들은 어떻게 살 것
인가〉를 제작하는 동안 정말 다양한 일들이 일어났지만, 그중에서도 가
장 컸던 것은 신형 코로나19 바이러스의 세계적인 확산이다. 어쩔 수 없
이 지브리 미술관을 휴관하는 등 영향은 있었지만, 다행히도 〈그대들은
어떻게 살 것인가〉의 제작에는 거의 지장이 없었다.

그러나 그사이 비통한 사건이 없었던 것은 아니다. 몇몇 부고도 그중
하나다. 지브리 작품을 뒷받침해 준 베테랑 애니메이터 중 한 사람이었

던 후타키 마키코가 2016년 5월 13일에 서거했다. 그리고 같은 해 10월 5일에는 오랜 기간 지브리의 색채 부문의 책임자이자 도에이 동화 시절부터 다카하타 이사오, 미야자키 하야오와 함께해온 야스다 미치요가 세상을 떠났다.

그리고 2018년 4월 5일, 다카하타 이사오가 눈을 감았다. 5월 15일, 미타카의 숲 지브리 미술관에서 다카하타 이사오의 고별식이 열렸는데, 미야자키가 그 위원장을 맡았으며, 많은 사람이 지브리 미술관에 모여 고인을 추모했다. 또 지브리의 제작진은 아니었지만, 일본의 애니메이션에 큰 공헌을 한 애니메이터로, 다카하타와 미야자키의 선배이자 동료였던 오쓰카 야스오도 2021년 3월 15일 세상을 떠났다. 오쓰카가 없었다면 스튜디오 지브리는 존재할 수 없었기에, 지브리 제1스튜디오의 현관을 들어서자마자 보이는 벽에 도쿠마 야스요시, 우지이에 세이치로, 다카하타 이사오와 나란히 오쓰카 야스오의 사진이 걸려있다.

🖋 히사이시 조의 '선곡 방식'이라는 새로운 시도

〈그대들은 어떻게 살 것인가〉의 음악은 〈바람 계곡의 나우시카〉 이후 미야자키 감독의 모든 장편 영화를 맡아온 히사이시 조가 담당하며, 11번째 호흡을 맞추게 되었다. 그러나 그 제작 과정은 기존과는 전혀 다른 방식으로 진행되었다.

지금까지는 히사이시에게 그림 콘티나 미야자키가 쓴 작곡용 메모 등의 자료를 수시로 전달하여, 히사이시가 이를 바탕으로 이미지 앨범을 먼저 제작했다(〈바람이 분다〉는 제외). 그리고 이미지 앨범의 곡을 바탕으로 영화 본편의 음악을 작곡했다. 그러나 이번에는 이미지 앨범을 제작하지 않고, 그림 콘티 등의 자료도 한동안 건네주지 않았다.

지브리 측은 변함없이 히사이시에게 〈그대들은 어떻게 살 것인가〉의 음악을 의뢰할 의향이 있었는데 미야자키가 히사이시에게 정식으로 한 첫 의뢰는 2021년 10월이었다. 그때 미야자키는 히사이시에게 "내년 여름쯤에는 영상이 거의 완성될 것이니 그것을 보고 만들어 달라. 콘티도 그때까지는 읽지 않는 게 좋다"라고 말했다.

그렇게 3개월이 지나고 이듬해인 2022년 1월 5일, 히사이시는 미야자키에게 완성한 지 얼마 되지 않은 신곡을 선물했다. 이 '선물'은 미야자키 하야오의 생일 때마다 히사이시가 신곡을 만들어 발표하는 것으로, 이미 오래전부터 관례가 되어 있었다. 당연히 〈그대들은 어떻게 살 것인가〉와는 전혀 관계없는 연례행사였지만, 이 곡이 매우 마음에 들었던 미야자키는 이것을 〈그대들은 어떻게 살 것인가〉의 주제곡이라고 생각했다고 한다. 미야자키의 성격을 잘 아는 히사이시는, 그 이야기를 듣고 영화용으로 만든 곡은 아니었지만 바꿀 수 없으리라는 것을 깨달았다고 한다. 그리고 히사이시는 이 곡을 본 작품의 주제곡으로 정했다. 나중에 〈Ask me why〉라는 제목이 붙여진, 바로 그 곡이다.

히사이시는 훗날 스튜디오 지브리가 발행하는 월간지 《열풍》의 인터뷰에서 당시의 심경을 다음과 같이 이야기하고 있다.

미야자키 씨는 워낙 확고한 분이라 한 번 곡을 듣고 '좋다'라는 스위치
가 켜지면 쉽게 바뀌지 않습니다. 저는 당연히 미야자키 씨가 말한 영상을
보고 다시 한번 주제가 되는 곡을 제대로 쓰려고 했는데, 미야자키 씨가
그렇게 마음을 먹으면 어떤 곡을 써도 안 되더라고요. '아, 이미 결정되어
버렸구나', 그렇게 생각했지요.

- 《열풍》 2023년 10월호 : 히사이시 조 인터뷰

그리고 2022년 7월 7일, 드디어 히사이시 조는 본 작품의 영상을 보게
되었다. 그 완성도에 압도당한 히사이시는 충격을 받아들이는 데 몇 달
이 걸렸다고 한다. 상영 후 미야자키는 히사이시에게 '나머지를 잘 부탁
합니다'라는 말만 남겼다. 그 후에도, 늘 하던 그림 콘티나 대본을 바탕으
로 어디에 어떤 음악을 삽입할지 등에 관한 음악 회의도 하지 않아, 히사
이시가 독자적으로 음악 계획을 세우고 그것을 미야자키와 스즈키에게
제시하는, 기존과는 크게 다른 과정을 거치게 되었다.
　일정도, 히사이시는 해외 진출을 고려해 2023년 1월 말까지 음악을 완
성해 달라는 요청을 받았다. 평소보다 4개월 정도 줄어든 셈인데, 여기에
서 히사이시는 작곡의 발상도 크게 전환했다. 영화의 내용, 전개에 맞춰
작곡하는 것이 아니라, 매년 미야자키의 생일에 선물해 온 15곡 이상의
곡을 중심으로, 그동안 만들어 두었던 자작곡에서 선별하여 영화에 맞추

는 방식을 채택한 것이다. 〈Ask me why〉의 사용도 바로 이런 방식에 딱 들어맞게 된다. 그리고 전체를, 히사이시 바탕의 본령이라고 할 수 있는 미니멀한 음악적 접근으로 작곡했다. 11번째 작업이지만, 본 작품의 음악 제작에서는 여러 면에서 완전히 새로운 시도가 이루어졌다.

이 '선곡 방식'이라는 새로운 시도에 관해, 히사이시는 앞서 언급한 인터뷰에서 다음과 같이 말했다.

> 영화에 대해 '선곡 방식'을 채택하는 것이 더 좋은 음악도 있습니다. 그것을 잘한 사람이 스탠리 큐브릭 감독입니다. 큐브릭은 영화 〈2001: 스페이스 오디세이〉의 우주 항해 장면에서 '아름답고 푸른 도나우강'이라는 왈츠를 넣었습니다. 무중력 공간에서 말이죠. 일반적으로는 화려한 구스타브 홀스트 계열의 '행성'과 같은 곡이 될 법하지만, 그렇지 않습니다. 보는 순간부터 그 곡 이외는 생각할 수 없게 되지요. 그것이 선곡 방식의 장점입니다. 상상도 할 수 없는 음악을 붙일 수 있습니다. 이것은 우리 작곡가들은 할 수 없는 일입니다. 왜냐하면 영상을 보고 곡을 쓰기 때문이죠. (중략) 그런데 이번에는 어느 정도의 우연이 따라주어, 작곡가인 저도 '선곡 방식'의 표현을 시도할 수 있었습니다. (중략) 다시 말해 이번에는 영상을 보기 이전에 미야자키 하야오라는 사람과 가까운 15곡의 재고가 이미 있었던 거죠. 게다가 다른 사람이 만든 곡이 아닙니다. 제가 만든 곡 중에 다른 곳에서 사용하지 않은 곡이지요. 그 곡들은 영화의 영상을 보고 그에 맞추어 만든 것이 아닙니다. 하지만 더 깊은 부분, 미야자키 하야오라는

인간을 위해 만들어졌다는 부분에서 통하는 것이 있지요. 저는 그런 자신
감 넘치는 곡을 자유롭게 선곡할 수 있었던 것입니다.

–《열풍》 2023년 10월호 : 히사이시 조 인터뷰

이렇게 선정된 곡들의 오케스트라 녹음은 2023년 1월 21일부터 시작
되어 24일에 끝났다. 그 후 트랙 다운을 거쳐 영화의 배경음악이 완성되
었다. 사운드트랙 CD의 작은 책자에는 미야자키가 히사이시에게 보낸
'히사이시 씨, 해냈군요! 모든 것을 미니멀하게 처리하다니, 고마워요'라
는 메시지가 실려 있으며, 스즈키도 다음과 같이 자신의 견해를 덧붙이
고 있다.

히사이시 조 씨에 대해 오케스트라를 떠올리는 사람이 많을 텐데, 그것
은 영화 음악을 할 때의 히사이시 씨의 얼굴이다. 사실은 음악 대학에서
전자 음악을 기본으로 하는 미니멀 음악을 전공한 사람이다. 즉 현대 음악
을 공부한 사람인 것이다.

지금까지도 영화에서는 멜로디를 중심으로 한 오케스트라 음악을 만들
어 왔다. 그러나 중요한 장면에서는 미니멀한 음악을 삽입한다. 그것이 히
사이시 씨의 큰 특징이었다. 〈이웃집 토토로〉의 사츠키가 토토로를 만나
는, 비 내리는 버스 정류장 장면. 그 미니멀한 곡은 지금도 명곡이다. 그 장
면은, 그 음악에 의해 보완되어 아이들은 물론 어른들도 토토로의 실존을
믿을 수 있게 되었다고 생각한다.

〈그대들은 어떻게 살 것인가〉라는 작품에서 히사이시 씨는 큰 승부수를 던졌다. 미니멀한 음악만으로 영화 음악을 성립시킬 수 있을까? 미니멀에는 멜로디다운 멜로디는 없다. 듣는 사람에 따라 표정이 달라지는 것이 미니멀의 큰 특징이다. 즐거움과 슬픔을 영화에 고정할 수도 없다.

나는 두근거리며 영화의 완성을 기다렸다. 시사회를 보고 난 후, 나는 히사이시 씨가 그 승부에서 이겼다고 생각했다.

— 《히사이시 조가 보내는 생일 선물》

🖊 요네즈 겐시의 주제곡 〈지구본〉

주제가를 담당한 사람은 요네즈 겐시. 이렇게 메이저급 인기 아티스트에게 신곡을 의뢰하는 것은 지브리 작품 가운데 처음 있는 일이다. 원래 요네즈는 미야자키 하야오의 팬이었다. 앞서 언급한 지브리의 월간지 《열풍》에서는, 2018년 3월호에 〈털벌레 보로〉의 특집을 기획하면서 요네즈의 인터뷰 게재를 기획했다. 요네즈에게 시사회 관람 후의 소감을 요청한 것이 지브리 측의 첫 번째 연락이었다. 요네즈는 그 취재를 위해 지브리를 방문했을 때 미야자키를 처음 만났다. 이후 요네즈는 2018년 7~8월 스즈키 도시오의 라디오 프로그램인 〈스즈키 도시오의 지브리 땀투성이〉에 출연했는데, 그 무렵부터 이미 스즈키는 요네즈에게 〈그대들은 어떻게 살 것인가〉의 주제가를 의뢰하기로 생각하기 시작했다.

이듬해인 2019년, 요네즈가 작사 및 작곡한 〈파프리카〉가 엄청난 인기를 끌었다. 스즈키는 기회를 놓치지 않고 미야자키에게 〈그대들은 어떻게 살 것인가〉의 주제가를 〈파프리카〉를 만든 사람에게 의뢰하고 싶다고 제안하였다. 그 과정에서, 미야자키가 차를 타고 스튜디오로 출근하면서 라디오에서 흘러나오는 〈파프리카〉를 듣고 가사를 외울 정도로 친근하게 느끼고 있다는 것이 밝혀졌다. 곡이 좋다는 미야자키의 대답을 듣고, 요네즈 측에 주제곡 제작을 제안했다. 제안을 받은 요네즈는 의뢰를 수락했고, 그렇게 비교적 이른 단계에서 요네즈가 주제가를 담당하게 되었다.

그 후 2019년 5월에 콘티를 받은 요네즈는 그것을 이해하는 것부터 작업을 시작했다. 그 사이에 미야자키의 아틀리에를 방문해 미팅도 진행했는데, 당시 미야자키와의 대화에 관해 요네즈는 다음과 같이 말하고 있다.

처음 미야자키 씨와 이야기를 나눌 때, '이 영화는 어떤 영화인가'라는 기본 이념에 관한 이야기를 들었습니다. 그리고 "음악은 콘티를 보고 당신이 느낀 대로 만들어 달라"라는 말과 함께 "야심을 가지고 도전했으면 좋겠다"라는 말을 해주셨지요.

– 《열풍》 2023년 9월호 : 요네즈 겐시 인터뷰

미야자키 씨에게는 기본적인 이념에 관한 이야기라고나 할까요, '그동

안 여러 영화를 만들어 왔지만, 이번에는 뚜껑을 열어보려고 한다'라는 이
야기를 들었습니다. 지금까지는 어떤 의미에서 자기 내면에 있던 어둡고
축축한 부분에 뚜껑을 덮고 살아왔지만, 이번에는 그런 것들을 모두 걷어
내고 자신이 지금까지 가지 않았던 곳, 뒷면의 어두운 부분까지 모두 영화
로 만들려고 한다는 이야기를 해주셨지요.

－ 음악 나탈리 《그대들은 어떻게 살 것인가》

주제곡을 제작한 4년을 돌아보며

그 후 요네즈는 콘티를 보며 끊임없이 고민했다. 가끔 손을 움직이기도
했지만 약 2년 동안 곡을 완성하지 못한 채 계속 콘티와 마주하는 시간이
이어졌다.

〈지구본〉이라는 제목은, 요네즈가 〈벼랑 위의 포뇨〉의 메이킹 다큐멘
터리에 나오는 지브리 미술관 전시용 지구본에 그림을 그리는 미야자키
의 모습을 보고 탄생한 것이다. 실제로 요네즈가 작곡을 시작한 시점은
2021년 무렵. 그 토대 자체는 처음부터 '스코틀랜드 민요를 만들자'라는
생각이 출발점이었는데, 그것은 요네즈가 미야자키의 영화를 보며 스코
틀랜드 민요적인 무언가를 느꼈기 때문이라고 한다. 백파이프를 도입하
게 된 계기는, 텔레비전에서 엘리자베스 여왕의 국장(國葬)을 시청하던
중 매일 아침 여왕을 깨우는 백파이프 연주자의 독주가 인상깊었기 때문
이었다.

2022년 9월, 요네즈는 미야자키의 아틀리에에서 〈지구본〉의 데모 음

원을 미야자키와 스즈키에게 들려주었다. 곡을 처음 들었을 때 미야자키는 자기도 모르게 눈에 눈물이 맺혔다고 한다. 그 후 몇 달에 걸쳐 녹음과 편집이 이루어졌고, 약 4년에 걸친 요네즈의 진지한 노력이 결실을 맺어 주제곡 〈지구본〉이 탄생했다.

🖋️ 신인과 베테랑이 모인 목소리의 출연자들

캐스팅은 주인공 마히토를 산토키 도마, 왜가리를 스다 마사키, 기리코를 시바사키 코우, 히미를 아이몽, 나쓰코를 기무라 요시노, 쇼이치를 기무라 타쿠야, 이즈미를 다케시타 게이코, 후타코를 후부키 준, 에리코를 아가와 사와코, 와라와라를 다키자와 가렌, 아이코를 오타케 시노부, 앵무새 대왕을 구니무라 준, 죽어가는 펠리컨을 고바야시 가오루, 큰할아버지를 히노 쇼헤이가 각각 연기했다. 이중 절반 정도는 지브리 작품에 다시 출연하는 사람들이다. 후시 녹음은 여느 때처럼 스튜디오 지브리 제2스튜디오 지하 시사회실에서, 2022년 11월 24일부터 다음 해 1월 10일까지 신정을 끼고 간헐적으로 진행됐다.

〈그대들은 어떻게 살 것인가〉의 제작 체제 및 스타일이 기존 작품과 크게 달랐기 때문에 각 파트의 작업 완료 시기도 첫 시사의 시기와 상당한 차이가 있었다. 원화와 미술은 2022년 3월에 마무리, 촬영도 엔딩 크레딧을 제외하고는 기본적으로 10월에 마무리되어 본편 영상은 이 시점에 거의 완성되었다. 이후에는 앞서 언급했듯 사운드 작업이 주를 이루었고, 2023년 2월 24일 첫 시사를 가지며 영화가 완성되었다. 첫 시사가 개봉보다 5개월을 앞선 것도 이례적이다. 총 컷수는 1,259개, 작화 장수는 14만 1,214장, 상영 시간은 약 124분이다. 참고로 음향은 〈바람이 분다〉와 같은 모노럴이 아닌, 처음으로 돌아가 기존의 멀티 채널로 믹싱했다.

✒ 신비주의 마케팅으로 맞이한 개봉 결과

2023년 7월 14일 〈그대들은 어떻게 살 것인가〉가 개봉을 맞이했지만, 이 작품은 홍보를 전혀 하지 않는다는 이례적인 방식을 택했다. 이것은 〈하울의 움직이는 성〉 때를 떠올리게 하는 이야기인데, 그래도 〈하울의 움직이는 성〉 때는 예고편도 있었고 줄거리와 캐릭터, 장면 사진 등 최소한의 정보가 언론에 제공되었다. 그러나 이번에는 이를 일절 하지 않았다. 관객이 아무런 정보가 없는 깨끗한 상태로 영화를 보기를 바라는 마음에서였다. 이는 스즈키가 일찍부터 결정한 방침으로, 2017년에는 다음과 같은 글을 남기기도 했다.

이 작품은 많은 돈이 들어간다. 그리고 그 회수도 쉽지 않을 것이다.

하지만 그렇다고 지금까지 해왔던 것을 반복하고 싶지 않다. 그것은 지브리를 사랑해 주는 사람들도 똑같은 마음이라고 생각한다. 그래서 마음의 준비도 없이 미야 씨에게 말해버렸다.

"더 이상 똑같은 일은 하고 싶지 않습니다."

그러자 미야 씨가 이렇게 대답했다.

"저도 잘 알지요, 스즈키 씨의 그 마음을."

새로운 시도는 두 가지. 첫째, 지금까지 해온 제작 위원회 방식을 없앨 것. 둘째, 대대적인 홍보도 하지 않을 것. 그래도 뭐, 일반적인 홍보나 예고편, 신문 광고 정도는 하겠지만. 나머지는 소셜 미디어로 충분하다. 그러면 과연 어떻게 될까?

─《도쇼》 2017년 7월호, 〈더 이상 똑같은 일은 하고 싶지 않다〉

이 글을 쓴 2017년 당시에는 예고편과 신문 광고 등 약간의 홍보는 염두에 두고 있었던 것 같지만, 이 방식을 더욱 철저히 하고 순화한 끝에 내린 결론은 지금의 '홍보 일절 없음'이라는 방침이었다. 홍보뿐만 아니라 극장용 팸플릿도 개봉 후 약 한 달 후인 8월 11일에 발매를 시작하였으며, 캐릭터 상품이나 관련 서적의 발매 역시 개봉 당시에는 거의 하지 않고 몇 달 후부터 전개했다.

〈그대들은 어떻게 살 것인가〉는 〈아야와 마녀〉에 이어 돌비 시네마 상영도 진행하였으며, 지브리 작품 최초로 IMAX 상영도 진행되었다. 총 극장 수는 443관(일반 385관, 돌비 시네마 9관, IMAX 49관)으로, 홍보를 전혀 하지 않았음에도 불구하고 과거 지브리 작품과 비교해도 손색없는 스크린 수가 마련되었다고 할 수 있다.

미야자키 하야오 감독의 이런 이례적인 도전을, 과연 관객들은 어떻게 받아들였을까? 2024년 4월 현재 일본 내 흥행 수익은 93억 엔을 넘어섰지만, 해외에서의 흥행은 과거 작품들과는 확연히 다른 큰 성과를 만들어내고 있다. 공개 국가와 지역이 많아졌을 뿐만 아니라 대만, 한국, 프랑스, 미국, 그리고 중국 등에서 등장과 동시에 1위를 기록했다. 10년 만에 미야자키 하야오 감독의 작품이라는 점에서 많은 사람들이 기다려온 작품이라는 것은 분명하지만, 그뿐만 아니라 해외에서는 2020년부터 넷플릭스나 맥스(미국만 해당. 구 HBO Max)에 의한 지브리 장편 작품의 디지털 배급을 시작한 것도 영향을 미친 것으로 보인다. 그로 인해 스튜디오 지브리의 인지도와 인기가 높아지면서 새로운 팬들이 광범위하게 늘어났기 때문이다. 해외에서의 총흥행수익은 아마도 일본의 4배에 가까울 것으로 보이며, 과거 작품들과는 확연한 차이가 나타나고 있다.

해외에서는 기존대로 홍보가 진행되었다. 해외에서는 원제를 직역하면 이해하기 어렵다는 이유로 스즈키의 아이디어를 채용하여 북미에서는 〈The Boy and the Heron(소년과 왜가리)〉라는 제목으로 정했으며, 많은 나라에서 이 영어 제목을 번역하여 현지에서의 제목으로 삼았다.

물론 흥행 성적뿐만 아니라 평가도 전 세계적으로 좋은 평가를 받았다. 골든글로브상, 영국 아카데미상, 일본 아카데미상, 그리고 미국 아카데미상 장편 애니메이션 부문에서 수상했다. 〈센과 치히로의 행방불명〉, 그리고 명예상에 이어 이 작품은 미야자키 감독에게 세 번째 오스카상을 안겨주었다. 그 외에도 뉴욕, 로스앤젤레스, 보스턴 등 각 영화 비평가 협회

상 장편 애니메이션 부문, 마이니치 영화 콩쿠르 오후지 노부로상 등 수
많은 상을 받았다.

제25장

지브리 파크의 오픈과
니혼 TV의 그룹화

Ghibli Park (Ghibli Park) © 2024 Studio Ghibli

🖋 존 라세터의 제안

〈그대들은 어떻게 살 것인가〉를 제작하던 중에 아이치현 나가쿠테시에 있는 아이치 세계 박람회 기념 공원 내에 지브리 파크를 오픈한 것도 큰 화제가 되었다. 하지만 애니메이션 제작사인 지브리가 왜 테마파크 사업에 뛰어들게 되었을까? 여기에서 그 경위에 대해서도 적어두고자 한다.

지브리 파크를 진두지휘한 미야자키 고로는 메이킹 블루레이에 동봉된 소책자에서 그 경위를 다음과 같이 회고하고 있다.

사건의 발단은 2011년입니다. 미야자키 하야오 감독이 〈바람이 분다〉의 제작에 착수했을 무렵이지요. 그동안의 모든 지브리 작품이 그랬던 것처럼, 지브리 파크의 시작은 스즈키 도시오 프로듀서입니다.

"미야 씨가 드디어 '토토로 랜드'를 만들어도 좋다고 했어. 그러니 고로 군, 언젠가는 지브리 파크를 만들게 될 거야. 하지만 당장 만들 게 아니니 지금은 지브리에 있어봤자 소용없어."

그렇게 말한 스즈키 씨는, 저에게 당시 수습생이었던 가와카미 노부오 씨와 함께 지브리의 밖으로 나가 TV 애니메이션 시리즈물을 제작해 볼 것을 권유했습니다. 그것이 훗날 NHK에서 방영한 〈산적의 딸 로냐〉(2014)를 만드는 계기가 되었지만, 어쨌든 스즈키 씨의 권유를 발단으로 저는 지브리 파크 관련 프로젝트에 참여하게 되었습니다.

— 《지브리 파크를 완성하기까지》

고로의 이 말에 따르면 적어도 지브리 내부에서 테마파크 사업을 제안한 사람은 스즈키 도시오 프로듀서라고 할 수 있다. 하지만 사실 스즈키나 미야자키 하야오도 처음에는 테마파크에 관심이 있었던 것은 아니었다. 두 사람에게 테마파크 사업을 권유한 사람은 존 라세터라는 의외의 인물이다.

픽사 애니메이션 스튜디오와 월트 디즈니 애니메이션 스튜디오의 최고 크리에이티브 책임자이자 디즈니 파크 사업의 수석 크리에이티브 어드바이저를 겸직하고 있던 라세터는, 예전부터 존경하던 미야자키 하야오를 만났을 때 '지브리 테마파크를 만들어야 한다'라며 열변을 토했다. 그 열정에 미야자키는 '라세터 씨, 당신이 만들고 싶다면 당신이 만들어 주세요'라며 라세터에게 지브리의 파크 사업을 맡기겠다는 의사를 전했다.

이렇게 미야자키와 스즈키는 라세터와 함께 물밑에서 테마파크 사업을 검토하며 후보지 시찰에 나섰다. 사실 당시 디즈니에서는 도쿄 디즈니랜드와는 다른 지역에 제2의 디즈니랜드를 세우려고 구상하고 있었는데, 그 후보지로 오키나와의 모처, 나가사키의 네덜란드 마을(하우스텐보스), 그리고 아이치현의 아이치 세계 박람회 기념 공원(모리코로 공원)이 검토되고 있었다. 제2의 디즈니랜드에 대한 구상은 그 후 여러 가지 사정으로 무산되고 말았지만, 그와 동시에 지브리에도 다양한 테마파크 후보지 정보가 들어오고 있었다.

머지않아 후보지를 둘러보는 과정에서 일본과 미국의 생각 차이가 현저하게 드러나며 라세터와의 협력은 무산되었지만, 그 일련의 과정을 계기로 테마파크 사업이 진전되게 되었다.

✒ 아이치현-주니치 신문의 공동 사업

후보지나 협력 기업에 관해서는 완전히 백지 상태였지만, 지브리 내부에서는 미야자키 고로, 스즈키 도시오, 가와카미 노부오 등을 중심으로 한 멤버들의 분석과 시찰이 진행되었다. 당시에 관해 미야자키 고로는, 앞과 동일한 글에서 다음과 같이 적고 있다.

처음에는 민간 기업과 함께 테마파크를 만드는 것도 염두에 두고 있어서, 2013년부터 2014년에 걸쳐서는 해외의 테마파크를 시찰하는 등 다양한 가능성을 검토하고 있었습니다. (중략)

하지만 이 시점에서 프로젝트는 거의 백지 상태에 가까웠습니다. 어느 지역에 어느 정도의 규모로 만들 것인지, 무엇을 만들 것인지도 전혀 정해지지 않지요. 그러는 동안에도 테마파크 전문가인 외부 민간 기업으로부터 다양한 제안도 받았으나, 모두 기존의 테마파크 형식에 지브리 작품의 캐릭터를 적용한 놀이기구 중심의 아이디어가 많아, 저는 위화감을 느꼈습니다. (중략)

'고객이 그저 연극 소품처럼 재현된 지브리의 세계를 보고 싶어 할까?'라고 스스로에게 질문했을 때, 저는 그렇지 않다는 생각이 들었습니다. 그런 방식으로는 우리의 목적이기도 한 '작품을 더 좋은 형태로 남기고 싶다'라는 초심에서 멀어질 것 같았지요. 지브리에 어울리는 테마파크의 모습을 모색하는 시간이 꽤 오래 이어졌습니다.

– 《지브리 파크를 완성하기까지》

이렇게 한동안 물밑에서 지브리다운 테마파크의 모습을 모색하는 한편, 그와 동시에 후보지 검토도 진행되었다. 원래 지브리 파크의 유치 후보지로 거론된 곳은 도쿄, 지바, 사이타마, 가나가와(요코하마에 2곳), 오키나와, 그리고 아이치였다. 그중에서도 지바현은 이미 도쿄 디즈니랜드와 디즈니씨가 있어 매력적인 조건을 갖추고 있었지만, 지브리는 지바현이 아닌 아이치현 나가쿠테시에 있는 아이치 세계 박람회 기념 공원을 선택하였다.

도쿄 고가네이시에 거점을 둔 지브리에게 아이치현은 너무나 멀리 떨어진 지역이었지만, 굳이 이곳을 선택한 데에는 주니치 신문사 회장이었던 시라이 분고와 아이치현 지사인 오무라 히데아키의 노력이 컸다고 한다. 스즈키는 그 경위를 다음과 같이 말하고 있다.

여기 아이치 세계 박람회 기념 공원에 지브리 작품을 가져오는 건 어떻겠냐고 제일 처음에 말씀해 주신 분이, 당시 주니치 신문사 회장을 맡고 있던 시라이 분고 씨였습니다. (중략) 가미이다의 고급 술집에 초대받아 함께 식사하게 되었는데, 시라이 씨가 갑자기 모리코로 공원 안에 지브리를 들여올 수 없냐고 물어오셨습니다. 당시 도요타시에서 지브리 전시가 있었는데, 시라이 씨가 그것을 보고 굉장히 마음에 들었다고 하시더군요. 그래서 그 외에도 비슷한 전시가 많을 테니, 그것들을 모두 모리코로 공원 안에 대형 창고를 만들어 전시를 해보면 어떻겠냐는 제안이었죠.

그 자리에서는 이것저것 상담을 하는 사람이 있다는 식으로 얘기하며 바로 대답하지는 못했지만, 지금으로부터 7년 전의 그 이야기가 '지브리 파크'의 시작이 되었습니다.

그리고 그 전후로, 얼마 전 인사한 오무라 히데아키 지사가 저의 도쿄 사무실에 몇 번이나 방문해 주셨습니다. (중략) '모리코로 공원에 지브리를'이라고 말하러 온 것뿐인데 너무 많이 말씀하셔서 제가 두 손 두 발을 들었다고나 할까요(웃음).

－《열풍》2022년 12월호 :《'지브리 파크' 오픈 기념 보고서》

위에서 스즈키가 말한 '모리코로 공원에 지브리를'이라는 오무라 지사의 최초 제안은 지브리 파크의 유치를 전제로 한 것이 아니라 지브리의 전시회를 개최하기 위함이었다. 스즈키는 지사의 제안을 받고 '포스터나 홍보물 등 영화 개봉 전에 사람들에게 공개되는 많은 것들을 모두 한꺼번에 보여주자.'(올어바웃 도시오 스즈키/ALL ABOUT TOSHIO SUZUKI 발췌)라는 생각이 들었다. 이 아이디어를 바탕으로 2015년 개최한 〈지브리 대박람회〉는 큰 반향을 불러일으켰고, 그 이후 전국을 순회하게 되었다. 또한 시간을 거슬러 올라가, 2005년에는 미야자키 고로가 '아이치 사랑 · 지구 세계 박람회'에서 지휘를 맡아 '사츠키와 메이의 집'을 건축했다(14장 참조). 세계 박람회가 끝난 후에도 공원 안에 그대로 남겨진 '사츠키와 메이의 집'은 매년 약 10만 명의 관람객이 찾는 인기 명소로 꾸준히 사랑받았는데, 그것도 이 지역을 선택하게 된 결정적인 요인으로 작용했다.

오무라 지사와의 회담과 거의 동시에 지브리에 테마파크 유치를 타진한 시라이는, 이 회식 자리에서 스즈키에게 '만약 아이치 세계 박람회 기념 공원에 지브리 파크를 만든다면, 공원을 훼손하지 말고 살려두었으면 좋겠다'라는 바람을 전하기도 했다. 이는 시라이 자신이 공원 근처에 살고 있어, 이곳이 시민의 휴식처라는 사실을 누구보다 잘 알고 있었기 때문에 나온 의견이었다. 이러한 시라이의 의견은 나중에 스즈키를 통해 지브리 파크를 담당하게 된 고로에게 전달되어 공원의 자연을 파괴하지 않고 자연을 살리면서 공존하는 지브리 파크를 구상하게 된다. 시라이의 생각에 부응하듯 고로 역시 앞서 언급한 글에서 다음과 같이 적고 있다.

> 지브리 미술관은 미야자키 하야오 감독이 그린 이미지를 건축물로 구체화하는 작업이었지만, 지브리 파크는 근본적으로 사정이 달랐습니다. 가장 처음이 아이치 세계 박람회 기념 공원이라는 그릇 안에 지브리를 담는 작업이었죠. 공원이라는 공공장소에 테마파크를 조성한다고 해서, 새로운 것을 만들기 위해 지금 있는 자연과 시설을 파괴해서는 안 됩니다. 계속 그곳에 있던 공원 안에 저희가 중간에 끼어들게 되었다는 마음이었죠.
>
> ─《지브리 파크를 완성하기까지》

이렇게 지브리 파크는, 아이치현과 스튜디오 지브리, 주니치 신문사라는 세 주체의 공동 사업으로 시작되었다. 세 주체는 각자의 역할을 분담하였는데 아이치현은 부지 제공과 건설, 지브리는 건설부터 운영까지의 모든 기획과 감독, 그리고 주니치 신문사는 시설의 관리 운영을 맡는다는 형식으로 프로젝트를 진행해 나갔다.

지브리 파크의 구상이 처음 세상에 알려진 것은 2017년 6월. 아이치현과 스튜디오 지브리가 큰 틀에서 합의한 사실이 언론을 통해 보도되었다. 2018년 4월, 아이치현은 기본 설계와 함께 오픈 시기는 2022년이라는 점과 다섯 개의 구역으로 구성될 것이라는 점을 밝혔다. 2019년 5월에는 아이치현, 스튜디오 지브리, 주니치 신문사의 세 주체가 기본 합의서를 체결하였으며, 기자 회견을 열고 지브리 파크의 정비와 운영에 관해 제휴하여 협력해 나갈 것을 발표했다. 같은 해 11월에는 주니치 신문사와 스튜디오 지브리가 공동 설립한 지브리 파크의 운영 회사인 '주식회사 지브리 파크'의 창립총회가 열렸다.

그 사이 스튜디오 지브리에서는 미야자키 고로가 〈아야와 마녀〉의 제작과 병행하며 지브리 파크의 내용을 제작진과 함께 구체화해 나갔다. 지브리 미술관 역시 미야자키 하야오의 디자인을 실제 건물로 만드는 과정에서 고로의 역할이 매우 컸는데, 지브리 파크도 기본적인 구성과 콘셉트부터 고로의 생각이 반영되었으며 고로의 지브리 파크 공식 직함도 '감독'이다.

현장 업무는 아이치현과 주식회사 지브리 파크가 담당하였는데, 지브리 측에도 현장과 직접 소통하며 업무를 수행하는 제작진이 필요했으며 전시품이나 연출품 등의 기획 및 제작은 지브리의 업무이므로 그를 전담하는 제작진도 당연히 필요했다. 지브리 내에서도 지브리 파크 담당 직원이 점점 증가하여, 〈아야와 마녀〉의 제작이 끝난 후의 제3스튜디오 2층은 지브리 파크 추진팀의 전용 공간으로 사용하게 되었다.

그리고 현지에서는 2020년 7월 28일 기공식을 거행하고, 마침내 공사가 시작되었다. 이후 현지와 지브리에서는 지브리 파크 관련 작업을 진행하였으며, 2022년 1월 27일 아이치 세계 박람회 기념 공원에서 열린

'지브리 파크 관련 언론 발표회'에는 지브리측 제작진도 공식적으로 참여했다. 지브리 파크는 2022년 11월 1일에 '지브리의 대창고', '청춘의 언덕', '돈도코 숲'의 세 구역을 1차 오픈하고, 나머지 '모노노케의 마을'과 '마녀의 계곡'은 2023년에 2차 오픈한다고 공식 발표했다.

다시 한번 강조하자면 지브리 파크는 소위 말하는 테마파크가 아니다. 홈페이지의 문장을 인용하면 '숲과 상의하여 만들어 나가는, 스튜디오 지브리의 작품 세계를 표현한 공원'이며, '거대한 어트랙션이나 놀이기구는 존재하지 않는다'. 티켓은 날짜 예약제로 판매되며, 2022년 11월 1일 예정대로 지브리 파크가 제1차 오픈하여 위의 세 구역의 영업을 시작했다.

2023년 11월 1일에는 '모노노케의 언덕', 2024년 3월 16일에는 '마녀의 계곡'을 오픈하며 다섯 개 구역이 모두 갖추어지면서 지브리 파크는 무사히 완성되었다. 2024년 7월 현재, 오픈하고 일 년 반이 지났지만, 티켓도 순조롭게 판매되며 많은 입장객을 맞이하고 있다. 지브리 미술관과는 또 다른 형태로 지브리 작품의 매력을 체험할 수 있는 새로운 시설이 탄생하면서 스튜디오 지브리는 활동 범위를 더욱 넓혀 나갔다.

돌이켜보면 지브리 파크를 아이치 세계 박람회 기념 공원에 만드는 구상이 구체성을 띤 2016년은 미야자키 하야오가 영화 〈그대들은 어떻게 살 것인가〉의 콘티 작업을 시작한 시기이기도 하다. 다시 말해 미야자키 고로는 7년에 걸쳐 지브리 파크를 오픈하기 위해 노력했고, 아버지 미야자키 하야오도 거의 같은 기간 동안 〈그대들은 어떻게 살 것인가〉를 만들어 낸 것이다.

✒ 니혼 TV의 그룹사로

〈그대들은 어떻게 살 것인가〉가 상영 중인 2023년 9월 21일 스튜디오 지브리에서 열린 기자 회견에서 니혼 TV가 스튜디오 지브리의 일부 주식을 인수한다고 발표했다. 앞으로의 스튜디오 지브리, 특히 후계자를 고려하여 지금까지 오랜 시간 함께 해왔고 지브리를 잘 알고 있는 니혼 TV의 경영 지원을 받는 것이 최선이라는 생각에 그룹이 되는 길을 선택한 것이다. 이에 따라 10월 말부터 니혼 TV에서 임원이 파견되어, 지브리의 대표이사 사장에는 니혼 TV의 후쿠다 히로유키가 취임했다. 대표이사 부사장에는 지브리 미술관의 관장이자 전 지브리 사장인 나카지마 기요후미가 맡았고, 스즈키는 이사회 의장이 되었다. 그러나 일부 주식 인수 당시의 기본 합의에 따라 지브리가 하고 있는 다양한 업무는 기존과 마찬가지로 지브리의 주체성을 유지한 채 계속 진행되고 있으며, 제작 측면에서는 아무런 변화가 없다.

니혼 TV와 지브리의 관계는, 거슬러 올라가면 1985년 4월 니혼 TV가 '특별 로드쇼'로서 〈바람 계곡의 나우시카〉를 처음 텔레비전에서 방송해 준 것이 시작이다. 이후 약 40년 동안 니혼 TV의 〈금요 로드쇼〉에서는 지브리 작품을 독점으로 지상파 방송하여 꾸준히 높은 시청률을 기록했다. 이것이 점점 쌓이면서, 지브리 작품의 저변을 어린이부터 어른까지 세대를 아우르고 신작 개봉 시에는 큰 홍보 효과를 창출해 왔다.

또한 지브리의 모기업이었던 도쿠마 쇼텐의 창업자 도쿠마 야스요시가 니혼 TV의 회장이었던 우지이에 세이치로와 친분이 있어, 한때는 미타카의 숲 지브리 미술관에 투자하고(제12장 참고) 지브리 작품의 제작위원회에 참가하는 등 긴밀한 협력 관계를 유지해 왔다고 한다. 그러나 2011년 3월 28일 우지이에가 타계한 후 두 기업의 대규모 협력 관계는 점점 희미해져 가고 있었다.

이러한 양사의 관계가 다시금 돈독해지는 계기는, 2023년 6월부터 도쿄 데라다 창고에서 기획된 〈금요 로드쇼와 지브리전〉이다. 스즈키 도시오 프로듀서의 발상으로 기획된 이 전시는, 주최사인 니혼 TV의 요다 겐이치가 프로듀서를 맡았으며 니혼 TV와 지브리, 그리고 〈금요 로드쇼〉의 역사를 개관하는 내용이다. 도쿄 회장의 총 입장객 수는 24만 3,386명을 기록하였으며, 전국 각지에서의 순회 전시도 성황리에 진행되고 있다.

이 전시회의 책임자인 요다는, 스즈키가 진행을 맡고 있는 〈스즈키 도시오의 지브리 땀투성이(도쿄 FM)〉와 지브리의 월간지 《열풍》에도 자주 등장하는, 오래전부터 인연이 깊은 인물로 이번 니혼 TV의 그룹사가 됨에 따라 지브리의 이사로 취임하기도 했다. 그는 과거 요미우리 신문의 기자로서 자사 웹사이트 '요미우리 온라인'에 〈지브리를 가득 채우다〉라는 특집 페이지를 담당했는데, 그것이 무단으로 개설된 페이지라는 것을 스즈키가 발견해 요다가 사과하는 사건을 계기로 두 사람의 교류가 시작되었다. 머지않아 스즈키의 권유로 요미우리 신문에서 니혼 TV로 이직한 요다는 우지이에가 세상을 떠난 후에도 니혼 TV와 지브리의 관계를 유지하기 위해 노력했다. 그 성과 중 하나가 바로 이 〈금요 로드쇼와 지브리전〉이라고 할 수 있다.

이 전시회를 검토하던 시기를 전후하여 요다의 입회하에 니혼 TV 회장 스기야마 요시쿠니와 스즈키의 회담 자리가 마련되었고, 한때 요미우리 신문의 경제 기자였던 스기야마와 전 주간지 기자였던 스즈키가 의기투합했다. 이후 스즈키가 다니는 도호쿠 지방의 온천에 스기야마를 초대해 그의 인품과 경영 능력을 보고 지브리의 니혼 TV 그룹사화를 타진했다고 한다.

이 결정에 대해 스즈키는, 2023년 9월 21일 지브리 본사에서 열린 기자 회견에서 다음과 같이 말하고 있다.

> 지브리는 미야자키 하야오와 함께 만든 회사이므로, 저는 미야자키 씨의 장남인 고로 군이 이어나가기를 원했습니다. 하지만 미야자키 씨는 마지막까지 '미야자키라는 이름으로 지배하는 것은 잘못되었다'라며 반대했습니다. 조금 더 넓은 시야를 가지고 여러 가지 일을 하는 편이 더 좋다는 것이었지요.
>
> – 《열풍》 2023년 10월호 : '기자 회견 질의응답'

〈그대들은 어떻게 살 것인가〉의 개봉과 니혼 TV의 그룹사화라는 큰 터닝 포인트를 맞이한 지브리는 2024년 5월 20일(현지 시간) 제77회 칸 국제영화제에서 명예 황금종려상을 수상하였다. 이 상을 단체가 수여하는 것은 이번이 처음이며, 영화 제작뿐만 아니라 지브리 미술관이나 지브리 파크 등 지브리의 모든 활동이 대상이라는 점도 이례적이다.

후기

끝난 것은 중요하지 않다
스튜디오 지브리, 스즈키 도시오

미야 씨, 미야자키 하야오는 과거를 정확하게 기억하지 못한다. 자신의 출생지도, 어떨 때는 도쿄 분쿄구 혼고라고 하고, 어떨 때는 스미다구 이시와라라고 한다. 본인에게 확인하면 "모르겠다. 어디든 상관없다"라고 말한다.

"중요한 것은 스즈키 씨가 기억해 줘." 미야 씨가 항상 하는 말이다. 끝난 것은 중요하지 않다. 그때의 미야 씨를 꼬집기도 하고 때리기도 했지만, 그는 아픔도, 간지러움도 없다는 표정을 지었다.

'지금=여기'에 산다. 그것이 미야 씨가 삶을 대하는 태도다. 그런 미야 씨이기에 그는 지난 이야기는 하지 않는다. 미야 씨와 만난 지 올해로 45년. 하지만 우리는 옛 추억에 젖어 과거의 이야기를 나눈 적은 한 번도 없었다.

대화의 주제는 언제나 지금과 가까운 미래에 관한 이야기뿐. 그래서 질리지도 않고 싸우지도 않아 사이가 좋다. 나와 미야 씨는, 과거는 모두 물에 흘려보냈으며 내일은 내일의 바람이 불어온다.

그렇게 미야 씨는 어느새 82세가 되었고, 나도 곧 75세가 된다. 죽음에 점점 가까워지고 있다. 그래서 문득 생각했다.

미야 씨에게 "중요한 것은 스즈키 씨가 기억해 줘"라고 들었던 기억을 더듬어 찾아가려면 지금밖에 없다. 앞으로 일에 대해서는 나도 자신이 없다.

그런 경위로 이 책의 기획이 새롭게 시작되었다. 생각해 보면 지브리의 역사를 시간순으로 이야기한 책은 없었기에 의미 있는 일이라고 생각했다.

집필한 사람은 후지쓰 료타와 지브리의 노나카 신스케. 현재 애니메이션 평론가로 활약 중인 후지쓰는 과거 2년 정도 지브리 출판부에서 일한 적이 있다. 그래서 그에게 의뢰했다.

지브리의 역사를 시간순으로 써보지 않겠냐고.

그 다음은 노나카가 이어받았다.

저자를 스즈키 도시오 책임 편집으로 한 이유는 편집부의 요청이었다. 이름만 올리기는 싫었지만, 그래도 내용에 깊게 관여하고 있으므로 진정한 의미에서 책임 편집이 되었다.

편집은 지브리 출판부의 기쿠치 다쿠야가 맡아주었다. 이 책의 교열 작업으로, 주말을 포함해 약 4주를 그와 함께 자고 함께 일어났다. 매일 밤 저녁 식사도 함께했다. 그와 심도 깊은 시간을 보냈다.

그리고 피로감이 느껴질 때는, 야마다 다이치 씨의 명작 드라마 〈고르지 않은 사과들〉 시즌 Ⅰ~Ⅳ, 전 47화를 함께 보면서 서로를 격려했다. 기쿠치는 아직 젊어서 기운이 넘쳤지만, 나는 이제 할아버지라서 상당히 고단했다.

이렇게 새 책이 세상에 나왔다. 물론 미야자키 하야오는 이 책의 편집에 전혀 관여하지 않았다.

추신. 이 책을 편집하는 동안, 미야자키 하야오의 신작 〈그대들은 어떻게 살 것인가〉가 거의 완성되었다. 사전에 홍보하지 않는다고 방침을 정했기에 그래도 내게 시간적 여유가 있었다.

*이 후기는 일본어판 《스튜디오 지브리 이야기》(슈에이샤) 간행과 함께 쓰여진 것입니다.

참고 문헌

◆ 서적, 무크

스즈키 도시오, 《바람이 불어와(風に吹かれて)》, 주오코론신샤, 2013

스즈키 도시오, 《스튜디오 지브리의 현장 스토리》, 문혜란 옮김, 넥서스BOOK, 2009

스즈키 도시오, 《스튜디오 지브리의 현장 스토리 개정판(仕事道楽 新版 スタジオジブリの現場)》, 이와나미 쇼텐, 2009

스즈키 도시오, 《지브리의 천재들》, 이선희 옮김, 포레스트북스, 2021

스즈키 도시오, 《지브리의 동료들(ジブリの仲間たち)》, 신쵸신쇼, 2016

스즈키 도시오, 《지브리의 문학》, 대원씨아이, 2018

스튜디오 지브리 책임 편집, 《스튜디오 지브리 작품 관련 자료집 Ⅰ(スタジオジブリ作品関連資料集 Ⅰ)》, 스튜디오 지브리 발행, 도쿠마 쇼텐 발행, 1996

스튜디오 지브리 책임 편집, 《스튜디오 지브리 작품 관련 자료집 Ⅳ(スタジオジブリ作品関連資料集 Ⅳ)》, 스튜디오 지브리 발행, 도쿠마 쇼텐 발행, 1996

미야자키 하야오, 《바람 계곡의 나우시카 : 미야자키 하야오 수채화집》, 학산문화사, 2013

미야자키 하야오, 《바람이 돌아오는 곳 : 나우시카에서 치히로까지의 궤적(風の帰る場所 : ナウシカから千尋までの軌跡)》, 분슌 지브리 분코, 2013

미야자키 하야오, 《미야자키 하야오 출발점 1979-1996》, 황의웅 옮김, 박인하 감수, 대원씨아이, 2013

미야자키 하야오, 《미야자키 하야오 이미지 보드집(宮崎駿イメージボード集)》, 고단샤, 1983

미야자키 하야오, 《모노노케 히메(もののけ姫)》, 스튜디오 지브리 발행, 도쿠마 쇼텐 발매, 1993

미야자키 하야오, 《미야자키 하야오 반환점 1997~2008》, 황의웅 옮김, 박인하 감수, 대원씨아이, 2013

미야자키 하야오, 《슈나의 여행(シュナの旅)》, 아니메주 분코(도쿠마 쇼텐), 1983

미야자키 하야오, 《책으로 가는 문 : 이와나미 소년 문고를 말하다》, 현암사, 2013

미야자키 하야오 책임 편집, 《'바론이 준 이야기'의 이야기 : 하나의 시퀀스가 완성되기까지, 영화 〈귀를 기울이면〉에서((バロンのくれた物語)の物語─映画〈耳をすませば〉より)》, 도쿠마 쇼텐, 1995

버나드 엡슬린, 《그리스 신화 소사전(Gods demigods and demons:an encyclopedia of Greek mythology)》, 1979

아니메주 특별 편집, 《영화 천공의 성 라퓨타 가이드북(映画天空の城ラピュタ GUIDEBOOK)》, 도쿠마 쇼텐, 1986

노사카 아키유키, 《반딧불이의 묘》, 홍영의 옮김, 팬더북, 2002

무라카미 하야토, 《일본을 달린 소년들(日本を走った少年たち)》, 호레 소고 출판, 1985

곤도 요시후미, 안도 마사시, 스튜디오 지브리 책임 편집, 《곤도 요시후미의 일 : 동화로 표현할 수 있는 것(近藤喜文の仕事 : 動画で表現できること)》, 스튜디오 지브리, 2014

오가 가즈오, 스튜디오 지브리 출판부 책임 편집, 《오가 가즈오 화집》, 학산문화사, 2013

가도노 에이코, 《마녀 배달부 키키》, 하야시 야키코 그림, 소년한길, 2011

시카타 신, 《국경 제1부 1939년 대륙을 달리다(国境 第1部 1939年 大陸を駆ける)》, 모리 마사키 그림, 리론샤, 1986

모모세 요시유키, 다카하타 이사오, 오쓰카 신지, 스튜디오 지브리 편집, 《총천연색 만화 영화 〈폼포코 너구리 대작전〉 이미지 보드집(菩提餅山万福寺本堂羽目板之悪戲 総天然色漫画映画 〈平成狸合戦ぽんぽこ〉イメージボード集)》, 스튜디오 지브리 발행, 도쿠마 쇼텐 발매, 1994

다카하타 이사오, 《영화를 만들면서 생각한 것 Ⅱ : 1991~1999(映画を作りながら考えたことⅡ : 1991~1999)》, 도쿠마 쇼텐, 1999

구로사와 아키라, 미야자키 하야오, 《무엇이 영화인가 : 〈7인의 사무라이〉와 〈마다다요〉를 둘러싸고(何が映画か : 〈七人の侍〉と〈まあだだよ〉をめぐって)》, 스튜디오 지브리 발행, 도쿠마 쇼텐 발매, 1993

우라타니 도시로, 아니메주 증간 편집부 편집, 《《모노노케 히메》는 이렇게 탄생했다(〈もののけ姫〉はこうして生まれた)》, 도쿠마 쇼텐, 1998

《《모노노케 히메》를 읽고 해석하다 : 별권 코믹 박스 2(〈もののけ姫〉を読み解く : 別冊COMIC BOX vol.2)》, 1997

스튜디오 지브리 책임 편집, 《나우시카의 '신문 광고'를 본 적이 있나요? 지브리의 신문 광고 18년 역사(ナウシカの〈新聞広告〉って見たことありますか。ジブリの新聞広告18年史)》, 도쿠마 쇼텐, 2002

《하울의 움직이는 성 철저 가이드 : 하울과 소피, 두 사람의 약속(ハウルの動く城 徹底ガイド : ハウルとソフイーふたりの約束)》, 가도카와 쇼텐, 2004

곤도 요시후미, 《문득 뒤를 돌아보면 : 곤도 요시후미 그림 문집(ふとふり返ると 近藤喜文画文集)》, 도쿠마 쇼텐, 1998

나카무라 겐고, 《《모노노케 히메》에서 〈이웃집 야마다군〉으로 : 테마는 '살아라.'에서 '적당'으로…?!(〈もののけ姫〉から〈ホーホケキョとなりの山田くん〉へ—テーマは〈生きろ。〉から〈適当〉へ…?!)》, 도쿠마 쇼텐, 1999

《〈이웃집 야마다군〉을 읽고 해석하다 : 별권 코믹 박스 5(〈ホーホケキョとなりの山田くん〉を読み解く : 別冊COMIC BOX vol.5)》, 1999

《〈센과 치히로의 행방불명〉 치히로의 대모험 : 별권 코믹 박스 6(〈千と千尋の神隠し〉千尋の大冒険 : 別冊COMIC BOX vol.6)》, 2001

가시와바 사치코, 《안개 너머의 신기한 마을》, 백명식 그림, 김난주 옮김, 랜덤하우스 코리아, 2003

뉴타입 편집, 《치히로와 신기한 마을 : 〈센과 치히로의 행방불명〉 철저 공략 가이드(千尋と不思議

の町:〈千と千尋の神隠し〉徹底攻略ガイド》, 가도카와 쇼텐, 2001

스티븐 알퍼트(Steve Alpert),《우리는 외국인이다 : 지브리를 세계에 알린 남자(吾輩はガイジンである. ジブリを世界に賣った男)》, 사쿠라우치 아쓰코 옮김, 이와나미 쇼텐, 2016

히이라기 아오이,《고양이의 보은》, 조은정 옮김, 대원키즈, 2003

다이애나 윈 존스,《하울의 움직이는 성》, 김진준 번역, 문학수첩리틀북스, 2011

모모세 요시유키 각본·감독, 스튜디오 지브리 편집,《필름 코믹 기브리즈 episode 2(フィルムコミック ギブリーズ episode2)》, 도쿠마 쇼텐, 2002

나카가와 리에코,《하늘색 씨앗(そらいろのたね)》, 오무리 유리코 그림, 후쿠인칸 쇼텐, 1964

쉴라 이고프(Sheila Egoff),《이야기의 힘 : 영어권 판타지 문학, 중세부터 현대까지(物語る力：英語圏のファンタジー文学 - 中世から現代まで)》, 사카이 구니히데 옮김, 가이세샤, 1995

어슐러 K. 르 귄,《어스시의 마법사》,《아투안의 무덤》,《머나먼 바닷가》,《테하누》,《어스시의 이야기들》,《또 다른 바람》, 최준영/이지연 옮김, 황금가지, 2014

우에노 지즈코, Kanyada,《고로는 어디에서 오고, 어디로 가는 것일까?(どこから來たのかどこへ行くのかゴロウは?)》, 스튜디오 지브리 발행, 도쿠마 쇼텐 발매, 2020

로버트 웨스톨,《블랙컴의 폭격기(Blackham's Wimpy)》, 미야자키 하야오 편집, 이와나미 쇼텐, 2006

요로 다케시, 미야자키 하야오,《무시메와 아니메(虫眼とアニ眼)》, 도쿠마 쇼텐, 2002

E. L. 코닉스버그,《클로디아의 비밀》, 햇살과나무꾼 옮김, 비룡소, 2000

메리 노튼,《마루 밑 버로우어즈》, 손영미 옮김, 시공주니어, 2019

아스트리드 린드그렌,《산적의 딸 로냐》, 이진영 옮김, 시공주니어, 2018

미야자키 하야오, 니와 게이코,《각본 코쿠리코 언덕에서(脚本 コクリコ坂から)》, 가도카와 쇼텐, 2011

호리코시 지로, 오쿠미야 마사타케,《제로센 : 일본 해군 항공 소사(零戰：日本海軍航空小史)》, 일본출판협동, 1953

홋타 요시에,《공허하고 공허하게(空の空なればこそ)》, 치쿠마 쇼보, 1998

아카사카 노리오,《자장가의 탄생 : 이쓰키 자장가를 둘러싼 정신사(子守り唄の誕生：五木の子守唄をめぐる精神史)》, 겐다이신쇼, 1994

조안 G. 로빈슨,《추억의 마니》, 안인희 옮김, 비룡소, 2014

다이애나 윈 존스,《아야와 마녀》, 김지영 옮김, 대원씨아이, 2021

스튜디오 지브리 책임 편집,《The Art of Earwig and the Witch : 아야와 마녀》, 도쿠마 쇼텐, 2020

요시노 겐자부로,《그대들은 어떻게 살 것인가》, 김욱 옮김, 양철북, 2012

〈디 아트 오브 그대들은 어떻게 살 것인가〉(도쿠마쇼텐)

《천공의 성 라퓨타 로망 앨범(ロマンアルバム天空の城ラピュタ)》, 도쿠마 쇼텐, 2002

《이웃집 토토로 로망 앨범(ロマンアルバムとなりのトトロ)》, 도쿠마 쇼텐, 2001
《마녀 배달부 키키 로망 앨범(ロマンアルバム魔女の宅急便 メモリアル コレクション)》, 도쿠마 쇼텐, 1989
《추억은 방울방울 로망 앨범(ロマンアルバムおもひでぽろぽろ)》, 도쿠마 쇼텐, 1991
《붉은 돼지 로망 앨범(ロマンアルバム紅の豚)》, 도쿠마 쇼텐, 1992
《모노노케 히메 로망 앨범(ロマンアルバムもののけ姫)》, 도쿠마 쇼텐, 1997
《센과 치히로의 행방불명 로망 앨범(ロマンアルバム千と千尋の神隠し)》, 도쿠마 쇼텐, 2001
《고양이의 보은 로망 앨범(ロマンアルバム猫の恩返し)》, 도쿠마 쇼텐, 2002
《하울의 움직이는 성 로망 앨범(ロマンアルバムハウルの動く城)》, 도쿠마 쇼텐, 2005
《게드 전기 : 어스시의 전설 로망 앨범(ロマンアルバムゲド戦記)》, 도쿠마 쇼텐, 2006
《벼랑 위의 포뇨 로망 앨범(ロマンアルバム崖の上のポニョ)》, 도쿠마 쇼텐, 2008
《아야와 마녀 로망 앨범(ロマンアルバムアーヤと魔女)》, 도쿠마 쇼텐, 2021
〈그대들은 어떻게 살 것인가 사운드트랙〉 동봉 북릿
《지브리의 교과서 13 : 하울의 움직이는 성(ジブリの教科書13 : ハウルの動く城)》, 분슌 지브리분코, 2016
《지브리의 교과서 19 : 가구야 공주 이야기(ジブリの教科書19 : かぐや姫の物語)》, 분슌 지브리분코, 2018
《지브리의 교과서 20 : 추억의 마니(ジブリの教科書20 : 思い出のマーニー)》, 분슌 지브리 분코, 2017

◆ 잡지
《아니메주(アニメージュ)》, 도쿠마 쇼텐, 1981년 8월호, 1982년 2월호, 1983년 9월호, 1985년 12월호, 1988년 3월호·5월호, 1989년 9월호, 1991년 6월호·8월호, 1992년 8월호, 1994년 3월호·8월호, 1995년 3월호, 1996년 8월호, 1997년 8월호, 1999년 10월호
《버라이어티(バラエティ)》, 가도카와 쇼텐, 1982년 5월호
《프티 플라워(プチフラワー)》, 쇼가쿠칸, 1983년 1월호
《코믹 박스(Comix Box)》, 퓨전 프로덕트, 1995년 1월호·9월호
《모델 그래픽스(modelgraphix)》, 다이니혼카이가, 1990년 3~5월호, 2009년 4~9월호, 11월호~2010년 1월호
《시네 프론트(シネ・フロント)》, 시네 프론트사, 1994년 7월호
《논좌(論座)》, 아사히신문사, 2000년 2월호
《키네마 쥰보(キネマ旬報)》, 키네마 쥰보샤, 1994년 8월 상반기호
《프리미어 일본판(プレミア日本版)》, 가도카와 쇼텐, 2001년 9월호

《분게이슌주(文藝春秋)》, 분게이슌주, 2014년 2월호
《도쇼(図書)》, 이와나미 문고, 2017년 7월호
〈열풍〉 2022년 12월호, 2023년 9월호, 2023년 10월호
〈음악 나탈리〉 그대들은 어떻게 살 것인가 주제가 제작의 4년간을 돌아보며

◆ 팸플릿, 도록
  극장용 팸플릿 〈반딧불이의 묘〉, 1988
  극상용 팸플릿 〈폼포코 너구리 대작전〉, 1994
  극장용 팸플릿 〈귀를 기울이면〉, 1995
  극장용 팸플릿 〈이웃집 야마다군〉, 1999
  극장용 팸플릿 〈게드 전기 : 어스시의 전설〉, 2006
  극장용 팸플릿 〈벼랑 위의 포뇨〉, 2008
  극장용 팸플릿 〈바람이 분다〉, 2013
  극장용 팸플릿 〈가구야 공주 이야기〉, 2013
  극장용 팸플릿 〈붉은 거북〉, 2016
  〈미타카의 숲 지브리 미술관 도록〉 공익재단법인 도쿠마 기념 애니메이션 문화 재단, 2002
  DVD 〈지브리 파크가 만들어지기까지〉 동봉 북릿

◆ 신문
  〈아사히 신문〉 석간, 1997년 10월 31일
  〈아사히 신문〉 석간, 2001년 9월 22일
  〈아사히 신문〉 디지털 2021년 8월 28일, 미야자키 하야오를 뛰어오를 듯 기쁘게 한 스즈키 프로듀
    서의 업무 명언
  Yahoo!뉴스 특집 〈진심은 10년에 걸쳐 만들고 싶었다〉 스즈키 도시오 프로듀서가 말하는, 미야자
  키 하야오 최후의 장편 그 '반작용'

※ 그 외 웹사이트, 인터넷 신문, 잡지 기사를 참고하였습니다.

스튜디오 지브리 연혁

1984년 3월	〈바람 계곡의 나우시카〉(감독 미야자키 하야오) 개봉
1985년 6월	스튜디오 지브리, 기치조지에서 시작
1986년 8월	〈천공의 성 라퓨타〉(감독 미야자키 하야오) 개봉
1988년 4월	〈이웃집 토토로〉(감독 미야자키 하야오), 〈반딧불이의 묘〉(감독 다카하타 이사오) 개봉
1989년 7월	〈마녀 배달부 키키〉(감독 미야자키 하야오) 개봉
1989년 11월	정규직 전환 및 사원 상근화
1991년 7월	〈추억은 방울방울〉(감독 다카하타 이사오) 개봉
1992년 7월	〈붉은 돼지〉(감독 미야자키 하야오) 개봉
1992년 8월	도쿄도 고가네이시에 제1스튜디오 완성
1993년 5월	〈바다가 들린다〉(감독 모치즈키 도모미) 방영
1994년 7월	〈너구리 폼포코 대작전〉(감독 다카하타 이사오) 개봉
1995년 7월	〈귀를 기울이면〉(감독 곤도 요시후미) 개봉, 단편 〈On Your Mark〉(감독 미야자키 하야오) 동시 상영
1997년 7월	〈모노노케 히메〉(감독 미야자키 하야오) 개봉
1999년 4월	도쿄도 고가네이시에 제2스튜디오 완성
1999년 7월	〈이웃집 야마다군〉(감독 다카하타 이사오) 개봉
2000년 3월	도쿄도 고가네이시에 제3스튜디오 완성
2001년 7월	〈센과 치히로의 행방불명〉(감독 미야자키 하야오) 개봉
2001년 10월	도쿄도 미타카시에 '미타카의 숲 지브리 미술관' 오픈
2002년 7월	〈고양이의 보은〉(감독 모리타 히로유키) 개봉
2004년 11월	〈하울의 움직이는 성〉(감독 미야자키 하야오) 개봉
2005년 4월	도쿠마 쇼텐에서 독립하여 주식회사 스튜디오 지브리로 새롭게 시작
2006년 7월	〈게드 전기 : 어스시의 전설〉(감독 미야자키 고로) 개봉
2008년 7월	〈벼랑 위의 포뇨〉(감독 미야자키 하야오) 개봉
2010년 7월	〈마루 밑 아리에티〉(감독 요네바야시 히로마사) 개봉
2011년 7월	〈코쿠리코 언덕에서〉(감독 미야자키 고로) 개봉
2013년 7월	〈바람이 분다〉(감독 미야자키 하야오) 개봉
2013년 11월	〈가구야 공주 이야기〉(감독 다카하타 이사오) 개봉
2014년 7월	〈추억의 마니〉(감독 요네바야시 히로마사) 개봉
2016년 9월	〈붉은 거북〉(감독 미카엘 두독 드 비트) 개봉
2020년 12월	TV 애니메이션 〈아야와 마녀〉(감독 미야자키 고로) 방영

2021년	8월	극장판 〈아야와 마녀〉(감독 미야자키 고로) 개봉
2022년	11월	아이치현 나가쿠테시에 '지브리 파크' 1차 오픈
2023년	7월	〈그대들은 어떻게 살 것인가〉(감독 미야자키 하야오) 개봉
2023년	9월	니혼 TV가 주식 일부 취득. 스튜디오 지브리가 그룹사가 됨을 발표
2023년	11월	지브리 파크에 〈모노노케의 마을〉 개원
2024년	3월	지브리 파크에 〈마녀의 계곡〉 개원

(참고) 〈스튜디오 지브리 연표〉(https://www.ghibli.jp/chronology/)를 바탕으로 작성.

이 책은 아래의 원고를 대폭으로 가필, 수정하여 다시 편집하였습니다.
제1장부터 제16장은 《스튜디오 지브리 도서 목록 2010》 수록 〈스튜디오 지브리 이야기〉.
제17장부터 제21장은 분슌 지브리 분코 《지브리의 교과서 16~20》 수록 〈스튜디오 지브리 이야기〉.
그리고 제22장부터 제25장까지는 이 책을 위해 작성하였습니다.

이 책에 게재된 포스터, 영상 화면 등은 아래와 같습니다.

〈바람 계곡의 나우시카〉	©1984 Studio Ghibli·H
〈천공의 성 라퓨타〉	©1986 Studio Ghibli
〈이웃집 토토로〉	©1988 Studio Ghibli
〈반딧불이의 묘〉	©野坂昭如/ 新潮社, 1988
〈마녀 배달부 키키〉	©1989 角野栄子·Studio Ghibli·N
〈추억은 방울방울〉	©1991 岡本螢·刀根夕子·Studio Ghibli·NH
〈붉은 돼지〉	©1992 Studio Ghibli·NN
〈바다가 들린다〉	©1993 氷室冴子·Studio Ghibli·N
〈폼포코 너구리 대작전〉	©1994 畑事務所·Studio Ghibli·NH
〈귀를 기울이면〉	©1995 柊あおい/ 集英社·Studio Ghibli·NH
〈On Your Mark〉	©1995 Studio Ghibli
〈모노노케 히메〉	©1997 Studio Ghibli·ND
〈이웃집 야마다군〉	©1999 いしいひさいち·畑事務所·Studio Ghibli·NHD
〈센과 치히로의 행방불명〉	©2001 Studio Ghibli·NDDTM
〈미타카의숲 지브리 미술관〉	©Museo d'Arte Ghibli
〈고양이의 보은〉	©2002 猫乃手堂·Studio Ghibli·NDHMT
〈기브리즈 에피소드 2〉	©2002 TS·Studio Ghibli·NDHMT
〈하울의 움직이는 성〉	©2004 Studio Ghibli·NDDMT

스튜디오 지브리 이야기

2025년 2월 14일 1판 1쇄 인쇄 | 2025년 2월 28일 1판 1쇄 발행

스즈키 도시오 책임편집 | 오정화 번역

발행인 황민호
본부장 박정훈 | 편집기획 신주식 최경민 윤혜림 이예린 | 디자인 All design group
마케팅 조안나 이유진 | 국제판권 이주은 김연 | 제작 최택순 성시원
발행처 대원씨아이(주) | 주소 서울특별시 용산구 한강대로 15길 9-12
전화 (02)2071-2018 | 팩스 (02)797-1023 | 등록 제3-563호 | 등록일자 1992년 5월 11일

www.dwci.co.kr

ISBN 979-11-423-0388-3 (03680)

이 책은 2023년 6월 16일 일본에서 발행된 《스튜디오 지브리 이야기》(슈에이샤)의 제24장을 대폭 가필하고, 새로이 제25장을 추가하여 번역했습니다.